COLLECTION COMPLÈTE

DES

PAMPHLETS POLITIQUES

ET

OPUSCULES LITTÉRAIRES
DE PAUL-LOUIS COURIER.

COLLECTION COMPLÈTE

DES

PAMPHLETS POLITIQUES

ET

OPUSCULES LITTÉRAIRES

DE PAUL-LOUIS COURIER,

ANCIEN CANONNIER A CHEVAL.

Prix : 12 fr.

BRUXELLES,
CHEZ TOUS LES LIBRAIRES.

1827

NOTE

SUR LA VIE ET LES ÉCRITS

DE PAUL-LOUIS COURIER.

Courier (Paul-Louis), né en 1773, à Paris, mort assassiné à Véretz en 1825, a été sans contredit l'un des écrivains les plus remarquables de son temps ; et quoiqu'il n'ait pas été l'un des moins remarqués, on doit avouer cependant que sa réputation est restée jusqu'ici au-dessous de son immense mérite. Cela vient sans doute de ce que, sur les matières toutes sérieuses qui l'ont occupé, Courier ne composa jamais aucun ouvrage considérable, aucun traité *ex professo*, mais seulement des opuscules en littérature, en politique des pamphlets. Pour que l'écrivain soit remis à sa place, que faut-il ? réunir ces pamphlets et ces opuscules, et en donner un recueil complet. Quant à l'homme, au citoyen, il n'a pas besoin non plus d'autre chose pour être apprécié ce qu'il valait. Si nous faisons procéder le recueil des écrits de Courier de quelques lignes d'introduction, c'est donc bien moins pour essayer son éloge absolument inutile à qui les lira, que pour apprendre au lecteur à quelle occasion chacun de ces écrits fut publié. L'histoire de leur publication est en même temps celle de sa vie, l'histoire de sa vie, le plus beau panégyrique de son caractère.

Fils de Jean-Paul Courier, propriétaire du fief de Méré en Touraine, Paul-Louis fut baptisé sous ce nom de terre, qu'il ne porta jamais de peur qu'on ne le crût gentilhomme. Son père, homme d'esprit et d'un esprit cultivé, dirigea lui-même son éducation, et sans autre maître, le jeune Courier savait déjà le grec à l'âge de quinze ans. Il étudia aussi les mathématiques il y devint habile de bonne heure, puis embrassa la carrière militaire ; et tout en continuant à se livrer avec ardeur à ses études, particulièrement à celle du grec qui fut toujours son étude favorite (*l'Éloge d'Hélène* date de l'an XI), il montra tant d'activité, d'intelligence et de bravoure dans les différentes campagnes qu'il fit en Allemagne et en Italie, que du grade d'officier subalterne d'artillerie auquel il avait été nommé en 1792, il atteignit rapidement celui de chef d'escadron. Mais l'indépendance naturelle de son caractère ne tarda pas à lui faire prendre en dégoût un métier où l'obéissance aveugle est le premier devoir ; et ce dégoût divint extrême, lorsqu'un homme voulut employer au service de son ambition personnelle tous les bras qui s'étaient armés pour la cause de la patrie.

Après avoir combattu par patriotisme, au temps de l'invasion étrangère, Courier ne continua donc de faire la guerre sous l'empereur que *par compagnie*, pour ne pas délaisser ses anciens camarades. Mais après la bataille de Wagram (juillet 1809), il offrit enfin sa démission. Elle fut acceptée avec beaucoup d'empressement par ses chefs, auxquels déplaisaient fort la franchise de ses opinions et la tournure caustique de son esprit. L'anecdote suivante pourra donner une idée du peu de ménagement qu'il gardait dans ses propos sur leur compte. Le lendemain d'une mêlée assez chaude, où il lui avait semblé que César Berthier ne s'était pas conduit avec une bravoure romaine, il rencontra sur son chemin les fourgons de cet officier, portant son nom inscrit en grosses lettres. Aussitôt Courier se jette à la tête des chevaux, et rayant avec la pointe de son sabre le mot de César : « Va dire à ton maître, crie-t-il au con- » ducteur, qu'il peut continuer de s'appeler Berthier. » Mais pour *César*, je le lui défends! »

La discipline militaire n'était guère plus respectée de lui dans ce qui gênait ses habitudes et ses goûts. Rien, par exemple, ne put le contraindre à se servir de selle et d'étriers. Jusque dans les parades il chevauchait à la grecque ; et quand son régiment ne se battait point, il lui arrivait ordinairement de le quitter, sans ordre ni permission, pour aller fouiller quelque bibliothèque d'Italie. Ce fut pendant l'une de ces excursions qu'en feuilletant, à Florence, un manuscrit des *Pastorales* de Longus appartenant à la bibliothèque Laurentienne, il crut y remarquer le passage du premier livre manquant dans toutes les éditions de cet auteur. Aussi en 1810, quand la liberté lui eut été rendue, le premier usage qu'il en fit fut de s'assurer de la chose, puis de collationner avec soin le manuscrit entier et de copier le fragment inédit. Mais ayant eu le malheur de répandre de l'encre sur plusieurs lignes du précieux fragment, le bibliothécaire Furia, dont l'amour-propre souffrait de la découverte de Courier, profita de cette tache d'encre pour l'accuser d'avoir détruit l'original afin de s'en approprier avec M. Renouard la publication et la vente. Courier dédaigna d'abord de se disculper; l'imputation lui paraissait trop absurde. Mais le préfet de Rome l'ayant sommé de répondre, il crut devoir le faire par devant le public, dans une *Lettre à M. Renouard,* véritable chef-d'œuvre de bon sens et de plaisanterie. Après quoi, pour montrer combien il était loin de vouloir spéculer sur sa découverte, il imprima le fragment lui-même qu'il distribua gratis à tous ceux qui le lui demandèrent. Déjà auparavant il avait publié à Florence une traduction complète de Longus, où il avait pris d'Amyot tout ce qui était conforme au texte grec, et imité à s'y méprendre son style et sa manière dans le supplément retrouvé du premier livre, ainsi que dans tous les endroits qu'il avait changés. Enfin il donna à ses amis cinquante-deux exemplaires du texte complet de

Longus imprimés à Rome petit in-4°, et réimprima plus tard à Paris, avec de nouveaux changements, la traduction de Florence qui n'avait été tirée qu'à soixante exemplaires.

— De retour dans cette capitale, après quatre ans de séjour en Italie, il écrivit sur l'Athénée de Schweighœuser un article très-remarquable dans le Magasin encyclopédique de Millin, et donna une traduction du *Traité de la Cavalerie* de Xénophon, accompagnée de notes fort estimées par les érudits.

Vint la restauration de 1814. Tout en déplorant la manière dont elle s'opéra, Courier ne put s'empêcher de s'en réjouir. Aussi firent bien d'autres, amis sincères de la liberté, qui depuis..... Mais alors la Charte n'avait pas été *interprétée*. Ayant donc *donné dans la Charte en plein*, selon son propre aveu, il s'apprêtait à savourer les douceurs d'un régime franchement constitutionnel, lorsque les cent jours rappelèrent les étrangers en France, et à leur suite la réaction royaliste de 1815. Cette réaction ne fut nulle part plus violente que dans le département d'Indre-et-Loire où Courier avait ses propriétés. M. Bacot, préfet de Tours, fit arrêter dans l'espace d'un mois, plus de cinq cents personnes, dont plusieurs moururent en prison.

Courier, indigné de ces mesures tyranniques, adressa aux deux Chambres une *Pétition* au nom des habitants de Luynes, petit village situé sur le bord de la Loire. Le ministre Decazes, qui cherchait à fonder sa puissance sur les ruines de deux partis extrêmes, se servit de cette pétition contre les ultra-royalistes. Les persécutions cessèrent : Courier se tut.

En 1819 seulement il reprit la parole. Ce fut à propos d'un procès injuste et ridicule intenté par le maire de Véretz à son garde-chasse, et contre de petites vexations qu'il éprouva lui-même de la part des agents ministériels. Il eut gain de cause dans ces affaires, et reçut d'un directeur général d'alors un accueil si grâcieux, qu'on alla jusqu'à lui demander ce qu'on pouvait faire pour lui. « Rien, répondit » Courier. Je ne prétends à rien, et ne me crois » même propre à rien. »

Il dérogea pourtant à ce principe une fois dans sa vie, en se présentant pour une place d'académicien, vacante par le décès de son beau-père Clavier. Mais il faut dire que c'était pour remplir une promesse faite à Clavier à son lit de mort : et certes on eut lieu de s'applaudir de cette démarche, puisqu'on lui dut la *Lettre à MM. de l'Académie des Inscriptions et Belles-Lettres*, délicieuse satire des académies, académiciens et aspirants à l'être. Il y a tel nom que, après avoir lu cette lettre, on n'entendra jamais prononcer sans rire.

Dans la même année parut, sous le titre de *Lettre*

particulière, le premier cahier de ce qu'on peut nommer ses *Provinciales politiques.* Car, au fond comme dans la forme, les pamphlets de Courier rappellent tout-à-fait les immortelles Lettres de Pascal. C'est la même force de logique, la même hauteur de pensée, la même finesse d'esprit avec plus de bonhomie encore, la même perfection de style, la même variété de ton et de genre. Les *Lettres au rédacteur du Censeur,* qui furent insérées dans ce journal au mois d'avril de l'année suivante, commencèrent à populariser un peu son nom, et par suite à éveiller sur lui l'attention de l'autorité. Elle tâcha, au moyen d'une escobarderie ministérielle de l'exclure des élections. Courier réclama avec force son droit d'électeur, dans une adresse à *MM. du Conseil de préfecture de Tours;* et ce droit lui ayant été rendu, un propriétaire influent du département d'Indre-et-Loire voulut profiter de cette contestation pour le faire nommer député par la faction libérale. Mais comme il n'était d'aucune faction, la tentative échoua; et Courier écrivit alors sa *Seconde Lettre particulière,* où il mit en scène tout ce qui venait de se passer au collége électoral.

Jusque-là, aucune poursuite n'avait été dirigée contre lui; aucune coterie ne l'avait prôné. Le cercle de ses lecteurs était donc fort restreint. Mais voilà qu'en 1821 il s'avise, dans un *Simple dis-*

cours aux membres de la commune de Véretz, à l'occasion d'une souscription proposée par Son Excellence le Ministre de l'Intérieur pour l'acquisition de Chambord, de dire sur cette mesure odieuse et impolitique ce que tout le monde en pensait. Aussitôt l'apparition de ce pamphlet, un réquisitoire est lancé contre lui; il est traduit devant la cour d'assises, et contre toute justice, condamné à l'amende et à la prison. Pendant l'instruction du procès il demanda l'assistance de leurs prières *Aux âmes dévotes de la paroisse de Véretz,* et après son issue publia, sous le titre de *Procès de Paul-Louis Courier, vigneron,* etc., son interrogatoire, véritable scène de comédie; un extrait du plaidoyer de M. de Broë, où il couvre cet avocat-général d'un ridicule que jamais homme ne mérita mieux; le plaidoyer de son avocat, puis enfin quelques pages contenant ce qu'il eût allégué lui-même pour sa défense s'il eût eu l'habitude de la parole; pages comparables pour l'éloquence à ce que l'antiquité nous a laissé de plus parfait.

Non encore corrigé de la manie de raisonner avec le pouvoir, il ne se vit pas plutôt hors de prison, qu'il adressa aux Chambres une *Pétition pour des villageois qu'on empêchait de danser.* Remis en jugement, il en fut quitte cette fois pour une simple réprimande; mais comprenant que la liberté d'imprimer n'existait plus pour lui, il prit dès-lors le parti de s'adresser à une presse clandestine. Ce fut ainsi que virent le jour successivement les deux *Réponses aux anonymes*, le *Livret de Paul-Louis*, la *Gazette du village*, et la *Pièce diplomatique signée Louis, plus bas de Villèle*. On chercha vainement à le prendre sur le fait. Le petit nombre d'amis en qui il se fiait assez pour leur avouer ces pamphlets, n'auraient su dire eux-mêmes comment il s'y prenait pour les faire imprimer. « J'é- » cris deux ou trois pages, disait-il en riant, je » les jette dans la rue, et elles se trouvent im- » primées. »

Le reste de son temps était consacré à une traduction d'Hérodote. Encouragé par le succès général de celle des *Pastorales* de Longus, et de l'*Ane* de Lucien, il voulait appliquer le même système au père de l'histoire. Beaucoup de gens, après avoir lu le fragment qu'il publia en 1822, tâchèrent de le détourner de cette entreprise. Mais il n'y eut personne qui ne fût ravi de la préface qu'il y avait jointe; préface d'une dixaine de pages seulement, où les idées se comptent pour ainsi dire par les mots.

Deux ans plus tard parut le *Pamphlet des pamphlets*, qui fut le chant du cygne. Cet ouvrage ferme si admirablement la noble carrière qu'il avait parcourue sans relâche pendant neuf ans, qu'on ne put se défendre d'y lire un vague pressentiment de sa fin prochaine. D'autant mieux que déjà il s'était fait dire dans le Livret : « Paul-Louis, les cagots te » tueront. » Toujours est-il que, dans un voyage qu'il fit chez lui au commencement de l'année 1825, il trouva la mort à quelques pas de sa maison. Qui fut l'assassin ? Comme on ne peut former là-dessus que des conjectures, il est juste et prudent de garder le silence.

Il faut se taire aussi sur l'étendue d'une telle perte, parce que nulle expression ne saurait la rendre, nulle intelligence la mesurer. A la verve de Rabelais, à la raison de Pascal, unissant tout l'esprit de Voltaire, il était seul capable de reprendre la lutte contre les prêtres où celui-ci l'avait laissée; et il se proposait sérieusement de l'essayer dans une suite de pamphlets clandestins qui eussent paru chaque semaine. On en verra un premier échantillon à la fin de ce volume. Bien d'autres projets roulaient dans son esprit, dont l'accomplissement eût peut-être hâté la fin du triste régime qui menace l'avenir de la France !

Quant aux mémoires de sa vie, dont il avait écrit une bonne partie sous forme de dialogues, et au précieux recueil de lettres à lui adressées par les ci-devant *Brutus* qui maintenant encombrent les antichambres royales, il est fort à désirer, peu à espérer que sa famille, nous ne disons point publie, mais ne les détruise pas.

Ayant eu le bonheur de connaître Courier, nous voulions ajouter un mot sur ses manières si franches et si simples, sur sa conversation si spirituelle et si originale, sur son caractère si droit et si ferme. A la réflexion, nous trouvons qu'il vaut mieux lui laisser ce soin à lui-même. Qu'on le lise, on aura vécu avec lui.

COLLECTION COMPLÈTE

DES PAMPHLETS POLITIQUES

ET OPUSCULES LITTÉRAIRES

DE PAUL-LOUIS COURIER,

Ancien Canonnier à cheval.

ÉLOGE D'HÉLÈNE, TRADUIT D'ISOCRATE (1).

A Madame Constance Pipelet.

Dans ces derniers jours que j'ai passés, à mon grand regret, Madame, sans avoir l'honneur de vous voir, j'étais seul à la campagne. Là, ne sachant à quoi m'occuper, j'essayai de traduire quelques morceaux des auteurs de l'antiquité. Je croyais m'amuser à écrire en ma langue ce que je lisais avec tant de plaisir dans ces langues anciennes, et n'avoir qu'à mettre des mots pour des mots, quitte de tout soin quant à la pensée. Mais je me trouvai bien trompé. J'avais beau chercher des termes, je ne pouvais rendre à mon gré ce qui, dans mes auteurs, paraissait tout simple ; et plus

---

(1) Ce petit discours d'Isocrate renferme beaucoup de traits, qui ne peuvent être sentis, à moins qu'on n'ait quelque connaissance de la Mythologie grecque et de ce genre d'éloquence fort goûté chez les anciens. On l'a traduit pour une personne parfaitement instruite de toutes ces choses, et pour qui les éclaircissemens, que d'autres pourraient désirer, eussent été fastidieux. C'est ce qui a empêché d'y joindre aucune note.

le sens était clair et naturel, plus l'expression me manquait. Cependant, soit obstination, soit défaut d'autre distraction, soit dépit de trouver au-dessus de mes forces un travail qui m'avait paru d'abord si facile, je fis vœu, quoiqu'il m'en coûtât, de mettre à fin la traduction que j'avais commencée d'un petit discours grec. C'était l'éloge d'*Hélène*, composé par *Isocrate*; et pour soutenir mon courage dans cette entreprise, il me vint une idée, que vous appellerez comme il vous plaira; pour moi, je la trouve un peu chevaleresque, si j'ose le dire. Ce fut de me figurer que je travaillais pour vous, Madame; que vous verriez avec plaisir cette copie, quelque faible qu'elle fût, d'un si beau modèle; qu'ayant peint *Sapho* en vers dignes d'elle, vous ne seriez pas indifférente au portrait d'*Hélène*, de la plus célèbre des belles, à laquelle vous deviez, par le même esprit de corps, vous intéresser aussi bien qu'à la dixième muse. Tout cela, comme vouz voyez, Madame, n'était qu'une fiction dont je me servais pour tromper ma propre paresse, par ce chimérique espoir de vous plaire; car, au fond, j'avais résolu de ne jamais vous en parler. Mais admirez le pouvoir de l'imagination! je ne me fus pas plutôt mis cette fantaisie dans l'esprit, que les difficultés disparurent; et ce que je n'eusse pas fait en toute ma vie, peut-être, sans cette illusion, fut l'ouvrage de quatre jours.

Maintenant je devrais m'en tenir à ma première résolution, et vous cacher le miracle que vous avez fait, de peur que vous n'en ayez honte. Cependant, si cette lecture pouvait vous amuser un quart-d'heure seulement, ce serait quelque chose pour vous, Madame, et beaucoup pour moi. S'il arrive le contraire, je ne serai pas plus coupable que les gens à la mode, les acteurs merveilleux, les écrivains sublimes, le jeu, les journaux, l'opéra, qui vous ennuient bien tous les jours et à qui vous le pardonnez. D'ailleurs, je me souviens d'avoir lu, qu'autrefois le comte de Bussy, se trouvant à la campagne, comme moi, militaire aussi désœuvré que je l'étais à L***, traduisit, de l'antique, les amours d'*Hélène*, et qu'encore qu'il n'eût écrit que pour amuser son loisir, il ne laissa pas d'adresser ce qu'il avait fait, si ce fut à madame de *Sévigné*, ou bien à madame de *Lafayette*, je ne sais, et peu importe; suffit que ce fut à une femme de beaucoup d'esprit. Je ne suis pas *Bussy*; mais, Madame, *il est beau de vouloir l'imiter*, comme a dit un poète : je l'imite fort bien en ce que je vous adressse ceci, moins heureusement sans doute dans le reste; mais c'est de quoi vous allez juger; car, sans y penser, vous voilà comme engagée à m'écouter.

Mais avant d'entendre *Isocrate* lui-même, il est bon que vous sachiez à quelle occasion il composa ce discours. Un autre orateur de ce temps-là, dont le nom n'est pas venu jusqu'à nous, ayant prononcé publiquement l'éloge d'*Hélène*, *Isocrate*, peu satisfait de ce qu'il en avait dit, voulut traiter le même sujet. Remarquez, je vous prie, Madame, ce trait de l'ancienne galanterie. Au milieu des troubles de la Grèce, menacée des armes de Philippe, et déchirée par les factions, ces orateurs dont l'éloquence gouvernait le peuple et l'état, suspendaient les grandes discussions de la paix et de la guerre, et ajournaient en quelque sorte le salut public, pour faire l'éloge de la beauté.

Comparez à cela, s'il vous plait, les doux propos et les fleurettes de nos petits-maîtres modernes, à quoi se réduisent aujourd'hui tous les honneurs qu'on rend aux belles, et admirez combien ce titre, quoiqu'on en puisse dire, a perdu chez nous de ses prérogatives. Pour moi, bien loin de convenir de la grande supériorité que nous nous attribuons à cet égard sur les anciens, je soutiens que plus on remonte dans l'antiquité, plus on retrouve les vrais principes de la galanterie; et j'ai vu des femmes, aux lumières desquelles on pouvait s'en rapporter, regretter en cela la simplicité des temps héroïques, aussi supérieure, selon elles, à tout le clinquant d'aujourd'hui, que la poésie d'Homère l'est aux bouquets à Iris. Pour traiter à fond cette matière, il en faut savoir plus que moi. Ce ne sont pas toutefois les observations qui me manquent, mais l'art de les développer; et si je me tais, c'est plutôt faute d'expressions que d'idées. En un mot, Madame, tout tombe depuis un certain temps, et ce culte de la beauté que nous appelons galanterie, penche comme les autres vers sa décadence. Voilà une chose, convenez-en, dont vous ne vous doutiez guères; de vous-même vous ne vous en seriez jamais aperçue, et il n'y avait qu'*Isocrate* qui put vous faire cette remarque, en vous apprenant quels hommages vous eussiez reçus de son temps.

Dans le dessein qu'il annonce de faire l'éloge d'*Hélène,* il commence naturellement par parler de son origine.

« Elle fut, dit-il, la seule de son sexe, parmi tant d'enfants de Jupiter, dont ce Dieu daigna se déclarer le père. Quelque tendresse qu'il eût pour le fils d'Alcmène, *Hélène* lui fut encore plus chère ; et dans les dons qu'il leur fit, ses plus précieuses faveurs furent d'abord pour sa fille; car Hercule eut en partage la force à qui rien ne résiste, *Hélène* la beauté qui triomphe de la force même. S'il eût voulu leur épargner toutes les misères de la vie, et les faire jouir en naissant de la félicité suprême, il n'en eût couté que de l'ambroisie, et le maître de l'Olympe y eût aisément trouvé des places pour ses enfants, auxquels n'auraient manqué ni l'encens, ni les autels. Mais son dessein n'était pas qu'ils prissent rang parmi les Dieux, avant de l'avoir mérité autrement que par leur naissance : il voulait non que le ciel les reçût, mais qu'il les demandât, et qu'à leur égard l'admiration seule forçât les vœux de la terre. Sachant donc que cette gloire qui devait les conduire à l'immortalité, ne s'acquiert point dans la langueur d'une vie oisive et cachée, mais mais se dispute au grand jour, comme un prix que l'univers adjuge au plus digne, il multiplia pour eux les périls et les aventures, dans lesquels Hercule, défaisant les monstres et punissant les brigands, se servait de sa force pour exterminer le crime; *Hélène*, armant pour sa conquête les plus vaillans hommes d'alors, et ajoutant à leur courage l'aiguillon de la rivalité, employait ses charmes à faire briller la vertu.

» Elle ne faisait encore que sortir de l'enfance, quand Thésée l'ayant vue dans un chœur de jeunes filles, fut frappé de cette beauté, qui à peine commençant d'éclore, effaçait déjà toutes les autres. Accoutumé à tout vaincre, ce fut à lui, cette fois, de céder à tant de grâces; et quoiqu'il eût dans son pays tout ce qui pouvait satisfaire les désirs et l'ambition, croyant dès-lors n'avoir rien s'il ne possédait *Hélène*, et n'osant la demander (parce qu'il savait que les Oracles devaient disposer d'elle), il résolut de l'enlever, dans Sparte, au milieu de sa famille, sans se soucier, ni de ses frères, Castor et Pollux, ni des forces qui la gardaient, ni des périls auxquels il semblait ne pouvoir échapper dans cette entreprise. Il l'exécuta cependant, aidé d'un seul de ses amis, qui voulant à son tour enlever aux Enfers la fille de Cérès, lui demanda le même secours. Thésée voulant l'en détourner, en lui remontrant les dangers, les obstacles insurmontables, et la témérité d'aller braver la mort dans son empire. Mais le voyant obstiné, il partit avec lui, car il ne crut pas pouvoir rien refuser à un homme auquel il devait *Hélène*.

» De tout autre on pourrait dire qu'il se faisait par-là plus de tort à lui-même que d'honneur à *Hélène*, et que cette conduite marquait moins le mérite de l'héroïne que la folie de son amant. Mais il s'agit de Thésée, qui n'était pas tellement dépourvu de sens, ni de femmes, que d'attacher tant de prix à des conquêtes vulgaires. Il était homme sage; il se connaissait en beautés; ce qu'il estimait *Hélène* prouve ce qu'elle valait dès-lors; et pour toute autre femme qu'elle, c'eût été assez de gloire d'avoir inspiré tant d'amour à un héros tel que Thésée. En effet, on sait que parmi ceux qui ont réussi comme lui à immortaliser leur nom, il ne s'en trouve point dont le caractère, bien examiné, ne laisse toujours quelque chose à désirer : aux uns la prudence a manqué, aux autres l'audace ou l'habileté; mais je ne vois pas ce qu'on pourrait dire avoir manqué à Thésée, dont la vertu me paraît de tout point si accomplie, qu'il ne s'y put rien ajouter. Ici, puisque j'en suis venu à parler de ce héros, me blâmera-t-on si je m'arrête à louer en peu de mots ses grandes qualités? Et par où pourrai-je mieux faire l'éloge d'*Hélène*, qu'en montrant combien ses admirateurs furent eux-mêmes dignes d'être admirés? On juge par soi des choses de son temps. Nous avons mille moyens de prendre une juste idée des hommes et des faits plus rapprochés de nous; mais sur ce que le passé dérobe à nos regards, lorsqu'il s'agit de personnages dont rien ne reste que le bruit de ce qu'ils furent autrefois, nous ne pouvons que suivre le jugement de ceux qui, vivant avec eux dans ces temps reculés, se montrèrent vaillants et sages.

» Rien donc ne me paraît plus à la louange de Thésée, que d'avoir su, étant contemporain d'Hercule, égaler sa gloire à celle de ce héros; car leur plus grande ressemblance n'était pas dans leur manière de s'armer et de combattre, mais dans l'usage qu'ils firent l'un et l'autre de leur puissance, et surtout dans leur constance à servir l'humanité par des entreprises dignes du sang dont ils étaient issus. La seule différence qui se remarque entre eux, c'est que les actions de l'un furent plus éclatantes, celles de l'autre plus utiles. Hercule, soumis dès sa naissance aux ordres d'un tyran cruel, fut condamné à des travaux difficiles et périlleux, mais dont il ne résultait, le plus souvent, aucun avantage, ni pour lui, ni pour les autres. Thésée, maître de lui-même, chercha des dangers où la gloire de vaincre fut accompagnée de la reconnaissance publique, et voulut que tous ses titres à l'admiration des hommes fussent autant de bienfaits.

Car, sans attaquer le Ciel, sans faire violence à la nature, sans aller chercher aux bornes du monde une gloire stérile, en détruisant les monstres qui désolaient l'Attique, exterminant les brigands dans toute la Grèce, punissant partout l'injustice et protégeant l'innocence, mais surtout en délivrant son pays de l'exécrable tribut qu'il payait aux Crétois, ce prince montra qu'il songeait bien moins à faire briller son courage, qu'à s'en servir utilement pour procurer à sa patrie et aux peuples de la Grèce, tous les avantages qui résultent de la paix intérieure, et de la facilité des relations réciproques.

» Ces grandes choses, dont la mémoire doit être éternelle, ne forment encore que la moindre partie de sa gloire, si on les compare à la conduite qu'il tint dans le gouvernement d'Athènes. Car, qu'était-ce qu'Athènes avant lui ? un peuple sans frein, un état sans lois, où chacun abusant du pouvoir passager que le hasard lui donnait, travaillait de concert à la ruine publique, et ressentait lui-même tout le mal qu'il faisait. Thésée, à la mort de son père, trouva le désordre et la confusion parvenus au point que les citoyens, en proie aux attaques du dehors et à leurs propres fureurs, se défiant autant les uns des autres que de l'ennemi commun, avaient sans cesse la crainte dans le cœur et le fer à la main. Nulle propriété n'était assurée, nulle autorité respectée. La force était la seule loi. Malheurs à qui ne pouvait défendre ce qu'il possédait; heureux qui pouvait conserver ce qu'il avait usurpé; ou pour mieux dire, tous étaient également misérables; les opprimés ne voyant point de termes à leurs maux, et les oppresseurs menacés des violences qu'ils exerçaient, se craignant non seulement l'un l'autre, mais redoutant jusqu'à ceux qu'ils faisaient trembler; aussi esclaves que tyrans et plus malheureux que leurs victimes. Mais, sous Thésée, on vit bientôt succéder à ce chaos, l'ordre et l'harmonie. Comme sa valeur éloignait tout danger à l'extérieur, sa sagesse établit au dedans le calme et la concorde. D'abord jugeant avec raison que rien ne pourrait dissiper les haines, et réunir les citoyens sous une commune loi, tant que la nation, dispersée par bourgades et par cantons, renfermerait pour ainsi dire autant de factions que de familles, il commença par rassembler le peuple, entier dans une seule ville, qui, en peu de temps, devint la plus florissante de la Grèce. Ensuite il lui donna des lois, dont il établit pour fondement la souveraineté du peuple, et le droit qu'il étendit à tous les citoyens de prendre part aux affaires publiques; car pour lui, quelle que fût la forme du gouvernement, il ne pouvait perdre l'empire que lui assuraient ses vertus, et il aimait mieux se voir le chef d'une nation libre et fière, que le maître d'un troupeau d'esclaves. Les Athéniens, de leur côté, loin de se montrer jaloux du pouvoir qu'il conservait, voulurent, au contraire, qu'il tînt de leur confiance une seconde fois l'autorité absolue à laquelle il avait renoncé, ne doutant pas qu'il ne leur valût mieux dépendre de lui que d'eux-mêmes. On vit alors ce spectacle extraordinaire : un roi qui voulait que son peuple fut maître, un peuple qui priait son souverain de régner, un chef tout puissant dans une république, et la liberté sous la monarchie. Aussi ses maximes n'étaient-elles pas celles de la plupart des princes, qui se croient faits pour jouir en repos du travail d'autrui, et nourrir leur propre mollesse de la sueur de leurs sujets. Thésée se croyait obligé de travailler lui seul pour le repos de tous, et d'assurer à ceux qui vivaient sous ses lois, la paix et le bonheur, en prenant pour lui les fatigues et les dangers. C'est ainsi qu'il régna long-temps, sans employer, pour se maintenir, ni alliances, ni secours étrangers, n'ayant de garde que son peuple, et d'ennemis que ceux de l'état. La sagesse et la douceur de son gouvernement se retrouvent encore aujourd'hui dans nos lois et dans nos mœurs.

» Qu'on se figure à présent ce que devait être celle qui, non seulement fut préférée par un héros de ce caractère à toutes les femmes de son temps, mais dont la beauté à peine formée triompha d'une vertu si rare, au point de l'amener à une démarche, qui faite pour toute autre qu'*Hélène,* eut été le comble de la folie et de la témérité. Ici le prix de l'objet justifie seul l'entreprise; et peut-être, au temps où vivait Thésée, n'était-il point d'homme, qui se sentant comme lui digne de la posséder, n'eût tenté ce qu'il exécuta pour y parvenir. Du reste, il faut avouer qu'on ne peut guères exiger de preuve plus sensible, ni de témoignage plus éclatant du mérite d'*Hélène,* que ce que fit Thésée pour s'en rendre maître.

Mais, de peur qu'on ne m'accuse d'abuser ici de la réputation de son premier amant, pour la faire briller d'une gloire empruntée, je passe à l'examen des autres époques de sa vie. Ayant perdu tout espoir de revoir jamais Thésée, demeuré captif aux enfers, dans cette généreuse entreprise, où, quittant sa maîtresse pour servir son ami, il perdit l'un et l'autre avec la liberté; après lui, elle vit bientôt, de retour à Lacédémone, tout ce qu'il y avait de rois et de princes dans la Grèce, faire éclater pour elle les mêmes sentimens. Car chacun d'eux pouvant, dans son propre pays, se choisir une femme parmi les plus belles, ils aimaient mieux venir à Sparte demander *Hélène* à son père; et avant qu'on pût soupçonner lequel serait préféré, les espérances étant égales, ainsi que les prétentions, et la palme suspendue, comme il était aisé de prévoir que le possesseur d'une beauté si vantée, aurait tout à craindre de la part de ses rivaux connus ou cachés, tous les prétendans firent serment que, quel que fut celui qui l'obtiendrait, le premier qui tenterait de la lui ravir aurait pour ennemis tous les autres; chacun d'eux croyant assurer son bonheur par cette précaution. En cela tous s'abusaient, hors Ménélas; mais sur le reste, on vit bientôt qu'ils ne s'étaient pas trompés, et que d'un bien si envié la garde était plus difficile encore que l'acquisition.

» En effet, peu de temps après survint, entre les Déesses, cette fameuse querelle, de laquelle Pâris fut établi juge, et l'une d'elles lui promettant de le rendre invincible à la guerre, l'autre de le faire régner sur toute l'Asie, la troisième de l'unir à *Hélène;* dans l'impossibilité de fixer son jugement sur ce qui s'offrait à sa vue, arbitre confus de tant de beautés trop éblouissantes pour des yeux mortels, et réduit à se décider par la seule comparaison des dons qui lui étaient offerts, il préféra, à tout le reste, le titre d'époux d'*Hélène* et de gendre de Jupiter. Car il ne faut pas croire que le plaisir seul l'eût déterminé (encore que ce motif ne soit pas sans force, même aux yeux des sages) s'il n'eût réfléchi que la plus haute fortune est souvent le partage du moindre mérite, et que mille autres après lui s'illustreraient par des victoires, tandis que bien peu se pourraient vanter d'être en même temps issus et alliés du maître des Dieux. D'ailleurs par un calcul tout simple, forcé de choisir entre trois déesses, et devant opposer à la haine de deux l'amitié d'une seule, pouvait-il **ne pas** se décider pour celle dont la faveur lui promettait les plus douces jouissances de la vie, et dont la haine seule eut empoisonné toutes les faveurs des deux autres ? Il n'est point d'esprit raisonnable qui ne trouve dans ces motifs de quoi justifier le choix que fit Pâris; et si on l'en voit blâmé, ce n'est que par ceux dont l'opinion se règle sur les événements et sur l'apparence des choses; erreur où il faut les laisser. Car enfin, que dire à des gens qui prétendent, en cette affaire, voir plus clair que Pâris, qui appellent d'un arrêt auquel s'en rapportent les Dieux, et osent taxer de peu de jugement celui que tout l'Olympe reconnut pour juge ?

» Ce qui m'étonne, quant à moi, c'est qu'on puisse dire qu'il eut tort de vouloir vivre avec *Hélène*, pour qui moururent tant de rois. Comment d'ailleurs Pâris eût-il méprisé la beauté, dont les Dieux se montraient à lui si jaloux ? Et que pouvait une déesse lui offrir de plus séduisant que ce qu'elle-même estimait le plus ? Quel homme enfin eût dédaigné cet objet de tant de vœux, dont la Grèce entière ressentit la perte, comme si on lui eût ôté ses Dieux et ses temples, et dont la possession rendit le barbare aussi orgueilleux que l'aurait pu faire la plus belle victoire remportée sur nous? Car depuis long-temps diverses offenses avaient donné lieu, de part et d'autre, à des plaintes, sans jamais produire de rupture ouverte; mais *Hélène* ravie arma tout d'un coup l'Europe et l'Asie. Des peuples que rien jusques-là n'avait pu porter à se combattre, pour elle seule se firent une guerre, la plus grande et la plus terrible qu'on eut encore vue, mais dans laquelle rien ne parut aussi surprenant que l'obstination des deux partis. Car les Troyens pouvant, s'ils eussent voulu rendre *Hélène*, arrêter le cours de tant de maux, et prévenir leur propre ruine, et les Grecs, en l'abandonnant, retrouver chez eux la paix et le repos; un tel sacrifice leur parut à tous impossible : mais les uns pour la conserver, virent pendant dix ans leurs champs dévastés et leurs toits livrés aux flammes; les autres, plutôt que de la perdre, se laissèrent vieillir loin de leur patrie, et pour la plupart ne revirent jamais leurs dieux domestiques. Or, une guerre si désastreuse ne se faisait ni pour Pâris, ni pour Ménélas, mais pour décider une grande querelle entre les deux moitiés du monde, dont chacune croyait triompher de l'autre en lui enlevant *Hélène*. Et tel était l'intérêt que prenaient à cette guerre, non seulement les nations qui s'y trouvaient engagées, mais même les Dieux, que plusieurs de leurs enfants, qui devaient périr devant Troye, y furent envoyés par eux-mêmes. Ainsi connaissant les destins, Jupiter ne laissa pas d'y faire aller Sarpédon, Neptune Cycnus, Thétis Achillle, l'Aurore Memnon; trouvant qu'il était plus glorieux et plus digne de ces héros, de mourir dans les combats livrés pour *Hélène,* que de vivre sans partager l'honneur de tant d'exploits fameux. Et comment auraient-ils songé à réprimer, dans leurs enfans, une ardeur qu'ils justifiaient par leur propre exemple? Car, si pour l'empire du Ciel ils combattirent les géans, pour *Hélène*, ils firent plus, ils tournèrent leurs armes les uns contre les autres.

» Voilà ce que peut la beauté, dont l'empire s'étend jusques sur les Dieux, et réduit souvent Jupiter lui-même à la condition des mortels. Partout ce dieu montre ce qu'il est, et s'annonce en maître du monde; mais auprès de Léda ou d'Alcmène, que lui serviraient la foudre et ce sourcil qui fait tout trembler? Ailleurs il commande, mais là il demande, et obtient si peu, qu'il est obligé de tromper ce qu'il aime. Il ne peut, à moins de passer pour un autre, être heureux dans ses amours; inférieur alors aux créatures mêmes, dont il emprunte la forme, qui plaisent sans imposture, et dans le bonheur qu'elles goûtent, ne doivent rien à l'erreur. La beauté ayant les mêmes droits dans le ciel que sur la terre, il ne faut donc pas s'étonner que les Dieux aient combattu pour elle. Leurs querelles n'eurent jamais un plus digne objet. Rien n'est si précieux que la beauté, qui fait le prix de toutes choses. C'est par elle que tout plaît, et rien sans elle ne peut être ni aimé ni admiré, Toute autre qualité s'acquiert, se perfectionne par l'art ou par l'exercice; la nature seule donne la beauté avec l'existence, et nul n'en peut avoir que ce qu'il a reçu de la nature. Il n'est étude ni artifice qui puissent (encore que la plupart se persuadent le contraire) ni la suppléer où elle manque, ni même l'accroître où elle est. C'est un trésor dont les dieux se sont réservé la distribution. Certains avantages sont utiles à ceux seulement qui les ont, odieux ou dangereux aux autres. La force inspire la crainte, la richesse l'envie. La beauté ne produit qu'amour et admiration. Elle seule n'a point d'ennemis, et n'en peut jamais avoir. Car tous ces biens, tels que la force, la richesse, la gloire même, ceux qui les possèdent en jouissent seuls; au lieu que la beauté semble être le bien de tous ceux qui ont des yeux, et n'avoir été donnée à quelques individus que pour le bonheur de tous. Les qualités, même les plus louables, de l'esprit et du cœur, veulent du moins être connues pour qu'on les prise ce qu'elles valent, et n'obtiennent qu'avec le temps les sentiments qu'on leur accorde. La beauté, pour se faire aimer, n'a besoin que de paraître. Un avantage qu'elle a d'ailleurs sur tous les dons naturels ou acquis, c'est qu'en même temps qu'elle plaît, elle inspire le désir de plaire : par-là elle polit les mœurs et fait le charme de la vie; par-là elle excite, dans une âme noble, l'enthousiasme de la gloire, et fait éclore plus de vertus que toutes les leçons de la morale et de la philosophie; elle allume le génie, et les arts qu'elle a créés, lui doivent leurs chefs-d'œuvre comme leur origine, ayant tous pour unique but de plaire et d'instruire par l'image du beau, prise dans la nature. Mais si cette image a le pouvoir de captiver l'âme et de charmer à la fois le sens et la pensée, que sera-ce du modèle? Et combien doit être sublime en elle-même une chose dont la seule représentation est si ravissante! Pour moi, je ne vois rien qui tienne tant de la Divinité, rien qui s'attire si aisément les hommages de la terre. Un héros couronné de gloire, ayant gagné des batailles, pris des villes, fondé des empires, éprouve qu'il est plus aisé de conquérir l'univers, que de s'en faire adorer, et au prix de tant de travaux, il obtient à peine, en mourant une place entre les Demi-Dieux. Une belle n'a besoin que de naître pour se voir au rang des Déesses; sitôt qu'elle apparaît au monde, elle jouit de son apothéose. Il n'est pas question de la placer au ciel; on suppose qu'elle en vient, et tous les vœux qu'on lui adresse, sont pour la retenir sur la terre. C'est ainsi qu'*Hélène* adorée vit les peuples et les Dieux combattre à qui la posséderait.

» A dire vrai, ce n'était pas simplement une belle, mais un miracle d'attraits et de perfections. Elle parut telle à Thésée, qui en avait vu tant d'autres, et depuis, qu'elle impression ne fit-elle pas sur Pâris, qui avait vu Vénus même? Jamais beauté n'obtint un suffrage si flatteur de juges si éclairés. Après cela, faut-il s'étonner qu'elle entraînât sur ses pas une jeunesse idolâtre? Les vieillard mêmes, pour la suivre, passèrent les monts et les mers. Elle charmait tout le monde; mais, ce qu'on ne peut trop admirer, c'est que, ayant eu tant d'amants, elle les conserva tous. Ayant été tant de fois mariée, enlevée, surprise, dérobée à elle-même, ou aux autres, elle ne fut jamais quittée; et tandis que les autres femmes, à force de tendresse et de fidélité, se peuvent à peine assurer un cœur, elle sut les fixer tous, et ne se fixa jamais. Le mérite de ses amants donne une grande idée du sien. La préférence qu'elle obtint d'eux montre combien elle l'emportait sur les beautés de son temps; mais leur constance la met au-dessus de toute comparaison; surtout lorsqu'on réfléchit qu'elle ne les trompait en rien, qu'elle n'employait pas même avec eux les plus innocents artifices en usage parmi les belles; qu'elle ne savait ni allumer une passion par des avances, ni l'attiser par des froideurs, ni l'entretenir par des espérances; qu'en un mot, elle ne ménageait ni les rigueurs, ni les faveurs, n'ayant pas même les élémens de ce qu'on appelle coquetterie, soit qu'alors ce grand art ne fut pas encore inventé, soit, comme il est plus vraisemblable, qu'elle crût pouvoir s'en passer. Dans cette foule d'adorateurs, elle n'en flattait aucun d'une préférence exclusive. Elle ne cachait point à l'un le bien qu'elle voulait à l'autre. Ménélas, quand il l'épousa, savait tout ce qui s'était passé entre elle et Thésée. Il ne l'en aima pas moins, et se contenta d'en être aimé, sans prétendre l'être seul; car le sort s'y opposait, et sans doute c'eût été trop de bonheur pour un mortel. Pâris non plus n'ignorait aucune de ses amours, quand il lui sacrifia les siennes, et quitta pour elle, non seulement les bergères d'Ida, mais Œnone, nymphe et immortelle. Après lui encore, Ménélas la reprit, quoiqu'elle ne fût plus jeune alors, persuadé qu'il valait mieux être son dernier amant, que le premier de toute autre; et l'événement fit bien voir qu'il ne s'était pas trompé. Dans ces sanglantes catastrophes où périt la race de Pélops, elle seule le préserva de la ruine de sa maison, et obtint même de Jupiter, qu'il serait avec elle admis dans l'Olympe. Car n'ayant pu sur la terre être toute à lui, elle voulut que dans le ciel au moins il la possédât sans partage, et lui fut à jamais uni, juste récompense de ce qu'il avait fait et souffert pour elle.

» Pâris en avait fait autant, et souffert encore plus........ Ah! qu'elle l'en eût bien payé, s'il n'eût tenu qu'à elle, et lui eût rendu l'immortalité plus douce qu'à pas un des Dieux! *Hélène* ne fut point ingrate à ceux qui l'aimèrent avec tant d'ardeur; mais sa reconnaissance, arrêtée par mille obstacle divers, ne put leur faire à tous tout le bien qu'ils avaient mérité d'elle. Femme de Ménélas, les destins ne lui permirent pas de rendre à son mari tout ce qu'il eut pour elle de constance et d'amour; Déesse, elle ne fut pas plus libre à l'égard de Pâris, lorsqu'il mourut. Jamais Minerve ni Junon ne l'eussent souffert dans l'Olympe. Ne pouvant donc faire ce qu'elle eût voulu pour récompenser l'amant et l'époux, elle fit ce qu'elle pouvait. Elle rendit l'un immortel, et l'autre le plus heureux des hommes.

» Mais dans les grâces qu'elle obtint de la tendresse de Jupiter, sa propre famille ne fut pas oubliée. Sans elle, ses deux frères, Castor et Pollux, qui avaient déjà terminé leur vie, n'eussent jamais joui des honneurs divins; sans elle, peu leur eût servi d'avoir aidé de leur valeur Hercule et Jason; avec les titres de héros et d'enfants de Jupiter, ils périssaient, eux et leur nom, si elle ne les eût arrachés à la mort, et placés entre les astres, d'où ils apaisent les tempêtes, et sauvent du naufrage ceux dont la piété a su se les rendre propices. Pour elle, à qui sa patrie ne cessa jamais d'être chère, elle protège Lacédémone, où son culte est établi, et les mêmes lieux qui la virent si belle, désirée de tant de héros, la voient encore adorée de toute la Grèce. C'est là qu'elle reçoit les vœux des mortels, et signale son pouvoir sur ceux qui ont mérité ses bienfaits ou sa colère. L'épouse d'Ariston, roi de Sparte, n'était pas née pour devenir la plus belle personne de la Grèce. Même à Lacédémone, où nulle femme n'est sans beauté, on se souvenait de l'avoir vue si disgrâciée de la nature, que ses parens la cachaient et ne se pouvaient consoler; car ils n'avaient point d'autre enfant. Chaque jour ils la menaient au temple d'*Hélène*, dont ils invoquaient la pitié pour elle. Dès qu'elle put parler, elle sut avec eux implorer la Déesse. Qu'arrivait-il? La piété de ces bons parens eut sa récompense. Leur fille changeait de jour en jour, et bientôt cet enfant qu'on rougissait de montrer fit la gloire de sa famille. Ce poète qui, dans ses vers, osa offenser *Hélène,* n'eut pas lieu de s'en réjouir; en punition de son blasphême, elle le rendit aveugle. Qui médit de la beauté, n'est pas digne de voir; mais employer à l'outrager un art consacré à sa louange! un pareil abus de la faveur des Muses aurait mérité que les Dieux lui ôtassent la voix avec la lumière. *Hélène* toutefois lui pardonna. Lorsqu'il reconnut sa faute, et répara par d'autres chants l'impiété des premiers, elle lui rendit la vue; car ayant été femme sensible, elle ne pouvait être Déesse inexorable.

» Mais ces exemples nous apprennent qu'elle peut également récompenser et punir. Comme fille de Jupiter, ayant fait l'ornement de son siècle et la gloire de son pays, elle a mérité ses autels; comme Déesse, il faut la craindre et l'honorer, les riches, par des hécatombes, et les sages par des hymnes; car c'est l'offrande que les Dieux aiment de ceux qui les savent composer. J'ai tâché de rassembler ici quelques traits de son éloge; mais ce que j'en ai dit est loin d'égaler ce que je laisse à dire à d'autres. Car, sans parler de tant de connaissances utiles ou agréables, dont nous serions encore privés, sans la guerre entreprise pour elle, on peut dire que nous lui devons de n'être pas aujourd'hui assujettis aux barbares. Ce fut par elle, en effet, que la Grèce apprit à unir toutes ses forces contre eux, et l'Europe lui doit le premier triomphe qu'elle ait obtenu sur l'Asie, triomphe qui fut l'époque d'un changement total dans le sort de la Grèce. Car nous étions depuis long-temps accoutumés à voir nos villes commandées par ceux d'entre les barbares que la fortune réduisait à fuir leur propre pays. C'est ainsi que Danaüs était sorti de l'Égypte pour venir gouverner Argos; que Cadmus, né à Sidon, avait régné sur les Thébains; que les Cariens bannis s'étaient emparé des îles, et la postérité de Tantale, de tout le Péloponèse. Mais après avoir détruit Troye, la Grèce reprit bientôt une telle supériorité, qu'elle soumit, à son tour, jusque dans le cœur de l'Asie, des villes et des provinces.

» Ceux donc qui voudront entreprendre d'ajouter à l'éloge d'*Hélène* de nouveaux ornements, trouveront assez, dans de semblables considérations, de quoi composer à sa louange des discours fleuris. »

AVERTISSEMENT

SUR LA LETTRE A M. RENOUARD.

(Pour l'intelligence de ce qui suit, il faut premièrement savoir que Paul-Louis, auteur de cette lettre, ayant découvert à Florence, chez les moines du mont Cassin, un manuscrit complet des Pastorales de Longus, jusque-là mutilées dans tous les imprimés, se préparait à publier le texte grec et une traduction de ce joli ouvrage, quand il reçut la permission de dédier le tout à la Princesse : ainsi appelait-on en Toscane la sœur de Bonaparte, Elisa. Cette permission, annoncée par le préfet même de Florence, et devant beaucoup de gens, à Paul-Louis, le surprit. Il ne s'attendait à rien moins, et refusa d'en profiter, disant pour raison que le public se moquait toujours de ces dédicaces; mais l'excuse parut frivole : le public, en ce temps-là, n'était rien, et Paul-Louis passa pour un homme peu dévoué à la dynastie qui devait remplir tous les trônes. Le voilà noté philosophe, indépendant et pis encore, et mis hors de la protection du gouvernement. Aussitôt on l'attaque; les gazettes le dénoncent comme philosophe d'abord, puis comme voleur de grec. Un signor Puccini, chambellan italien de l'auguste Elisa, quelque peu clerc, écrit en France, en Allemagne; cette vertueuse princesse elle-même mande à Paris qu'un homme, ayant trouvé par hasard, déterré un morceau de grec précieux,

s'en était emparé pour le vendre aux Anglais. Cela voulait dire qu'il fallait fusiller l'homme et confisquer son grec, s'il y eût eu moyen; car déjà les savants étaient en possession du morceau déterré qui complétait Longus, de ce nouveau fragment en effet très-précieux, imprimé, distribué gratis avec la version de Paul-Louis.

Un autre Florentin, un professeur de grec appelé Furia, fort ignorant en grec et en toute langue, fâché de l'espèce de bruit que faisait cette découverte parmi les lettrés d'Italie, met la main à la plume, comme feu Janotus, compose une brochure. Les brochures étaient rares sous le grand Napoléon : celle-ci fut lue de-là les monts, et même parvint à Paris. M. Renouard, libraire, accusé dans ce pamphlet de s'entendre avec Paul-Louis, pour dérober du grec aux moines, répondit seul; Paul-Louis pensait à autre chose.

Il parut aussi des estampes, dont une le représentait dans une bibliothèque, versant toute l'encre de son cornet sur un livre ouvert, et ce livre c'était le manuscrit de Longus. Car il y avait fait, en le copiant, comme il est expliqué dans l'écrit qu'on va lire, une tache, unique prétexte de la persécution et de tant de clameurs élevées contre lui. On criait qu'il avait voulu détruire le texte original, afin de posséder seul Longus. Une excellence à porte-feuille trouve ce raisonnement admirable, et sans en demander davantage, ordonne de saisir le grec et le français publiés par Paul-Louis à Rome et à Florence, et ce fut une chose plaisante; car de peur qu'il n'eût seul ce qu'il donnait à tout le monde, le vizir de la librairie, ne sachant ce que c'était que grec ni manuscrits, connaissant aussi peu Longus que son traducteur, d'abord avait écrit de suspendre la vente de l'œuvre, quelle qu'elle fût; puis apprenant qu'on ne vendait pas, mais qu'on donnait ce grec et ce français au petit nombre d'érudits amateurs de ces antiquités, il fit séquestrer tout, pour empêcher Paul-Louis de se l'approprier. Celui-ci ne s'en émut guère, et laissait sa Chloé dans les mains de la police, fort résolu à ne jamais faire nulle démarche pour l'en tirer; mais à la fin, il eut avis qu'on allait le saisir lui-même et l'arrêter. Cela le rendit attentif, et il commençait à rêver aux moyens de sortir d'affaire, quand il fut mandé chez le préfet de Rome, où il était alors, pour donner des éclaircissements sur sa conduite, ses liaisons, son état, son bien, sa naissance et son pâté d'encre, le tout par ordre supérieur. Il écrivit à ce préfet, non sans humeur; voici sa lettre :

« *Monsieur, j'ai négligé de répondre aux calom-*
» *nies publiées contre moi depuis environ un an,*
» *croyant que ces sottises feraient peu d'impression*
» *sur les esprits sensés; mais puisque le ministre y*
» *met de l'importance, et qu'enfin il faut m'expliquer*
» *sur ce pitoyable sujet, je vais donner au public, de-*
» *vant lequel on m'accuse, ma justification aussi*
» *claire et précise qu'il me sera possible. Vous rece-*
» *vrez, Monsieur, le premier exemplaire de ce mé-*
» *moire très-succint, où son Excellence trouvera les*
» *renseignements qu'elle désire.* »

Le préfet répondit : « *M. gardez-vous bien de rien pu-*
» *blier sur l'affaire dont il est question; vous vous*
» *exposeriez beaucoup, et l'imprimeur qui vous prê-*

» terait son ministère ne serait pas moins compromis. »

Il s'agissait d'un pâté d'encre, et remarquez, car il y a en toute histoire moralité, tout est matière d'instruction à qui veut réfléchir : admirez en ceci la doctrine du pouvoir; les calomnies s'impriment, mais la réponse, non. Chacun peut bien dire au public dans les pamphlets, dans les journaux, Paul-Louis est un voleur; mais il ne faut pas que celui-ci puisse parler au même public et montrer qu'il est honnête homme. Le ministre évoque l'affaire à son cabinet, où lui seul en décidera, et fera Paul-Louis honnête homme ou fripon, selon qu'il croira convenir au service de sa majesté, selon le bon plaisir de son altesse impériale madame Bacciocchi.

Paul-Louis, bien empêché, récrivit au préfet : « Monsieur, j'ignorais qu'il fallût votre permission » pour imprimer mon petit mémoire justificatif; » mais puisqu'elle m'est nécessaire, je vous supplie » de me l'envoyer. » *Il n'eut point de réponse et l'avait bien prévu. Heureusement il se souvint d'un pauvre diable d'imprimeur nommé Lino Contadini, qui demeurait près de la Sapience, n'imprimait que des almanachs, et devait être peu en règle avec la nouvelle censure. Il va le trouver et lui dit :* Or sù, presto, sbrighiamola e si stampi questa cosa per l'excellentissimo signor prefetto di pulizia; *c'est-à-dire :* Vite, qu'on imprime ceci pour monseigneur excellentissime préfet de police (ou de propreté, car c'est le même mot en italien.) *A quoi le bonhomme répondit :* Padron mio riverito, come farò ? Non capisco parola di francese; che vuol ella ch'io possa raccapezzar mai in questo benedetto straccio pieno di cossature ?

Mon cher Monsieur, comment ferai-je? n'entendant pas un mot de français, que puis-je comprendre à ce chiffon tout plein de ratures? Eh bien! repartit Paul-Louis, *nous y travaillerons ensemble; mais dépêchons, le préfet attend.* Les voilà donc à la besogne, et Paul-Louis, compositeur, correcteur, imprimeur et le reste. Ce fut un merveilleux ouvrage que cette impression; il y avait dix fautes par ligne, mais à toute force on pouvait lire. La chose achevée, vient un scrupule à ce bonhomme d'imprimeur. *Ne nous faudrait-il pas,* dit-il, *pour faire ce que nous faisons, une permission,* un permesso? *Non,* dit Paul-Louis. *Si fait* dit l'autre. *Et quoi, pour le préfet? Attendez,* dit Lino, *je reviens tout-à-l'heure.* Il s'en va chez le préfet, et cependant Paul-Louis fait un paquet d'une centaine d'exemplaires, qu'il emporte. Un quart-d'heure après l'imprimerie était pleine de sbires. Ce sont les gendarmes du pays.

Ayant ce qu'il voulait à-peu-près, Paul-Louis écrivit encore au préfet une dernière lettre : « Mon-
» sieur, j'ai trompé l'imprimeur Lino. Je lui ai fait
» accroire qu'il travaillait pour vous: je lui ai parlé
» en votre nom et comme chargé de vos ordres. Je
» l'ai hâté en l'assurant que vous attendiez impa-
» tiemment le résultat de son travail; enfin, tous les
» moyens que j'ai pu imaginer, je les ai mis en œu-
» vre pour abuser cet homme qui, pensant vous ser-
» vir, ignorait ce qu'il faisait. Après une telle décla-
» ration, je vous crois, Monsieur, trop raisonnable
» pour vous en prendre à lui, et non pas à moi seul,
» de la publication de mon factum littéraire. Je ne
» vous prie plus que de vouloir bien l'adresser avec

» *cette lettre au ministre, curieux de savoir à quoi*
» *je m'occupe et qui je suis.* »

Le pauvre Lino fut arrêté, interrogé, réprimandé, et renvoyé. Le préfet n'adressa au ministre ni lettre ni brochure; mais bientôt après il reçut une verte semonce de ses maîtres. Laisser imprimer, publier la plainte d'un homme maltraité, quelle bévue pour un préfet! L'espèce de supercherie dont il avait été la dupe ne l'excusait pas aux yeux d'un gouvernement fort. Il était responsable, la plainte avait paru; c'était sa faute à lui, gagé précisément pour empêcher cela. Il en faillit perdre sa place, et c'eût été dommage vraiment; il ne serait pas ce qu'il est (conseiller d'état) aujourd'hui, s'il eût cessé alors de servir les dynasties.

Paul-Louis, depuis ce temps, vécut à Rome tranquille, n'entendant plus parler de préfet ni de ministre. Sa lettre fit du bruit, en Italie surtout. Les Lombards se réjouirent de voir Florence moquée, et traitée d'ignorante. Quelques écrits parurent en faveur de Paul-Louis : on voulut y répondre, mais le gouvernement l'empêcha et imposa silence à tous. On redoutait alors la moindre discussion dont le public eût été juge. Celle-ci, d'abord sotte et ridicule seulement, eut des suites sérieuses, fâcheuses même, tragiques. Furia en fut malade, Puccini en mourut; car étant à dîner un jour chez la comtesse d'Albani, veuve du prétendant d'Angleterre, il se prit de querelle avec un des convives qui défendait Paul-Louis, et s'emporta au point que de retour chez lui le soir, il écrivit une lettre d'excuses à madame d'Albani, se mit au lit et mourut regretté d'un chacun, car il était bon homme, à la colère près. Paul-Louis n'en fut pas cause, comme on le lui a reproché ; mais s'il eût pu prévoir cette catastrophe, la crainte de tuer un chambellan ne l'eût pas empêché apparemment d'écrire, quand il crut le devoir faire pour sa propre défense.

Ce qui, dans cette brochure déplut, ce fut un ton libre, un air de mécontentement fort extraordinaire alors, la façon peu respectueuse dont on parlait des employés du gouvernement; et plus que tout, ce fut qu'on y faisait connaître la haine de l'Italie pour ce gouvernement et pour le nom français, Bonaparte croyait être adoré partout, sa police le lui assurait chaque matin : une voix qui disait le contraire embarrassait fort la police, et pouvait attirer l'attention de Bonaparte, comme il arriva; car un jour il en parla, voulut savoir ce que c'était qu'un officier retiré à Rome, qui faisait imprimer du grec. Sur ce qu'on lui en dit, il le laissa en repos.)

LETTRE A M. RENOUARD,

LIBRAIRE,

SUR UNE TACHE FAITE A UN MANUSCRIT DE FLORENCE.

J'ai vu, Monsieur, votre notice d'un fragment de Longus nouvellement découvert, c'est-à-dire, votre apologie au sujet de cette découverte, dans laquelle on vous accusait d'avoir trempé pour quelque chose. Il me semble que vous voilà pleinement justifié, et je m'en réjouirais avec vous, si je pouvais me réjouir. Mais cette affaire, dont vous sortez si heureusement, prend pour moi une autre tournure, et tandis que vous échappez à nos communs ennemis, je ne sais en vérité ce que je vais devenir.

On me mande de Florence que cette pauvre traduction, dont vous avez appris l'existence au public, vient d'être saisie chez le libraire, qu'on cherche le traducteur, et qu'en attendant qu'il se trouve, on lui fait toujours son procès. On parle de poursuites, d'informations, de témoins, *l'on se tait du reste* (1).

Voyez, Monsieur, la belle affaire où vous m'avez

---

(1) Hémistiche de Corneille, allusion hardie à l'intervention de l'auguste princesse, au refus de la dédicace, et autres faits connus alors de tout le monde à Florence, et peut-être même dans les faubourgs.

engagé. Car ce fut vous, s'il vous en souvient, qui eûtes la première pensée de donner au public ce malheureux fragment. Moi, qui le connaissais depuis deux ans, quand je vous en parlai à Bologne, je n'avais pas songé seulement à le lire.

> Sans ce fragment fatal au repos de ma vie,
> Mes jours dans le loisir couleraient sans envie ;

je n'aurais eu rien à démêler avec les savants Florentins; jamais on ne se serait douté qu'ils sussent si peu leur métier, et l'ignorance de ces messieurs ne paraissant que dans leurs ouvrages, n'eût été connue de personne.

Car vous savez bien que c'est là tout le mal, et que cette tache dont on fait tant de bruit, personne ne s'en soucie. Vous n'avez pas voulu le dire parce que vous êtes trop sage. Vous vous renfermez dans les bornes strictes de votre justification, et, par une modération dont il y a peu d'exemples, en répondant aux mensonges qu'on a publiés contre vous, vous taisez les vérités qui auraient pu faire quelque peine à vos calomniateurs. A quoi vous servait en effet, assuré de vous disculper, d'irriter des gens qui, tout méprisables qu'ils sont, ont une patente, des gages, une livrée ; qui, sans être grand chose, tiennent à quelque chose, et dont la haine peut nuire? Et puis, ce que vous taisiez, vous saviez bien que je serais obligé de le dire, que vous seriez ainsi vengé sans coup férir, et que le diable, comme on dit, n'y perdrait rien.

Pour moi, tant que tout s'est borné à quelques articles insérés dans les journaux italiens, à quelques libelles obscurs signés par des pédants, j'en ai ri avec mes amis, sachant que, comme vous le dites très-bien, peu de gens s'intéressent à ces choses, et que ceux-là ne se méprendraient pas aux motifs de tant de rage et de si grossières calomnies. Depuis huit mois que ces messieurs nous honorent de leurs injures, vous savez en quels termes je vous en ai écrit : *c'était*, vous disai-je, *une canaille* (1) *qu'il fallait laisser aboyer*. J'avais raison de les mépriser ; mais j'avais tort de ne pas les craindre, et, à présent que je voudrais me mettre en garde contre eux, il n'est peut-être plus temps.

Je fais cependant quelquefois une réflexion qui me rassure un peu : Colomb découvrit l'Amérique, et on ne le mit qu'au cachot ; Galilée trouva le vrai système du monde, il en fut quitte pour la prison. Moi, j'ai trouvé cinq ou six pages dans lesquelles il s'agit de savoir qui baisera Chloé ; me fera-t-on pis qu'à eux ? Je devrais être tout au plus *blâmé par la Cour*. Mais la peine n'est pas toujours proportionnée au délit, et c'est là ce qui m'inquiète.

Vous dites que les faits sont notoires ; votre récit et celui de M. Furia s'accordent peu néanmoins. Il y a dans le sien beaucoup de faussetés, beaucoup d'omissions dans le vôtre. Vous ne dites pas tout ce que vous savez, et peut-être aussi ne savez-vous pas tout : moi, qui suis moins circonspect, mieux instruit et d'aussi bonne foi, je vais suppléer à votre silence.

---

(1) Canaille, des chambellans ! Ceci parut un peu fort, et quelques personnes voulaient que l'auteur le supprimât.

Passant à Florence, il y a environ trois ans, j'allai avec un de mes amis, M. Akerblad, membre de l'Institut, voir la bibliothèque de l'abbaye de cette ville. Là, entre autres manuscrits d'une haute antiquité, on nous en montra un de Longus. Je le feuilletai quelque temps, et le premier livre, que tout le monde sait être mutilé dans les éditions, me parut entier dans ce manuscrit. Je le rendis et n'y pensai plus. J'étais alors occupé d'objets fort différents de ceux-là. Depuis, ayant parcouru la France, l'Allemagne et la Suisse, je revins en Italie, et avec vous à Florence, où, me me trouvant le loisir, je copiai de ce manuscrit ce qui manquait dans les imprimés. Je me fis aider dans ce travail par messieurs Furia et Bencini, employés tous deux à la bibliothèque de Saint-Laurent, où le manuscrit se trouvait alors. En travaillant avec eux, j'y fis, par étourderie, une tache d'encre qui couvrait une vingtaine de mots dans l'endroit inédit déjà transcrit par moi. Pour réparer en quelque sorte ce petit malheur, j'offris, sans qu'on me le demandât, ma copie, c'est-à-dire celle que nous avions faite ensemble moi, Furia et son aide, laquelle étant de trois mains, faite sur l'original même, et revue par trois personnes avant l'accident, avait une exactitude et une authenticité qui eût manqué à toute autre. On la dédaigna d'abord, comme ne pouvant tenir lieu de l'original, et ensuite on l'exigea; mais alors j'avais des raisons pour la refuser. Je payai ces messieurs et m'en vins de Florence à Rome, où ayant trouvé, comme je l'espérais, d'autres manuscrits de Longus, je fis imprimer à mes frais le texte de cet auteur, avec les variantes de Rome et de Florence. Cette édition ne se vend point, je la donne à qui bon me semble ; mais le fragment de Florence, imprimé séparément, se donne gratis à qui veut l'avoir.

Dans tout ceci, Monsieur, je n'invoquerai point votre témoignage, dont heureusement je puis me passer. Je vois votre prudence ; j'entre dans tous vos ménagements, et ne veux point vous commettre avec les puissances, en vous contraignant à vous expliquer sur d'aussi grands intérêts. Si on vous en parle, haussez les épaules, levez les yeux au ciel, faites un soupir, ou un sourire, et dites que le temps est au beau.

Mais avant d'aller plus loin, souffrez, Monsieur, que je me plaigne de la manière dont vous me faites connaître au public. Vous m'annoncez comme auteur d'une traduction de Longus parfaitement inconnue, brochure anonyme dont il n'y a que très-peu d'exemplaires dans les mains de quelques amis ; et, comme on ne me connaît pas plus que ma traduction, vous apprenez à vos lecteurs que je suis un *hellénetis*, fort habile dites-vous. On ne pouvait plus mal rencontrer. Si je suis habile, ce n'est pas dans cette occasion que j'en ai fait preuve. Ayant découvert cette bagatelle, qui complète un joli ouvrage mutilé depuis tant de siècles, vous voyez le parti que j'en ai su tirer. J'en fais cadeau au public, et je passe pour l'avoir non seulement volée, mais anéantie. Vous-même, Monsieur, vous en déplorez la perte. Les journaux italiens me dénoncent comme destructeur d'un des plus beaux monuments de l'antiquité ; M. Furia en prend le deuil ; sa cabale crie vengeance, et, tandis que ce supplément est, par mes soins et à mes frais, dans les mains de ceux qui peuvent le lire, on répand partout contre moi un libelle avec ce titre : *Histoire de la découverte et de la perte subite d'un fragment de Longus.* Voilà mon habileté. Où tout autre aurait trouvé du moins quelque honneur, j'en suis pour mon argent et ma réputation; et je me tiendrai heureux s'il ne m'arrive pas pis. Croyez-moi, Monsieur, les habiles en littérature sont ceux qui, comme les jésuites de Pascal, *ne lisent point, écrivent peu, et intriguent beaucoup.*

Je ne suis pas non plus *helléniste*, ou je ne me connais guères. Si j'entends bien ce mot, qui, je vous l'avoue, m'est nouveau, vous dites un *helléniste*, comme on dirait un *dentiste*, un *droguiste*, un *ébéniste;* et, suivant cette analogie, un *helléniste* serait un homme qui étale du grec, qui en vit, qui en vend au public, aux libraires, au gouvernement. Il y a loin de là à ce que je fais. Vous n'ignorez pas, Monsieur, que je m'occupe de ces études uniquement par goût, ou pour mieux dire, par boutades et quand je n'ai point d'autre fantaisie ; que je n'y attache nulle importance, et n'en tire nul profit; que jamais on n'a vu mon nom en tête d'aucun livre ; que je ne veux aucune des places où l'on parvient par ce moyen; et que, sans les hasards qui m'ont engagé à donner au public un texte de quelques pages, jamais on n'aurait eu cette preuve de mon habileté; qu'enfin même, après cela, si vous ne m'eussiez démasqué, contre toute bienséance et sans nulle nécessité, cette habileté qu'il vous plaît de me supposer, ou ne m'eut point été attribuée, ou serait encore un secret entre quelques personnes capables d'en juger.

Qu'est-ce, s'il vous plaît, Monsieur, qu'une notice

d'un livre qui ne se vend point, qu'on donne à peu de personnes, et que même on ne peut plus donner? et qu'importe à qui vous lit que ce livre soit bon ou mauvais, si on ne saurait l'avoir ? Que vous vous défendiez du mal qu'on vous impute en nommant celui qui l'a fait, cela est tout simple; mais personne ne vous accusait d'avoir fait cette traduction. Je ne veux point trop vous pousser là-dessus, ni paraître plus fâché que je ne le suis en effet. Vous avez cru la chose de peu de conséquence, et pensé fort sagement qu'un tel ouvrage ne me pouvait faire ni grand honneur ni grand tort. Mais enfin vous eussiez pu vous dispenser de me nommer, du moins comme traducteur, et, en y pensant mieux, vous n'eussiez pas dit que j'étais ni habile, ni helléniste.

Vous n'êtes pas plus exact en parlant de M. Furia. Sans autre explication, vous le désignez seulement comme bibliothécaire, gardien d'un dépôt littéraire célèbre dans toute l'Europe. Y pensez-vous, Monsieur ? Vous écrivez à Paris, vous parlez à des Français qui, voyant dans ces emplois des gens d'un mérite reconnu, dont quelques-uns même sont Italiens(1), ne manqueront pas de croire que le seigneur Furia est un homme considérable par son savoir et par sa place. Je comprends que cette erreur peut vous être indifférente, qu'ayant apparemment plus de raisons de le ménager que de vous plaindre de lui, vous lui laissez volontiers la considération attachée à son titre dans le pays où vous êtes. Mais moi qu'il attaque,

---

(1) Visconti, Marini et d'autres.

soutenu d'une cabale de pédants, il m'importe qu'on l'apprécie à sa juste valeur, et je ne puis souffrir non plus qu'on le confonde avec des gens dont l'érudition et le goût font honneur à l'Italie.

Si vous eussiez voulu, Monsieur, donner une juste idée des personnages peu connus dont vous aviez à parler, après avoir dit que j'étais *ancien militaire, helléniste,* puisque vous le voulez, *fort habile,* il fallait ajouter : *M. Furia est un cuistre, ancien cordonnier comme son père, garde d'une bibliothèque qu'il devrait encore balayer, qui fait aujourd'hui de mauvais livres n'ayant pu faire de bons souliers, helléniste fort peu habile, à huit cents francs d'appointements, copiant du grec pour ceux qui le paient, élève et successeur du seigneur Bandini, dont l'ignorance est célèbre.* Et il ne fallait pas dire seulement, comme vous faites, que cet homme *cherche des torts dans les accidents les plus simples,* mais qu'il est intéressé à en trouver, parce qu'il est cuistre en colère, dont la rage et la vanité cruellement blessée servent d'instrument à des haines (1) qui n'osent éclater d'une autre manière. Ce sont là de ces choses sur lesquelles vous gardez un silence prudent. *Fontenelle,* dit quelque part Voltaire, *était tout plein de ces ménagements. Il n'eût voulu pour rien au monde dire seulement à l'oreille que F.... est un polisson.* Voltaire cachait

---

(1) Les Français, alors de-là des monts, étaient détestés des Allemands. Le Gouvernement n'en savait rien et ne voulait rien en savoir. Ce passage, et d'autres pareils ci-dessus, firent en Italie une très-vive sensation, et déplurent à *l'autorité,* qui surtout redoute qu'on imprime ce que chacun pense.

moins sa pensée. Mais il est plus sûr d'imiter Fontenelle. Malheureusement le choix n'est pas en mon pouvoir, et je suis obligé de tout dire.

Pour commencer par les raisons que peut avoir le seigneur Furia de n'être pas aussi désintéressé qu'on le croirait dans cette affaire, il faut savoir que la découverte du précieux fragment de Longus s'est faite dans un manuscrit sur lequel, lui Furia, a travaillé longues années, et qu'il regardait en quelque sorte comme sa propriété; qu'on y a fait cette trouvaille au moment précisément où le seigneur Furia venait de donner au public une notice très-ample et *très-exacte,* selon lui, de ce même manuscrit, dans laquelle est indiqué, page par page, et fort au long, tout ce que le sieur Furia y a pu remarquer; que son travail sur ce petit volume, annoncé long-temps d'avance, a duré six ans, pendant lesquels il n'a cessé de le feuilleter et de le décrire avec une patience peu commune; qu'il en a même, à ce qu'il dit, extrait beaucoup de variantes des prétendues fables d'Ésope, par lui réimprimées à la fin de sa notice; car ces sottices de quelque moine, par où l'on commence au collége l'étude de la langue grecque, se trouvent dans ce manuscrit à la suite du roman de Longus, et le sieur Furia n'a pas manqué d'en faire son profit; qu'enfin, à peine achevé son ouvrage, qu'il vendait lui-même, et où il pensait avoir épuisé tout ce qu'on pouvait dire du divin manuscrit, arrive par hasard quelqu'un qui, tout au premier coup-d'œil, voit et désigne au public la seule chose qui fut vraiment intéressante dans ce manuscrit, et la seule aussi que le sieur Furia n'y eût pas aperçue.

On écrit aujourd'hui assez ordinairement sur les choses qu'on entend le moins. Il n'y a si petit écolier qui ne s'érige en docteur. A voir ce qui s'imprime tous les jours, on dirait que chacun se croit obligé de faire preuve d'ignorance. Mais des preuves de cette force ne sont pas communes, et le seigneur Bandini lui-même, maître et prédécesseur du seigneur Furia, fameux par des bévues de ce genre, n'a rien fait qui approche de cela.

Nous avons des relations de voyages dont les auteurs sont soupçonnés de n'être jamais sortis de leur cabinet; et, dans un autre genre,

> Combien de gens ont fait des récits de batailles
> Dont-ils s'étaient tenus loin?

mais une notice d'un livre par quelqu'un qui ne l'a point lu est une bouffonnerie toute neuve, et dont le public doit savoir gré au seigneur Furia.

Je ne prétends pas dire par-là qu'il ne l'ait examiné avec beaucoup d'attention. J'admire au contraire qu'il ait pu entrer dans tous ces détails et en faire deux volumes. Son ouvrage, que je n'ai point lu (car j'en parle à-peu-près comme lui du manuscrit), sera quelque jour utile au relieur pour éviter toute erreur dans la position des feuillets. En un mot, dans le compte qu'il rend de ce livre, selon lui, si intéressant, qui l'a occupé six années, il a pensé à tout, excepté à le lire.

Il est fâcheux pour vous, Monsieur, de n'avoir pas été témoin de l'effet que produisit sur lui la première vue de cette lacune dans le livre imprimé, et du morceau inédit qui la remplissait dans le manuscrit. Sa surprise fut extrême, et quand il eut reconnu que ce morceau n'était pas seulement de quelques lignes, mais de plusieurs pages, il me fit pitié, je vous assure. D'abord *il demeura stupide :* vous en auriez peut-être ri ; mais bientôt vous auriez eu peur, car en un instant il devint furieux. Je n'avais jamais vu un pédant enragé ; vous ne sauriez croire ce que c'est.

Le quadrupède écume et son œil étincelle.

Si des regards il eût pu mordre, j'aurais mal passé mon temps.

Dès-lors, le seigneur Furia se crut un homme déshonoré. Vous savez que Vatel se tua parce que le rôt manquait au souper de son maître. Il avait, comme dit le Roi quand on lui apprit cette mort, de l'honneur à sa manière. M. Furia ne se tua point, parce que bientôt après il conçut l'espérance de rétablir un peu sa réputation aux dépens de la mienne ; car ce fut, je crois, le surlendemain que je fis au manuscrit cette tache, dont il me sait, dans mon âme, si bon gré, quoiqu'il s'en plaigne si haut. Après avoir copié tout le morceau inédit, j'achevais la collation du reste avec ces messieurs. Pour marquer dans le volume l'endroit du supplément, j'y mis une feuille de papier, sans m'apercevoir qu'elle était barbouillée d'encre en dessous. Ce papier s'étant collé au feuillet, y fit une tache qui couvrait quelques mots, de de quelques lignes. M. Furia a écrit en prose poétique l'histoire de cet événement. C'est, à ce qu'on dit, son meilleur ouvrage ; c'est du moins le seul qu'on ait lu. Il y a mis beaucoup du sien, tant dans les choses que dans le style; mais le fond en est pris de la Pharsale et des tragédies de Sénèque.

J'avoue que ce malheur me parut fort petit. Je ne savais pas que ce livre fût le Palladiun de Florence, que le destin de cette ville fût attaché aux mots que je venais d'effacer : j'aurais dû cependant me douter que ces objets étaient sacrés pour les Florentins, car ils n'y touchent jamais. Mais enfin, je ne sentis point mon sang se glacer ni mes cheveux se hérisser sur mon front; je ne demeurai pas un instant sans voix, sans pouls et sans haleine. M. Furia prétend que tout cela lui arriva; mais moi, je le regardais bien et je ne vis en lui, je vous jure, aucun de ces signes alarmants d'une défaillance prochaine, si ce n'est quand je lui mis, comme on dit, le nez sur ce morceau de grec qu'il n'avait pu voir sans moi.

Les expressions de M. Furia pour peindre son saisissement à la vue de cette tache, qui couvrait, comme je vous ai dit, une vingtaine de mots, sont du plus haut style et d'un pathétique rare, même en Italie. Vous en avez été frappé, Monsieur, et vous les avez citées, mais sans oser les traduire. Peut-être avez-vous pensé que la faiblesse de notre langue ne pourrait atteindre à cette hauteur : je suis plus hardi, et je crois, quoi qu'en dise Horace, qu'on peut essayer de traduire Pindare et M. Furia; c'est tout un. Voici ma version littérale :

A un si horrible spectacle (il parle de ce pâté que je fis sur son bouquin), *mon sang se gela dans mes veines, et durant plusieurs instants, voulant crier, voulant parler, ma voix s'arrêta dans mon gosier : un frisson glacé s'empara de tous mes membres stu-*

pides..... Voyez-vous, Monsieur? ce pâté, c'est pour lui la tête de Méduse. Le voilà stupide; il l'assure, et c'est la seule assertion qui soit prouvée par son livre. Mais il y a dans cet aveu autant de malice que d'ingénuité; car il veut faire croire que c'est moi qui l'ai rendu tel, au grand détriment de la littérature. Moi je soutiens que long-temps avant d'avoir vu cette affreuse tache, *dont le seul souvenir le remplit d'horreur et d'indignation*, il était déjà stupide, ou certes bien peu s'en fallait, puisqu'il a tenu, feuilleté, examiné, décrit et noté par le menu chaque page de ce petit volume, sans se douter seulement de ce qu'il contenait.

Lorsque son directeur, ou son conservateur, comme il l'appelle quelquefois, le seigneur Thomas Puzzini (1), *apprit cet étrange accident par la trompette sonore de la renommée, qui, toujours infatiguable.... fit retentir à son oreille.....;* bref, quand on lui conta l'aventure du pâté, *il fut saisi d'horreur; il frémit au récit d'une action si atroce*. En effet, il y a de plus grands crimes, mais il n'y en a point de plus noir. Ailleurs, M. Furia représente *Florence désolée, toute une ville en pleurs, les citoyens consternés :* pour lui, dans ce deuil public, quand tout le monde pleurait, vous imaginez bien qu'il ne s'épargnait pas. Depuis

---

(1) Son vrai nom était *Puccini.* L'auteur, se voulant divertir, en a fait *Puzzini,* sobriquet italien qui signifie *putois, puant, puantini,* et s'appliquait au personnage; car, comme dit Regnier, *il sentait bien plus fort, mais non pas mieux que roses.* Le nom lui demeura. Il n'y a si mauvaise plaisanterie qui ne réussisse contre la cour, les chambellans, la garde robe.

que sa voix s'était *arrêtée dans son gosier*, il ne disait mot, et sans doute il n'en pensait pas davantage, car il était *devenu stupide*. Mais *la nuit, dans ses songes, cette image cruelle* (il n'a osé dire sanglante), *s'offrait à ses yeux.* Et il déclare dans son début, que l'obligation où il est de raconter ce fait *lui pèse, est pour lui un fardeau excessivement à charge, parce qu'elle lui rappelle* (cette obligation) *la mémoire plus vive de l'acerbité d'un événement qui, bien qu'aucun temps ne puisse pour lui le couvrir d'oubli, ce nonobstant, il ne peut y repenser sans se sentir compris tout entier d'horreur.* Je traduis toujours mot à mot. Ici c'est Virgile amplifié à proportion du sujet; car ce que le poète avait dit du massacre de tout un peuple, a paru trop faible à M. Furia pour un pâté d'encre.

N'admirez-vous point, Monsieur, qu'un homme écrivant de ce style, attache autant d'importance au texte de Longus, qui est la simplicité même? C'est le zèle des bouquins qui enflamme M. Furia et le fait parler comme un prophète. Au reste, l'hyperbole lui est familière, et c'est où il réussit le mieux. En voulez-vous un bel exemple? Quelqu'un de ses protecteurs (car il en a beaucoup, tous brûlants du même zèle et acharnés contre moi), se charge, au refus des libraires, de l'impression d'un de ses livres : aussitôt M. Furia le proclame dans sa dédicace le premier homme du siècle, et l'assure *qu'aucun âge à venir se taira sur ses louanges.* Cicéron en disait autant jadis aux conquérants du monde (1). Or, si en

---

(1) *Nulla ætas de tuis laudibus conticescet.* (Cicéron.)

homme qui dépense cinquante écus pour imprimer les sottices du seigneur Furia mérite des autels, il est clair que celui qui fait, quoique involontairement, voir et palper à un chacun l'ignorance dudit seigneur, est digne de tous les supplices : c'est la substance du libelle qu'il a publié contre moi.

Nous sommes d'accord sur les faits et les circonstances qu'il raconte ; la plupart, de son invention, sont indifférentes au fond. Qu'importe, en effet, qu'il se soit le premier aperçu de cette tache, ainsi qu'il le dit, ou que je la lui aie montrée dès que je la vis moi-même, comme c'est la vérité? que ce soit lui qui m'ait indiqué ce manuscrit de Longus, ou que je le connusse long-temps auparavant, comme vous, Monsieur, le savez, et tant d'autres personnes à qui j'en avais écrit ou parlé? que j'aie copié, selon ce qu'il dit, tout le supplément sous sa dictée, ou que je lui aie déchiffré et expliqué les endroits qu'il n'avait pu lire, faute d'entendre le sens, comme le prouve cette copie même; tout cela ne fait rien à l'affaire.

J'ai fait la tache, *l'horrible tache*, et j'en ai donné à M. Furia ma déclaration, sans qu'il songeât, quoiqu'il en dise, à me la demander. Après lui avoir offert ma copie, qu'il me demandait tout aussi peu, je la lui ai depuis refusée. Je suis loin de m'en repentir, et vous allez voir pourquoi.

J'offris d'abord, comme je l'ai dit, de mon propre mouvement, cette copie à M. Furia, et il accepta mon offre sans paraître en faire beaucoup de cas, observant très-judicieusement qu'aucune copie ne pouvait réparer le mal fait au manuscrit. Je continuai mon travail; vous arrivâtes deux jours après, et vous vîtes *le désastre*, comme l'appelle M. Furia. Ce jour-là, autant qu'il m'en souvient, il pensait encore fort peu à la copie promise; cependant je vois, par votre notice, qu'il en fut question, et sans doute je la promis encore. Ce ne fut que le lendemain, quand vous n'étiez plus à Florence, que M. Furia me demanda cette copie avec beaucoup de vivacité. Je lui dis que le temps me manquait pour en faire un double, qui me devait rester, mais qu'aussitôt achevée la collation du manuscrit, je songerais à le satisfaire. Ce même jour, en regardant la tache dans le manuscrit, elle me parut augmentée, et je conçus des soupçons. Le soir, au sortir de la bibliothèque, M. Furia me pressa fort de passer avec lui chez moi, pour lui donner la copie. Il la voulait sur-le-champ, parce que, disait-il, chez moi elle se pouvait perdre. Son empressement ajoutant aux défiances que j'avais déjà, je lui répondis que, toutes réflexions faites, je serais bien aise de garder par devers moi cette copie, qui, étant écrite de trois mains, était la seule authentique et l'unique preuve que je pusse donner du texte que je publierais, quant aux endroits effacés. Par cette raison même, me dit-il, c'était la seule qui convînt à la bibliothèque, où d'ailleurs, demeurant dans ses mains, elle ne courait aucun risque. Je ne lui dis pas ce que j'en pensais, mais je le refusai nettement. Il se fâcha, je m'emportai, et l'envoyai promener en termes qui ne se peuvent écrire.

Ne vous prévins-je pas, Monsieur, quand vous voulûtes enlever ce papier collé au manuscrit? Ne vous criai-je pas: *Prenez garde; ne touchez à rien; vous ne savez pas à quels gens vous avez à faire.*

J'employai peut-être d'autres mots que l'occasion et le mépris que j'avais pour eux me dictaient ; mais, en gros, c'était là le sens, et vous vous en souvenez. Ne craignez rien, Monsieur; ceci ne peut vous compromettre. Vous ne m'écoutâtes point; vous portâtes la main sur la fatale tache : mal vous en a pris ; mais enfin votre conduite prouva que vous pensez toujours bien des *gens en place,* quelle que soit leur place. Vous pouvez donc convenir, sans vous brouiller avec personne, que je vous avertis de ce qui vous arriverait, et vous en conviendrez, car on aime la vérité quand elle ne peut nous nuire.

Vous voyez, Monsieur, que dès-lors j'avais deviné leur malin vouloir : j'ignorais encore ce qu'ils méditaient; mais je le savais quand je refusai ma copie à M. Furia.

Pour comprendre l'importance que nous y attachions l'un et l'autre, il faut savoir comment cette copie fut faite. Le caractère du manuscrit m'était tout nouveau : MM. Furia et Bencini l'ayant tenu assez long-temps pour en avoir quelque habitude, me dictaient d'abord, et j'écrivais, et en écrivant, je laissais aux endroits qu'ils n'avaient pu lire dans l'original, parce que les traits en étaient ou effacés ou confus, des espaces en blanc. Quand j'eus ainsi achevé d'écrire tout ce qui manquait dans l'imprimé, je pris à mon tour le manuscrit, et guidé par le sens, que j'entendais mieux qu'eux, je lus ou devinai partout les mots que ces messieurs n'avaient pu déchiffrer, et eux qui tenaient alors la plume, écrivant ce que je leur distais, remplissaient dans ma copie les blancs que j'avais laissés. De plus, dans ce que j'avais écrit sous leur dictée, il se trouvait des fautes que je leur fis corriger d'après le manuscrit; ce qui produisit beaucoup de ratures. Ainsi, dans chaque page, et presque à chaque ligne, parmi les mots écrits de ma main, se trouvent des mots écrits par l'un d'eux, et c'est là ce qui constate l'authenticité du tout : aussi voyez-vous que M. Furia, dans sa diatribe contre moi, atteste l'exactitude de cette copie, qu'il ne pourrait nier sans se faire tort à lui-même.

Plusieurs personnes à Florence, me parlant alors de la tache faite au manuscrit, me parurent persuadées que c'était de ma part une invention pour pouvoir altérer le texte dans quelque passage obscur et en éluder ainsi les difficultés. Ces bruits étaient semés par M. Furia, qui, à toute force, voulait discréditer l'édition que vous aviez annoncée, et sur laquelle il pensait que nous fondions, vous et moi, une spéculation des plus lucratives; car il ne pouvait ni croire ni comprendre que je fisse tout cela gratuitement, et forcé de le croire à présent, il ne le comprend pas davantage.

En ce temps-là même vous avez pu lire dans la *Gazette de Milan* un article fait par quelqu'un de la cabale de M. Furia, où l'on avertissait le public *de n'ajouter aucune foi à un supplément de Longus qui allait paraître à Paris, attendu la destruction du manuscrit original,* etc. Vous concevez, Monsieur, que, dans cet état de choses, M. Furia était le dernier à qui j'eusse confié le dépôt qu'il exigeait. Comment pouvais-je réparer le mal fait au manuscrit, si ce n'est en donnant au public le texte imprimé d'après une copie authentique ? et cette preuve unique du texte que j'allais publier, pouvais-je la remettre à l'homme qui m'accusait de vouloir falsifier ce texte !

Notez que cette pièce, à moi si nécessaire, est, pour la bibliothèque, parfaitement inutile ; elle ne peut avoir, aux yeux des savants, l'autorité du manuscrit, ni par conséquent en tenir lieu. S'il y a quelque erreur dans mon édition, c'est que j'ai mal lu l'original, et ma copie ne saurait servir à la corriger. Elle est inutile à ceux qui pourraient douter de la fidélité du texte imprimé, dont elle n'est pas la source ; mais elle m'est utile à moi contre l'infidélité et la mauvaise foi du seigneur Furia, qui, s'il l'avait dans les mains, en altérant un seul mot, rendrait tout le reste suspect, au lieu que sa propre écriture le contraint maintenant d'avouer l'authenticité de ce texte, qu'il nierait assurément s'il y avait moyen.

Si M. Furia eût eu cette copie en son pouvoir, il aurait d'abord publié de longues dissertations sur les ratures dont elle est pleine. Sa conclusion se devine assez, et la sottise de ses raisonnemens n'eût été connue que des habiles, qui sont toujours en petit nombre et ne décident de rien ; aussi, loin de la lui confier, j'ai refusé même de la lui montrer ; car s'il eût pu seulement savoir quels étaient les mots écrits de sa main, cela lui aurait suffi pour remplir les gazettes de nouvelles impertinences. En un mot, toute demande de sa part me devait être suspecte, et son empressement fut le premier motif de mon refus.

Certes, la rage de ces messieurs se manifestait trop publiquement pour que je pusse me méprendre sur leurs intentions. Peu de jours après votre départ, les directeurs, inspecteurs, conservateurs du sieur Furia s'assemblèrent avec lui chez le sieur Puzzini, chambellan, garde du Musée : on y transporta en cérémonie le saint manuscrit, *suivi des quatre facultés*. Là les chimistes, convoqués pour opiner sur le pâté, déclarèrent tout d'une voix qu'ils n'y connaissaient rien ; que cette tache était d'une encre toute extraordinaire dont la composition, imaginée par moi exprès pour ce grand dessein, passait leur capacité, résistait à toute analyse, et ne se pouvait détruire par aucun des moyens connus. Procès-verbal fut fait du tout, et publié dans les journaux. M. Furia a écrit au long tout ce qui se passa dans cette mémorable séance : c'est le plus bel épisode de sa grande histoire du pâté d'encre, et une pièce achevée dans le style de *Diafoirus* ou de *Chiampot-la-perruque*. Pour moi, je ne puis m'empêcher de le dire, dussé-je m'attirer de nouveaux ennemis ; cela prouve seulement que les professeurs de Florence ne sont pas plus habiles en chimie qu'en littérature, car le premier relieur de Paris leur eût montré que c'était de l'encre *de la petite vertu*, et l'eût enlevée à leurs yeux par les procédés qu'on emploie, comme vous savez, tous les jours.

Mais que vous semble, Monsieur, de cette dévotion aux bouquins ? A voir l'importance que ces messieurs attachent à leurs manuscrits, ne dirait-on pas qu'ils les lisent ? Vous penserez qu'étant payés pour diriger, inspecter, conserver à Florence les lettres et les arts, ils soignent, sans trop savoir ce que c'est, le dépôt qui leur est confié, et se font de leurs soins un mérite, le seul qu'ils puissent avoir. Mais ce zèle de la maison du Seigneur est, je vous assure, bien nouveau chez eux ; il n'a jamais pu s'émouvoir dans une occasion toute récente, et bien plus importante, comme vous allez le voir.

L'abbaye de Florence, d'où vient dans l'origine ce texte de Longus, était connue dans toute l'Europe comme contenant les manuscrits les plus précieux qui existassent. Peu de gens les avaient vus ; car, pendant plusieurs siècles, cette bibliothèque resta inaccessible : il n'y pouvait entrer que des moines, c'est-à-dire qu'il n'y entrait personne. La collection qu'elle renfermait, d'autant plus intéressante qu'on la connaissait moins, était une mine toute neuve à exploiter pour les savans ; c'était là qu'on eût pu trouver, non pas seulement un Longus, mais un Plutarque, un Diodore, un Polybe plus complets que nous ne les avons. J'y pénétrai enfin, comme je vous l'ai dit, avec M. Akerblad, quand le gouvernement français prit possession de la Toscane, et en une heure nous y vîmes de quoi ravir en extase tous les *hellénistes* du monde, pour me servir de vos termes, quatre-vingts manuscrits des neuvième et dixième siècles. Nous y remarquâmes surtout ce Plutarque dont je vous ai si souvent parlé. Ce que nous en pûmes lire me parut appartenir à la vie d'Épaminondas, qui manque dans les imprimés. Quelques mois après, ce livre disparut, et avec lui tout ce qu'il y avait de meilleur et de plus beau dans la bibliothèque, excepté le Longus, trop connu par la notice récente de M. Furia, pour qu'on eût osé le vendre. Sur les plaintes que nous fîmes, M. Akerblad et moi, la Junte donna des ordres pour recouvrer ces manuscrits. On savait où ils étaient, qui les avait vendus, qui les avait achetés ; rien n'était plus facile que de les retrouver : c'était matière à exercer le zèle des conservateurs, et nous pressâmes fort ces messieurs d'agir pour cela; mais *ils ne voulaient,* nous dirent-ils, *faire de la peine à personne.* La chose en demeura là. J'ai gardé la minute d'une lettre que j'écrivis à ce sujet à M. Chaban, membre de la Junte.

Livourne, le 30 septembre 1808.

« Monsieur,

» Les ordres que j'ai reçus m'ont obligé de partir
» si précipitamment, que j'eus à peine le temps de
» porter chez vous ma carte à une heure où je ne pou-
» vais espérer de vous parler; manière de prendre
» congé de vous bien contraire à mes projets; car
» après les marques de bonté que vous m'avez don-
» nées, Monsieur, j'avais dessein de vous faire ma
» cour, et de profiter des dispositions favorables où je
» vous voyais pour rassembler et sauver ce qui se peut
» encore trouver de précieux dans vos bibliothèques de
» moines. Mais puisque mon service m'empêche de
» partager cette bonne œuvre, je veux au moins y con-
» tribuer par mes prières. Je vous conjure donc de
» vouloir bien ordonner que tous les manuscrits de
» l'abbaye soit transportés à la bibliothèque de Saint-
» Laurent, et qu'on cherche ceux qui manquent d'a-
» près le catalogue existant. J'ai reconnu dernière-
» ment que déjà quelques-uns des plus importants ont
» disparu; mais il sera facile d'en trouver des traces,
» et d'empêcher que ces monumens ne passent à l'é-
» tranger qui en est avide, ou même ne périssent dans
» les mains de ceux qui les recèlent, comme il est ar-
» rivé souvent, etc. »

On donna de nouveaux ordres pour la recherche des manuscrits. Je fus même nommé par la junte, avec M. Akerblad, commissaire à cet effet; honneur que nous refusâmes, lui comme étranger, moi comme occupé ailleurs. Ce soin demeura donc confié à MM. Puzzini et Furia, que rien ne put engager à y penser le moins du monde ; *ils ne voulaient alors faire de la peine à personne.* Ceux qui avaient les manuscrits les gardèrent, et les ont encore.

Or, ces gens si indifférents à la perte d'une collection de tous les auteurs classiques, croirait-on que ce sont eux qui aujourd'hui, pour quatre mots d'une page d'un roman, quatre mots que, sans moi, ils n'eussent jamais connus, quatre mots qui sont imprimés, et qu'ils liraient s'ils savaient lire, travaillent avec tant d'ardeur à soulever contre moi le public et le gouvernement, remplissent les gazettes d'injures et de calomnies ridicules, et, par des circulaires, promettent à la canaille littéraire d'Italie le plaisir de me voir bientôt traité en criminel d'état. M. Puzzini en répond ; il sait sans doute ce qu'il dit, *et, ma foi, je commence à le croire un petit,* comme dit Sosie.

Ce qui vous surprendra, Monsieur, c'est qu'aucun d'eux ne me connaît. Jamais aucun d'eux, excepté le seigneur Furia, n'a eu avec moi ni liaison ni querelle, ni rapport d'aucune espèce. J'ai parlé un quart-d'heure à M. Pulcini (1), et ne me rappelle pas même sa figure ; ainsi leur haine contre moi ne peut être personnelle. Pour me faire une guerre si cruelle, et sur

---

(1) C'est son nom encore estropié, mais d'une autre façon. *Pulcini* veut dire poussin, petit poulet; en italien : on en a fait

si peu de chose, eux qui *naturellement ne veulent faire de mal à personne,* leur motif est tout autre qu'une animosité, si cela se peut dire, individuelle. L'offense que j'ai faite très-involontairement au seigneur Furia lui est particulière; la rage de toute sa clique a une cause plus générale.

Vous vous rappelez le mot des Espagnols: *Non comme Français, mais comme hérétiques* (1). Ces messieurs disent bien ici quelque chose d'approchant; mais je vous assure qu'ils déguisent fort peu les vrais motifs de leur haine; tout le monde en est instruit. Mon premier crime a été de découvrir leur ignorance, mais cela seul n'eût été rien; car s'ils persécutaient tous ceux qui en savent plus qu'eux, *à qui pourraient-ils pardonner?* le second, qui me rend indigne de toute grâce, c'est que je ne prononce pas comme eux le mot *ciceri* (2). C'est là une sorte de péché originel que rien ne peut effacer.

Si j'avais le moindre crédit, le moindre petit emploi, quelque gain à leur promettre, quelques bribes

---

Pulcinella polichinelle, chez nous. Ces *lazzis*, qui ne demandaient pas assurément beaucoup d'esprit, chagrinaient plus que tout le reste le pauvre chambellan.

(1) Les Espagnols, dans la Floride, firent pendre et brûler les Français protestants, avec cet écriteau : *non comme français, mais comme hérétique;* à quoi les flibustiers, depuis, répondirent en massacrant les Espagnols : *Non comme espagnols, mais comme assassins.*

(1) Ceci fait allusion aux Vêpres siciliennes, où, pour reconnaître les français, on les obligeait de dire ce mot. Ceux qui ne prononçaient pas bien étaient massacrés.

à leur jeter, ils seraient tous à mes pieds, et imagineraient autant de bassesses pour me faire la cour, qu'ils inventent aujourd'hui de calomnies pour me nuire. Soyez assuré, Monsieur, qu'avant de se décider à *m'entreprendre,* comme on dit, ils se sont bien informés si je n'avais point quelque appui, et comme ils ont appris que je ne tenais à rien, que je vivais seul avec quelques amis aussi obscurs que moi, que je me tenais loin des grands, et qu'aucun homme en place ne s'intéressait à moi, ils m'ont déclaré la guerre. Avouez que ce sont d'habiles gens; car que ces bons Espagnols fissent un *Auto-da-fé* des Français dans la Floride, c'était quelque chose assurément, il y avait là de quoi louer Dieu; mais si on pouvait faire brûler un Français par les Français mêmes, quel triomphe, quelle allégresse! Je vois ici des gens qui lisent cette triste rapsodie de Furia contre moi: *Son style est mauvais,* disent-ils, *mais son intention est bonne.*

La découverte que j'ai faite dans le manuscrit n'est rien au dire de ces messieurs; c'est la plus petite chose qu'on pût jamais trouver; mais le mal que j'ai fait est *immense.* Entendez bien ceci, Monsieur : le fragment tout entier n'est rien; mais quelques mots de ce fragment, effacés par malheur, font une perte immense, même alors que tout est imprimé. M. Furia a étendu cette perte le plus qu'il a pu, puisque la tache est aujourd'hui double au moins de celle que j'ai faite, si le dessein qu'en a publié M. Furia est exact. Il l'a augmentée à ce point, afin de pouvoir dire qu'elle était immense; car il accommode non l'épithète à la chose, mais la chose à l'épithète qu'il veut employer. Avec tout cela, il s'en faut que le dommage soit immense, et quand j'aurais noyé dans l'encre tous ses vieux bouquins et lui, le mal serait encore petit.

Cependant cette découverte toute méprisable qu'elle est, M. Furia entend qu'elle nous soit commune, ou, pour mieux dire, il y consent ; car on voit bien d'ailleurs qu'elle lui appartient toute, puisque c'est lui, dit-il, qui m'a fait connaître, montré, déchiffré ce manuscrit, que sans lui apparemment je n'aurais pu ni trouver ni lire. C'est là, au vrai, le but principal de son libelle, et à quoi tendent tous les détails par lui inventés, dont son récit est rempli. Sans y mettre beaucoup d'art, il a trouvé ses lecteurs disposés à le croire et à lui adjuger la moitié de cet honneur ; car tout pour un seul ce serait trop.

Que de haines accompagnent la renommée ! qu'il est difficile d'échapper à l'oubli et à l'envie ! De tous les chemins qui mènent au temple de Mémoire, j'ai suivi le plus obscur : huit pages de grec font toute ma gloire et voilà qu'on me les dispute ! M. Furia en veut sa part ! il crie dans les gazettes, il arrange, il imprime un tissu de mensonges pour arriver à ce mot : *Notre commune découverte*. Vous, Monsieur, vous voyez la fourbe, et bien loin de la découvrir, vous tâchez d'en profiter pour vous glisser entre nous deux. Vous semblez dire à chacun de nous : *Souffres qu'au moins je sois ton ombre*. Furia y consentirait ; mais moi, je suis intraitable : je veux aller tout seul à la postérité.

La gloire aujourd'hui est très-rare : on ne la croirait jamais ; dans ce siècle de lumières et de triomphes, il n'y a pas deux hommes assurés de laisser un nom. Quant à moi, si j'ai complété le texte de Longus, tant qu'on lira du grec, il y aura toujours quatre ou cinq *hellénistes* qui sauront que j'ai existé. Dans mille ans d'ici, quelque savant prouvera, par une dissertation, que je m'appelais Paul-Louis, né en tel lieu, telle année, mort tel jour de l'an de grâce.... sans qu'on n'en ait jamais rien su, et pour cette belle découverte, il sera de l'académie. Tâchons donc de montrer que je suis le vrai, le seul restaurateur du livre mutilé de Longus : la chose en vaut la peine ; il n'y va de rien moins que l'immortalité.

Vous savez, Monsieur, ce qui en est, quoique vous n'en disiez rien, et M. Clavier le sait aussi, à qui j'écrivis de Milan ces propres paroles :

Milan, 13 octobre 1809.

» Envoyez-moi vite, Monsieur, vos commissions
» grecques ; je serai à Florence un mois, à Rome tout
» l'hiver, et je vous rendrai bon compte des manu-
» scrits de Pausanias. Il n'y a bouquin en Italie où je
» ne veuille perdre la vue pour l'amour de vous et du
» grec. Je fouillerai aussi pour mon compte dans les
» manuscrits de l'abbaye de Florence. Il y avait là du
» bon pour vous et pour moi, dans une centaine de
» volumes du neuvième et du dixième siècle ; il en
» reste ce qui n'a pas été vendu par les moines : peut-
» être y trouverai-je votre affaire. Avec le Chariton
» de Dorville est un Longus que je crois entier ; du
» moins n'y ai-je point vu de lacune quand je l'exa-
» minai ; mais, en vérité, il faut être sorcier pour le
» lire. J'espère pourtant en venir à bout, *à grand ren-*
» *fort de bésicles*, comme dit maître François. C'est
» vraiment dommage que ce petit roman d'une si jo-
» lie invention, qui, traduit dans toutes les langues,

» plaît à toutes les nations, soit dans l'état où nous le
» voyons. Si je pouvais vous l'offrir complet, je croi-
» rais mes courses bien employées, et mon nom assez
» recommandé aux Grecs présents et futurs. Il me faut
» peu de gloire; c'est assez pour moi qu'on sache quel-
» que jour que j'ai partagé vos études et votre amitié. »

M. Lamberti lut cette lettre, où il était question de lui, et me promit dès-lors de traduire le supplément, comme il pouvait faire mieux que personne. Il se rappelle très-bien toutes ces circonstances, et voici ce qu'il m'en écrit :

Della speranza che avevate di scoprire nel codice Fiorentino il frammento di Longo Sofista, voi mi parlaste sino dai primi momenti del vostro arrivo in Milano. Questa cosa fu da me in quel tempo ancor detta ad alcuni amici, che non possono averne perduto la rimenbranza. Si parlò ancora della traduzione italiana che sarebbe stato bene di farne, quando non fossero riuscite vane le speranze della scoperta; ed io, per l'infinita amicizia che vi professo, mi vi obligai con solenne promessa per un tale lavoro. A gran ragione adunque mi dovettero sorprendere le ciancie del signor Furia, che nel suo scritto si voleva far credere come cooperatore e partecipe di quello scoprimento..... (1).

_____

(1) C'est-à-dire, en français : « L'espoir que vous aviez de
» trouver dans les manuscrits de Florence un texte complet de
» Longus, me fut annoncé par vous dès les premiers moments
» de votre arrivée ici, et j'en parlai à quelques amis, qui n'en
» peuvent avoir perdu le souvenir. Nous parlâmes aussi de tra-
» duire le supplément en italien; à quoi je m'obligeai envers

Enfin, voici une lettre de M. Akerblad, qui montre assez en quel temps je vis ce manuscrit pour la première fois :

« Je me rappelle effectivement qu'il y a trois ans
» nous allâmes ensemble voir la bibliothèque de l'ab-
» baye de Florence, où, entre autres manuscrits, on
» nous montra celui qui contient le roman de Longus,
» avec plusieurs autres érotiques grecs. Je me souviens
» très-bien aussi que, pendant que j'étais occupé à
» parcourir le catalogue de ces manuscrits, dont les
» plus beaux ont disparu depuis, vous vous arrêtâtes
» assez long-temps à feuilleter celui de Longus, le
» même qui vous a fourni l'intéressant fragment que
» vous venez de publier. »

Ainsi bien avant que ce manuscrit passât dans la bibliothèque de Saint Laurent de Florence, je l'avais vu à l'abbaye ; je savais qu'il était complet, je l'avais dit ou écrit à tous ceux que cela pouvait intéresser. Depuis, dans la bibliothèque, M. Furia me *montra* ce livre que je lui demandais, et que je connaissais mieux que lui, sans l'avoir tenu si long-temps, et moi je lui *montrai* dans ce livre ce qu'il n'avait pas vu en six ans qu'il a passés à le décrire et à en extraire des sottises. On voit par là clairement que tout le récit de M. Furia, et les petites circonstances dont il l'a chargé pour montrer que le hasard nous fit faire à tous deux en-

---

» vous par une solennelle promesse fondée sur l'amitié qui nous
» unit tous deux. Ainsi, ce ne fut pas sans beaucoup d'étonne-
» ment que je vis depuis l'étrange folie et le bavardage de
» M. Furia, qui, dans sa brochure, prétendait avoir part à cette
» découverte. »

semble cette découverte, qu'il appelle *commune,* sont autant de faussetés. Or, si dans un fait si notoire, M. Furia en impose avec cette effronterie, qu'on juge de sa bonne foi dans les choses qu'il affirme comme unique témoin ; car, à ce mensonge, assez indifférent en lui-même, il joint d'autres impostures, dont assurément la plus innocente mériterait cent coups de bâton. C'était bien sur quoi il comptait pour être *un peu à son aise,* comme l'huissier des Plaideurs. J'aurais pu donner dans ce piége il y a vingt ans ; mais aujourd'hui je connais ces ruses, et je lui conseille de s'adresser ailleurs. J'ai très-bien pu, par distraction, faire choir sur le bouquin la bouteille à l'encre ; mais frappant sur le pédant, je n'aurais pas la même excuse, et je sais ce qu'il m'en coûterait.

Depuis l'article inséré dans la gazette de Florence, par lequel vous annonciez une édition du supplément et de l'ouvrage entier, j'étais en pleine possession de ma découverte, et plus intéressé que personne à sa conservation. Tout le monde savait que j'avais trouvé ce fragment de Longus, que j'allais le traduire et l'imprimer ; ainsi mon privilége, mon droit de découverte étaient assurés : on ne saurait donc imaginer que j'aie fait exprès la tache au manuscrit, pour m'approprier ce morceau inédit, qui était à moi. C'est néanmoins ce que prétend M. Furia : cette tache fut faite, dit-il, pour le priver de sa part à la petite trouvaille (vous voyez, par ce qui précède, à quoi cette part se réduit), et afin de l'empêcher lui ou quelque autre aussi capable, d'en donner une édition. Cela est prouvé, selon lui, par le refus de la copie.

Ce discours ne peut trouver de créance qu'auprès

de ceux qui n'ont nulle idée d'un pareil travail; car qui eût pu l'entreprendre à Florence, quand même votre annonce n'eût pas appris au public et la découverte et à qui elle appartenait? Ne m'en croyez pas, Monsieur; consultez les savants de votre connaissance, et tous vous diront qu'il n'y avait personne à Florence en état de donner une édition supportable de ce texte d'après un seul manuscrit. Il faut pour cela une connaissance de la langue grecque, non pas fort extraordinaire, mais fort supérieur à ce qu'en savent les professeurs Florentins.

En effet, concevez, Monsieur, huit pages sans points ni virgules, partout des mots estropiés, transposés, omis, ajoutés, les gloses confondues avec le texte, des phrases entières altérées par l'ignorance, et plus souvent par les impertinentes corrections du copiste. Pour débrouiller ce chaos, *Schrevelius* donne peu de lumières à qui ne connaît que les *Fables d'Esope*. Je ne puis me flatter d'y avoir complétement réussi, manquant de tous les secours nécessaires; mais hors un ou deux endroits, que ceux qui ont des livres corrigeront aisément, j'ai mis le tout au point que M. Furia lui-même, avec ma traduction et son *Schrevelius,* suivrait maintenant sans peine le sens de l'auteur d'un bout à l'autre. Tout cela se pouvait faire par d'autres que moi, et mieux, à Venise ou à Milan, mais non à Florence.

Les Florentins ont de l'esprit; mais ils savent peu de grec, et je crois qu'ils ne s'en soucient guère: il y a parmi eux beaucoup de gens de mérite, fort instruits et fort aimables; ils parlent admirablement la plus belle des langues vivantes : avec cela on se passe aisément de grec.

Quelle préface aurait pu, je vous prie, mettre à ce fragment M. Furia, s'il en eût été l'éditeur ? Il aurait fallu qu'il dît : Dans le long travail que j'ai fait sur ce manuscrit, dont j'ai extrait des choses si peu intéressantes, j'ai oublié de dire que l'ouvrage de Longus s'y trouvait complet; on vient de m'en faire apercevoir. Et là-dessus, il aurait cité votre article de la gazette. Vous voyez, Monsieur, par combien de raisons j'avais peu à craindre que ni lui ni personne songeât à me troubler dans la possession du bienheureux fragment. J'en ai refusé à M. Furia, non une copie quelconque qui lui était inutile comme bibliothécaire, mais une certaine copie dont il voulait abuser comme mon ennemi déclaré; et l'abus qu'il en voulait faire n'était pas de la publier, car il ne le pouvait en aucune façon, mais de l'altérer, pour jeter du doute sur ce que j'allais publier. Tout cela est, je pense, assez clair.

Mais si l'on veut absolument que, contre mon intérêt visible, j'aie mutilé ce morceau que je venais de détenir et dont j'étais maître, pour consoler apparemment M. Furia du petit chagrin que lui causait cette découverte, encore faudrait-il avouer que les adorateurs de Longus me doivent bien moins de reproches que de remercîments. Si ce texte est si sacré, pour l'avoir complété je mérite des statues. La tache qui en détruit quelques mots dans le manuscrit ne saurait être un crime d'état, que la restauration du tout dans les imprimés ne soit un bienfait public : mais si tout l'ouvrage, comme le pensent des gens bien sensés, n'est en soi qu'une fadaise, qu'est-ce donc que ce pâté dont on fait tant de bruit ? En bonne foi, le procès de Figaro, qui roulait aussi sur un pâté d'encre, et la cause de l'intimé, sont, au prix de ceci, des affaires graves.

> Et quand il serait vrai que, par pure folie,
> J'aurais exprès gâté le tout ou bien partie
> Dudit fragment, qu'on mette en compensation
> Ce que nous avons fait depuis cette action,

et l'édition du supplément qui se distribue gratis, et celle du livre entier *donnée* aux savants, et enfin cette traduction dont vous rendez compte, qui certes éclaircit plus le texte que la tache ne l'obscurcit. On ne vous soupçonnera pas, Monsieur, de partialité pour moi. Vous trouvez que j'ai complété la version d'Amyot *si habilement*, dites-vous, qu'on *n'aperçoit point trop de disparate* entre ce qui est de lui et ce que j'y ai ajouté; et vous avouez que *cette tâche était difficile*. Je ne suis pas ici en termes de pouvoir faire le modeste : un accusé sur la sellette, qui voit que son affaire va mal, se recommande par où il peut, et tire parti de tout. Cette traduction d'Amyot est généralement admirée, et passe pour un des plus beaux ouvrages qu'il y ait en notre langue. On ferait un volume des louanges qui lui ont été données seulement depuis trois ou quatre ans, tant dans les journaux que dans les différens livres. L'un la regarde comme *le chef-d'œuvre du genre naïf*; l'autre appelle Amyot *le créateur d'un style qui n'a pu être imité*: un troisième déclare aussi cette traduction *inimitable*, et va jusqu'à lui attribuer la grande réputation du roman de Longus. Or, ce chef-d'œuvre inimitable, ce modèle que personne n'a pu suivre dans le plus difficile de tous les genres, je l'ai non seulement imité, selon vous, assez *habilement*, mais je l'ai corrigé partout, et vous n'osez dire, Monsieur, qu'il y ait rien perdu. L'entreprise était telle qu'avant l'exécution, tout le monde s'en serait moqué, parce qu'en effet il y avait très-peu de personnes capables de l'exécuter. Les gens qui savent le grec sont cinq ou six en Europe; ceux qui savent le français sont en bien plus petit nombre. Mais ce n'est pas seulement le grec et le français qui m'ont servi à terminer cette belle copie, après avoir si heureusement rétabli l'original; ce sont encore plus les bons auteurs italiens, d'où j'ai tiré plus que des nôtres, et qui sont la vraie source des beautés d'Amyot; car il fallait, pour retoucher et finir le travail d'Amyot, la réunion assez rare des trois langues qu'il possédait et qui ont formé son style. Ainsi cette bagatelle toute bagatelle qu'elle est, et des plus petites assurément, peu de gens la pouvaient faire.

Je comprends, Monsieur, que votre jugement n'est pas celui de tout le monde, et que ce qui vous a plu, semblera ridicule à d'autres; mais l'ouvrage n'étant connu que par votre rapport, la prévention du public doit, pour le moment m'être favorable, et si cette prévention en faveur de ma traduction peut me faire absoudre du crime de lèse-manuscrit, je me moque fort qu'après cela on la trouve bonne ou mauvaise.

Qu'on examine donc si le mérite d'avoir complété, corrigé, perfectionné cette version que tout le monde lit avec délices, et donné aux savans un texte qui sera bientôt traduit dans toutes les langues, peut compenser le crime d'avoir effacé involontairement quelques mots dans un bouquin que personne avant moi n'a lu, et que jamais personne ne lira. Si j'avais l'éloquence de M. Furia, j'évoquerais ici l'ombre de Longus, et lui contant l'aventure, je gage qu'il en rirait, et qu'il m'embrasserait pour avoir enfin *remis en lumière son œuvre amoureuse*. Vous pouvez penser la mine qu'il ferait à M. Furia, qui le laissait manger aux vers dans le vénérable bouquin.

J'ai l'honneur d'être, Monsieur, etc.

Tivoli, le 20 septembre 1810.

P. S. Est-ce la peine de vous dire, Monsieur, pourquoi je ne vous envoyai ni le texte, ni la traduction que je vous avais promise? Accusé de spéculer avec vous sur ce fragment, dont je vous faisais présent, comme vous en convenez, le seul parti que j'eusse à prendre, n'était-ce pas de le *donner* moi-même au public! Je vous avouerai aussi que votre ambition m'alarmait. Si, pour m'avoir accompagné dans une bibliothèque, vous disiez et vous imprimiez à Milan : *Nous avons trouvé et nous allons donner un Longus complet*, n'était-il pas clair qu'une fois maître et éditeur de ce texte, vous auriez dit, comme Archimède : *Je l'ai trouvé*. Vous et M. Furia, vous alliez vous parer de mes plus belles plumes, et je restais avec la tache d'encre que personne ne me contestait. J'avais pensé faire deux parts ; le profit pour vous, l'honneur pour moi : vous vouliez avoir l'un et l'autre, et ne me laisser que le pâté. Une pareille prétention rompait tous nos arrangements.

PÉTITION

AUX

DEUX CHAMBRES.

Messieurs,

Je suis Tourangeau ; j'habite Luynes, sur la rive droite de la Loire, lieu autrefois considérable, que la révocation de l'édit de Nantes a réduit à mille habitants, et que l'on va réduire à rien par de nouvelles persécutions, si votre prudence n'y met ordre.

J'imagine bien que la plupart d'entre vous, Messieurs, ne savent guères ce qui s'est passé à Luynes depuis quelques mois. Les nouvelles de ce pays font peu de bruit en France et à Paris surtout. Ainsi je dois, pour la clarté du récit que j'ai à vous faire, prendre les choses d'un peu haut.

Il y a eu un an environ, à la Saint-Martin, qu'on commença à parler chez nous de bons sujets et de mauvais sujets. Ce qu'on entendait par-là, je ne le sais pas bien, et si je le savais, peut-être ne le dirai-je pas, de peur de me brouiller avec trop de gens. En ce temps, François Fouquet, allant au grand moulin, rencontra le curé qui conduisait un mort au cimetière de Luynes. Le passage était étroit ; le curé voyant venir Fouquet sur son cheval lui crie de s'arrêter; il ne s'arrête point; d'ôter son chapeau; il le garde; il passe, il trotte, il éclabousse le curé en surplis. Ce ne fut pas tout; aucuns disent, et je n'ai pas peine à le croire, qu'en passant il jura, et dit qu'il se moquait (vous m'entendez assez) du curé et de son mort. Voilà le fait, Messieurs; je n'y ajoute ni n'en ôte; je ne prends point, Dieu m'en garde, le parti de Fouquet, ni ne cherche à diminuer ses torts. Il fit mal, je le blâme, et le blâmerai dès-lors. Or écoutez ce qui en avint.

Trois jours après, quatre gendarmes entrent chez Fouquet, le saisissent, l'emmènent aux prisons de Langeais, lié, garotté, pieds nuds, les menottes aux mains, et, pour surcroît d'ignominie, entre deux voleurs de grand chemin. Tous trois on les jeta dans le même cachot : Fouquet y fut deux mois; pendant ce temps sa famille n'eut, pour subsister, d'autre ressource que la compassion des bonnes gens, qui, dans notre pays, heureusement ne sont pas rares. Il y a chez nous plus de charité que de dévotion. Fouquet donc étant en prison, ses enfants ne moururent pas de faim : en cela il fut plus heureux que d'autres.

On arrêta, vers le même temps, et pour une cause aussi grave, Georges Mauclair, qui fut détenu cinq à six semaines. Celui-là avait mal parlé, disait-on, du gouvernement. Dans le fait, la chose est possible; peu de gens chez nous savent ce que c'est que le gouvernement; nos connaissances sur ce point sont assez bornées; ce n'est pas le sujet ordinaire de nos méditations; et si Georges Mauclair en a voulu parler, je ne m'étonne pas qu'il en ait mal parlé; mais je m'étonne qu'on l'ait mis en prison pour cela. C'est être un peu sévère, ce me semble. J'approuve bien plus l'indulgence qu'on a eue pour un autre, connu de tout le monde à Luynes, qui dit en plein marché, au sortir de la messe, hautement, publiquement, qu'il gardait son vin pour le vendre au retour de Bonaparte, ajoutant qu'il n'attendrait guères, et d'autres sottises pareilles. Vous jugerez là-dessus, Messieurs, qu'il ne vendait ni ne gardait son vin, mais qu'il le buvait. Ce fut mon opinion dans le temps. On ne pouvait plus mal parler. Mauclair n'en avait pas tant dit pour être emprisonné; celui-là cependant on l'a laissé en repos; pourquoi? c'est qu'il est bon sujet : et l'autre? il est mauvais sujet; il a déplu à ceux qui font marcher les gendarmes : voilà le point, Messieurs. Châteaubriand a dit dans le livre défendu, que tout le monde lit : *Vous avez deux poids et deux mesures; pour le même fait, l'un est condamné, l'autre absous.* Il entendait parler, je crois, de ce qui se passe à Paris; mais à Luynes, Messieurs, c'est toute la même chose. Êtes-vous bien avec tels ou tels? bon sujet, on vous laisse vivre. Avez-vous soutenu quelque procès contre un tel, manqué à le saluer, querellé sa servante, ou jeté une pierre à son chien? vous êtes mauvais sujet, partant séditieux; on vous applique la loi, et quelquefois on vous l'applique un peu rudement, comme on fit dernièrement à dix de nos plus paisibles habitants, gens craignant Dieu et monsieur le maire, pères de famille la plupart, vignerons, laboureurs, artisans, de qui nul n'avait à se plaindre, bons voisins, amis officieux, serviables à tous, sans reproche dans leur état, dans leurs mœurs, leur conduite, mais mauvais sujets. C'est une histoire singulière, qui a fait et fera long-temps grand bruit au pays; car nous autres gens de villages, nous ne sommes pas accoutumés à ces coups d'état. L'affaire de Mauclair, et de l'autre mis en prison pour n'avoir pas ôté son chapeau, en passant, au curé, au mort, n'importe; tout cela n'est rien au prix.

Ce fut le jour de la mi-carême, le 15 mars, à une heure du matin; tout dormait; quarante gendarmes entrent dans la ville; là, de l'auberge où ils étaient descendus d'abord, ayant fait leurs dispositions, pris toutes leurs mesures et les indications dont ils avaient besoin; dès la première aube du jour, ils se répandent dans les maisons. Luynes, Messieurs, est, en grandeur, la moitié du Palais-Royal; l'épouvante fut bientôt partout; chacun fuit ou se cache; quelques uns, surpris au lit, sont arrachés des bras de leurs femmes et de leurs enfants; mais la plupart, nuds, dans les rues ou fuyant dans la campagne, tombent aux mains de ceux qui les attendaient dehors. Après une longue scène de tumulte et de cris, dix personnes demeurent arrêtées; c'était tout ce qu'on avait pu prendre. On les emmène; leurs parents, leurs enfants les auraient suivis, si l'autorité l'eût permis.

L'autorité, Messieurs, voilà le grand mot en France. Ailleurs on dit la loi, ici l'autorité. Oh! que le père Canaye (1) serait content de nous, s'il pouvait revivre un moment! Il trouverait partout écrit: *Point de raison; l'autorité*. Il est vrai que cette autorité n'est pas

---

(1) Voyez la Conversation du père Canaie et du maréchal d'Hocquincourt, dans Saint-Evremont.

celle des conciles, ni des Pères de l'Église, moins encore des jurisconsultes; mais c'est celle des gendarmes, qui en vaut bien une autre.

On enleva donc ces malheureux, sans leur dire de quoi ils étaient accusés, ni le sort qui les attendait, et on défendit à leurs proches de les conduire, de les soutenir jusqu'aux portes des prisons. On repoussa des enfants qui demandaient encore un regard de leur père, et voulaient savoir en quel lieu il allait être enseveli. Des dix arrêtés cette fois, il n'y en avait point qui ne laissât une famille à l'abandon. Brulon et sa femme, tous deux dans les cachots six mois entiers, leurs enfants, autant de temps, sont demeurés orphelins. Pierre Aubert, veuf, avait un garçon et une fille; celle-ci de onze ans, l'autre plus jeune encore, mais dont à cet âge la douceur et l'intelligence intéressaient déjà tout le monde. A cela se joignant alors la pitié qu'inspirait leur malheur, chacun de son mieux les secourut. Rien ne leur eût manqué, si les soins paternels se pouvaient remplacer; mais la petite bientôt tomba dans une mélancolie dont on ne la put distraire. Cette nuit, ces gendarmes, et son père enchaîné, ne s'effaçaient point de sa mémoire. L'impression de terreur qu'elle avait conservée d'un si affreux réveil, ne lui laissèrent jamais reprendre la gaîté ni les jeux de son âge; elle n'a fait que languir depuis, et se consumer peu à peu. Refusant toute nourriture, sans cesse elle appelait son père. On crut, en le lui faisant voir, adoucir son chagrin, et peut-être la rappeler à la vie; elle obtint, mais trop tard, l'entrée de la prison. Il l'a vue, il l'a embrassée, il se flatte de l'embrasser encore; il ne sait pas tout son malheur, que frémissent de lui apprendre les gardiens même de ces lieux. Au fond de ces horribles demeures, il vit de l'espérance d'être enfin quelque jour rendu à la lumière, et de retrouver sa fille; depuis quinze jours elle est morte.

Justice, équité, providence! vains mots dont on nous abuse! Quelque part que je tourne les yeux, je ne vois que le crime triomphant, et l'innocence opprimée. Je sais tel qui, à force de trahisons, de parjures et de sottises tout ensemble, n'a pu consommer sa ruine ; une famille qui laboure le champ de ses pères est plongée dans les cachots, et disparaît pour toujours. Détournons nos regards de ces tristes exemples, qui feraient renoncer au bien et douter même de la vertu.

Tous ces pauvres gens, arrêtés comme je viens de vous raconter, furent conduits à Tours, et là mis en prison. Au bout de quelques jours, on leur apprit qu'ils étaient bonapartistes; mais on ne voulut pas les condamner sur cela, ni même leur faire leur procès ; on les renvoya ailleurs, avec grande raison ; car il est bon de vous dire, Messieurs, qu'entre ceux qui les accusaient et ceux qui devaient les juger comme bonapartistes, ils se trouvaient les seuls peut-être qui n'eussent point juré fidélité à Bonaparte, point recherché sa faveur, ni protesté de leur dévouement à sa personne sacrée. Le magistrat qui les poursuit avec tant de rigueur aujourd'hui, sous prétexte de bonapartisme, traitait de même leurs enfants; il y a peu d'années, mais pour un tout autre motif, pour avoir refusé de servir Bonaparte. Il faisait, par les mêmes suppôts, saisir le conscrit réfractaire, et conduire aux galères l'enfant qui préférait son père à Bonaparte. Que dis-je ? au défaut de l'enfant, il saisissait le père même, faisait vendre le champ, les bœufs et la charrue du malheureux dont le fils avait manqué deux fois à l'appel de Bonaparte. Voilà les gens qui nous accusent de bonapartisme !

Pour moi, je n'accuse ni ne dénonce; car je ne veux nul emploi, et n'ai de haine pour qui que ce soit. Mais je soutiens qu'en aucun cas, on ne peut avoir de raison d'arrêter à Luynes dix personnes, ou à Paris cent mille; car c'est la même chose. Il n'y saurait avoir à Luynes dix voleurs reconnus parmi les habitants, dix assassins domiciliés; cela est si clair, qu'il me semble aussitôt prouvé que dit. Ce sont donc dix ennemis du Roi qu'on prive de leur liberté, dix hommes dangereux à l'État ? Oui, Messieurs, à cent lieues de Paris, dans un bourg écarté, ignoré, qui n'est pas même lieu de passage, où l'on n'arrive que par des chemins impraticables, il y a là dix conspirateurs, dix ennemis de l'état et du Roi, dix hommes dont il faut s'assurer, avec précaution toutefois. Le secret est l'âme de toute opération militaire. A minuit on monte à cheval; on part; on arrive sans bruit aux portes de Luynes; point de sentinelles à égorger, point de postes à surprendre; on entre, et, au moyen de mesures si bien prises, on parvient à saisir une femme, un barbier, un sabottier, quatre ou cinq laboureurs ou vignerons, et la monarchie est sauvée.

Le dirai-je ? les vrais séditieux sont ceux qui en trouvent partout, ceux qui, armés du pouvoir, voient toujours dans leurs ennemis les ennemis du Roi, et tâchent de les rendre tels à force de vexations; ceux enfin qui trouvent dans Luynes dix hommes à arrêter, dix familles à désoler, à ruiner de par le Roi; voilà les ennemis du Roi. Les faits parlent, Messieurs. Les auteurs de ces violences ont assurément des motifs autres que l'intérêt public. Je n'entre point dans cet examen; j'ai voulu seulement vous faire connaître nos maux, et par vous, s'il se peut, en obtenir la fin. Mais je ne vous ai pas encore tout dit, Messieurs.

Nos dix détenus, soupçonnés d'avoir mal parlé, le tribunal de Tours déclarant qu'il n'était pas juge des paroles, furent transférés à Orléans. Pendant qu'on les traînait de prison en prison, d'autres scènes se passaient à Luynes. Une nuit, on met le feu à la maison du maire. Il s'en fallut peu que cette famille respectable, à beaucoup d'égard, ne pérît dans les flammes. Toutefois les secours arrivèrent à temps. Là-dessus gendarmes de marcher; on arrête, on emmène, on emprisonne tous ceux qui pouvaient paraître coupables. La justice cette fois semblait du côté du maire; il soupçonnait tout le monde, peut-être avec raison. Je ne vous fatiguerai point, Messieurs, des détails de ce procès que je ne connais pas bien, et qui dure encore. J'ajouterai seulement que des dix premiers arrêtés, on en condamna deux à la déportation (car il ne fallait pas que l'autorité eût tort); deux sont en prison; six renvoyés sans jugement, revinrent au pays, ruinés pour la plupart, infirmes, hors d'état de reprendre leurs travaux. Ceux-là, il est permis de croire qu'ils n'avaient pas même mal parlé. Dieu veuille qu'ils ne trouvent jamais l'occasion d'agir!

Mais vous allez croire Luynes un repaire de brigands, de malfaiteurs incorrigibles, un foyer de révolte, de complots contre l'état. Il vous semblera que ce bourg, bloqué en pleine paix, surpris par les gendarmes à la faveur de la nuit, dont on emmène dix prisonniers, et où de pareilles expéditions se renouvellent souvent, ne saurait être peuplé que d'une engeance ennemie de toute société. Pour en pouvoir juger, Messieurs, il vous faut remarquer d'abord que la Touraine est, de toutes les provinces du royaume, non seulement la plus paisible, mais la seule peut-être paisible depuis vingt-cinq ans. En effet, où trouverez-vous, je ne dis pas en France, mais dans l'Europe entière, un coin de terre habitée, où il n'y ait eu, durant cette période, ni guerre, ni proscriptions, ni troubles d'aucune espèce? C'est ce qu'on peut dire de la Touraine, qui, exempte à la fois des discordes civiles et des invasions étrangères, sembla réservée par le ciel, pour être, dans ces temps d'orage, l'unique asile de la paix. Nous avons connu par ouï-dire les désastres de Lyon, les horreurs de la Vendée, et les hécatombes humaines du grand-prêtre de la raison, et les massacres calculés de ce génie qui inventa la grande guerre et la haute police; mais alors, de tant de fléaux, nous ne ressentions que le bruit, calmes au milieu des tourmentes, comme ces Oasis entourés des sables mouvants du désert.

Que si vous remontez à des temps plus anciens, après les funestes revers de Poitiers et d'Azincourt, quand le royaume était en proie aux armées ennemies, la Touraine, intacte, vierge, préservée de toute violence, fut le refuge de nos rois. Ces troubles qui, s'étendant partout comme un incendie, couvrirent la France de ruines, durant la prison du roi Jean, s'arrêtèrent aux campagnes qu'arrosent le Cher et la Loire. Car tel est l'avantage de notre position ; éloignés des frontières et de la capitale, nous sentons les derniers les mouvements populaires et les secousses de la guerre. Jamais les femmes de Tours n'ont vu la fumée d'un camp.

Or, dans cette province, de tout temps si heureuse, si pacifique, si calme, il n'y a point de canton plus paisible que Luynes. Là, on ne sait ce que c'est que vols, meurtres, violences; et les plus anciens de ce pays n'y avaient jamais vu ni prévôt ni archers, avant ceux qui vinrent, l'an passé, pour apprendre à vivre à Fouquet. Là, on ignore jusqu'aux noms de factions et de partis; on cultive ses champs; on ne se mêle d'autre chose. Les haines qu'a semées partout la révolution n'ont point germé chez nous, où la révolution n'avait fait ni victimes, ni fortunes nouvelles. Nous pratiquons surtout le précepte divin d'obéir aux puissances ; mais avertis tard des changements, de peur de ne pas crier à propos, Vive le Roi! Vive la Ligue! nous ne crions rien du tout, et cette politique avait réussi jusqu'au jour où Fouquet passa devant le mort sans ôter son chapeau. A présent même, je m'étonne qu'on ait pris ce prétexte de cris séditieux pour nous persécuter : tout autre eût été plus plausible; et je trouve qu'on eût aussi bien fait de nous brûler comme entachés de l'hérésie de nos ancêtres, que de nous déporter ou nous emprisonner comme séditieux.

Toutefois vous voyez que Luynes n'est point, Messieurs, comme vous l'auriez pu croire, un centre de rébellion, un de ces repaires qu'on livre à la vengeance publique ; mais le lieu le plus tranquille de la plus soumise province qui soit dans tout le royaume. Il était tel du moins, avant qu'on n'y eût allumé, par de criantes iniquités, des ressentiments et des haines qui ne s'éteindront de long-temps. Car, je dois vous le dire, Messieurs, ce pays n'est plus ce qu'il était ; s'il fut calme pendant des siècles, il ne l'est plus maintenant. La terreur à présent y règne, et ne cessera que pour faire place à la vengeance. Le feu mis à la maison du maire, il y a quelques mois, vous prouve à quel degré la rage était alors montée ; elle est augmentée depuis, et cela chez des gens qui, jusqu'à ce moment, n'avaient montré que douceur, patience, soumission à tout régime supportable. L'injustice les a révoltés. Réduits au désespoir par ces magistrats mêmes, leurs naturels appuis, opprimés au nom des lois qui doivent les protéger, ils ne connaissent plus de frein, parce que ceux qui les gouvernent n'ont point connu de mesure. Si le devoir des législateurs est de prévenir les crimes, hâtez-vous, Messieurs, de mettre un terme à ces dissensions. Il faut que votre sagesse et la bonté du Roi rendent à ce malheureux pays le calme qu'il a perdu.

Paris, le 10 décembre 1816.

LETTRE

A MESSIEURS DE L'ACADÉMIE

DES INSCRIPTIONS ET BELLES-LETTRES.

M̲ᴇssɪᴇᴜʀs,

C'est avec grand chagrin, avec une douleur extrême, que je me vois exclus de votre Académie, puisqu'enfin vous ne voulez pas de moi. Je ne m'en plains pas toutefois. Vous pouvez avoir, pour cela, d'aussi bonnes raisons que pour refuser Coraï et d'autres qui me valent bien. En me mettant avec eux, vous ne me faites nul tort; mais, d'un autre côté on se moque de moi. Un auteur de journal, heureusement peu lu, imprime : « Monsieur Courier s'est présenté, se pré-
» sente et se présentera aux élections de l'Académie
» des Inscriptions et Belles-Lettres, qui le rejette una-
» nimement. Il faut, pour être admis dans cet illustre
» corps, autre chose que du grec. On vient d'y rece-
» voir le vicomte Prevost d'Iraï, gentilhomme de la
» chambre, le sieur Jomard, le chevalier Dureau de
» La Malle; gens qui, à dire vrai, ne savent point de
» grec, mais dont les principes sont connus. »

Voilà les plaisanteries qu'il me faut essuyer, j'y saurai bien que répondre; mais ce qui me fâche le plus, c'est que je vois s'accomplir cette prédiction que me fit autrefois mon père : *Tu ne seras jamais rien.* Jusqu'à présent je doutais (comme il y a toujours quelque chose d'obscur dans les oracles), je pensais qu'il pouvait avoir dit : *Tu ne feras jamais rien*; ce qui m'accommodait assez, et me semblait même d'un bon augure pour mon avancement dans le monde; car en ne faisant rien, je pouvais parvenir à tout, et singulièrement à être de l'Académie ; je m'abusais. Le bonhomme sans doute avait dit, et rarement il se trompa : *Tu ne seras jamais rien,* c'est-à-dire, tu ne seras ni gendarme, ni rat-de-cave, ni espion, ni duc, ni laquais, ni académicien. Tu seras Paul-Louis pour tout potage, *id est,* rien. Terrible mot !

C'est folie de lutter contre sa destinée. Il y avait trois places vacantes à l'Académie, quand je me présentai pour en obtenir une. J'avais le mérite requis; on me l'assurait, et je le croyais, je vous l'avoue. Trois places vacantes, Messieurs ! et notez ceci, je vous prie, personne pour les remplir. Vous aviez rebuté tous ceux qui en eussent été capables. Coraï, Thurot, Haase, repoussés une fois, ne se présentaient plus. Le pauvre Chardon de la Rochette qui, toute sa vie fut si simple de croire obtenir, par la science une place de savant, à peine désabusé mourut. J'étais donc sans rivaux que je dusse redouter. Les candidats manquant, vous paraissiez en peine, et aviez ajourné déjà deux élections, *fautes de sujets recevables.* Les uns vous semblaient trop habiles, les autres trop ignorants; car sans doute vous n'avez pas cru qu'il n'y eût en France personne digne de s'asseoir auprès de Gail. Vous cherchiez cette médiocrité justement vantée par les sages. Que vous dirai-je enfin ? Tout me favorisait, tout m'appelait au fauteuil. Visconti me poussait, Millin m'encourageait, Letronne me tendait la main; chacun semblait me dire : *Dignus es intrare*. Je n'avais qu'à me présenter; je me présentai donc, et n'eus pas une voix.

Non, Messieurs, non, je le sais, ce ne fut point votre faute. Vous me vouliez du bien, j'en suis sûr. Il y parut dans les visites que j'eus l'honneur de vous faire alors. Vous m'accueillîtes d'une façon qui ne pouvait être trompeuse. Car pourquoi m'auriez-vous flatté ? Vous me reconnûtes des droits. La plupart même d'entre vous se moquèrent un peu avec moi de mes nobles concurrents; car, tout en les nommant de préférence à moi, vous les savez bien apprécier, et n'êtes pas assez peu instruits pour me confondre avec messieurs de l'Œil-de-Bœuf. Enfin, vous me rendîtes justice, en convenant que j'étais ce qu'l fallait pour une des trois places à remplir dans l'Académie. Mais quoi ? mon sort est de n'être rien. Vous eûtes beau vouloir faire de moi quelque chose, mon étoile l'emporta toujours, et vos suffrages, détournés par cet ascendant, tombèrent, Dieu sans doute, le voulant, sur le gentilhomme ordinaire.

La noblesse, Messieurs, *n'est pas une chimère,* mais quelque chose de très-réel, très-solide, très-bon, dont on sait tout le prix. Chacun en veut tâter; et ceux qui, autrefois firent les dégoûtés, ont bien changé d'avis depuis un certain temps. Il n'est vilain qui, pour se faire un peu décrasser, n'aillent du Roi à l'usurpateur et de l'usurpateur au Roi, ou qui, faute de mieux ne mette du moins un *de* à son nom, avec grande raison vraiment. Car, voyez ce que c'est, et la différence qu'on fait du gentilhomme au roturier, dans le pays même de l'égalité, dans la république des lettres. Chardon de la Rochette (vous l'avez tous connu), paysan comme moi, malgré ce nom pompeux, n'ayant que du savoir, de la probité, des mœurs, enfin, un homme de rien, abîmé dans l'étude, dépense son patrimoine en livres, en voyages; visite les monuments de la Grèce et de Rome, les bibliothèques, les savants, et devenu lui-même un des hommes les plus savants de l'Europe, connu pour tel par ses ouvrages, se présente à l'Académie, qui tout d'une voix le refuse. Non; c'est mal dire; on ne fit nulle attention à lui, on ne l'écouta pas. Il en mourut, grande sottise. Le vicomte Prévost passe sa vie dans ses terres, *où foulant le parfum de ses plantes fleuries,* il compose un couplet *afin d'entretenir ses douces rêveries.* L'Académie qui apprend cela, (non pas l'Académie française, où deux vers se comptent pour un ouvrage; mais la vôtre, Messieurs, l'Académie en *us,* celle des Barthélemi, des Dacier, des Saumaise), offre timidement à M. le vicomte une place dans son sein; il fait signe qu'il acceptera, et le voilà nommé tout d'une voix. Rien n'est plus simple que cela : un gentilhomme de nom et d'armes, un homme comme M. le vicomte, est militaire sans faire la guerre, de l'Académie sans savoir lire. *La coutume de France ne veut pas,* dit Molière, *qu'un gentilhomme sache rien faire,* et la même coutume veut que toute place lui soit dévolue, même celle de l'Académie.

Napoléon, génie, dieu tutélaire des races antiques et nouvelles, restaurateur des titres, sauveur des parchemins; sans toi la France perdait l'étiquette et le blason, sans toi..... Oui, Messieurs, ce grand homme aimait comme vous la noblesse, prenait des gentilshommes pour en faire ses soldats, ou bien de ses soldats faisait des gentilshommes. Sans lui, les vicomtes que seraient-ils ? pas même académiciens.

Vous voyez bien, Messieurs, que je ne vous en veux point. Je cause avec vous : et de fait, si j'avais à me plaindre, ce serait de moi, non pas de vous. Qui diantre me poussait à vouloir être de l'Académie et qu'avais-je besoin d'une patente d'érudit, moi qui, *sachant du grec autant qu'homme de France*, étais connu et célébré par tous les doctes de l'Allemagne, sous les noms de *Correrius, Courierus, Hemerodromus, Cursor*, avec les épithètes de *vir ingeniosus, vir acutissimus, vir præstantissimus*, c'est-à-dire, *homme d'érudition, homme de capacité*, comme le docteur Pancrace. J'avais étudié pour savoir, et j'y étais parvenu, au jugement des experts. Que me fallait-il davantage ? Quelle bizarre fantaisie à moi, qui m'étais moqué quarante ans des cotteries littéraires, et vivais en repos loin de toute cabale, de m'aller jeter au milieu de ces méprisables intrigues ?

A vous parler franchement, Messieurs, c'est là le point embarrassant de mon apologie; c'est là *l'endroit que je sens faible et que je me voudrais cacher*. De raisons, je n'en ai point pour plâtrer cette sottise, ni même d'excuse valable. Alléguer des exemples, ce n'est pas se laver, c'est montrer les taches des autres. Assez de gens, pourrais-je dire, plus sages que moi, plus habiles, plus philosophes (Messieurs ne vous effrayez pas), ont fait la même faute et bronché en même chemin aussi lourdement. Que prouve cela ?

quel avantage en puis-je tirer, sinon de donner à penser que par là seulement je leur ressemble ? Mais pourtant, Coraï, Messieurs..... parmi ceux qui ont pris pour objet de leur étude les monuments écrits de l'antiquité grecque, Coraï tient le premier rang ; nul ne s'est rendu plus célèbre; ses ouvrages nombreux, sans être exempts de fautes, font l'admiration de tous ceux qui sont capables d'en juger; Coraï, heureux et tranquille, à la tête des hellénistes, patriarche, en un mot de la Grèce savante, et partout révéré de tout ce qui sait lire *alpha* et *oméga* ; Coraï une fois a voulu être de l'Académie. Ne me dites point, mon cher maître, ce que je sais comme tout le monde, que vous l'avez bien peu voulu, que jamais cette pensée ne vous fût venue sans les instances de quelques amis moins zélés pour vous, peut-être, que pour l'Académie, et qui croyaient de son honneur que votre nom parut sur sa liste; que vous cédâtes avec peine, et ne fûtes prompt qu'à vous retirer. Tout cela est vrai et vous est commun avec moi, aussi bien que le succès. Vous avez voulu comme moi, votre indigne disciple, être de l'Académie. C'était sans contredit *aspirer à descendre*. Il vous en a pris comme à moi. C'est-à-dire qu'on se moque de nous deux. Et de plus que moi, vous avez pour faire cette demande écrit à l'Académie, qui a votre lettre et la garde. Rendez-là lui, Messieurs, de grâce, ou ne la montrez pas du moins. Une coquette montre les billets de l'amant rebuté, mais elle ne va pas se prostituer à Jomard.

Jomard à la place de Visconti ! M. Presvost d'Irai succédant à Clavier ! Voilà de furieux argumens contre le progrès des lumières, et les frères ignorantins, s'ils ne vous ont eux-mêmes dicté ces nominations, vous en doivent savoir bon gré.

Jomard dans le fauteuil de Visconti! je crois bien qu'à présent, Messieurs, vous y êtes accoutumés; on se fait à tout, et les plus bizarres contrastes, avec le temps, cessent d'amuser. Mais avouez que la première fois cette bouffonnerie vous a réjouis. Ce fut une chose à voir, je m'imagine, que sa réception. Il n'y eût rien manqué de celle de Diafoirus si le récipiendaire eût su autant de latin. Maintenant, Messieurs, croyez-moi; pour varier le divertissement, essayez (*nature se plaît en diversité* (1) de mettre à la place d'un âne, un savant, un helléniste. A la première vacance, peut-être, vous en auriez le passe-temps; nommez un de ceux que vous avez refusés jusqu'à présent.

Mais ce M. Jomard, dessinateur, graveur ou quelque chose d'approchant, que je ne connais point d'ailleurs, et que peu de gens, je crois, connaissent, pour se placer ainsi entre deux gentilshommes, le chevalier et le vicomte; quel homme est-ce donc, je vous prie? Est-ce un gentilhomme qui déroge en faisant quelque chose, ou bien un artiste ennobli comme le marquis de Canova? ou serait-ce seulement un vilain qui pense bien? les vilains bien pensants fréquentent la noblesse; ils ne parlent jamais de leur père, mais on leur en parle souvent.

M. Jomard, toutefois, sait quelque chose; il sait graver, diriger au moins des graveurs, et les planches d'un livre font foi qu'il est bon prote en taille-douce.

---

(1) Mot de Louis XI.

Mais le vicomte, que sait-il ? sa généalogie ; et quels titres a-t-il ? Des titres de noblesse pour remplacer Clavier dans une Académie ? Chose admirable que parmi quarante que vous étiez, Messieurs, savants ou censés tels, assemblés pour nommer à une place de savant, d'érudit, d'hellléniste, pas un ne s'avise de proposer un helléniste, un érudit, un savant; pas un seul ne songe à Coraï, nul ne pense à M. Thurot, à M. Haase, à moi, qui en valais un autre pour votre Académie; tous d'un commun accord, *parmi tant de héros, vont choisir Childebrand;* tous veulent le vicomte. Les compagnies, en général, on le sait, ne rougissent point, et les académies !... ah ! Messieurs, s'il y avait une académie de danse, et que les grands en voulussent être, nous verrions quelque jour, à la place de Vestris, M. de Talleyrand, que l'Académie en corps complimenterait, louerait, et dès le lendemain raierait de sa liste pour peu qu'il parût se brouiller avec les puissances.

Vous faites de ces choses-là. M. Prevost-d'Irai n'est pas si grand seigneur, mais il est propre à vos études comme l'autre à danser la gavotte. Et que de Childebrand, bons dieux ! choisis par vous et proclamés unanimement, à l'exclusion de toute science et de toute espèce d'instruction, Prevost-d'Irai, Jomard, Dureau de La Malle, Saint-Martin, non pas tous gentilshommes. Aux vicomtes, aux chevaliers, vous mêlez de la roture. L'égalité académique n'en souffre point, pourvu que l'un ne soit pas plus savant que l'autre, et la noblesse n'est pas *de rigueur,* pour entrer à l'Académie, l'ignorance bien prouvée suffit.

Cela est naturel, quoiqu'on en puisse dire. Dans une

compagnie de gens, faisant profession d'esprit ou de savoir, nul ne veut près de soi un plus habile que soi, mais bien un plus noble, un plus riche ; et généralement, dans les corps à talent, nulle distinction ne fait ombrage, si ce n'est celle du talent. Un duc et pair honore l'Académie française qui ne veut point de Boileau, refuse Labruyère, fait attendre Voltaire, mais reçoit tout d'abord, Chapelain et Conrart. De même, nous voyons à l'Académie grecque le vicomte invité, Coraï repoussé, lorsque Jomard y entre comme dans un moulin.

Mais ce qu'il y a de plus merveilleux, c'est cette prudence de l'Académie, qui, après la mort de Clavier et celle de Visconti arrivée presque en même temps, songe à réparer de telles pertes, et d'abord, afin de mieux choisir, diffère ses élections, prend du temps, remet le tout à six mois, précaution remarquable et infiniment sage. Ce n'était pas une chose à faire sans réflexion, que de nommer des successeurs à deux hommes aussi savants, aussi célèbres que ceux-là. Il y fallait regarder, élire entre les doctes, sans faire tort aux autres, les deux plus doctes ; il fallait contenter le public, montrer aux étrangers que tout savoir n'est pas mort chez nous avec Clavier et Visconti, mais que le goût des arts antiques, l'étude de l'histoire et des langues, des monuments de l'esprit humain vivent en France comme en Allemagne et en Angleterre. Tout cela demandait qu'on y pensât mûrement. Vous y pensâtes six mois, Messieurs, et au bout de six mois, ayant suffisamment considéré, pesé le mérite, les droits de chacun des prétendants, à la fin vous nommez..... Si je le redisais, nulle gravité n'y tiendrait, et je n'écris pas pour faire rire. Vous savez bien qui vous nommâtes à la place de Visconti. Ce ne fut ni Coraï, ni moi, ni aucun de ceux qu'on connaît pour avoir cultivé quelque genre de littérature. Ce fut un noble, un vicomte, un gentilhomme de la Chambre. Celui-là pourra dire qui l'emporte en bassesse de la Cour ou de l'Académie, étant de l'une et de l'autre, question curieuse qui a paru, dans ces derniers temps, décidée en votre faveur, Messieurs, quand vous ne faisiez réellement que maintenir vos priviléges, et conserver les avantages acquis par vos prédécesseurs. Les Académies sont en possession de tout temps de remporter le prix de toute sorte de bassesses, et jamais Cour ne proscrivit un abbé de Saint-Pierre, pour avoir parlé sous Louis XV un peu librement de Louis XIV, ni ne s'avisa d'examiner laquelle des vertus du Roi méritait les plus fades éloges.

Enfin voilà les hellénistes exclus de cette Académie dont ils ont fait toute la gloire, et où ils tenaient le premier rang; Coraï, la Rochette, moi, Haasse, Thurot, nous voilà cinq, si je compte bien, qui ne laissons guères d'espoir à d'autres que des gens de Cour ou suivant la Cour. Ce n'est pas là, Messieurs, ce que craignit votre fondateur, le ministre Colbert. Il n'attacha point de traitement aux places de votre Académie, *de peur*, disent les mémoires du temps, *que les courtisans n'y voulussent mettre leurs valets.* Hélas! ils font bien pis, ils s'y mettent eux-mêmes, et après eux s'y mettent encore leurs protégés valets sans gages, de sorte que tout le monde bientôt sera de l'Académie, excepté les savants : comme on conte d'un grand d'autrefois, que tous les gens de sa maison avaient des bénéfices, excepté l'aumônier.

Mais avant de proscrire le grec, y avez-vous pensé, Messieurs ? Car enfin que ferez-vous sans grec ? voulez-vous avec du chinois, une bible copte ou syriaque, vous passer d'Homère et de Platon ? Quitterez-vous le Parthénon pour la Pagode de Jagrenat, la Vénus de Pratixèle pour les magots de Fo-hi-Han ? et que deviendront vos mémoires, quand au lieu de l'histoire des arts chez ce peuple ingénieux, ils ne présenteront plus que les incarnations de Visnou, la légende des Faquirs, le rituel du Lamisme, ou l'ennuyeux *bulletin* des conquérants Tartares ? Non, je vois votre pensée; l'érudition, les recherches sur les mœurs et et les lois des peuples, l'étude des chefs-d'œuvres antiques et de cette chaîne de monuments qui remonte aux premiers âges, tout cela vous détournait du but de votre institution. Colbert fonda l'Académie des Inscriptions et Belles-Lettres *pour faire des devises aux tapisseries du Roi*, et en un besoin, je m'imagine, aux bonbons de la Reine. C'est là votre destination à laquelle vous voulez revenir et vous consacrer uniquement; c'est pour cela que vous renoncez au grec; pour cela, il faut l'avouer, le vicomte vaut mieux que Coraï.

D'ailleurs, à le bien prendre, Messieurs, vous ne faites point tant de torts aux savants. Les savants voudraient être seuls de l'Académie, et n'y souffrir que ceux qui entendent un peu *le latin d'A Kempis*. Cela chagrine, inquiète d'honnêtes gens parmi vous, qui ne se piquent pas d'avoir su autrefois *leur rudiment par* cœur; que ceux-ci excluent ceux qui veulent les exclure, où est le mal, où sera l'injustice ? Si on les écoutait, ils prétendraient encore être seuls professeurs, sous prétexte qu'il faut savoir pour enseigner, proposition au moins téméraire, mal sonante, en ce qu'elle ôte au clergé l'éducation publique; et sait-on où cela s'arrêterait ? Bientôt ceux qui prêchent l'Évangile seraient obligés de l'entendre. Enfin si les savants veulent être quelque chose, veulent avoir des places, qu'ils fassent comme on fait, c'est une marche réglée : les moyens pour cela sont connus et à la portée d'un chacun. Des visites, des révérences, un habit d'une certaine façon, des recommandations de quelques gens considérés. On sait, par exemple, que pour être de votre Académie, il ne faut que plaire à deux hommes, M. de Sacy et M. Quatremer de Quincy, et je crois encore à un troisième, dont le nom me reviendra; mais ordinairement le suffrage d'un des trois suffit, parce qu'ils s'accommodent entre eux. Pourvu qu'on soit ami d'un de ces trois messieurs, et cela est aisé, car ils sont bonnes gens, vous voilà dispensé de toute espèce de mérite, de science, de talents; y a-t-il rien de plus commode, et saurait-on en être quitte à meilleur marché ? que serait-ce, au prix de cela, s'il fallait gagner tout le public, se faire un nom, une réputation ? Puis une fois de l'Académie, à votre aise vous pouvez marcher en suivant le même chemin, les places et les honneurs vous pleuvent. Tous vos devoirs sont renfermés dans deux préceptes d'une pratique également facile et sûre, que les moines, premiers auteurs de toute discipline réglementaire, expriment ainsi en leur latin : *Bene dicere de Priore, facere officium suum taliter qualiter*, le reste s'en suit nécessairement : *Sinere mundum ire quomodo vadit.*

Oh! l'heureuse pensée qu'eut le grand Napoléon, d'enrégimenter les beaux arts, d'organiser les sciences, comme les droits réunis; *pensée vraiment royale,* disait M. de Fontanes, de changer en appointements ce que promettent les muses, *un nom et des lauriers.* Par-là, tout s'aplanit dans la littérature; par-là, cette carrière autrefois si pénible est devenue facile et unie. Un jeune homme, dans les lettres, avance, fait son chemin comme dans les sels ou les tabacs. Avec de la conduite, un caractère doux, une mise décente, il est sûr de parvenir et d'avoir à son tour des places, des traitements, des pensions, des logements, pourvu qu'il n'aille pas faire autrement que tout le monde, se distinguer, étudier. Les jeunes gens quelquefois se passionnent pour l'étude; c'est la perte assurée de quiconque aspire aux emplois de la littérature; c'est la mort à tout avancement. L'étude rend paresseux : on s'enterre dans ses livres; on devient rêveur, distrait, on oublie ses devoirs, visites, assemblées, repas, cérémonies; mais ce qu'il y a de pis, l'étude rend orgueilleux; celui qui étudie s'imagine bientôt en savoir plus qu'un autre, prétend à des succès, méprise ses égaux, manque à ses supérieurs, néglige ses protecteurs et ne fera jamais rien *dans la partie des lettres.*

Si Gail eût étudié, s'il eût appris le grec, serait-il aujourd'hui professeur de la langue grecque, garde des livres grecs, académicien de l'Académie grecque, enfin *le mieux renté de tous les érudits?* Haasse a fait cette sottise. Il s'est rendu savant, et le voilà capable de remplir toutes les places destinées aux savants; mais non pas de les obtenir. Bien plus avisé fut M. Raoul Rochette, ce galant défenseur de l'Église, ce jeune champion du temps passé. Il pouvait comme un autre, apprendre en étudiant, mais il vit que cela ne le menait à rien, et il aima bien mieux se produire que s'instruire, avoir dix emplois de savant, que d'être en état d'en remplir un qu'il n'eût pas eu, s'il se fût mis dans l'esprit de le mériter, comme a fait ce pauvre Haase, homme, à mon jugement, docte mais non habile, qui s'en va pâlir sur les livres, perd son temps et son grec, ayant devant les yeux ce qui l'eût dû préserver d'une semblable faute, Gail, modèle de conduite, littérateur parfait. Gail ne sait aucune science, n'entend aucune langue:

> Mais s'il est par la brigue un rang à disputer
> Sur le plus savant homme on le voit l'emporter.

L'emploi de garde des manuscrits, d'habiles gens le demandaient; on le donne à Gail qui ne lit pas même *la lettre moulée*. Une chaire de grec vient à vaquer, la seule qu'il y eût alors en France, on y nomme Gail, dont l'ignorance en grec est devenue proverbe (1). Un fauteuil à l'Académie des Inscriptions et Belles-Lettres, on y place Gail qui se trouve ainsi, sans se douter seulement du grec, avoir remporté tous les prix de l'érudition grecque, réunir à lui seul toutes les récompenses avant lui partagées

---

(1) *Tu t'y entends comme Gail au grec*, proverbe d'écolier.

aux plus excellents hommes en ce genre. Haasse n'oserait prétendre à rien de tout cela, parce qu'il étudie le grec, parce qu'il déchiffre, explique, imprime les manuscrits grecs, parce qu'il fait des livres pour ceux qui lisent le grec, parce qu'enfin il sait tout, hors ce qu'il faut savoir pour être savant patenté du gouvernement. Oh! que Gail l'entend bien mieux! il ne s'est jamais trompé, jamais fourvoyé de la sorte, jamais n'eut la pensée d'apprendre ce qu'il est chargé d'enseigner. Certes un homme comme Gail doit rire dans sa barbe, quand il touche cinq ou six traitements de savants, et voit les savants se morfondre.

Messieurs, voilà ce que c'est que l'esprit de conduite. Aussi, d'avoir donné le fouet jadis à un duc et pair, il faut en convenir, cela aide bien un homme, cela vous pousse furieusement, et comme dit le poète,

Ce chemin aux honneurs a conduit de tout temps.

Le pédant de Charles-Quint devint pape; celui de Charles IX fut grand aumônier de France. Mais tous deux savaient lire; au lieu que Gail ne sait rien, et même est connu de tout le monde pour ne rien savoir, d'autant plus admirable dans les succès qu'il a obtenus comme savant.

Vous n'ignorez pas combien sont désintéressés les éloges que je lui donne. Je n'ai nulle raison de le flatter, et suis tout à fait étranger à ce doux commerce de louanges que vous pratiquez entre vous. M. Gail ne m'est rien, ni ami, ni ennemi, ne me sera jamais rien, et ne peut de sa vie me servir ni me nuire. Ainsi *le pur amour du grec* m'engage à célébrer en lui le premier de nos hellénistes, j'entends le plus considérable par ses grades littéraires. Le public, je le sais, lui rend assez de justice; mais on ne le connaît pas encore. Moi, je le juge sans prévention, *et je vois peu de gens qui soient de son mérite,* même parmi vous, Messieurs. En Allemagne, où vous savez que tout genre d'érudition fleurit, je ne vois rien de pareil, rien même d'approchant. Là, les places académiques sont toutes données à des hommes qui ont fait preuve de savoir. Là, Coraï serait président de l'Académie des Inscriptions, Haase garde des manuscrits, quelque autre aurait la chaire de grec, et Gail... qu'en ferait-on? Je ne sais, tant l'industrie qui le distingue est peu prisée en ce pays-là. Ces gens, à ce qu'il paraît, grossiers, ne reconnaissent qu'un droit aux emplois littéraires, la capacité de les remplir, qui chez nous est une exclusion.

Ce que j'en dis toutefois ne se rapporte qu'à votre académie, Messieurs, celle des Inscriptions et Belles-Lettres. Les autres peuvent avoir des maximes différentes. Et je n'ai garde d'assurer qu'à l'Académie des Sciences un candidat fût refusé, uniquement parce qu'il serait bon naturaliste ou mathématicien profond. J'entends dire qu'on y est peu sévère sur les billets de confession, et un de mes amis y fut reçu l'an passé, sans même qu'on lui demandât s'il avait fait ses Pâques, scandales qui n'ont point lieu chez vous.

Mais, Messieurs, me voilà bien loin du sujet de ma lettre. *J'oublie, en vous parlant, ce que je viens vous dire,* et le plaisir de vous entretenir me détourne de mon objet. Je voulais répondre aux méchantes plaisanteries de ce journal qui dit *que je me suis présenté,* que je me présente actuellement, et que je me présenterai encore pour être reçu parmi vous. Dans ces trois assertions, il y a une vérité, c'est que je me suis présenté, mais une fois sans plus, Messieurs. Je n'ai fait, pour être des vôtres, que quarante visites seulement, et quatre-vingts révérences, à raison de deux par visite. Ce n'est rien pour un aspirant aux emplois académiques; mais c'est beaucoup pour moi, naturellement peu souple et neuf à cet exercice. Je n'en suis pas encore bien remis. Mais je suis guéri de l'ambition, et je vous proteste, Messieurs, que même, assuré de réussir, je ne recommencerais pas.

Quant à ce qu'il ajoute touchant les principes de ceux que vous avez élus, principes qu'il dit être connus, cette phrase tendant à insinuer que les miens ne sont pas connus, me cause de l'inquiétude. Si jamais vous réussissiez à établir en France la Sainte-Inquisition, comme on dit que vous y pensez, je ne voudrais pas que l'on pût me reprocher quelque jour d'avoir laissé sans réponse un propos de cette nature. Sur cela donc, j'ai à vous dire que mes principes sont connus de ceux qui me connaissent, et j'en pourrais demeurer là. Mais, afin qu'on ne m'en parle plus, je vais les exposer en peu de mots.

Mes principes sont, *qu'entre deux points la ligne droite est la plus courte, que le tout est plus grand que sa partie, que deux quantités égales chacune à une troisième sont égales entre elles.*

Je tiens aussi *que deux et deux font quatre;* mais je n'en suis pas si sûr.

Voilà mes principes, Messieurs, dans lesquels j'ai été élevé, grâces à Dieu, et dans lesquels je veux vivre et mourir. Si vous me demandez d'autres éclaircissements (car on peut dire qu'il y a différents principes en différentes matières, comme principes de grammaire ; il ne s'agit pas de ceux-là, ces Messieurs ne sachant, dit-on, ni grec, ni latin; principes de religion, de morale, de politique) je vous satisferai là-dessus avec la même sincérité.

Mes principes religieux sont ceux de ma nourrice, morte chrétienne et catholique, sans aucun soupçon d'hérésie. La foi du centenier, la foi du charbonnier sont passées en proverbe. Je suis soldat et bûcheron, c'est comme charbonnier. Si quelqu'un me chicane sur mon orthodoxie, j'en appelle au futur concile.

Mes principes de morale sont tous renfermés dans cette règle : ne point faire à autrui ce que je ne voudrais pas qui me fût fait.

Quant à mes principes politiques, c'est un symbole dont les articles sont sujets à controverse. Si j'entreprenais de les décrire, je pourrais mal m'en acquitter et vous donner lieu de me confondre avec des gens qui ne sont pas dans mes sentiments. J'aime mieux vous dire en deux mots ce qui me distingue, me sépare de tous les partis, et fait de moi un homme rare dans le siècle où nous sommes; c'est que je ne veux point être roi, et que j'évite soigneusement tout ce qui pourrait me mener là.

Ces explications sont tardives et peuvent paraître superflues, puisque je renonce à l'honneur d'être admis parmi vous, Messieurs, et que sans doute vous n'avez pas plus d'envie de me recevoir que je n'en ai d'être reçu dans aucun corps littéraire. Cependant je ne suis pas fâché de désabuser quelques personnes qui auraient pu croire, sur la foi de ce journaliste, que je m'obstinais, comme tant d'autres, à vouloir vaincre vos refus par mes importunités. Il n'en est rien, je vous assure. Je reconnais ingénuement que Dieu ne m'a point fait pour être de l'Académie, et que je fus mal conseillé de m'y présenter une fois.

Paris, le 20 mars 1819.

PROCÈS

DE

PIERRE CLAVIER-BLONDEAU,

Pour prétendus outrages faits à M. le maire de Véretz, département d'Indre et Loire.

PLACET

A SON EXCELLENCE MONSEIGNEUR LE MINISTRE.

Monseigneur,

Les persécutions que j'éprouve, dans le département d'Indre et Loire, seraient longues à raconter. En voici les principaux traits.

Le 12 décembre dernier, on coupa et enleva, dans ma forêt de Larcai, quatre gros chênes baliveaux de quatre-vingts ans. Mon garde fit sa plainte légale, et requit le maire de Véretz, de permettre, suivant la loi, la recherche des bois volés. On savait où ils étaient. Le maire s'y refusa malgré la lecture qu'on lui fit de la loi qui l'oblige, sous peine de destitution, d'accompagner lui-même le garde dans cette recherche. Tout cela est constaté par des procès-verbaux.

Quelque temps après, les mêmes gens coupèrent, dans la même forêt, dix-neuf chênes les plus gros et les plus beaux de tous. Procès-verbal fut fait, plainte portée au maire et au procureur du Roi, qui menaça de sa surveillance, non les voleurs, mais le garde et moi.

Dernièrement, on a encore coupé, dans la même forêt, un seul gros baliveau de soixante et quinze ans. On a tenté de mettre le feu en différents endroits. Les auteurs de ces délits sont connus, et non seulement nulle poursuite n'a été faite contre eux, mais on s'oppose constamment à la recherche légale des bois enlevés.

Le nommé Blondeau, l'un de mes gardes, est chargé par moi, cette année, de différentes exploitations que je fais faire par nettoyement. On l'a laissé abattre et façonner tout le bois, mais au moment de la vente, on le fait condamner, sous les plus absurdes prétextes, à un mois de prison, sans grâce ni délai. Le voilà ruiné totalement, et moi, en partie. On l'accuse dans le procès-verbal fait contre lui, en apparence, mais réellement contre moi, d'avoir dit à M. le maire (dont il a une peur mortelle), Allez vous faire f….. C'est là le crime qu'on lui suppose, et pour lequel on va détruire toute l'existence et la fortune d'un père de famille de soixante ans, qui a toujours vécu sans reproche.

Je ne vous parle point, Monseigneur, des procès risibles qu'on me fait, dans lesquels je succombe toujours. Chaque fois que je suis volé, je paie des dommages et intérêts. Si on me battait, je paierais l'amende. On me menace maintenant de me brûler. Si cela arrive, je serai condamné à la peine des incendiaires.

Ce n'est pas qu'on me haïsse dans le pays. Je vis seul et n'ai de rapports ni de démêlés avec personne. Tout cela se fait pour faire plaisir à M. le maire, et à MM. les juges, à M. le procureur du Roi, et à M. le préfet, gens que je n'ai jamais vus, et dont j'ignore les noms.

Enfin il est notoire, dans le département, qu'on peut me voler, me courir sus, et chaque jour on use de cette permission. Je suis hors de la loi pour avoir défendu avec succès des gens qu'on voulait faire périr, il y a deux ou trois ans. Voilà, disent quelques uns, le vrai motif du mal qu'on me fait à présent.

Je supplie votre Excellence d'ordonner que tous ceux qui me pillent, ou m'ont pillé, soient légalement poursuivis, et qu'on me laisse en repos à l'avenir. C'est malgré moi que j'ai recours à l'autorité quand les lois devraient me protéger. Mais la chose presse, et je crains que mes bois ne soient bientôt brûlés.

Je suis avec respect,

Monseigneur,

De votre Excellence,

Le très-humble et obéissant serviteur,

Paris, le 30 mars 1819.

PIERRE CLAVIER

DIT BLONDEAU,

A MESSIEURS LES JUGES DE POLICE CORRECTIONNELLE
A BLOIS.

Messieurs,

J'ai fait de grandes fautes; mais j'en suis trop puni déjà par tout ce que j'ai souffert, et si vous regardez ma conduite, vous verrez qu'il y a en moi, pauvre et simple homme de village, plus de bêtise que de méchanceté.

Ma première faute fut d'entrer au service de M. de Beaune, le maire de notre commune. Je le connaissais. M. de Beaune est un jeune homme vif, emporté, violent dans toutes ses passions, implacable dans ses vengeances. Je savais cela; j'aurais dû fuir M. de Beaune et prévoir ce qui m'arrive; mais quoi ? il fallait vivre; je n'avais point d'autre ressource, et il n'était pas maire encore; il ne faisait point de procès-verbaux; en le servant, on ne risquait que d'être assommé. J'entrai chez lui, et me conduisis avec tant de prudence, qu'au bout de deux ans, j'en sortis sans contusion ni blessure. En cela, je ne fus pas bête.

Mais malheureusement, il était maire alors; en me renvoyant, M. le maire ne me payait point mes gages de trois mois, cinquante francs qu'il me devait; je les lui demandai. Ce fut ma seconde faute, pire que la première : pour moi, dans le besoin, sans place, sans travail, cinquante francs, c'était beaucoup ; ce n'était rien pour M. de Beaune. Et que pensez-vous qu'il me dit, quand je lui demandai mon argent ? *Tu me le paieras,* me dit-il, et jamais, Messieurs, je n'en pus tirer autre chose.

Moi, Messieurs, voyant cela, je le fis assigner. Ah ! faute irréparable ! mon supérieur, mon maire, le plus riche propriétaire de toute la commune, l'attaquer en justice ! moi pauvre paysan, domestique renvoyé, lui demander mon dû ! Je fis cette folie dont je me repens bien, et vous jure que de ma vie, dussé-je mourir de faim, jamais plus ne m'arrivera de faire assigner un maire. Aussi bien que sert-il ? M. de Beaune comparut devant le juge de paix, fit serment, leva la main qu'il ne me devait rien, et je perdis mes cinquante francs, et toujours : *Tu me le paieras.* Il m'a tenu parole ; je le lui paie bien l'argent qu'il me devait.

Dès-lors, on me conseilla de quitter le pays. Va-t-en, Blondeau, va-t-en, me dit un de nos voisins. Que veux-tu faire ici ayant fâché le maire ? le maire est plus maître ici que le roi à Paris. Procès, amende, prison, voilà ce qui t'attend. Plus de repos pour toi, plus de travail paisible. Tu ne mangeras plus morceau qui te profite, ayant fâché le maire. Va-t-en pauvre Blondeau.

Il n'avait que trop de raison de me parler ainsi. Je devais le croire, partir, vendre mon quartier de terre, emmener ma famille. Mais environ ce temps, je trouvai à me placer fort avantageusement, à ce qu'il me semblait. Monsieur Courier me prit pour garde de ses bois, et je me crus heureux d'entrer à son service. Je pensai qu'étant chez lui, qui passe pour un bon homme, quoique peu de gens l'aient vu, et que personne ne le connaisse, je pourrais vivre tranquille. En cela, je me trompais, comme vous allez voir.

Je fus accusé, peu après, d'avoir dit à M. le maire, causant avec lui dans son parc : *Allez vous promener*. C'est la déposition de quelques-uns des témoins que vous avez entendus. D'autres disent que j'ai dit : *Allez vous faire f......;* d'autres enfin prétendent que je n'ai rien dit du tout. L'affaire était sérieuse. J'avais tout à redouter, vu le nombre et le crédit de ceux qui m'attaquaient, car chacun s'en mêlait. Le maire portait plainte; le procureur du roi me poursuivait à outrance; le domaine me menaçait de m'ôter mon état de garde particulier. Le préfet même daigna, et plus d'une fois, écrire aux juges contre moi. Les puissances de Tours étaient coalisées pour écraser Blondeau.

Et l'occasion de tout cela, c'est qu'en effet j'avais parlé à M. le maire; grande imprudence assurément. Si j'eusse pu m'en dispenser ! Mais le moyen ? On avait volé quatre gros arbres dans nos bois, et ces arbres, pour les saisir chez les voleurs assez connus, il me fallait non seulement l'autorisation de M. le maire, mais sa présence, suivant la loi. Je fus le trouver et le requis, mon procès-verbal à la main, de m'accompagner, et je lui fis lecture de la loi, le tout en vain : il refusa, et fut cause que huit jours après on nous coupa vingt autres arbres choisis dans toute la forêt, les plus grands de tous, les plus beaux, et avec lemême succès : et depuis, une autre fois encore......, mais ce n'est pas de quoi il s'agit. Il refusa de m'accompagner, sans autre raison que son plaisir, et de-là même, prit prétexte de me faire un procès, de se plaindre, disant que je l'avais insulté. Quelle apparence? je n'en fis que rire. Mais me voyant tant d'ennemis, et que tous ceux qui pouvaient me nuire, s'y employaient avec chaleur, j'eus recours à M. Courier. Je lui dis : Aidez-moi; la chose vous regarde. Parlez; faites agir vos amis. Mais il me répondit : Mes amis sont à Rome, à Naples, à Paris, à Constantinople, à Moscou. Mes amis s'occupent beaucoup de ce qu'on faisait il y a deux mille ans, peu de ce qu'on fait à présent. S'il est ainsi, lui dis-je, qui me protégera? qui prendra ma défense? j'ai contre moi tout le monde.

Alors il me répond : Blondeau, que vous êtes simple. Mettez le feu à mes bois, au lieu de les garder, et vous ne manquerez pas de protecteurs. Vous aurez pour appui tout ce qui pense bien dans le département. L'homme le plus méprisé, le plus vil, le plus abject de la province entière, a trouvé des amis, des parents, même parmi les magistrats de Tours, dès qu'il m'a voulu faire quelque mal; et pour avoir chassé ma femme de chez elle, il va recevoir de moi deux mille francs à titre de dommages et intérêts. Le fripon qui me vola l'an passé, la moitié d'une coupe de bois, obtient de l'équité des juges un léger encouragement de huit cents francs, que je lui paie comme indemnité. Ces gens-ci, aujourd'hui, sous la sauvegarde de toutes les autorités, coupent mes plus beaux arbres, les emportent, les serrent paisiblement chez eux; défense de les troubler. Demain, ils me plaideront sur le vol qu'ils m'ont fait, et gagneront assurément. Faites comme eux; vous serez favorisé de même. Si, au lieu de me piller, vous défendez mon bien, vous irez en prison; attendez-vous à cela.

Tout comme il avait dit, la chose est arrivée. Je fus jugé, ou, pour parler exactement, je fus condamné à un mois de prison, sans preuves, sans audition de témoins. Les témoins, vous le savez, n'ont été entendus que depuis, ici, devant vous, Messieurs, après mon appel de la sentence rendue à Tours, contre moi. A Tours, les juges n'ont pas voulu, sans doute de peur de scandale, examiner si j'avais dit : allez vous promener, ou allez vous faire f.....; question délicate qui roulait sur la différence de *promener* à l'autre mot. Il fut décidé, sur le seul procès-verbal de M. le maire, que je l'avais outragé; en conséquence on me condamne à un mois de prison. Mes amis trouvent que j'en suis quitte à bon marché. Car il eût pu tout aussi bien mettre sur son procès-verbal que je l'avais volé ou tué, et vous voyez ce qui s'en suivait, puisque sa parole fait foi, sans qu'il soit tenu de rien prouver.

Mais moi, je ne m'en crois pas quitte : ce qu'il n'a pas fait, il le fera. Déjà il répand le bruit que je l'ai menacé. Déjà il l'a écrit de sa main, sur le registre de la commune. Bien plus, il l'a fait publier au prône de la paroisse. Oui, Messieurs, au prône, un dimanche, par la voix du curé en chaire, tout le monde a été informé que Blondeau menaçait M. le maire. Cela vous étonne, Messieurs. C'est que vous connaissez les lois; mais moi, je connais M. le maire, et je sais qu'un mois de prison, mes travaux d'une année perdus, ma famille désolée, un procès qui me ruine, ce n'est pas vengeance pour lui. Ce qui m'étonne, moi, c'est de le voir agir avec tant de mesure, user de prévoyance, et même avant la fin de cette affaire-ci, se ménager des preuves pour une accusation plus grave, comme s'il n'avait pas toujours ses procès-verbaux, qui sont parole d'Evangile pour messieurs les juges de Tours. Sitôt qu'il lui plaira d'avoir été frappé ou même assassiné, qui le contredira dans ses déclarations? Craint-il qu'on ne s'avise d'examiner les faits? que le procureur du roi, le préfet, ne lui manquent au besoin, et qu'un jour, ces messieurs, ne pensant plus aussi bien, ne se fassent scrupule de perdre un malheureux, parce qu'il sert M. Courier? et puis, si l'on voulait des preuves, des témoins, n'a-t-il pas ses fermiers, que vous l'avez vu, Messieurs, amener ici dans sa voiture, gens de bien comme lui, auxquels il coûte peu de lever la main, jurer devant les magistrats? Enfin, les signatures peuvent-elles jamais manquer à l'auteur d'un écrit qu'on va vous lire, Messieurs? C'est l'original même de la publication faite en chaire contre moi par M. le curé.

Par jugement rendu le 5 mars dernier, au tribunal de police correctionnelle de Tours, Clavier-Blondeau, garde particulier, a été condamné à trente francs d'amende, à la confiscation de son fusil à deux coups, et aux frais du procès, pour avoir porté des armes de chasse et chassé sans permis de port d'armes.

Plus à un mois d'emprisonnement, pour avoir menacé et injurié M. le maire de Véretz.

Pour extrait conforme au jugement, signé

BOURRASSÉ, *commis-greffier.*

Pour copie conforme,

DE BEAUNE, *maire.*

Je soussigné, certifié avoir publié au prône de ma messe paroissiale, le dimanche 21 mars de la présente année 1819, les copies du jugement de l'autre part, d'après l'invitation qui m'en a été faite par M. DE BEAUNE, *maire de cette commune.*

MARCHANDEAU, *curé desservant de Véretz.*

Voilà, Messieurs, ce qu'a publié M. le curé, dans la chaire de vérité, ce qu'il a notifié comme un acte authentique aux habitants de la paroisse. Il n'y a de vrai néanmoins dans cette pièce écrite toute entière de la main de M. de Beaune, que sa seule signature. Le reste se peut dire imaginé par lui ou arrangé selon ses vues. Il n'est point du tout vrai que l'on m'ait condamné pour avoir menacé et injurié le maire. Il est encore moins vrai que ce prétendu extrait ait été délivré par le commis-greffier. Enfin il est faux que ce commis ait jamais rien signé de pareil, et son nom mis là est une pure invention de M. le maire. Le greffier n'a pu délivrer un extrait qui n'est pas conforme au jugement, aussi s'en défend-t-il et le nie à tous ceux qui lui en ont parlé. Le jugement ne dit point que j'aie menacé ni injurié personne; je suis condamné pour avoir *outragé en paroles* M. le maire de

Véretz. Les juges ont trouvé un outrage dans ces mots : *Allez vous faire f.....* mais quelque envie qu'ils eussent d'obliger M. le maire, ils n'y pouvaient trouver de menaces, quand même M. le préfet le leur eût enjoint par vingt lettres. Si le maire voulait des menaces, s'il entrait dans son plan d'avoir été menacé, il fallait qu'il le mît dans son procès-verbal, et cela n'eût pas fait plus de difficulté. Mais alors il n'y pensa pas. Pour réparer cette omission, il entreprit depuis de me faire signer à moi-même et avouer ces menaces en présence de témoins, employant pour cela une ruse qui devait lui réussir si on ne m'eût averti. C'est encore ici un des traits de l'esprit inventif de M. le maire, et je vous prie d'y faire attention, Messieurs.

Au milieu du procès, dans la plus grande rage de ses persécutions, quand son garde champêtre, ses cédules, ses huissiers ne me donnaient point de relâche, tout d'un coup, il feint de s'adoucir, d'avoir pitié de moi, de vouloir me laisser vivre : on m'apprend, de sa part, qu'il se contentera d'une légère satisfaction, que si je veux lui faire quelques excuses, toute poursuite contre moi cessera. Moi je me crus hors de l'enfer, au premier mot qui m'en fut dit ; je rendis grâces à Dieu, et promis de me trouver le dimanche suivant, après la messe, chez M. le maire, pour lui faire toutes les excuses, toutes les soumissions qu'il voudrait. Le dimanche venu, j'arrive à l'heure dite ; je trouve à la mairie le conseil assemblé, beaucoup de gens et M. le maire, auquel je fis excuse (de quoi, grand Dieu !) le plus humblement que je sus, lui demandant pardon de l'avoir offensé, sans dire où ni comment, de peur de mentir, et promettant de ne le faire plus à l'avenir. Il paraissait content, tout allait le mieux du monde. Pour conclure, on ouvre devant moi le gros registre de la commune, on lit un un long narré où je ne compris mot ; on me dit de signer ; j'allais signer, n'ayant soupçon de quoi que ce fût, quand quelqu'un me retint : Prends garde, me dit-il, tu vas signer que tu as insulté M. le maire, que tu l'as menacé, violemment menacé, tel jour, en tel lieu, à telle heure, tu vas signer... que sais-tu encore ? Ces mots me donnèrent à penser ; je refusai ; je demandai à me consulter, et là-dessus M. le maire : *Tu iras en prison.* Je n'entendis pas le reste, car on me fit sortir ; mes excuses ainsi sont restées sur le registre de la commune, et mes menaces et d'autres choses, non signées de moi, dieu merci.

Voilà les finesses de M. de Beaune, dont je suis bien aise, Messieurs, que vous soyez avertis, afin de vous en garder, car il est homme à vous faire dire tout ce qu'il voudra. Si votre sentence ne lui agrée, telle que vous l'aurez prononcée, il l'arrangera le lendemain, au prône de la paroisse ; et quand aux signatures, vous pensez bien, Messieurs, qu'il ne s'en fera faute, non plus que de celle du commis-greffier Bourrassé.

Au reste, de même qu'il sait accommoder à son plaisir les sentences des tribunaux, il sait s'en passer, les prévenir. Remarquez bien ceci, Messieurs : le jugement contre moi est du 5. J'en appelle le 10, et onze jours après, le 21, avant même que mon appel vous fût parvenu, M. de Beaune fait publier ma condamnation. Vous voilà bien surpris, Messieurs ; vous pensiez que votre jugement pouvait faire quelque chose à l'affaire, mais songez-y, de grâce ; M. de Beaune est maire, et M. de Beaune avait fait son procès-verbal. Or jamais rien n'a résisté au procès-verbal de M. le maire, appuyé surtout comme il l'est d'une lettre du préfet. Votre sentence après cela n'est qu'une pure formalité, d'ailleurs assez indifférente, qu'il n'a pas cru devoir attendre, ou qu'il attendait, pour mieux dire, dans une parfaite assurance, n'ayant nul doute à cet égard.

Le cas que fait M. de Beaune de l'autorité judiciaire a mieux paru encore dans cette affaire ci, quand les juges de Tours, pour quelque information, le firent appeler. Sa réponse fut simple : *Il n'avait pas le temps. M. le maire n'a pas le temps*. Voilà ce qu'il leur fit dire par son garde-champêtre, qui est l'homme du maire, comme le maire est l'homme du préfet. Quelle dignité dans ce peu de mots à un tribunal assemblé ! *M. le maire n'a pas le temps.* C'était comme s'il leur eût dit : M. le maire est à la chasse, ou M. le maire est maintenant dans l'antichambre du préfet ; M. le maire fait sa cour : il n'a pas le loisir de comparaître devant les tribunaux. Qu'un maire est grand dans son village ! Tout s'empresse à lui plaire ; tout tremble à sa parole. Il poursuit, il accable quiconque a le malheur d'attirer son courroux. Il le frappe de son procès-verbal ; et si les juges lui demandent des explications, il répond *qu'il n'a pas le temps*. Après cela, Messieurs, devez-vous être surpris que M. le maire de Véretz n'ait pas attendu votre arrêt pour me déclarer condamné ? Il y a plutôt de quoi s'étonner qu'il n'ait pas commencé par me mettre en prison.

J'eusse aimé mieux cela que de m'entendre lire à l'église, au prône, ma sentence d'emprisonnement, flétrissure nouvelle et inouie, espèce de carcan inventé pour moi seul, exprès par M. le maire, qui, de sa propre autorité, ajoute cette peine à la peine portée contre moi. J'eusse mieux aimé qu'il doublât la durée de ma détention, et me tint, puisqu'il fait ainsi tout ce qu'il veut, six mois en prison au lieu d'un. Père de famille de soixante ans, me voir diffamer, moi présent, en pleine assemblée, devant tous mes amis, mes voisins, mes parents, tous les regards sur moi ; me voir noté, marqué par le doigt du pasteur, quel affront! quelle honte! J'eusse voulu être mort; et quand je sus que cet affront n'était qu'un plaisir de M. le maire ; que les juges n'avaient pu l'ordonner, je ne vous dirai point, Messieurs, ce qui me vint à l'esprit. J'ai soutenu les cruelles épreuves où m'a mis la haine de M. de Beaune, sans que, jusqu'à présent, grâces à Dieu, la prudence m'ait abandonné. Heureusement pour lui, les années m'ont fait sage ; il le sait et compte là-dessus : veuille le ciel qu'il ne se trompe pas, et que ma patience dure autant que ses persécutions!

Tous les gens de loi consultés, déclarent cet acte du maire illégal et contraire, non seulement aux lois, mais aux plus communes notions de police et d'administration, au bon sens. Voilà ce qu'en pensent les gens de loi généralement. Leur chef et le vôtre, Messieurs, dont l'autorité serait grande en cette matière, indépendamment de sa place, Monseigneur le Garde des Sceaux, informé de ce fait, sur le simple récit, refusa de le croire, en disant, *Cela est impossible:* et depuis, convaincu par des preuves de la vérité de ce que d'abord il jugeait impossible, il a dit, *Cela est incroyable.* J'ose vous citer ses paroles et m'en prévaloir devant vous, parce que ses paroles sont mon bien, dans le malheur où je me trouve, et ont un grand poids, montrant mieux que je ne saurais faire, avec quelle audace M. de Beaune a foulé aux pieds toute justice, dans sa conduite à mon égard. Sa conduite, dans cette affaire, a été de tout point incroyable.

Passons sur le serment qui me coûte cinquante francs. Mais son refus d'autoriser la recherche des bois volés à M. Courier, que vous en semble, Messieurs? Un maire, la seule autorité à laquelle on puisse, loin des villes, recourir contre les voleurs, se faire ouvertement leur protecteur, le fauteur, le receleur, en quelque sorte, d'un vol public et manifeste, d'une suite continuelle de vols, cela est-il croyable? y voyez-vous, Messieurs, la moindre vraisemblance? Puis, cette fantaisie de se dire insulté, quand je vais, malgré moi (je ne voulais pas, on m'y força), lui faire une réquisition légale, nécessaire sur un objet pressant : cela encore se peut-il croire? Et cette rage ensuite, cette guerre acharnée, ce soin d'ameuter contre moi tout ce qui peut avoir ombre d'autorité dans le département, ce piége préparé d'une feinte douceur, pour me faire souscrire des aveux propres à me perdre; cette publication, cette amplification, du jugement qui me condamne, cette signature du greffier, cet extrait prétendu conforme, tout cela, non, Messieurs, ne paraît pas possible; et n'est croyable que pour ceux qui en ont été les témoins, ou qui habitent les campagnes et savent ce que c'est qu'un maire.

Mais la plainte même, qui fait le fond de ce procès, a-t-elle apparence de sens? et se peut-il qu'un homme, je ne dis plus un maire, mais un homme en âge de raison, hors des faiblesses de l'enfance, se tienne offensé pour un mot (car j'accorde, je veux que je l'aie dit ce mot), pour un mot, tout au plus grossier, qui n'attaque ni l'honneur, ni la réputation, ni la probité, ni les mœurs de celui auquel il s'adresse, et ne peut faire tort qu'à celui qui le prononce? que, pour ce mot, il veuille poursuivre, exterminer un pauvre domestique, qu'il fatigue les juges, entasse des écritures, amène des témoins, remue des gens en place, abuse des actes publics, afin d'obtenir quoi? que ce malheureux, ruiné, malade, diffamé, après six mois de chagrins, d'angoisses, languisse un mois dans les prisons.

Un mois, Messieurs, avant de confirmer cet arrêt, vous y penserez, je l'espère. Qu'un soldat l'eût dit à son chef, ce mot dont se plaint M. de Beaune, on eût mis peut-être ce soldat en prison deux jours; et pour le même mot, du paysan au maire, vous ordonnerez un mois, non de la même peine. Le soldat deux jours en prison y voit des soldats comme lui, en sort sans déshonneur, et n'a point de famille dont le sort l'inquiète. Moi, je serais un mois avec des malfaiteurs (on le croira du moins), laissant ma maison désolée et mes enfants à l'abandon; je les rejoindrai couvert de honte! Quelle différence, Messieurs, est-ce à vous, Juges, d'établir cette différence en faveur de l'homme armé? La loi civile est-elle plus dure que la discipline des camps?

Mais non, Messieurs, non, je n'ai point outragé M. le maire. Même, selon sa déclaration, je ne lui ai rien dit où l'on puisse trouver une injure. Qu'il amasse des preuves, qu'il produise à l'appui de son procès-verbal, ses fermiers pour témoins, ses débiteurs, ses gens; je ne l'ai point outragé. Je l'eusse outragé en l'appelant menteur, faussaire, parjure, lâche persécuteur du faible; et j'outragerais qui que ce soit en lui reprochant la moitié de ce que m'a fait M. de Beaune. Mais le mot dont il m'accuse n'est un outrage pour personne. Avec lui, n'user que de ce mot, c'eût été le ménager, c'eût été de ma part une rare prudence, et pourtant, ce mot même, il est vrai que je ne l'ai pas dit.

Ne craignez point d'ailleurs, Messieurs, si vous me renvoyez absous, que l'autorité de M. le maire en soit affaiblie, qu'on le respecte moins pour cela, qu'on ait moins peur de l'offenser. Il n'y a personne dans le pays que mon exemple n'épouvante, et qui ne tremble de gagner un pareil procès. Je n'ai eu, six mois durant, de repos ni jour ni nuit. Je paie des frais énormes, et perds mon travail d'un an. Une coupe de bois dans laquelle j'ai quelque intérêt, à peine en ai-je pu faire le quart. N'en doutez point, quoiqu'il arrive, quelque arrêt que vous prononciez, je serai toujours assez puni d'avoir fâché M. de Beaune, et, de long-temps, ceux qui le servent, ne lui demanderont en justice leur salaire, s'ils veulent habiter la commune de Véretz.

LETTRES

AU RÉDACTEUR DU CENSEUR.

LETTRE PREMIÈRE.

Véretz, 10 *juillet* 1819.

Vous vous trompez, Monsieur, vous avez tort de croire que mon placet imprimé, dont vous faites mention dans une de vos feuilles, n'a produit nul effet. Ma plainte est écoutée. Sans doute, comme vous le dites, il est fâcheux pour moi que l'innocence de ma vie ne puisse assurer mon repos ; mais c'est la faute des lois, non celle des ministres. Ils ont écrit à leurs agents comme je le pouvais désirer, et plût à Dieu qu'ils eussent écrit de même aux juges, quand j'avais des procès, et à l'académie quand j'étais candidat. Cela m'eût mieux valu que tous les droits du monde pour avoir le fauteuil et pour garder mon bien. Il faut en convenir, de trois sortes de gens auxquels j'ai eu affaire depuis un certain temps, savants, juges, ministres, je n'ai pu vraiment faire entendre raison qu'à ceux-ci. J'ai trouvé les ministres incomparablement plus amis des *belles-lettres* que l'académie de ce nom, et plus justes que *la justice*. Ceci soit dit sans déroger à mes principes d'opposition.

Vous nous plaignez beaucoup, nous autres paysans, et vous avez raison, en ce sens que notre sort pourrait être meilleur. Nous dépendons d'un maire et d'un garde champêtre, qui se fâchent aisément. L'amende et la prison ne sont pas des bagatelles. Mais songez donc, Monsieur, qu'autrefois on nous tuait pour *cinq sous parisis*. C'était la loi. Tout noble ayant tué un vilain devait jeter cinq sous sur la fosse du mort. Mais les lois libérales ne s'exécutent guères, et la plupart du temps on nous tuait pour rien. Maintenant, il en coûte à un maire sept sous et demi de papier marqué pour seulement mettre en prison l'homme qui travaille, et les juges s'en mêlent. On prend des conclusions, puis on rend un arrêt conforme au bon plaisir du maire ou du préfet. Vous paraît-il, Monsieur, que nous ayons peu gagné en cinq ou six cents ans? Nous étions la gent *corvéable, taillable et tuable* à volonté ; nous ne sommes plus qu'*incarcérables*. Est-ce assez, direz-vous? Patience ; laissez faire ; encore cinq ou six siècles, et nous parlerons au maire *tout comme je vous parle*; nous pourrons lui demander de l'argent s'il nous en doit, et nous plaindre s'il nous en prend, sans encourir peine de prison.

Toutes choses ont leur progrès. Du temps de Montaigne, un vilain, son seigneur le voulant tuer, s'avisa de se défendre. Chacun en fut surpris, et le seigneur surtout, qui ne s'y attendait pas, et Montaigne qui le raconte. Ce manant devinait les droits de l'homme. Il fut pendu, cela devait être. Il ne faut pas devancer son siècle.

Sous Louis XIV, on découvrit qu'un paysan était un homme, ou plutôt cette découverte, faite depuis long-temps dans les cloîtres, par de jeunes religieuses, alors seulement se répandit, et d'abord parut une rêverie de ces bonnes sœurs, comme nous l'apprend Labruyère. *Pour des filles cloîtrées*, dit-il, *un paysan est un homme.* Il témoigne là-dessus combien cette opinion lui semble étrange. Elle est commune maintenant, et bien des gens pensent sur ce point comme les religieuses, sans en avoir les mêmes raisons. On tient assez généralement que les paysans sont des hommes. De là à les traiter comme tels, il y a loin encore. Il se passera long-temps avant qu'on s'accoutume, dans la plupart de nos provinces, à voir un paysan vêtu, semer et recueillir pour lui, à voir un homme de rien posséder quelque chose. Ces nouveautés choquent furieusement les propriétaires, j'entends ceux qui, pour le devenir, n'ont eu que la peine de naître.

LETTRE II.

Projet d'amélioration de l'agriculture, par Jacques Bujault, avocat à Melle, département des Deux-Sèvres.

Brochure de cinquante pages, où l'on trouve des calculs, des remarques, des idées dignes de l'attention de tous ceux qui ont étudié cette matière. L'auteur aime son sujet, le traite en homme instruit, et dont les connaissances s'étendent au-delà. Il ne tiendrait qu'à lui d'approfondir les choses qu'il effleure en passant ; plein de zèle d'ailleurs pour le bonheur public et la gloire de l'état, il conseille au gouvernement *d'encourager l'agriculture*. Il veut qu'on *dirige la nation vers l'économie rurale, qu'on instruise les cultivateurs*, et il en indique les moyens. Rien n'est mieux pensé ni plus louable. Mais avec tout cela il ne contentera pas les gens, en très-grand nombre, qui sont persuadés que toute influence du pouvoir nuit à l'industrie, et qui croient *gouvernement* synonyme d'*empêchement*, en ce qui concerne les arts. Ils diront à M. Bujault : laissez le gouvernement percevoir des impôts, et répandre des grâces ; mais, pour Dieu, ne l'engagez point à se mêler de nos affaires. Souffrez, s'il ne peut nous oublier, qu'il pense à nous le moins possible. Ses intentions à notre égard sont sans doute les meilleures du monde, ses vues toujours parfaitement sages, et surtout désintéressées ; mais, par une fatalité qui ne se dément jamais, tout ce qu'il encourage languit, tout ce qu'il dirige va mal, tout ce qu'il conserve périt, hors les maisons de jeu et de débauche. L'Opéra, peut-être, aurait peine à se passer du gouvernement ; mais nous, nous ne sommes pas brouillés avec le public. Laboureurs, artisans, nous ne l'ennuyons pas même en chantant ; à qui travaille il ne faut que la liberté.

Voilà ce qu'on pourra dire, et ce que certainement diront à M. Bujault les partisans du libre exercice de l'industrie. Mais les mêmes gens l'approuveront, lorsqu'il reproche aux oisifs dont abondent la ville et la campagne, aux jeunes gens, et, chose assurément remarquable, aux grands propriétaires de terre, leur dédain pour l'agriculture, suite de cette fureur pour les places, qui est un mal ancien chez nous, et dont Philippe de Comines, il y a plus de trois cents ans, a fait des plaintes toutes pareilles. *Ils n'ont,* dit-il, *souci de rien,* parlant des Français de son temps, *sinon d'offices et états, que trop bien ils savent faire valoir, cause principale de mouvoir guerres et rébellions.* Les choses ont peu changé; seulement cette convoitise des *offices et états* (curée autrefois réservée à nobles limiers) est devenue plus âpre encore, depuis que tous y peuvent prétendre, et ne donne pas peu d'affaires au gouvernement : quelque multiplié que paraisse aujourd'hui le nombre des emplois, qui ne se compare plus qu'aux étoiles du ciel et aux sables de la mer, il n'a pourtant nulle proportion avec celui des demandeurs, et on est loin de pouvoir contenter tout le monde. Suivant un calcul modéré de M. Bujault, il y a maintenant en France, pour chaque place, dix aspirants, ce qui, en supposant seulement deux cent mille emplois, fait un effectif de deux millions de solliciteurs actuellement dans les antichambres, *le chapeau dans la main, se tenant sur leurs membres* (1), comme dit un poète : accordons qu'ils ne fassent nul mal (ainsi la charité nous oblige à le croire), ils pourraient faire quelque bien, et par une honnête industrie, fuir les tentations du malin. C'est ce que voudrait M. Bujault, et ce qu'il n'obtiendra pas, selon toute apparence. L'esprit du siècle s'y oppose. Chacun maintenant cherche à se placer, ou, s'il est placé à se pousser. On veut être quelque chose. Dès qu'un jeune homme sait faire la révérence, riche ou non, peu importe, il se met sur les rangs ; il de-

---

(1) Régner, *satires.*

mande des gages, en tirant un pied derrière l'autre : cela s'appelle se présenter ; tout le monde se présente pour être quelque chose. On est quelque chose en raison du mal qu'on peut faire. Un laboureur n'est rien ; un homme qui cultive qui bâtit, qui travaille utilement, n'est rien. Un gendarme est quelque chose; un préfet est beaucoup ; Bonaparte était tout. Voilà les gradations de l'estime publique, l'échelle de la considération suivant laquelle chacun veut être Bonaparte, sinon préfet, ou bien gendarme. Voilà la direction générale des esprits, la même depuis longtemps, et non prête à changer. Sans cela, qui peut dire jusqu'où s'élancerait le génie de l'invention? on atteindrait, avec le temps, l'industrie humaine, à laquelle Dieu sans doute voulut mettre des bornes, en la détournant vers cet art de se faire petit pour complaire, de s'abaisser, de s'effacer devant un supérieur, de s'ôter à soi-même tout mérite, toute vertu, de s'anéantir, seul moyen d'être quelque chose.

LETTRE III.

Véretz, 10 *septembre* 1819.

MONSIEUR,

Quelqu'un se plaint dans une de vos feuilles que, sous prétexte de vacances, on lui a refusé l'entrée de la bibliothèque du roi. Je vois ce que c'est; on l'a pris pour un de ces curieux comme il en vient là fréquemment, qui ne veulent que voir des livres, et gênent les gens studieux. Ceux-ci n'ont point à craindre un semblable refus, et la bibliothèque pour eux ne vaque jamais. Aux autres, on assigne certains jours, certaines heures, ordre fort sage ; votre ami, pour peu qu'il y veuille réfléchir, lui-même en conviendra. S'il m'en croit, qu'il retourne à la bibliothèque, et, parlant à quelqu'un de ceux qui en ont le soin, qu'il se fasse connaître pour être de ces gens auxquels il faut, avec des livres, silence, repos, liberté ; je suis trompé, s'il ne trouve des gens aussi prompts à le satisfaire, que capables de l'aider et de le diriger dans toutes sortes de recherches. J'en ai fait l'expérience ; d'autres la font chaque jour à leur très-grand profit. Après cela, s'il a voyagé, s'il a vu en Allemagne les livres enchaînés, en Italie, *purgés*, c'est-à-dire biffés, raturés, mutilés par la cagoterie, enfermés le plus souvent, ne se communiquer que sur un ordre d'en haut, il cessera de se plaindre de nos bibliothèques, de celle-là surtout ; enfin il avouera, s'il est de bonne foi, que cet établissement n'a point de pareil au monde pour les facilités qu'y trouvent ceux qui vraiment veulent étudier.

Quant au factionnare suisse qu'il a vu à la porte, ce n'étaient pas sans doute les administrateurs qui l'avaient placé là. Rarement les savants posent des sentinelles, si ce n'est dans les guerres de l'École de Droit. Je ne connais point messieurs de la bibliothèque assez pour pouvoir vous rien dire de leurs sentiments ; mais je les crois Français, et je me persuade que s'il dépendait d'eux, on ferait venir *d'Amiens des gens pour être suisses,* puisque enfin il en faut dans la garde du roi.

LETTRE IV.

Véretz, 18 *octobre* 1819.

Monsieur,

Le hasard m'a fait tomber entre les mains une lettre d'un procureur du roi à un commandant de gendarmes. En voici la copie, sauf les noms que je supprime.

Monsieur le commandant, veuillez faire arrêter et conduire en prison un tel *de* tel endroit.

Voilà toute la lettre. Je crois, si vous l'imprimez, qu'on vous en saura gré. Le public est intéressé dans une pareille correspondance; mais il n'en connaît d'ordinaire que les résultats. Ceci est bref, concis; c'est le style impérial, ennemi des longueurs et des explications. *Veuillez mettre en prison,* cela dit tout. On n'ajoute pas : *car tel est notre plaisir.* Ce serait rendre raison, alléguer un motif; et en style de l'empire, on ne rend raison de rien. Pour moi, *je suis charmé de ce petit morceau.*

Quelqu'un pourra demander (car on devient curieux, et le monde s'avise de questions maintenant qui ne se faisaient pas autrefois), on demandera peut-être combien de gens en France ont le droit ou le pouvoir d'emprisonner qui bon leur semble sans être tenus de dire pourquoi. Est-ce une prérogative des procureurs du roi et de leurs substituts ? Je le croirais, quant à moi. Ces places sont recherchées ; ce n'est pas pour l'argent. On en donnait jadis, on en donnait beaucoup pour être procureur du roi. Fouquet vendit sa charge dix-huit cent mille francs, cinq millions d'aujourd'hui, et elles coûtent à présent bien plus que de l'argent. Ce qu'achètent si cher *d'honnêtes gens*, c'est l'honneur (*l'honneur seul peut flatter un esprit généreux*), ce sont les priviléges attachés à ces places. En est-il en effet de plus beau, de plus grand que celui de pouvoir dire : Gendarmes, qu'on l'arrête, qu'on le mène en prison. Cela ne sent point du tout le robin, l'homme de loi. On ne voit rien là-dedans de ces lentes et pesantes formalités de justice que le cardinal de Retz reproche, avec tant de raison, à la magistrature, et qui, tant de fois, le firent enrager, comme lui-même le raconte.

Il ne se plaindrait pas maintenant : tout a changé au-delà même de ce qu'il eût pu désirer alors. Notre jurisprudence, nos lois sont prévôtales; nos magistrats aussi doivent être expéditifs, et le sont. Vite, tôt; emprisonnez, tuez; on n'aurait jamais fait, s'il fallait tant d'ambages et de circonlocutions. Tout chez nous porte empreint le caractère de ce héros, le génie du pouvoir, qui faisait en une heure une constitution, en quelques jours un code pour toutes les nations, gouvernait à cheval, organisait en poste, et fonda, en se débottant, un empire qui dure encore.

Tout bien considéré, le parti le plus sûr, c'est de respecter fort les procureurs du roi et leurs substituts et leurs clercs; de les éviter, de fuir toute rencontre avec eux, tout démêlé; de leur céder non seulement le haut du pavé, mais tout le pavé, s'il se peut. Car enfin, on le sait, ce sont des gens fort sages, qui ne mettent en prison que pour de bonnes raisons, exempts de passions, calmes, imperturbables, des hommes éprouvés sous le grand Napoléon, *qui, cent fois dans le cours de sa gloire passée, tenta leur patience et ne l'a point lassée.* Mais ce ne sont pas des saints; ils peuvent se fâcher. Un mot, avec paraphe, le commandant est là. *Veuillez.....* et aussitôt gendarmes de courir, prison de s'ouvrir; quand vous y serez, la charte ne vous en tirera pas. Vous pourrez rêver à votre aise la liberté individuelle. Non, respectons les gens du roi, ou les gens de l'empereur, qui happent au nom du roi. C'est le conseil que je prends pour moi, et que je donne à mes amis.

Mais je me suis trompé, Monsieur, je m'en aperçois; ce n'est pas là toute la lettre du procureur du roi: avec ce que je vous ai transcrit, il y a quelque chose encore. Il y a d'abord ceci : *Le procureur du roi, à M. le commandant de la gendarmerie. Monsieur le commandant;* et puis, *j'ai l'honneur d'être, Monsieur le commandant, avec considération, votre très-humble et très-obéissant serviteur.*

Le tout s'accorde parfaitement avec *veuillez mettre en prison. Veuillez,* c'est comme on dit : faites-moi l'amitié, obligez-moi de grâce, rendez-moi ce service, à la charge d'autant. *Je suis votre serviteur,* cela s'entend. Il est serviteur du gendarme, qui, au besoin, sera le sien; ils sont serviteurs l'un de l'autre, contre l'*administré* qui les paie tous deux; car l'homme qu'on emprisonne est un cultivateur. C'est un bon paysan qui a déplu au maire en lui demandant de l'argent. Celui-ci, par le moyen du procureur du roi, dont il est serviteur, a fait juger et condamner l'insolent vilain, que ledit procureur du roi, par son serviteur, le gendarme, a fait constituer ès prisons. C'est l'histoire connue; cela se voit partout.

Oh! que nos magistrats donnent de grands exemples! quelle sévérité! quelle rigidité! quelle exactitude scrupuleuse dans l'observation de toutes les formes de la civilité? Celui-ci peut être oublie dans sa lettre quelque chose, comme de faire mention d'un jugement; mais il n'oublia pas le très-humble serviteur, l'honneur d'être, et le reste, bien plus important que le jugement; et tout, pour monsieur le gendarme. Au bourreau, sans doute, il écrit : Monsieur le bourreau, veuillez tuer, et je suis votre serviteur. Les procureurs du roi ne sont pas seulement d'honnêtes gens; ce sont encore des gens fort honnêtes. Leur correspondance est civile comme les parties de monsieur Fleurant. Mais on pourrait leur dire aussi comme le malade imaginaire; *ce n'est pas tout d'être civil*, ce n'est pas tout pour un magistrat d'être serviteur des gendarmes; il faudrait être bon, et ami de l'équité.

LETTRE V.

Véretz, 12 novembre 1819.

Monsieur,

Dans ces provinces, nous avons nos *bandes noires*, comme vous à Paris, à ce que j'entends dire. Ce sont des gens qui n'assassinent point, mais ils détruisent tout. Ils achètent de gros biens pour les revendre en détail, et, de profession, décomposent les grandes propriétés. C'est pitié de voir quand une terre tombe dans les mains de ces gens-là ; elle se perd, disparaît. Château, chapelle, donjon, tout s'en va, tout s'abîme. Les avenues rasées, labourées de çà, de là ; il n'en reste pas trace. Où était l'orangerie s'élève une métairie, des granges, des étables pleines de vaches et de cochons. Adieu bosquets, parterres, gazons, allées d'arbrisseaux et de fleurs ; tout cela morcelé entre dix paysans ; l'un y va fouir des haricots, l'autre de la vesce. Le château, s'il est vieux, se fond en une douzaine de maisons qui ont des portes et des fenêtres, mais ni tours, ni créneaux, ni pont-levis, ni cachots, ni antiques souvenirs. Le parc seul demeure entier, défendu par de vieilles lois qui tiennent bon contre l'industrie. Car on ne permet pas de défricher les bois, dans les cantons les mieux cultivés de la France, de peur d'être obligé d'ouvrir ailleurs des routes et de creuser des canaux, pour l'exploitation des forêts. Enfin, les gens dont je vous parle se peuvent nommer les fléaux de la propriété. Ils la brisent, la pulvérisent, l'éparpillent encore après la révolution, mal voulus pour cela d'un chacun. On leur prête, parce qu'ils rendent, et passent pour exacts ; mais d'ailleurs on les hait, parce qu'ils s'enrichissent de ces spéculations : eux-mêmes paraissent en avoir honte, et n'osent quasi se montrer. De tous côtés on leur crie *hepp! hepp!* Il n'est si mince autorité qui ne triomphe de les *surveiller*. Leurs procès ne sont jamais douteux ; les juges se font parties contre eux. Ces gens me semblent bien à plaindre, quelque succès qu'aient, dit-on, leurs opérations, quelques profits qu'ils puissent faire.

Un de mes voisins, homme bizarre, qui se mêle de raisonner, parlant d'eux l'autre jour, disait: Ils ne font de mal à personne, et font du bien à tout le monde; car ils donnent à l'un de l'argent pour sa terre, à l'autre de la terre pour son argent; chacun a ce qu'il lui faut, et le public y gagne. On travaille mieux et plus. Or, avec plus de travail, il y a plus de produits, c'est-à-dire plus de richesse, plus d'aisance commune, et, notez ceci, plus de mœurs, plus d'ordre dans l'état comme dans les familles. Tout vice vient d'oisiveté, tout désordre public vient du manque de travail. Ces gens donc, chaque fois que simplement ils achètent une terre et la revendent, font bien, font une chose utile, très-utile et très-bonne quand ils achètent d'un et revendent à plusieurs; car accommodant plus de gens, ils augmentent d'autant plus le trauail, les produits, la richesse, le bon ordre, le bien de tous et de chacun. Mais lorsqu'ils revendent et partagent cette terre à des hommes qui n'avaient point de terre, alors le bien qu'ils font est grand; car ils font des propriétaires, c'est-à-dire, d'honnêtes gens, selon Côme de Médicis. *Avec trois aunes de drap fin,* disait-il, *je fais un homme de bien;* avec trois quartiers de terre il aurait fait un saint. En effet, tout propriétaire veut l'ordre, la paix, la justice, hors qu'il ne soit fonctionnaire, ou pense à le devenir. Faire propriétaire, sans dépouiller personne, l'homme qui n'est que mercenaire, donner la terre au laboureur, c'est le plus grand bien qui se puisse faire en France, depuis qu'il n'y a plus de serfs à affranchir. C'est ce que font ces gens.

Mais une terre est détruite ; mais le château, les souvenirs, les monuments, l'histoire..... Les monuments se conservent où les hommes ont péri, à Balbek, à Palmyre, et sous la cendre du Vésuve ; mais ailleurs, l'industrie, qui renouvelle tout, leur fait une guerre continuelle. Rome elle-même a détruit ses antiques édifices, et se plaint à tort des Barbares. Les Goths et les Vandales voulaient tout conserver. Il n'a pas tenu à eux qu'elle ne demeurât et ne soit aujourd'hui telle qu'ils la trouvèrent. Mais malgré leurs édits portant peine de mort contre quiconque endommageait les statues et les monuments, tout a disparu, tout a pris une forme nouvelle. Et où en serait-on ? que deviendrait le monde, si chaque âge respectait, révérait, consacrait, à titre d'ancienneté, toute œuvre des âges passés, n'osait toucher à rien, défaire ni mouvoir quoi que ce soit ; scrupule de Madame de Harlai, qui, plutôt que de remuer le fauteuil et les pantoufles du feu chancelier son grand-père, toute sa vie vécut dans sa vieille, incommode et malsaine maison. M. de Marcellus chérit, dans les forêts, le souvenir des druides, et, pour cela, ne veut pas qu'on exploite aucun bois, qu'on abatte même un arbre, le plus creux, le plus caduc, tout, de peur d'oublier les sacrifices humains et les dieux teints de sang de ces bons Gaulois nos aïeux. Il défend tant qu'il peut, en mémoire du vieux âge, les ronces, les broussailles, les landes féodales, que d'ignobles guérêts chaque jour envahissent. Les souvenirs, dit-on ?

est-ce par les souvenirs que se recommandent ces châteaux et ces cloîtres gothiques ? Autour de nous, Chenonceaux, le Plessis-lèz-Tours, Blois, Amboise, Marmoutiers, que retracent-ils à l'esprit ? de honteuses débauches, d'infâmes trahisons, des assassinats, des massacres, des supplices, des tortures, d'exécrables forfaits, le luxe et la luxure, et la crasse ignorance des abbés et des moines, et pis encore, l'hypocrisie. Les monuments, il faut l'avouer, pour la plupart ne rappellent guères que des crimes ou des superstitions, dont la mémoire, sans eux, dure toujours assez ; et s'ils ne sont utiles aux arts comme modèles, ce qui peut se dire d'un petit nombre, que gagne-t-on à les conserver, lorsqu'on en peut tirer parti pour l'avantage de tous ou de quelqu'un seulement ? Les pierres d'un couvent sont-elles profanées, ne sont-elles pas plutôt purifiées, lorsqu'elles servent à élever les murs d'une maison de paysan, d'une sainte et chaste demeure, où jamais ne cesse le travail, ni par-conséquent la prière ? Qui travaille prie.

Une terre non plus n'est pas détruite ; c'est pure façon de parler. Bien le peut être un marquisat, un titre noble, quand la terre passe à des vilains. Encore dit-on qu'il se conserve et demeure au sang, à la race, tant qu'il y a race ; je m'en rapporte..... *Prenez le titre*, a dit La Fontaine, *et laissez-moi la rente*. C'est, je pense, à peu près le partage qui a lieu lorsqu'un fief tombe en roture, malheur si commun de nos jours ! Le gentilhomme garde son titre, pour le faire valoir à la cour. Le vilain acquiert seulement le sol, et n'en demande pas davantage, content de posséder la glèbe à laquelle il fut attaché ; il la fait valoir à sa mode, c'est-à-dire par le travail. Or, plus la glèbe est divisée, plus elle s'améliore et prospère. C'est ce que l'expérience a prouvé. Telle terre vendue il y a vingt-cinq ans, est à cette heure partagée en dix mille portions, qui vingt fois ont changé de main, depuis la première aliénation, toujours de mieux en mieux cultivée (on le sait; nouveau propriétaire, nouveau travail, nouveaux essais); le produit d'autrefois ne paierait pas l'impôt d'aujourd'hui. Recomposez un peu l'ancien fief, par les procédés indiqués dans le *Conservateur,* et que chaque portion retourne du propriétaire laboureur à ce bon seigneur adoré de ses vassaux dans son château, pour être *substitué à lui et à ses hoirs, de mâle en mâle, à perpétuité;* ses *hoirs* ne laboureront pas, ses vassaux peu. Plus d'industrie. Tout ce qui maintenant travaille se fera laquais, ou mendiant, ou moine, ou soldat, ou voleur. Monseigneur aura ses pacages et ses lods et ventes, avec les grâces de la cour. Bientôt reparaîtront les créneaux, puis les ronces et les épines, et puis les forêts, les druides de M. de Marcellus; et la terre alors sera détruite.

Ils ne songent pas, les bonnes gens qui veulent maintenir toutes choses intactes, qu'à Dieu seul appartient de créer, qu'on ne fait point sans défaire, que ne jamais détruire, c'est ne jamais renouveler. Celui-ci, pour conserver les bois, défend de couper une solive; un autre conservera les pierres dans la carrière; à présent, bâtissez. L'abbé de la Mennais conserve les ruines, les restes de donjons, les tours abandonnées, tout ce qui pourrit et tombe. Que l'on construise un pont du débris délaissé de ces vieilles masures, qu'on répare une usine, il s'emporte, il s'écrie : *L'esprit de la révolution est éminemment destructeur.* Le jour de la création, quel bruit n'eût-il pas fait? il eût crié : Mon Dieu, conservons le chaos.

En somme, ces gens-ci, ces destructeurs de terres, font grand bien à la terre, divisent le travail, aident à la production, et, faisant leurs affaires, font plus pour l'industrie et pour l'agriculture que jamais ministre, ni préfet, ni société d'encouragement, sous l'autorisation du préfet. Le public les estime peu. En revanche, il honore fort ceux qui le dépouillent et l'écrasent ; toute fortune faite à ses dépens lui paraît belle et bien acquise.

Voilà ce que me dit mon voisin. Mais moi, tous ces discours me persuadent peu. Je ne suis pas né d'hier, et j'ai mes souvenirs. J'ai vu les grandes terres, les riches abbayes; c'était le temps des bonnes œuvres. J'ai vu mille pauvres recevoir mille écuelles de soupe à la porte de Marmoutiers. Le couvent et les terres vendues, je n'ai plus vu ni écuelles, ni soupes, ni pauvres, pendant quelques années, jusqu'au règne brillant de l'empereur et roi, qui remit en honneur toute espèce de mendicité. J'ai vu jadis, j'ai vu madame la duchesse, marraine de nos cloches, le jour de Sainte-Andoche, donner à la fabrique cinquante louis en or, et dix écus aux pauvres. Les pauvres ont acheté ses terres et son château, et ne donnent rien à personne. Chaque jour la charité s'éteint, depuis qu'on songe à travailler, et se perdra enfin, si la Sainte-Alliance n'y met ordre.

LETTRE VI.

Véretz, 30 *novembre* 1819.

MONSIEUR,

Il faut mettre de l'encre et tirer avec soin. Dites cela, je vous prie, de ma part, à votre imprimeur, s'il a quelque envie que ses feuilles sortent lisibles de la presse. Je déchiffre à peine la moitié d'un de vos paragraphes du 12, dans lequel je vois bien pourtant que vous louez les Français comme un peuple rempli de sentiments chrétiens, et faites un juste éloge de notre dévotion, bonne conduite, soumission aux pasteurs de l'église. Nous vous en sommes bien obligés ; cela est généreux à vous, dans un moment où tant de gens nous traitent de mauvais sujets, et appellent pour nous corriger les puissances étrangères. Votre dessein, si je ne me trompe, est de faire voir que nous pouvons nous passer de missions, et que, chez nous, les bons pères prêchent des convertis. Vous dites d'abord excellemment : *La religion est honorée;* puis vous ajoutez quelque chose que j'eusse voulu pouvoir lire, car la matière m'intéresse. Mais dans mon exemplaire, je distingue seulement ces lettres, *l. p..p.e cro.t .t p..e*, là-dessus, quoique nous ayons pu faire, moi et tous mes amis, *à grand renfort de besicles,* comme dit maître François, nous sommes encore à deviner si vous avez écrit en style d'Atala, *le peuple croit et prie,* ou moins poétiquement, *le peuple croît* (circonflexe) *et paie.* Voilà sur quoi nous disputons, moi et ces messieurs, depuis deux jours. Ils soutiennent la première leçon; je défends la seconde, sans me fâcher néanmoins, car mon opinion est probable; mais, comme disent les jésuites, le contraire est probable aussi.

Mes raisons, cependant, sont bien bonnes. Mais je veux premièrement vous dire celles de mes adversaires, sans vous en rien dissimuler, ni rien diminuer de leur force. Le peuple croit, disent-ils, cela est évident. Il croit qu'on songe à tenir ce qu'on lui a promis ; que tout à l'heure on va exécuter la charte, et il prie qu'on se hâte, parce qu'il se souvient de la poule au pot qu'on lui promit jadis, et qui lui fut ravie par un de ces tours que *l'agneau enseigne à ceux de la société* (belle expression du père Garasse). Or, le peuple, en même temps qu'on lui présente la charte, aperçoit dans un coin la société de l'agneau, et cela l'inquiète.

Il croit que ses mandataires vont faire ses affaires. Il croit bien d'autres choses, car il est fort crédule. Il prie les gouvernants de l'épargner un peu, et il croit qu'on l'écoute. En un mot, le peuple est toujours priant et croyant. Croire et prier, c'est son état, sa façon d'être de tout temps; et le journaliste, homme d'esprit, ne peut avoir eu d'autre idée. C'est ainsi qu'ils expliquent et commentent ce passage. Doctement !

Mais je dis : le peuple croît (avec un accent circonflexe). Il croît à vue d'œil, comme le fils de Gargantua, et paie. Ce sont deux vérités que le journaliste, en ce peu de mots, a heureusement exprimées. Le peuple croît et multiplie; se peut-il autrement?

tout le monde se marie. Les jeunes gens prennent femmes dès qu'ils pensent savoir ce que c'est qu'une femme. Peu font vœu de chasteté, parce qu'un pareil vœu *sent le libertinage,* ou plutôt, on sait aujourd'hui qu'il n'y a de chasteté que dans le mariage. Ainsi les filles n'attendent guères. Autrefois, dans ce pays, une mariée de village avait rarement moins de trente ou trente-cinq ans. A cet âge maintenant elles sont toutes grand'mères, et fort éloignées de s'en plaindre. On ne craint plus d'avoir des enfants, depuis qu'on a de quoi les élever, et même de quoi les racheter quand le gouvernement s'en empare. Chaque paysan presque possède ce que nous appelons *sa goulée de benace,* un ou deux arpents de terre en huit ou dix morceaux, qui, labourés, retournés, travaillés sans relâche, font vivre la famille. C'est un grand mal que cela. Mais on y va remédier. On va recomposer les grandes propriétés pour les gens qui ne veulent rien faire. La terre alors se reposera. Chaque gentilhomme ou chanoine aura, pour sa part, mille arpents, à charge de dormir; et s'il ronfle, le double.

Ce qui fait aussi que le peuple croît, c'est qu'en tout, on vit mieux à présent qu'autrefois. On est nourri, vêtu, logé bien mieux qu'on ne l'était, et les mœurs s'améliorent avec le vivre physique. Moins de célibataires, moins de vices, moins de débauche. Nous n'avons plus de couvents : détestable sottise qui se pratiquait jadis, de tenir ensemble enfermés, contre tout ordre de nature, des mâles sans femelles, des femelles sans mâles, dans l'oisiveté du cloître, où fermentait une corruption qui, se répandant au dehors, de proche en proche, infectait tout. Dieu sans doute ne permettra pas que ceux qui, chez nous, veulent rétablir de pareils lieux d'impureté, réussissent dans leurs desseins. Nos péchés, quelque grands qu'ils soient, n'ont pas mérité ce châtiment; notre orgueil, cette humiliation. Il en faut convenir pourtant; ce serait une chose curieuse à voir parmi ce peuple actif, laborieux, dont chaque jour l'industrie augmente, les travaux se multiplient, et dont par conséquent la morale s'épure, car l'un suit l'autre; ce serait un bizarre contraste, qu'au milieu d'un tel peuple, une société de gens faisant vœu publiquement de fainéantise et de mendicité, si l'on ne veut dire encore, et d'impudicité.

Parmi les causes d'accroissement de la population, il ne faut pas compter pour peu le repos de Napoléon. Depuis que ce grand homme est là où son rare génie l'a conduit, s'il eût continué de l'exercer, trois millions de jeunes gens seraient morts pour sa gloire, qui ont femme et enfants maintenant; un million seraient sous les armes, sans femme, corrompant celles des autres. Il est donc force, en toute façon, que le peuple croisse; aussi fait-il, ayant repos, *biens et chevance*, peu de soldats et point de moines.

A présent, je dis le peuple paie, et nul ne me contredira. Si ce n'est là, Monsieur, ce que vous avez écrit, c'est ce qu'il fallait écrire pour n'avoir point de dispute. Le peuple prie, est une thèse un peu sujette à examen. Le peuple paie, est un axiome de tout temps, de tout pays, de tout gouvernement. Mais le peuple français sur ce point se distingue entre tous, et se pique de payer largement, d'entretenir magnifiquement ceux qui prennent soin de ses affaires, de quelque nation, condition, mérite ou qualité qu'ils soient; aussi n'en manque-t-il jamais. Quand tous ses gouvernants s'en allèrent un jour, croyant lui faire pièce et le laisser en peine, d'autres se présentèrent, qu'on ne demandait pas, et s'impatronisèrent; puis les premiers revenant comme on y pensait le moins (avec quelques voisins), grand conflit, grand débat, que le peuple accommoda, en les payant tous, et tous ceux qui s'étaient mêlés de l'affaire, tant il est de bonne nature; peuple charmant, léger, volage, muable, variable, changeant, mais toujours payant. Qui l'a dit? Je ne sais, Bonaparte ou quelque autre : le peuple est fait pour payer; et lisez là-dessus, si vous en êtes curieux, un chapitre du testament de ce grand cardinal de Richelieu, dans lequel il examine, en profond politique et en homme d'état, cette importante question : *Jusqu'à quel point on doit permettre que le peuple soit à son aise.* Trop d'aise le rend insolent; il faut le faire payer pour lui ôter ce trop d'aise. Trop peu l'empêche de payer; il faut lui laisser quelque chose, comme aux abeilles on laisse du miel et de la cire. Il lui faut même encore (sans quoi il ne travaillerait, n'amasserait, ni ne paierait) un peu de liberté. Mais combien? c'est-là le point. M. de Decazes nous le dira. En attendant nous lui payons, bon an mal an, neuf cent millions, et s'il payait comme nous tout ce qu'on lui demande, il aurait bien moins de querelles.

A vrai dire aussi, on le chicane sur l'emploi de ces neuf cent millions. Le meilleur usage qu'il en pût faire, serait, selon moi, de les jouer au biribi, ou d'en entretenir des nymphes d'opéra, à l'insu de madame la comtesse. Cela serait tout-à-fait dans le bel air de la cour, et vaudrait mieux pour nous que de le voir donner notre argent à des soldats qui communient et nous *suicident* dans les rues, qui escortent la procession et nous coupent le nez en passant ; à des juges qui appliquent la loi si rudement aux uns, si doucement aux autres ; à des prêtres qui ne nous enterrent que quand nous mourons à leur guise et en restituant. Il arriverait que bientôt, ne comptant plus sur ces gens-là, nous essaierions de nous en passer, de nous garder, de nous juger, de nous enterrer les uns les autres, et, en un besoin, de nous défendre nous-mêmes sans soldats ; seul moyen, ce dit-on, d'être bien défendus, et tout en irait mieux. La cour passerait le temps gaiement, sans s'embarrasser de contenter les puissances étrangères. Voilà le conseil que je donne à M. Decazes, par la voie de votre journal. Mais M. Decazes ne vous lit point ; il travaille avec Mademoiselle.

Au reste, il est bien vrai, Messieurs, et vous avez raison de le dire, que nous sommes un peuple religieux ; et plus que jamais aujourd'hui. Nous gardons les commandements de Dieu bien mieux depuis qu'on nous prêche moins. Ne point voler, ne point tuer, ne convoiter la femme ni l'âne, honorer père et mère, nous pratiquons tout cela mieux que n'ont fait nos pères, et mieux que ne font actuellement, non tous nos prêtres, mais quelques uns revenus de lointain pays. *Rarement à courir le monde devient-on plus homme de bien ;* mais un ecclésiastique, dans la vie vagabonde, prend d'étranges habitudes. Messire Jean

Chouart était bon homme, tout à son bréviaire, à ses ouailles; il était doux, humble de cœur, secourait l'indigent, confortait le dolent, assistait le mourant; il apaisait les querelles, pacifiait les familles : le voilà revenu d'Allemagne ou d'Angleterre, espèce de hussard en soutane, dont le hardi regard fait rougir nos jeunes filles, et dont la langue sème le trouble et la discorde; hardi, querelleur, cherchant noise; c'est un drôle qui n'a pas peur, tout prêt à faire feu sur les bleus, au premier signe de son évêque. Tels sont nos prêtres de retour de l'émigration. Ils ont besoin de bons exemples et en trouveront parmi nous. Mais si nous sommes plus forts qu'eux sur les commandements de Dieu, ils nous en remontrent à leur tour sur les commandements de l'Église, qu'ils se rappellent mieux que nous, et dont le principal est, je crois, donner tout son bien pour le Ciel. *Vous me demandez,* disait ce bon prédicateur Barlette, *comment on va en paradis ? les cloches du couvent vous le disent: donnez, donnez, donnez.* Le latin du moine est joli. *Vos quæritis a me, fratres carissimi, quomodo itur ad paradisum ? hoc dicunt vobis campanæ monasterii, dando, dando, dando.*

LETTRE VII.

Véretz, 20 *décembre* 1819.

Monsieur,

Chacun ici commente à sa manière le discours royale d'ouverture. Il y a des gens qui disent : on ne restaure point un culte. Les *ruines d'une maison,* c'est le mot du bonhomme, *se peuvent réparer,* non les ruines d'un culte. Dieu a permis que l'église romaine, depuis le temps de Léon X, déchût constamment jusqu'à ce jour. Elle ne périra point, parce qu'il est écrit : *Les portes de l'enfer.....;* mais sont-ce nos ministres qui la doivent relever avec le télégraphe, ou M. de Marcellus avec quelques grimaces? Pour restaurer le paganisme à Rome, les empereurs firent tout ce qu'ils purent, et ils pouvaient beaucoup ; ils n'en vinrent point à bout. Marie, en Angleterre, et d'autres souverains, essayèrent aussi de restaurer l'ancien culte; ils n'y réussirent pas, et même, comme on sait, mal en prit à quelques-uns. En matière de religion, ainsi que de langage, le peuple fait la loi, le peuple de tout temps a converti les rois. Il les a faits chrétiens de païens qu'ils étaient ; de chrétiens catholiques, schismatiques, hérétiques; ils les fera raisonnables, s'il le devient lui-même ; il faut finir par là.

D'autres disent : il y aurait moyen, si on le voulait tout de bon, de rallumer le zèle dans les cœurs un peu tièdes pour la vraie religion ; le moyen serait de la persécuter : infaillible recette, éprouvée mille fois, et même de nos jours. La religion doit plus aux gens de 93 qu'à ceux de 1815. Si elle languit encore, et s'il faut un peu d'aide au culte dominant, comme l'assurent les ministres, la chose est toute simple ; au lieu de gager les prêtres, mettez-les en prison et défendez la messe ; demain le peuple sera dévôt, autant qu'il le peut être à présent qu'il travaille ; car l'abbé de la Mennais a dit une vérité : le mal de notre siècle, en fait de religion, ce n'est pas l'hérésie, l'erreur, les fausses doctrines ; c'est bien pis, c'est l'indifférence. La froide indifférence a gagnée toutes les classes, tous les individus, sans même en excepter l'abbé de la Mennais et d'autres orateurs de la cause sacrée, qui ne s'en soucient pas plus, et le font assez voir. Ces amis de l'autel ne s'en approchent guères : *Je ne remarque point qu'ils hantent les églises.* Quel est le confesseur de M. de Châteaubriant ? Certes ceux qni nous prêchent ne sont pas des Tartuffes ; ce ne sont pas des gens qui veulent en imposer. A leurs œuvres on voit qu'ils seraient bien fâchés de passer pour dévôts, d'abuser qui que soit : ils ont le masque à la main.

C'est toi qui l'as nommé docte abbé ; notre mal est le tien, l'indifférence pour la religion. Il en a fait un livre, comme ces médecins qui composent des traités sur une maladie dont eux-mêmes sont atteints, et en raisonnent d'autant mieux. Il dit en un endroit, si j'ai bonne mémoire : *Est-ce faute de zèle qu'on ne dispute plus, ou faute de disputes qu'il n'y a plus de zèle.* Je trouve, quant à moi, que l'on dispute assez et que le zèle ne manque pas ; mais depuis quelque temps il a changé d'objet : car même, dans ce qui s'écrit sur la religion maintenant, de quoi est-il question ? De la présence réelle ? en aucune façon. De la fréquente communion ? nullement. De la lumière du Thabor, de l'immaculée conception, de l'accessibilité, de la consubstantialité du père et du fils ? aussi peu. De quoi donc s'agit-il ? Du revenu des prêtres, des biens vendus, de la dîme et des bois du clergé, soit futaies ou taillis : voilà de quoi l'on dispute. Ajoutez-y les donations, les legs par testament, l'argent, l'argent comptant, les espèces ayant cours. Voilà ce qui enflamme le zèle de nos docteurs, voilà sur quoi on argumente ; mais de *Canon, pas un mot*. Du dogme, on n'en dit rien ; il semble que là-dessus tout le monde soit d'accord : on s'embarrasse peu que les cinq propositions soient ou ne soient pas dans le livre de Jansénius. Il est question de savoir si les évêques auront de quoi entretenir des chevaux, des laquais, et des......

On demandait naguères au grand vicaire de S.... : Quels sont vos sentimens sur la grâce efficace, sur le pouvoir que Dieu nous donne d'exécuter les commandemens ? Comment accordez-vous, avec le libre arbitre, le *mandata impossibilia volentibus et conantibus ?* Que pensez-vous de la suspension du sacrement dans les espèces, et croyez-vous qu'il en dépende, comme la substance de l'accident ? Je pense, répondit-il en colère, je pense à ravoir mon prieuré, et je crois que je le raurai.

C'est un homme à connaître que ce grand vicaire de S...., homme de bonne maison, d'excellente compagnie. On dit bien, l'air aisé ne se prend qu'à l'armée. Il a tant vu le monde! sa vie est un roman. C'est lui dont l'aventure, à Londres, fit du bruit, quand sa jeune pénitente, belle fille vraiment, épousa le comte de ***, officier de cavalerie. Au bout de quinze jours, la voilà qui accouche. Le mari se fâcha; demandez-moi pourquoi? et l'abbé s'en alla, par prudence, en Bohême. Là, on le fit aumônier d'un régiment de Croates. Cette vie lui convenait. Sain, gaillard et dispos, se tenant aussi bien à cheval qu'à table, il disait bravement sa messe sur un tambour, et ne pouvait souffrir que de jeunes officiers restassent sans maîtresse, lorsqu'il connaissait des filles vertueuses qui n'avaient point d'amant; obligeant, bon à tout; le quartier-maître un jour le prend pour secrétaire. Fort peu de temps après, la caisse se trouva, non comme la pénitente. Bref, l'abbé s'en alla encore cette fois; et de retour en France, depuis quelques années, il y prêche les bonnes mœurs et la restitution.

LETTRE VIII.

Vérctz, 12 février 1820.

Monsieur,

Vous vous fâchez contre M. Decazes, et je crois que vous avez tort. Il nous méprise, dites-vous. Sans doute cela n'est pas bien. Mais d'abord, je vous prie, d'où le pouvez-vous savoir, que M. Decazes nous méprise? quelle preuve en avez-vous? Il l'a dit. Belle raison! Vous jugez parce qu'il dit de ce qu'il pense. En vérité vous êtes simple. Et s'il disait tout le contraire, vous l'en croiriez. Il n'en faudrait pas davantage pour vous persuader que M. le comte nous honore, nous estime et révère, et n'a rien tant à cœur que de nous voir contents. Un homme de cour agit-il, parle-t-il d'après sa pensée ? Il l'a dit, je le veux, plusieurs fois publiquement et en pleine assemblée, à la droite, à la gauche; eh bien! que prouve cela? qu'il entre dans ses vues, pour quelque combinaison de politique profonde que nous ignorons vous et moi, de parler de la sorte, de se donner pour un homme qui fait peu de cas de nous et de nos députés, qui craint Dieu et le congrès, et n'a point d'autre crainte; se moque également de la noblesse et du tiers, n'ayant d'égard que pour le clergé. Voilà certainement ce qu'il veut qu'on croie de lui ; mais de là à ce qu'il pense, vous ne pouvez rien conclure, ni même former de conjectures, fussiez-vous son ami intime, son confident, ou mieux, son valet de chambre. Car il n'est pas donné à l'homme de savoir ce que pense un courtisan, ni s'il pense. *O altitudo!*

Vous n'avez donc nulle preuve, et n'en sauriez avoir, de ces sentimens que vous attribuez au premier ministre ; mais quand vous en auriez, quand nous serions certains (comme à vous dire vrai, j'y vois de l'apparence), que M. Decazes au fond n'a pas pour nous beaucoup de considération, faudrait-il nous en plaindre et nous en étonner ? Il nous voit si petits de ces hautes régions où la faveur l'emporte, qu'à peine il nous distingue ; il ne nous connaît plus; il ne se souvient plus des choses d'ici-bas, ni d'avoir joué à la fossette. Et, en un autre sens, M. Decazes est de la cour ; il n'est pas de Paris, de Gonesse ou de Rouen, comme, par exemple, nous sommes de notre pays, chacun de son village, et tous Français ; mais lui : *la cour est mon pays, je n'en connais point d'autre;* et de fait, y en a-t-il d'autre? On le sait; dans l'idée de tous les courtisans, la cour est l'univers; leur coterie, c'est le monde; hors de là, c'est néant. La nature, pour eux, se borne à l'œil de bœuf. La faveur, la disgrâce, le lever, le débotter, voilà les phénomènes. Tout roule là-dessus. Demandez-leur la cause du retour des saisons, du flux de l'Océan, du mouvement des sphères; c'est le petit coucher. Ainsi M. Decazes, absorbé tout entier dans la contemplation de l'étiquette, des présentations, du tabouret, des préséances, ne nous méprise pas à proprement parler. Il nous ignore.

Mais soit, je veux, pour vous satisfaire, qu'il ait dit sa pensée, comme un homme du commun, naïvement, sans détour, ainsi qu'il eût pu faire avant d'être ce qu'il est; qu'enfin, il nous méprise, ayant pour nous ce dédain qu'à sa place montrèrent pour la gent gouvernée, Mazarin, Bonaparte, Alberoni, Dubois : je lui pardonne encore, et comme moi, Monsieur, vous lui pardonnerez, si vous faites attention à ce que je vais vous dire. On juge par ce qu'on voit, ce qu'on ne voit pas; du tout, par la partie que l'on a sous les yeux. Faiblesse de nos sens et de l'entendement humain ! on juge d'une nation, d'une génération, de tous les hommes, par ceux avec qui l'on déjeûne ; et ce voyageur disait, apercevant l'hôtesse *:* Les femmes ici sont rousses. Ainsi fait M. Decazes, ainsi faisons-nous tous. Cette nation qu'il méprise, nous l'estimons ; pourquoi ? C'est qu'à nos yeux s'offrent des gens dont la vie toute entière s'emploie à des choses louables, et de qui l'existence est fondée sur le travail, père des bonnes mœurs, la foi dans les contrats, la confiance publique, l'observation des lois. Je vois des laboureurs aux champs dès le matin, des mères occupées du soin de leur famille, des enfans qui apprennent les travaux de leur père, et je dis (supposant qu'ils jeûnent le carême), il y a d'honnêtes gens. Vous voyez à la ville des savants, des artistes, l'honneur de leur patrie, de riches fabricants, d'habiles artisans, dont l'industrie, chez nous, secondée par la nature, lutte contre les taxes et les encouragements ; une jeunesse passionnée pour tous les genres d'étude et de belles connaissances, instruite, non par ses docteurs, de ce qui plus importe à l'homme de savoir, et mieux inspirée qu'enseignée sur le véritable devoir. Vous n'avez garde, je le crois, de mal penser des Français, de mépriser cette nation, la connaissant par-là. Mais le comte Decazes, par où nous connaît-il ? et que voit-il ? La cour.

Mazarin, étant roi, disait familièrement aux grands qui l'entouraient : « *Affe* (dans son langage
» demi-*trastevrin*), vous m'avez bien trompé, *signori*
» *Francesci*; avant que j'eusse l'honneur de vous voir,
» comme je fais. Que je sois *impiso*, si je me doutai
» d'abord de votre caractère. Je vous trouvai un air
» de fierté, de courage, de générosité. Non je ne plai-
» sante point ; je vous croyais du cœur. Je m'en sou-
» viens très-bien, quoiqu'il y ait long-temps. » Ceci est dit notable, et vient à mon propos. Jules *Mazza-*

rini, arrivant de son pays avec peu d'équipage et petit compagnon, estime les Français, parce qu'il voit la nation : devenu cardinal, ministre, il les méprise, parce qu'il voit la cour, et cependant la cour était polie.

Je ne la vois pas, moi : de ma vie je ne l'ai vue, ni ne la verrai, j'espère ; mais j'en ai ouï parler à des gens bien instruits. Les témoignages s'accordent, et par tous ces rapports, autant que par calcul, méthode géodésique et trigonométrique, je suis parvenu, Monsieur, à connaître la cour mieux que ceux qui n'en bougent, comme on dit que Danville, n'étant jamais sorti je crois, de son cabinet, connaissait mieux l'Égypte que pas un Égyptien ; et d'abord je vous dirai, ce qui va vous surprendre, et que je pense avoir le premier reconnu : la cour est un lieu bas, fort au-dessous du niveau de la nation. Si le contraire paraît, si chaque courtisan se croit, par sa place, et semble élevé plus ou moins, c'est erreur de la vue, ce qu'on nomme proprement *illusion optique*, aisée à démontrer. Soit A le point où se trouve M. Decazes à cette heure (haut selon l'apparence, comme serait un cerf-volant, dont le fil répondrait aux Tuileries, à Londres ou à Vienne, peu importe) ; B le point le plus bas appelé point de chûte, où gît M. Benoît *avec l'abbé de Pure*. Entendez bien ceci, car le reste en dépend. Le rayon visuel passant d'un milieu rare et pure, celui où nous vivons, dans un milieu plus dense, l'atmosphère fumeuse et chargée de miasmes de la cour, nécessairement il y a réfraction ; ce qui paraît dessus est en effet dessous. Vous comprenez maintenant : où s'il vous restait quelque difficulté, consultez les savants, le marquis de Laplace, ou le chevalier Cuvier; ces gentilshommes, à moins qu'il n'aient oublié toute leur géométrie, en apprenant le blason et l'étiquette, vous sauront dire de combien de degrés la cour est au-dessous de l'horizon national; et remarquez aussi, tout notre argent y va, tout, jusqu'au moindre sou ; jamais n'en revient à nous rien. Je vous demande, notre argent, chose pesante de soi, tendante en bas ! M. Decazes, quelque adroit et soigneux qu'on le suppose de tirer à soi tout, saurait-il si bien faire qu'il ne lui en échappât entre les doigts quelque peu, qui, par son seul poids, nous reviendrait naturellement, si nous étions au-dessous? telle chose jamais n'arrive, jamais n'est arrivée. Tout s'écoule, s'en va toujours de nous à lui : donc il y a une pente ; donc nous sommes en haut, M. Decazes en bas, conséquence bien claire ; et la cour est un trou, non un sommet, comme il paraît aux yeux du stupide vulgaire.

Ne sait-on pas d'ailleurs que c'est un lieu fangeux, *où la vertu respire un air empoisonné,* comme dit le poëte, et aussi ne demeure guères. Ce qui s'y passe est connu ; on y dispute des prix de différentes sortes et valeur, dont le total s'élève chaque année à plus de huit cent millions. Voilà de quoi exciter l'émulation sans doute ; et l'objet de ces prix anciennement fondés, depuis peu renouvelés, accrus, multipliés par Napoléon-le-Grand, c'est de favoriser et de récompenser avec une royale munificence toute espèce de vice, tout genre de corruption. Il y en a pour le mensonge et toutes ses subdivisions, comme flatterie, fourberie, calomnie, imposture, hypocrisie, et le reste. Il y en a pour la bassesse, beaucoup et de fort considérables, non moins pour la sottise, l'ineptie, l'ignorance; d'autres pour l'adultère et la prostitution, les plus enviés de tous, dont un seul fait souvent la grandeur d'une famille. Mais pour ceux-là, ce sont les femmes qui concourent; on couronne les maris : du reste, point de faveur, de préférence injuste. La palme est au plus vil, l'honneur au plus rampant, sans distinction de naissance ; ainsi le veut la charte, et le roi l'a jurée. C'est un droit garanti par la constitution, acheté de tout le sang de la révolution; le vilain peut prétendre à vivre et s'enrichir comme le gentilhomme, sans industrie, talens, mœurs ni probité, dont la noblesse enrage, et sur cela réclame ses antiques priviléges.

Tout le monde cependant use du droit acquis, comme si on craignait de n'en pas jouir long-temps. Chacun se lance; non : à la cour, on se glisse, on s'insinue, on se pousse. Il n'est fils de bonne mère qui n'abandonne tout pour être présenté, faire sa révérence, avec l'espoir fondé, si elle est agréée, d'emporter pied ou aile, comme on dit, du budget, et d'avoir part aux grâces. Les grâces à la cour pleuvent soir et matin; et une fois admis, il faudrait être bien brouillé avec le sort, avoir bien peu de souplesse, ou une femme bien sotte, pour ne rien attraper; lorsqu'on est alerte, à l'épreuve des dégoûts, et qu'on ne se rebute pas. Sans humeur, sans honneur; c'est le mot, la devise. *Quiconque ne sait pas digérer un affront.....*

Alerte, il faut l'être. Bien des gens croient la cour un pays de fainéants, où, dès qu'on a mis le pied, la fortune vous cherche, les biens viennent en dormant ; erreur. Les courtisans, il est vrai, ne font rien ; nulle œuvre, nulle besogne qui paraisse. Toutefois, les forçats ont moins de peine, et le comte de Sainte-Hélène dit que les galères, au prix, sont un lieu de repos. Le laboureur, l'artisan, qui chaque soir prend somme, et répare la nuit les fatigues du jour ; voilà de vrais paresseux. Le courtisan jamais ne dort, et l'on a calculé mathématiquement que la moitié des soins perdus dans les antichambres, la moitié des travaux, des efforts de la constance nécessaires pour seulement parler à un sot en place, suffirait, employée à des objet utiles, pour déculper en France les produits de l'industrie, et porter tous les arts à un point de perfection dont on n'a nulle idée.

Mais la patience surtout, la patience aux gens de cour, est ce qu'est aux fidèles la charité, tient lieu de tout autre mérite. *Monseigneur j'attendrai*, dit l'abbé de Bernis au ministre qui lui criait : *Vous n'aurez rien*, et le chassait, le poussait dehors par les épaules. J'en sais qui sur cela eussent pris leur parti, cherché quelque moyen de se passer de monseigneur, de vivre par eux-mêmes, comme le cocher de fiacre ; *la cour me blâme, je m'en......* ; c'est-à-dire, je travaillerai. Ignoble mot, langage de roturier né pour toujours l'être. Le gentilhomme de Louis XVI, noble de race, dit *j'attendrai*. Le gentilhomme de Bonaparte, noble par grâce, dit *j'attendrons*. Et tous deux se prennent la main, s'embrassent ; ami de cour !

LETTRE IX.

Véretz, 10 *mars* 1820.

Monsieur,

C'est l'imprimerie qui met le monde à mal. C'est la lettre moulée qui fait qu'on assassine depuis la création, et Caïn lisait les journaux dans le paradis terrestre. Il n'en faut point douter ; les ministres le disent ; les ministres ne mentent pas, à la tribune surtout.

Que maudit soit l'auteur de cette damnable invention, et avec lui, ceux qui en ont perpétué l'usage, ou qui jamais apprirent aux hommes à se communiquer leur pensées ! Pour telles gens l'enfer n'a point de chaudières assez bouillantes. Mais remarquez, Monsieur, le progrès toujours croissant de la perversité. Dans l'état de nature célébré par Jean-Jacques avec tant de raison, l'homme exempt de tout vice et de la corruption des temps où nous vivons, ne parlait point, mais criait, murmurait ou grognait, selon ses affections du moment. Il y avait plaisir alors à gouverner. Point de pamphlets, point de journaux, point de pétitions pour la charte, point de réclamations sur l'impôt. Heureux âge qui dura trop peu !

Bientôt des philosophes, suscités par Satan pour le renversement d'un si bel ordre de chose, avec certains mouvements de la langue et des lèvres, articulèrent des sons, prononcèrent des syllabes. Où étais-tu Sgéuier ? Si on eût réprimé dès le commencement ces coupables excès de l'esprit anarchique, et mis au secret le premier qui s'avisa de dire *ba be bi bo bu*, le monde était sauvé ; l'autel sur le trône, ou le trône sur l'autel, avec le tabernacle affermi pour jamais; en aucun temps il n'y eût eu de révolutions. Les pensions, les traitements augmenteraient chaque année. La religion, les mœurs..... Ah! que tout irait bien! Nymphes de l'Opéra, vous auriez part encore à la mense abbatiale et aux revenus des pauvres. Mais fait-on jamais rien à temps ? Faute de mesures préventives, il arriva que des hommes parlèrent, et tout aussitôt commencèrent à médire de l'autorité qui ne le trouva pas bon, se prétendit outragée, avilie, fit des lois contre les abus de la parole ; la liberté de la parole fut suspendue pour trois mille ans, et en vertu de cette ordonnance, tout esclave qui ouvrait la bouche pour crier sous les coups ou demander du pain, était crucifié, empalé, étranglé, au grand contentement de tous les honnêtes gens. Les choses n'allaient point mal ainsi, et le gouvernement était considéré.

Mais, quand un Phénicien (ce fut, je m'imagine, quelque manufacturier, sans titre, sans naissance), eut enseigné aux hommes à peindre la parole, et fixer par des traits cette voix fugitive, alors commencèrent les inquiétudes vagues de ceux qui se lassaient de travailler pour autrui, et en même temps le dévouement monarchique de ceux qui voulaient à toute force qu'on travaillât pour eux. Les premiers mots tracés furent *liberté, loi, droit, équité, raison;* et dèslors, on vit bien que cet art ingénieux tendait directement à rogner les pensions et les appointements. De cette époque datent les soucis des gens en place, des courtisans.

Ce fut bien pis quand l'homme de Mayence (aussi peu noble, je le crois, que celui de Sidon) à son tour eut imaginé de serrer entre deux ais la feuille qu'un autre fit de chiffons réduits en pâte; tant le démon est habile à tirer parti de tout pour la perte des âmes! L'Allemand, par tel moyen, multipliant ces traits de figures tracés qu'avait inventés le Phénicien, multiplia d'autant les maux que fait la pensée. O terrible influence de cette race qui ne sert ni Dieu ni le roi, adonnée aux sciences mondaines, aux viles professions mécaniques! engeance pernicieuse, que ne ferait-elle pas, si on la laissait faire, abandonnée sans frein à ce fatal esprit de connaître, d'inventer et de perfectionner! Un ouvrier, un misérable ignoré dans son atelier, de quelques guenilles fait une colle, et de cette colle, du papier qu'un autre rêve de gauffrer avec un peu de noir; et voilà le monde bouleversé, les vieilles monarchies ébranlées, les canonicats en péril. Diabolique industrie! rage de travailler, au lieu de chômer les saints et de faire pénitence! Il n'y a de bon que les moines, comme dit M. de Coussergue, la noblesse présentée et messieurs les laquais. Tout le reste est perverti, tout le reste raisonne, ou bientôt raisonnera. Les petits enfans savent que deux et deux font quatre. *O tempora! ô mores!* O M. Clauzel de Coussergue! ô Marcassus de Marcellus!

Tant y a qu'il n'y a plus moyen de gouverner, surtout depuis qu'un autre émissaire de l'enfer a trouvé cet autre invention de distribuer, chaque matin, à vingt ou trente mille abonnés, une feuille où se lit tout ce que le monde dit et pense, et les projets des gouvernants et les craintes des gouvernés. Si cet abus continuait, que pourrait entreprendre la cour, qui ne fût contrôlé d'avance, examiné, jugé, critiqué, apprécié ! Le public se mêlerait de tout, voudrait fourrer dans tout son petit intérêt, compterait avec la trésorerie, surveillerait la haute police, et se moquerait de la diplomatie. La nation enfin ferait marcher le gouvernement, comme un cocher qu'on paie et qui doit nous mener, non où il veut, ni comme il veut, mais où nous prétendons aller, et par le chemin qui nous convient ; chose horrible à penser, contraire aux droits divins et aux capitulaires.

Mais, comme si c'était peu de toutes ces *machinations* contre les bonnes mœurs, la grande propriété et les priviléges des hautes classes, voici bien autre chose : On mande de Berlin que le docteur Kirkausen, fameux mathématicien, a depuis imaginé de nouveaux caractères, une nouvelle presse mobile, maniable, légère, portative, à mettre dans la poche, expéditive surtout, et dont l'usage est tel, qu'on écrit comme on parle, aussi vite, aisément : c'est une *tachitypie*. On peut, dans un salon, sans que personne s'en doute, imprimer tout ce qui se dit, et sur le lieu même, tirer à mille exemplaires toute la conversation, à mesure que les acteurs parlent. La plume, de cette façon, ne servira presque plus, va devenir inutile. Une femme, dans son ménage, au lieu d'écrire le compte de son linge à laver, ou le journal de sa dépense, l'imprimera, dit-on, pour avoir plutôt fait. Je vous laisse à penser, Monsieur, quel déluge va nous inonder, et ce que pourra la censure contre un pareil débordement. Mais on ajoute, et c'est le pis pour quiconque pense bien ou touche un traitement, que la combinaison de ces nouveaux caractères est si simple, si claire, si facile à concevoir, que l'homme le plus grossier apprend en une leçon à lire et à écrire. Le docteur en fait publiquement l'expérience avec un succès effrayant ; et un paysan qui, la veille, savait à peine compter ses doigts, après une instruction de huit à dix minutes, a composé et distribué aux assistants un petit discours, fort bien tourné, en bon allemand, commençant par ces mots : *Despotés ho nomos* ; c'est-à-dire, comme on me l'a traduit : la loi doit gouverner. Où en sommes-nous, grand Dieu ! qu'allons-nous devenir ? Heureusement l'autorité avertie a pris des mesures pour la sûreté de l'état : les ordres sont donnés ; toute la police de l'Allemagne est à la poursuite du docteur, avec un prix de cent mille florins à qui le livrera mort ou vif, et l'on attend, à chaque moment, la nouvelle de son arrestation. La chose n'est pas de peu d'importance ; une pareil invention, dans le siècle où nous sommes, venant à se répandre, c'en serait fait de toutes les bases de l'ordre social ; il n'y aurait plus rien de caché pour le public. Adieu les ressorts de la politique : intrigues, complots, notes secrètes ; plus d'hypocrisie qui ne fût bientôt démasquée, d'imposture qui ne fût démentie. Comment gouverner après cela ?

LETTRE X.

Véretz, 10 *avril* 1820.

Je trouve comme vous, Monsieur, que nos orateurs ont fait merveille pour la liberté de la presse. Rien ne se peut imaginer de plus fort ni de mieux pensé que ce qu'ils ont dit à ce sujet, et leur éloquence me ravit en même temps que sur bien des choses j'admire leur peu de finesse. L'un, aux ministres qui se plaignent de la licence des écrits, répond que la famille royale ne fut jamais si respectée, qu'on n'imprime rien contre le roi. En bonne foi, il faut être un peu de son département pour croire qu'il s'agit du roi, lorsqu'on crie *vengez le roi*. Ainsi ce bonhomme, au théâtre, voyant représenter le Tartufe, disait : Pourquoi les dévots haïssent-ils tant cette pièce? il n'y a rien contre la religion. L'autre, non moins naïf, s'étonne, trouve que partout tout est tranquille, et demande de quoi on s'inquiète. Celui-là certes n'a point de place, et ne va pas chez les ministres ; car il y verrait que le monde (le monde, comme vous savez, ce sont les gens en places), bien loin d'être tranquille, est au contraire fort troublé par l'appréhension du plus grand de tous les désastres, la diminution du budget, dont le monde en effet est menacé, si le gouvernement n'y apporte remède. C'est à éloigner ce fléau que tendent ses soins paternels, bénis de Dieu jusqu'à ce jour. Car, depuis cinq ou six cents ans, le budget, si ce n'est à quelques époques de Louis XII et de Henri IV, a continuellement augmenté, en raison composée, disent les géomètres, de l'avidité des gens de cour et de la patience des peuples.

Mais, de tous ceux qui ont parlé dans cette occasion, le plus amusant, c'est M. Benjamin Constant, qui va dire aux ministres : Quoi ? point de journaux libres ? Point de papiers publics (ceux que vous censurez sont à vous seuls) ? Comment saurez-vous ce qui se passe ? Vos agents vous tromperont, se moqueront de vous, vous feront faire mille sottises, comme ils faisaient avant que la presse fût libre. Témoin l'affaire de Lyon. Car, qu'était-ce, en deux mots ? On vous mande qu'il y a là une conspiration. Eh bien ! qu'on coupe des têtes, répondîtes-vous d'abord, bonnement. L'ordre part ; et puis, par réflexion, vous envoyez quelqu'un savoir un peu ce que c'est. Le moindre journal libre vous l'eût appris à temps, bien mieux qu'un maréchal et à bien moins de frais. Que sûtes-vous par le rapport de votre envoyé ? peu de chose. A la fin on imprime, tout devient public, et il se trouve qu'il n'y a point eu de conspiration. Cependant les têtes étaient coupées. Voilà un furieux pas de clerc, une bévue qui coûte cher, et que la liberté des journaux vous eût certainement épargnée. De pareilles âneries font grand tort, et voilà ce que c'est que d'enchaîner la presse.

Là-dessus, dit-on, le ministère eut peine à se tenir de rire ; et M. Pasquier, le lendemain, s'égaya aux dépens de l'honnorable membre, non sans cause. Car on pouvait dire à M. Benjamin Constant, oui, les têtes sont à bas, mais monseigneur est duc ; il n'en faut plus qu'autant, le voilà prince de plein droit.

Les bévues des ministres coûtent cher, il est vrai, mais non pas aux ministres. Mieux vaut tuer un marquis, disent les médecins, que guérir cent vilains, cela vaut mieux pour le médecin ; pour les ministres non ; mieux vaut tuer les vilans, et, selon leurs conséquences, les fautes changent de non. Contenter le public, s'en faire estimer est fort bien ; il n'y a nul mal assurément, et Laffite a raison de se conduire comme il fait, parce qu'il a besoin, lui, de l'estime, de la confiance publique, étant homme de négoge, roturier, non pas duc. Mais le point, pour un ministre, c'est de rester ministre ; et pour cela, il faut savoir, non ce qui s'est fait à Lyon, mais ce qui s'est dit au lever, dont ne parlent pas les journaux. La presse étant libre, il n'y a point de conspirations, dites-vous, messieurs de gauche. Vraiment, on le sait bien. Mais, sans conspirations, comment sauver l'état, le trône, la monarchie ? et que deviendraient les agens de sûreté, de surveillance ? Comme le scandale est nécessaire pour la plus grande gloire de Dieu, aussi sont les conspirations pour le maintien de la haute police. Les faire naître, les étouffer, charger la mine, l'éventer, c'est le grand art du ministère ; c'est le fort et le fin de la science des hommes d'état ; c'est la politique transcendante chez nous, perfectionnée depuis peu par d'excellents hommes en ce genre, que l'Anglais jaloux veut imiter et contrefait, mais grossièrement. N'y ayant ni complots, ni machinations, ni ramifications, que voulez-vous qu'un ministre fasse de son génie et de son zèle pour la dynastie ? Quelle intrigue peut-on entamer avec espoir de la mener à bien, si tout est affiché le même jour ? Quelle trame saurait-on mettre sur le métier? les journaux apprennent aux ministres ce que le public dit, chose fort indifférente; ils apprennent au public ce que les ministres font, chose fort intéressante; ou ce qu'ils veulent faire, encore meilleur à savoir. Il n'y a nulle parité; le profit est tout d'une part. Outre que les ministres, dès qu'on sait ce qu'ils veulent faire, aussitôt ne le veulent ou ne le peuvent plus faire. Politique connue, politique perdue ; affaires d'état, secrets d'état, secrétaires d'état !..... Le secret, en un mot, est l'âme de la politique, et la publicité n'est bonne que pour le public.

Voilà une partie de ce qu'on eût pu répondre aux orateurs de gauche, admirables d'ailleurs dans tout ce qu'ils ont dit pour la défense de nos droits, et forts sur la logique autant qu'imperturbables sur la dialectique. Leurs discours seront des monuments de l'art de discuter, d'éclaircir la question, réfuter les sophismes, analyser, approfondir. Courage, mes amis, courage, les ministres se moquent de nous; mais nous raisonnons bien mieux qu'eux. Ils nous mettent en prison, et nous y consentons; mais nous les mettons dans leur tort, et ils y consentent aussi. Que cette poignée de protégés du général Foi nous lie, nous dépouille, nous égorge; il sera toujours vrai que nous les avons menés de la belle manière; nous leur avons bien dit leur fait, sagement toutefois, prudemment, décemment. La décence est de rigueur dans un gouvernement constitutionnel.

Mais ce qui m'étonne de ces harangues si belles dans le Moniteur, si bien déduites, si frappantes par le raisonnement, qu'il ne semble pas qu'on y puisse répliquer un mot; ce qui me surprend, c'est de voir le peu d'effet qu'elles produisent sur les auditeurs. Nos Cicérons, avec toute leur éloquence, n'ont guèras persuadé que ceux qui, avant de les entendre, étaient de leur avis. Je sais la raison qu'on en donne : ventre n'a point d'oreilles, et il n'est pire sourd...... Vous dirai-je ma pensée ? Ce sont d'habiles gens, sages et bien disants, orateurs, en un mot; mais ils ne savent pas faire usage de l'apostrophe, une des plus puissantes machines de la rhétorique, ou n'ont pas voulu s'en servir dans le cours de ces discussions, par civilité, je m'imagine, par ce même principe de décence, preuve de la bonne éducation qu'ils ont reçue de leurs parents : car l'apostrophe n'est pas polie; j'en demeure d'accord avec M. de Corday. Mais aussi trouvez-moi une tournure plus vive, plus animée, plus forte, plus propre à remuer une assemblée, à frapper le ministère, à étonner la droite, à émouvoir le ventre? L'apostrophe, Monsieur, l'apostrophe, c'est la mitraille de l'éloquence. Vous l'avez vu, quand Foy, artilleur de son métier..... Sans l'apostrophe, je vous défie d'ébranler une majorité lorsque son parti est bien pris. Essayez un peu d'employer, avec des gens qui ont dîné chez M. Pasquier, le syllogisme et l'enthymême. Je vous donne toutes les figures de Quintilien, tous les tropes de Dumarsais et et tout le sublime de Longin ; allez attaquer avec cela un M. Poyféré de Cerre. Poussez à Marcassus, poussez à Marcellus la métaphore, l'antithèse, l'hypotypose, la catachrèse ; polissez votre style et choisissez vos termes ; à la force du sens unissez l'harmonie infuse dans vos périodes, pour charmer l'oreille d'un préfet, ou porter le cœur d'un ministre à prendre pitié de son pays,

> Vous serez étonné, quand vous serez au bout,
> De ne leur avoir rien persuadé du tout.

Pas un seul ne vous écoutera; vous verrez la droite bâiller, le ministère se moucher, le ventre aller à ses affaires. Mais que Foy, dans ce moment de verve applaudi de toute la France, prélude une espèce d'apostrophe, sans autrement, peut-être, y penser : on dresse l'oreille aussitôt, l'alarme est au camp, les muets parlent, tout s'émeut; et s'il eût continué sur ce ton (mais il aima mieux rendre hommage aux classes élevées), s'il eût pu soutenir ce style, la scène changeait; M. Pasquier, surpris comme un fondeur de cloches, eût remis ses lois dans sa poche; et moi, petit propriétaire, ici je taillerais ma vigne sans crainte des honnêtes gens. O puissance de l'apostrophe !

C'est, comme vous savez, une figure au moyen de laquelle on a trouvé le secret de parler aux gens qui ne sont pas là, de lier conversation avec toute la nature, interroger au loin les morts et les vivants. *Ou ma tous en Marathôni*, s'écrie Démosthène en fureur. Cet *ou ma tous* est d'une grande force, et Foy l'eût pu traduire ainsi : Non, par les morts de Waterloo, qui tombèrent avec la patrie, non, par nos blessures d'Austerlitz et de Marengo, non jamais de tels misérables..... Vous concevez l'effet d'une pareille figure poussée jusqu'où elle peut aller, et dans la bouche d'un homme comme Foy; mais il aima mieux embrasser les auteurs des notes secrètes.

Moi, si j'eusse été là, (c'est mon fort que l'apostrophe, et je ne parle guères autrement; je ne dis jamais : *Nicole, apporte-moi mes pantoufles;* mais je dis, *ô mes pantoufles! et toi Nicole, et toi!*.....) si j'eusse été là, député des classes inférieures de mon département, quand on proposa cette question de la liberté de la presse, j'aurais pris la parole ainsi :

Milord Castelreagh, mêlez-vous de vos affaires; pour Dieu, *Herr Metternich*, laissez-nous en repos; et vous, *mein lieber Hardemberg*, songez à bien cuire vos *saur kraut*.

Ou je me trompe, ou cette tournure eût fait effet sur l'assemblée, eût éveillé son attention, premier point pour persuader, premier précepte d'Aristote. Il faut se faire écouter, dit-il, et c'est à quoi n'ont pas pensé nos députés de gauche, à employer quelque moyen tel qu'en fournit l'art oratoire, pour avoir audience de l'assistance. Autre chose ne leur a manqué; car du langage, ils en avaient, et des raisons, ils l'ont fait voir, de l'invention et du débit, et avec tout cela n'ont su se faire écouter, faute de quoi? d'apostrophes, de ces vives apostrophes aux hommes et aux dieux, dans le goût des anciens. Sans laisser au ventre le temps de se rendormir, j'aurais continué de la sorte :

Eccellents ministres des hautes puissances étrangères, ne vous fiez point trop à vos amis de deçà. Ils vous en font accroire avec leurs notes secrètes; non que je les soupçonne de vouloir vous trahir. Ce sont d'honnêtes gens, fidèles, sur lesquels vous pouvez compter, dont les services vous sont acquis, et la reconnaissance assurée pour jamais, incapables de manquer à ce qu'ils vous ont promis, d'oublier ce qu'ils vous doivent. J'entends par-là, seulement, qu'ils s'abusent et vous trompent avec le zèle le plus pur pour vos excellences étrangères. Venez, il y fait bon; accourez, vous disent-ils. Cette nation est lâche. Ce ne sont plus ces Français, la terreur de l'Europe, l'admiration du monde. Ils furent grands, fiers, généreux. Mais domptés aujourd'hui, abattus, mutilés, bistournés par Napoléon, ils se laissent ferrer et monter à tous venants; il n'est bât qu'ils refusent, coups dont ils se ressentent, ni joug trop humiliant pour eux. Quand d'abord nous revînmes derrière vous dans ce pays, nous les appréhendions; ce nom, cette gloire, nous en imposaient, et long-temps nous n'osâmes les regarder en face. Mais à présent nous les bravons, chaque jour nous les insultons, et non seulement ils le souffrent, mais, le croiriez-vous, ils nous craignent; nous, que vous avez vus dans l'opprobre, la fange, rebutés partout, signalés parmi les espions, les escrocs, à toutes les polices de l'Europe, nous sommes ici l'épouvantail de ceux qui vous firent trembler, et c'est de nous qu'on les menace lorsqu'on veut qu'ils obéissent. Venez donc, accourez; butin sûr, proie facile et tributs vous attendent, ou ne bougez; fiez-vous à nous. Avec sept hommes, nous nous chargeons de tondre et d'écorcher le Français pour votre compte, moyennant part dans la dépouille, et récompense, comme de raison.

Voilà ce qu'ils vous mandent par M. de Maulonzier. Gardez-vous de les croire, puissances étrangères, ne les écoutez *mi*, car ils vous mèneraient loin. Leurs notes ne sont pas mot d'Évangile. Demandez à

Foucher ce qu'il en pense, et combien de fois lui-même a été pris pour dupe, lorsqu'il croyait, par leur moyen, en attraper d'autres. Il faut l'avouer néanmoins, il y a du vrai dans ce qu'ils vous disent. Nous souffrons des choses....., des gens..... Quinze ans de galère, tranchons le mot, ont abaissé notre humeur fière et sont cause que nous endurons vos correspondants ; ce qui a bon droit les étonne. Cependant, par bonheur, échappés du bagne de Napoléon, nous avons des hommes encore, et ne sommes pas sans quelque vigueur ; témoin tant de machines qu'on emploie pour nous empêcher de faire acte de virilité, à quoi même on ne réussit pas. Préfets, télégraphes, gendarmes, censure, loi des suspects, rien n'y sert ; missionnaires, jésuites, aumôniers y perdent leur peu de latin ; et on a beau prêcher, menacer, caresser, promettre, destituer, dès qu'il s'agit d'élire, les choix tombent sur des hommes. Soit hasard ou malice, en voilà cent quinze de compte fait dans une seule chambre où il y en aurait bien plus, n'était ce qui s'y introduit de la cour et des antichambres ministérielles. Anglais, dont on nous vante ici l'*esprit public*, ayant fait ce mot, vous avez la chose sans doute ; mais, en bonne foi, croyez-vous vos ministres fort empêchés à écarter de leur chemin les citoyens incorruptibles, à se débarrasser de ces gens que rien ne peut gagner, qui ne composent point, ne connaissent que leur mandat, et ne voient de bien pour eux que dans le bien commun de tous, préférant l'estime publique aux places offertes ou acquises, au rang, aux honneurs, à l'argent, et, que sert de le dire ? à la vie, moins chère, moins nécessaire aux hommes, sans quoi les verrait-on en faire si bon marché? Aurions-nous vu, dans le cours de nos révolutions, tant d'âmes à l'épreuve du péril, si peu à l'épreuve de l'or et des distinctions, et souvent le plus brave soldat être le plus lâche courtisan, s'il n'était vrai qu'on aime les biens et les honneurs plus que la vie? Celui qui meurt pour son pays, fait moins que celui qui refuse de gouverner contre les lois. Or, de telles gens nous en avons; nous avons de ces hommes qui savent rendre un portefeuille, mépriser une préfecture, une direction de la Banque, et qui, avant de vous livrer, messieurs du congrès, cette terre, soit à vous, soit à vos féaux, y périront eux et bien d'autres: car tout le peuple est avec eux, non tel qu'on vous le dépeint, faible, abattu, timide. Cette nation n'est point avilie: par vous provoquée au combat, usant de la victoire, elle vous fit esclave et le fut avec vous, parce qu'autrement ne se peut. Insensé qui croit asservir et te dispenser d'obéir: mais, rompue la chaîne commune, il vous en reste plus qu'à nous.

Ne vous hâtez donc point, n'accourez pas si vite, ne cédez pas sitôt aux vœux qui vous appellent, et ne croyez point trop aux promesses qu'on vous fait, de peur, en arrivant, de trouver du mécompte; car voici, en peu de mots, comment vous serez reçus, si vous venez ici au secours du parti habile, fort et nombreux.

Les missionnaires prêcheront pour vous; les religieuses du Sacré-Cœur prieront Dieu, non de vous convertir, mais de vous amener à Paris, et lèveront au ciel leurs innocentes mains en faveur des Pandours, supplieront en mauvais latin le Seigneur infiniment miséricordieux d'exterminer la race impie, de livrer à la fureur du glaive les ennemis de son saint nom, c'est-à-dire ceux qui refusent la dîme, et d'écraser contre la pierre les têtes de leurs enfants. Mais malheureusement tout n'est pas moine chez nous.

La nation (laissons-là cette classe élevée pour qui le général Foy a tant d'estime depuis qu'il ne la protége plus, poignée de fidèles toute à vous, qui ne peut se passer de vous et n'a de patrie qu'avec vous), la nation se divise en nobles et vilains : des nobles, les uns le sont par la grâce de Dieu, les autres par le bon plaisir de Napoléon. Lequel vaut mieux? on ne sait. Ce sont deux corps qui s'estiment, dit Foy, réciproquement, s'admirent et volontiers prennent des airs l'un de l'autre. La Tulippe, homme de cour, a quitté son briquet pour se faire talon rouge : c'est maintenant, on le peut dire, un cavalier parfait, rempli de savoir-vivre et de délicatesse; on n'a pas meilleur ton que monsieur ou monseigneur le comte de la Tulipe; et voilà Dorante hussard; depuis quand? depuis la paix; sentant la caserne, si ce n'est peut-être le bivouac. Sous le fardeau de deux énormes épaulettes, il jure comme Lanne, bat ses gens comme Junot; et, faute de blessures, il a des rhumatismes, fruit de la guerre, entendez-vous, de ses campagnes de Hyde-Park et de Bond-Street; éperonné, botté, prêt à monter à cheval, il attend le boute-selle. L'esprit de Bonaparte n'est pas à Sainte-Hélène, il est ici dans les hautes classes. On rêve, non les conquêtes, mais la grande parade; on donne le mot d'ordre, on passe des revues, on est fort satisfait. Un grand ne va point p....r sans son état-major, et le p....... d. M..... couche en bonnet de police. La vieille garde cependant grasseie et porte des odeurs.

Telle est l'admiration qu'ont les uns pour les autres ces gens de deux régimes en apparence contraires. Ils s'imitent, se copient. Ni les uns ni les autres ne vous donneront d'embarras. Vous trouverez des manières dans l'ancienne noblesse, et dans la nouvelle des formes. Les seigneurs vous accueilleront avec cette grâce vraiment française et cette politesse chevaleresque, apanage de la haute naissance. Nos aimables barons, formés sur le modèle d'Elleviou, vous enseigneront la belle tenue de l'état-major de Berthier et l'étiquette des maréchaux, sans oublier le dévouement, l'enthousiasme, le *feu sacré*. Tout ce qui est issu de race, ou destiné à faire race, s'accommode sans peine avec vous. Ces gens qui, tant de fois, ont juré de mourir ; ces gens, toujours prêts à verser leur sang jusqu'à la dernière goutte pour un maître chéri, une famille auguste, une personne sacrée ; ces gens, qui meurent et ne se rendent pas, sont de facile composition, et vous le savez bien.

Mais il y a chez nous une classe moins élevée, quoique mieux élevée, qui ne meurt pour personne et qui, sans dévouement, fait tout ce qui se fait, bâtit, cultive, fabrique, autant qu'il est permis ; lit, médite, calcule, invente, perfectionne les arts, sait tout ce qu'on sait à présent et sait aussi se battre, si se battre est une science. Il n'est vilain qui n'en ait fait son apprentissage et qui là-dessus n'en remontre aux descendants des Duguesclin. Georges le laboureur, André le vigneron, Pierre, Jacques le bonhomme, et Charles qui cultive ses trois cents arpents de terre, le marchand, l'artisan, le juge, l'avocat, et notre digne vicaire, tous ont porté les armes, tous vous ont fait la guerre. Ah! s'ils n'eussent jamais eu de grand homme à leur tête....., sans la troupe dorée, les comtes, les ducs, les princes, les officiers de marque...., si la roture en France n'eût jamais dérogé, ni la valeur dégénéré en gentilhommerie, jamais nos femmes n'eussent entendu battre vos tambours.

Or, ces gens-là et leurs enfants, qui sont grandis depuis Waterloo, ne font pas chez nous si peu de monde, qu'il n'y en ait bien quelques millions n'ayant ni manières de Versailles, ni formes de Malmaison; et qui, au premier pas que vous ferez sur leurs terres, vous montreront qu'ils se souviennent de leur ancien métier. Car, il n'est alliance qui tienne, et si vous venez les piller au nom de la très-sainte et très-indivisible Trinité, eux, au nom de leurs familles, de leurs champs, de leurs troupeaux, vous tirerez des coups de fusil. Ne comptant plus pour les défendre sur le génie de l'empereur, ni sur l'héroïque valeur de son invincible garde, ils prendront le parti de se défendre eux-mêmes; fâcheuse résolution, comme vous savez bien, qui déroute la tactique, empêche de faire la guerre *par raison démonstrative*, et suffit pour déconcerter les plans d'attaque et de défense le plus savamment combinés. Alors, si vous êtes sages, rappelez-vous de l'avis que je vais vous donner: Lorsque vous marcherez en Lorraine, en Alsace, n'approchez pas des haies, évitez les fossés, n'allez pas le long des vignes, tenez-vous loin des bois, gardez-vous des buissons, des arbres, des taillis, et méfiez-vous des herbes hautes ; ne passez point trop près des fermes, des hameaux, et faites le tour des villages avec précaution ; car les haies, les fossés, les arbres, les buissons, feront feu sur vous de tous côtés, non feu de file ou de peloton, mais feu qui ajuste, qui tue ; et vous ne trouverez pas, quelque part que vous alliez, une hutte, un poulailler qui n'ait garnison contre vous. N'envoyez point de parlementaires, car on les retiendra ; point de détachements, car on les détruira ; point de commissaires, car.... Apportez de quoi vivre ; amenez des moutons, des vaches, des cochons, et puis n'oubliez pas de les bien escorter ainsi que vos fourgons. Pain, viande, fourrage et le reste, ayez provision de tout ; car vous ne trouverez rien où vous passerez, si vous passez, et vous coucherez à l'air, quand vous vous coucherez : car nos maisons, si nous ne pouvons vous en écarter, nous savons qu'il vaut mieux les rebâtir que les racheter. Cela est plutôt fait, coûte moins. Ne vous rebutez pas d'ailleurs, si vous trouviez, dans cette façon de guerroyer, quelques inconvénients. Il a a peu de plaisir à conquérir des gens qui ne veulent pas être conquis, et nous en savons des nouvelles. Rien ne dégoûte de ce métier comme d'avoir affaire aux classes inférieures. Mais ne perdez point courage. Car si vous reculiez! s'il vous fallait retourner sans avoir fait la paix ni stipulé d'indemnités, alors, alors, peu d'entre vous iraient conter à leurs enfants ce que c'est que la France en tirailleurs, n'ayant ni héros ni péquins.

Apprenez, dit le prophète, *apprenez, grands de la terre;* c'est-à-dire, messieurs du congrès, renoncez aux vieilles sottices. *Instruisez-vous, arbitres du monde;* c'est-à-dire, Excellences, regardez ce qui se passe, et faites-vous sages, s'il se peut. L'Espagne se moque de vous, et la France ne vous craint pas. Vos amis ont beau dire et faire, nous ne sommes pas disposés à nous gouverner par vos ordres. Et ni eux, avec leur sept hommes, ni vous, avec vos sept cent mille, ne nous faites la moindre peur; partant, je ne vois nulle raison de changer notre allure pour vous plaire, et je conclus à rejeter toute loi venant d'eux ou de vous.

Voilà ce que j'aurais dit après le général Foy, si j'eusse pu, député indigne, lui succéder à la tribune.

A MESSIEURS LES JUGES

DU TRIBUNAL CIVIL A TOURS.

Messieurs,

Dans le procès que je soutiens contre Claude Bourgeau (malgré moi ; car j'ai tout tenté pour en sortir à l'amiable), ma cause est si claire et si simple, que, sans le secours des gens de loi, je puis vous l'expliquer moi-même, quelque novice que je sois, comme bientôt vous l'allez voir, en toute sorte d'affaires.

Je vends à Bourgeau deux coupes de ma forêt de Larçai. Cette forêt, de temps immémorial, est divisée en vingt-cinq coupes, une desquelles s'abat tous les ans ; mais en 1816, j'en avais deux à vendre, à cause que je n'avais point coupé l'année précédente. Bourgeau me les achète, et en exploitant la dernière, celle de 1816, il m'abat la moitié de la coupe suivante, que je ne lui avais point vendue, et qui ne devait l'être qu'en 1817. C'est de quoi je me plains, Messieurs.

Bourgeau convient de tous ces faits qu'il n'est pas possible de nier, et notez, je vous prie, que de sa part il ne saurait y avoir eu d'erreur, les limites de chaque coupe étant marquées sur le terrain de manière à ne s'y pouvoir méprendre. Aussi n'est-ce pas ce qu'il allègue pour se justifier. Il dit qu'ayant acheté de moi ces deux coupes pour trente arprents, il s'y en est trouvé cinq de moins, lesquels cinq arpents il a pris dans la coupe suivante, afin de compléter sa mesure.

Moi, je ne tombais pas d'accord sur ce défaut de mesure, et puis je ne me croyais pas tenu de lui faire ses trente arpents, s'il y eût manqué quelque chose. C'étaient là deux points à débattre. Mais, comme vous voyez, il tranche la question. Ayant à compter avec moi, il règle le compte lui tout seul, et me jugeant son débiteur d'une valeur de cinq arpents, il me condamne, de son autorité privée, à lui fournir cette valeur en nature; non en argent; car il eût pu tout aussi bien me faire cette retenue sur le prix de la vente, prix qu'il avait entre les mains; mais non, mon bois lui convient mieux; il décide en conséquence, et sa sentence portée, il l'exécute lui-même. Je connais peu les lois; mais je doute qu'il y en ait qui autorisent ce procédé.

A vrai dire, il fait bien de se payer ainsi, et de me prendre du bois plutôt que de l'argent; car qué m'aurait-il pu retenir sur le prix de la vente? A raison de 400 francs l'arpent, comme il m'achetait ces deux coupes, cela lui eut fait, pour cinq arpents, 2000 francs seulement; au lieu qu'en prenant cinq arpents de la coupe suivante, dont on m'offrait alors 750 francs l'arpent, il se faisait 3,750 francs, à ne calculer qu'au prix qu'on me donnait de ce bois, et sans doute il l'a mieux vendu. Vous voyez, Messieurs, qu'ayant le choix et disposant, comme il faisait, de mon bien à sa fantaisie, il n'y avait pas à balancer.

Cette différence de valeur, entre le bois qu'il me prenait et celui que je lui ai vendu, serait facile à vérifier, s'il était question de cela, mais ce n'est pas de quoi il s'agit ; le point à discuter entre nous n'est pas de savoir si je lui devais, ni ce que je lui devais, ni s'il m'a pris plus ou moins. Il me prend mon bien, voilà le fait, et puis il dit que je lui dois. Il me prend mon bien en mon absence, puis il entre en compte avec moi. Et où en serai-je, je vous prie, si chacun de ceux à qui je puis devoir s'en venait abattre mon bois, cueillir, avant le temps, mes fruits ou ma vendange, et couper mon bled en herbe ? Car ces cinq arpents n'avaient pas l'âge d'être exploités. Bourgeau coupe en 1816, ce qui ne devait l'être qu'en 1817 ; il m'ôte d'avance mon revenu, me prive d'avance de ma subsistance. Il me prend mon bien, non seulement sans aucun droit, sans aucun titre (car je ne lui vendis jamais la coupe de 1817), mais, remarquez ceci, Messieurs, il me prend ce qu'il avait promis de ne pas prendre, promis par écrit, et signé. C'est ce que vous pouvez voir, Messieurs, dans l'acte même fait entre nous et dont voici les propres termes :

L'adjudication sera faite avec toute garantie de fait et de droit, mais sans perfection de mesure, en totalité ou par coupe, sans pouvoir anticiper sur la coupe de l'année prochaine, M. Courier n'entendant vendre que les deux coupes ci-dessus désignées.

Cette dernière clause vous paraîtra bisarre, et elle l'est en effet. Je ne crois pas qu'on ait jamais mis rien de pareil dans aucun acte. Qui jamais s'est avisé de dire : Je vends tel pré, à condition qu'on ne fauchera pas le pré voisin ; ou bien tel champ, à condition qu'on ne moissonnera pas hors des limites de ce champ ? Ayant désigné ce que je vendais, tout le reste n'était-il pas réservé de droit ? et à quoi bon faire mention de ce que je ne vendais pas ? Vous reconnaîtrez-là, Messieurs, mon peu de science en affaire. J'avais envie de vendre mes deux coupes à Bourgeau, que je connaissais pour un des bons marchand du pays, fort exact, payant bien ; mais d'autre part je le craignais, à cause de quelque procès qu'il avait eu, tout récemment, pour délits par lui commis dans les bois qu'il exploitait, et voyant près de ces deux coupes, que je mettais en vente, mes plus beaux et meilleurs taillis, j'avais peur que la tentation ne fût trop forte pour lui. Là-dessus donc j'imaginai, comme un expédient admirable, une sûre garantie, la clause que vous venez d'entendre, par laquelle Bourgeau s'engageait à ne toucher, sous aucun prétexte, à ma coupe de 1817, en abattant les deux autres.

Il le promit bien et signa ; et moi qui me fiais à cela, je m'en allai, je voyageai, me croyant à l'abri de toute usurpation de sa part, et persuadé qu'il n'oserait couper une seule hart au-delà de ce qui lui revenait ; tant je pensais l'avoir bien lié par cette convention écrite, qui me paraissait inviolable ; mais à mon retour, je trouvai qu'il n'en avait tenu compte, et qu'il avait abattu tout au travers de mes bois ce qui lui avait paru à sa bienséance, c'est-à-dire, dans ma meilleure coupe, tout le meilleur et le plus beau, à son choix, sans suivre aucune ligne, prenant ceci et laissant cela, selon qu'il lui convenait ou non. Car, en tel endroit, il s'enfonce de cinquante pas dans cette coupe, ailleurs, il s'en tient aux limites. Il en use comme j'aurais pu faire, moi propriétaire, si j'eusse voulu me défaire du plus beau bois de ma forêt, sans égard à l'ordre des coupes, et gâter mon bien par plaisir.

Je n'ai jamais plaidé, quoique possesseur de terre, et ne sais guères ce que c'est qu'on appelle procès et chicane; mais j'ai ouï dire des merveilles de l'habileté des avocats à obscurcir ce qui est clair, et à donner au tort l'apparence du droit. Ici, Messieurs, je vous l'avoue, je suis curieux de voir comment on s'y prendra pour montrer que Bourgeau a pu, avec justice, user et abuser de ma propriété, couper dans mes bois cinq arpents non vendus à lui, ni cédés en aucune façon; mais au contraire, comme vous voyez, très-expressément réservés, et, de la sorte, enfreindre la principale clause du contrat fait entre nous. J'ai souvent cherché en moi-même ce qu'il pourrait alléguer pour se justifier là-dessus. D'erreur, il n'y en saurait avoir, comme je l'ai dit en commençant, chaque coupe formant un quarré dont les quatre angles sont marqués par des fossés de brisées (c'est ainsi qu'on les appelle), dans toute l'étendue de la forêt. De dire que ses trente arpents, mesure exprimée dans l'acte, lui devaient être complétés, j'ai déjà répondu à cela. Voudra-t-il arguer de ce qu'on n'a point fait de brisées d'un angle à l'autre de chacune des coupes vendues, pour en achever le tracé et déterminer les côtés? Mais cela même est contre lui; car c'était à lui d'exiger que ces brisées fussent faites, d'autant plus que, s'étant engagé à ne point anticiper sur la coupe contigüe à celles qu'il exploitait, il lui importait que cette coupe fût séparée des autres dans toute sa longueur par une ligne invariable. Cette raison d'ailleurs se pourrait écouter, s'il s'agissait entre nous de quelques arbres seulement, et d'une fausse direction dans la ligne d'exploitation, qui, après tout, n'emporterait au plus que quelques pieds ; mais c'est précisément aux angles de la dernière coupe, là où les limites sont marquées par ces fossés de brisées, qu'il les a passées, non de quelques pieds, mais de cinquante pas. Tout cela est facile à voir sur le terrain.

Je ne puis donc imaginer ce qu'il dira pour sa défense, et je ne conçois pas davantage comment une réserve si juste, et qui n'avait pas même besoin d'être exprimée, une clause si solennelle de l'acte de vente, est tellement nulle à ses yeux, qu'il n'hésite pas à l'enfreindre. Que pensait-il ? comment a-t-il pu se flatter que cette usurpation, pour ne pas dire le mot, n'aurait aucune suite, si ce n'est qu'il me connaissait bon homme, ignorant les affaires, et craignant surtout les procès. Il a cru, me prenant mon bien, ou que je n'en verrai rien, ou que je ne m'en plaindrais pas, ou que, me plaignant, je n'aurais pas la patience de suivre l'affaire ; et il était fondé à le croire. Car, depuis vingt-cinq ans que je suis, après mon père, propriétaire dans cette province, plusieurs m'ont fait tort dans mes biens en diverses manières, quelques-uns même m'ont volé tout ouvertement, sans que jamais j'en aie fait aucune poursuite, aimant mieux perdre du mien que de gagner un procès. Voilà sur quoi il comptait, et il ne se fût pas trompé dans son calcul. Je lui aurais tout abandonné plutôt que de plaider, si mes amis ne m'eussent fait sentir que, me laissant ainsi dépouiller, il me fallait renoncer à toute propriété. En effet, si j'endure de la part de Bourgeau un tort si manifeste, à qui désormais pourrais-je vendre qui ne m'en fasse autant ou pis ? et quelles garanties pourront assurer mes coupes annuelles contre de telles usurpations, si les réserves les plus claires, les plus formellement exprimées, n'y servent de rien ?

Qu'importe, après tout, ce qu'il dira ? Son dire contre les faits ne peut rien. Il a promis de ne point toucher à ma onzième coupe. C'est de quoi l'acte fait foi. Il en a coupé cinq arpents. C'est ce qu'on voit sur le terrain. Peut-il, par ses raisons, faire qu'un fait ne soit pas fait, ou qu'il ait eu le droit d'enfreindre les clauses d'un contrat ? A proprement parler, il n'y a pas ici matière à discussion. Si je lui eusse vendu trente arpents à choisir dans mes bois à son gré, on pourrait, par un arpentage, voir s'il a coupé plus ou moins. Ce point serait bientôt éclairci. Mais je lui vends un espace désigné, limité, avec injonction de ma part et promesse de la sienne de ne point couper au-delà. Il est contrevenu à cette clause ; l'inspection du terrain le prouve ; lui-même il en tombe d'accord. Où est la question, où est le doute qu'on puisse élever là-dessus ?

C'est pour cela que plusieurs personnes qui entendent ces sortes d'affaires, croyant qu'il s'agissait d'un vol, me conseillait de citer Bourgeau à la police correctionnelle. Moi, sans trop savoir ce que c'était que cette police correctionnelle, je préférai l'action civile, non que j'en eusse une idée plus claire ; mais on m'avait persuadé que par-là je pourrais me ménager des voies à un accommodement dont je me flattais toujours. Je m'imaginais que plus son tort était évident, et plus il me serait facile, en relâchant de mon droit, et lui laissant bonne part de ce qu'il m'avait pris, d'entrer en quelque espèce d'arrangement avec lui. Mais je ne le connaissais pas, ou plutôt il me connaissait. Car il est bon de vous dire, Messieurs, qu'ayant conçu le projet, chimérique peut-être, d'avoir terre sans procès, je suivais pour cela un plan qui me paraissait infaillible. C'était, quand je me voyais volé (comme à un chacun il arrive d'avoir affaire à des fripons), prendre patience et ne dire mot. Cela m'a réussi long-temps, et maintes gens au pays en sauraient bien que dire. Mais un homme s'est rencontré, qui, après m'avoir pris mon bien, m'a demandé encore des dédommagements. Le fait n'est pas croyable; il est vrai néanmoins. Tout le monde sait, chez nous, à Véretz, à Larçai, que quand je proposai à Bourgeau, devant témoins, de lui laisser ce qu'il m'avait pris, et de finir toute contestation, il balança d'abord, puis il me déclara qu'il voulait de moi 1200 francs de dommages et intérêts, comme n'ayant pas coupé assez de bois pour sa vente. Que voulait-il dire? Je ne sais. Je pense, Messieurs, qu'il a regret de m'en avoir laissé. Il ne me croyait pas, sans doute, si accommodant. Toutefois, c'est ainsi qu'il a trouvé le secret de me faire plaider et renoncer à mon système de paix perpétuelle.

Je lui vends, aux termes de l'acte, la neuvième et la dixième coupes, sans autre désignation, et de fait, il n'en fallait point d'autre, chaque coupe de ma forêt étant, par son seul numéro, suffisamment indiquée. De ces deux coupes, mises d'abord aux enchères séparément, l'une, c'est la neuvième, supposée de neuf hectares, ne fut portée qu'à 3000 francs, ce qui fait un peu plus de 300 francs l'hectare. L'autre, de dix hectares, monta jusqu'à 9300 francs. C'est 900 francs l'hectare, et plus. De la coupe suivante, la onzième, on m'offrait 1100 francs l'hectare. Remarquez, Messieurs, cette progression et la valeur croissante du bois depuis 300 francs jusqu'a 1100. Ceci vous explique le motif qui a déterminé Bourgeau à ne pas se contenter des deux coupes à lui vendues, motif ordinaire en tel cas, et prévu par les ordonnances. *L'outre-passe*, c'est le nom qu'on donne à cet espèce de délit, en termes d'eaux et forêts, *l'outre-passe, est punie d'une amende du quadruple, à raison du prix de la vente, en supposant,* notez, je vous prie, *que le bois où elle est faite soit de même essence et qualité que celui de la vente. Cette sévérité,* disent les jurisconsultes, *a paru nécessaire pour empêcher les marchands de ne plus faire d'outre-passe, à quoi ils sont volontiers sujets, quand ils voyent quelque belle touffe d'arbres de grand prix attenant à leur vente.* C'est là précisément ce qui a tenté Bourgeau. Il voit prés de sa vente de beaux arbres, il les abat, non une touffe, mais cinq arpents, non de même qualité que la vente, mais d'une valeur plus que triple; enfin, le quart de ma plus belle coupe.

Mais, Messieurs, le tort qu'il me fait ne se borne pas à cela, et pour en avoir une idée, il ne suffit pas d'évaluer le bois induement abattu. Le dommage est moins dans ce qu'il me prend que dans ce qu'il m'empêche de vendre. En effet, cette coupe dont il m'enlève le quart, cette même coupe dont on m'offrait jusqu'à 12000 francs, l'an passé, personne n'en veut maintenant, parceque Bourgeau en a, me dit-on, pris le plus beau et le meilleur. Ainsi, elle reste sur pied, telle que Bourgeau l'a laissée, c'est-à-dire, diminuée du quart en superficie, et de plus de moitié en valeur; et moi, qui me fais de mes bois un revenu annuel, ce revenu me manquant, j'emprunte d'un côté pour vivre, je perds de l'autre une feuille sur cette coupe non vendue; je perds le produit d'une année, l'ordre de mes coupes est perverti; toute l'économie de ma fortune est troublée. C'est à quoi je vous supplie, Messieurs, d'avoir égard dans l'évaluation des dommages et intérêts qui me sont dûs en toute justice.

Si j'entrais dans la discussion du défaut de mesure qu'on m'objecte, et qui est le seul argument de mon adversaire, je dirais que j'ai vendu de bonne foi, comme il le sait bien, d'après d'anciennes mesures qui peuvent se trouver inexactes; que s'il y manque quelque chose, c'est un ou deux arpents, non cinq, chose facile à vérifier; que ces deux arpents environ vaudraient, au prix de la vente, 800 francs, tandis qu'on m'abat, dans la coupe réservée, pour 4000 fr. de bois; qu'enfin je ne dois point tenir compte à Bourgeau de ce qui peut manquer à la superficie, puisque je vends *sans garantie ni perfection de mesure*, et que la loi ne lui donne une action contre moi, à raison du défaut de mesure, qu'autant qu'il n'y a pas dans l'acte de stipulation contraire; ainsi parle le Code civil, à l'art. 1619. Une stipulation contraire, n'est-ce pas cette clause *sans perfection de mesure*, qui est d'usage, et marque assez que les parties renoncent réciproquement à toute diminution ou supplément de prix à raison de la mesure. Voilà ce que je pourrais répondre ; mais comme j'ai dit, ce n'est pas de quoi il s'agit. Toute la question, s'il y en a, roule sur un simple fait, Bourgeau a-t-il coupé dans ma onzième coupe, dans la coupe reservée ? Ce fait, un regard sur le terrain suffit pour le vérifier.

A MESSIEURS

DU CONSEIL DE PRÉFECTURE A TOURS.

Messieurs,

Je paie dans ce département 1314 francs d'impôts, et ne puis obtenir d'être inscrit sur la liste des électeurs. A la préfecture, on me dit que mon domicile est à Paris, que je ne dois pas voter ici, et on me renvoie à l'art. 104 du Code civil, ainsi conçu :

« Le domicile est au lieu du principal établisse-
» ment.

« Le changement de domicile s'opérera par le fait
» d'une habitation réelle dans un autre lieu, joint à
» l'intention d'y fixer son principal établissement.

» La preuve de l'intention résultera d'une déclara-
» tion expresse faite tant à la municipalité du lieu que
» l'on quittera, qu'à celle du lieu où l'on aura trans-
» féré son domicile. »

Cette déclaration, je ne l'ai faite nulle part, ni à Paris, ni ailleurs ; mon principal établissement est la maison de mon père, à Luynes ; là est le champ que je cultive, et dont je vis avec ma famille ; là mon toit paternel, la cendre de mes pères, l'héritage qu'ils m'ont transmis, et que je n'ai quitté que quand il a fallu le défendre à la frontière. N'ayant rempli, en aucun lieu, aucune des formalités qui constituent, suivant la loi, le changement de domicile, je suis, à cet égard, comme si jamais je n'eusse bougé de ma maison de Luynes. C'est l'opinion des gens de loi que j'ai consultés là-dessus, et j'en ai consulté plusieurs qui, de contraire avis en tout le reste (car ils suivent différents partis dans nos malheureuses dissensions), sur ce point seul n'ont qu'une voix. En résumé, voici ce qu'ils disent.

Mon domicile de droit est, selon le Code, à Luynes. Mon domicile de fait à Véretz, où j'ai, depuis deux ans, maisons, femme et enfants. Ces deux communes étant dans le même arrondissement du département d'Indre-et-Loire, mon domicile est de toute façon, dans ce département, où je dois voter comme électeur. Si je nommais les jurisconsultes de qui je tiens cette décision, vous seriez étonnés, Messieurs, vous admireriez, j'en suis sûr, qu'entre des hommes de sentiments si opposés, surtout en matière d'élections, il ait pu se trouver un point sur lequel tous fussent d'accord, et c'est ce qui donne d'autant plus de poids à leur avis.

Mais que dire après cela d'une note qu'on me produit comme pièce convaincante, et d'une autorité irréfragable, décisive? Cette note du maire de Véretz, adressée au préfet de Tours, porte en termes clairs et précis : *Courrier, propriétaire domicilié à Paris.* Dans ce peu de mots, je trouve, Messieurs, deux choses à remarquer : l'une que le maire de Véretz qui me voit depuis deux ans établi à sa porte, dans cette commune dont il est le premier magistrat, et où lui-même m'a adressé des citations à domicile, ne veut pas néanmoins que j'y sois domicilié. L'autre chose fort remarquable, est qu'en même temps il me déclare domicilié à Paris. Le préfet prenant acte de cette déclaration, part de là. Mon affaire est faite, ou la sienne peut-être, j'entends celle du préfet. Il refuse, quelque réclamation que je puisse lui adresser, de m'admettre au rang des électeurs, et me voilà déchu de mon droit.

Que signifie cependant cette assertion du maire? sur quoi l'a-t-il fondé? il pouvait nier mon domicile dans la commune de Véretz, si je n'en avait fait aucune déclaration légale. Mais avancer et affirmer que mon domicile est à Paris, où je n'ai pas une chambre, pas un meuble, c'est être un peu hardi, ce me semble. De quelque part qu'aient pu lui venir ces instructions, fut-ce même de Paris, il est mal informé. Aussi mal informé est le préfet, qui, sur ce point, eût mieux fait de s'en rapporter à la notoriété publique, recommandée par les ministres comme un bon moyen de compléter les listes électorales. Cette notoriété lui eût appris d'abord que nul n'est mieux que moi établi et domicilié dans ce département, et que je n'eus de ma vie domicile à Paris, non plus qu'à Vienne, à Rome, à Naples et dans les autres capitales, où tour à tour me conduisirent les chances de la guerre et l'étude des arts, et où j'ai résidé plus long-temps qu'à Paris, sans perdre pour cela mon domicile au lieu de mon unique établissement dans le département d'Indre et Loire.

Certes, quand je bivouaquais sur les bords du Danube, mon domicile n'était pas là. Quand je retrouvais, dans la poussière des bibliothèques d'Italie, les chefs-d'œuvres perdu de l'antiquité grecque, je n'étais pas à demeure dans ces bibliothèques. Et depuis, lorsque seul, au temps de 1815, je rompis le silence de la France opprimée, j'étais bien à Paris, mais non domicilié. Mon domicile était à Luynes, dans le pays malheureux alors dont j'osai prendre la défense.

Si je me présentais pour voter a Paris, où on me dit domicilié, le préfet de Paris, sans doute aussi scrupuleux que celui-ci, ne manquerait pas de me dire : Vous êtes Tourangeau, allez voter à Tours. Vous n'avez point ici de domicile élu, votre établissement est à Luynes. Et si je contestais, il me présenterait une pièce imprimée, signée de moi, connue de tout le monde à Paris. C'est la pétition que j'adressais en 1816 aux deux Chambres, en faveur de la commune de Luynes, et qui commence par ces mots : Je suis Tourangeau, j'habite Luynes. Vous voyez bien, me dirait-il, que quand vous parliez de la sorte pour les habitans de Luynes, persécutés alors et traités en ennemis par les autorités de ce temps, vous vous regardiez comme ayant parmi eux votre domicile. Montrez-moi que depuis vous avez transporté ce domicile à Paris, et je vous y laisse voter. Le préfet de Paris me tenant ce langage, aurait quelque raison. Les ministres l'approuveraient indubitablement, et le public ne pourrait le blâmer. Mais ici le cas est différent ; j'en ai donné la preuve et n'ai pas besoin d'y revenir. J'y ajouterai seulement que, pour m'ôter mon domicile et le droit de voter dans ce département où est mon manoir paternel, il faudrait me prouver que j'ai fait élection de domicile ailleurs, et non le dire simplement ; au lieu que ma négative suffit quand on n'y oppose aucune preuve, et ce n'est pas à moi de prouver cette négative, ce qui ne se peut humainement ; c'est à ceux qui veulent m'oter l'usage de mon droit de faire voir que je l'ai perdu, sans quoi mon droit subsiste et ne peut m'être enlevé par la seule parole du préfet.

Un mot encore là-dessus, Messieurs. Je prouve mon domicile ici, non seulement par le fait de mon établissement héréditaire à Luynes, mais par une infinité d'actes, de citations, de jugements, acquisitions et ventes de propriétés foncières faites en différents temps par moi, dans ce département. Il faudrait, pour détruire ces preuves, m'opposer un acte formel d'élection de domicile ailleurs. Ce sont là des choses connues de tout le monde et de moi-même, qui ne sais rien en pareille matière.

Vous êtes bien surpris, Messieurs ; ceux d'entre vous qui ont pu voir et connaître dans ce pays, mon père, ma mère et mon grand-père, et qui m'ont vu leur succéder ; qui savent que non seulement j'ai conservé les biens de mon père dans ce département, mais qu'ailleurs je ne possède rien et ne puis être chez moi qu'ici, dans la maison de mon père, à Luynes, où je n'ai jamais cessé d'avoir, je ne dis pas mon principal, mais mon unique établissement, connu de tous ceux qui me connaissent; les personnes qui savent tout cela, penseront que ce qui m'arrive a quelque chose d'extraordinaire, et ne concevront sûrement pas qu'on puisse nier, parlant à vous, mon domicile parmi vous ; car autant vaudrait, moi présent, nier mon existence. Oui, de pareilles chicanes sont extraordinaires. Cela est nouveau, surprenant, et je pardonne à ceux qui refusent d'y ajouter foi, l'ayant seulement entendu dire. Voici cependant une chose encore plus, dirai-je incroyable? non, plus bizarre, plus singulière.

Quand je serais domicilié (comme il est clair que je ne le suis pas, puisque le maire l'assure au préfet), quand même je serais domicilié dans ce département, payant 1300 francs d'impôts, cela ne suffirait pas encore, il me faudrait, pour exercer mes droits d'électeur, prouver à M. le préfet et le convaincre, qui plus est, que je n'ai voté nulle part ailleurs, nulle part depuis quatre ans. Entendez bien ceci, Messieurs ; je vais le répéter. Pour qu'on me laisse user de mes droits de citoyen dans ce département, il faut que je fasse voir clairement au préfet, par des documents positifs, par des preuves irrécusables, que je n'ai pas voté comme électeur à Lyon, que je n'ai pas voté à Rouen, point voté à Bordeaux, ni à Nantes, ni à Lille, ni..... ; mais prenez la liste de tous les départements, c'est celle des preuves de non vote et de non exercice de mes droits que je dois fournir au préfet, sans compter que quand j'aurai prouvé que je n'ai point voté cette année, il me faudra faire la même preuve pour l'année passé, pour l'autre année, enfin pour toutes les années, tous les chefs-lieux de départements où j'ai pu voter depuis qu'on vote. Comprenez-vous maintenant, Messieurs ? si vous refusez de m'en croire, lisez la circulaire imprimée du préfet, en date du 16 septembre, vous y trouverez ce paragraphe :

Dans le cas où vous n'auriez pas encore joui de vos droits d'électeur dans le département (c'est

Messieurs le cas où je me trouve), *il est nécessaire que vous vouliez bien m'envoyer un acte qui constate que depuis quatre ans vous n'avez pas exercé ces droits dans un autre département.*

Que vous en semble, Messieurs ? Pour moi, lisant cela, je me crus déchu sans retour du droit que la Charte m'octroie, et sans pouvoir m'en plaindre, puisque c'était la loi. Ainsi l'avait réglé la loi que le préfet citait exactement. Car à ce même paragraphe, la circulaire ajoute : *Comme le prescrit la loi du 5 février 1817.* Le moyen, je vous prie, Messieurs, de fournir la preuve qu'on demandait ? Comment démontrer au préfet, de manière à le satisfaire, que depuis quatre ans je n'ai voté dans aucun des quatre-vingt-quatre départements qui, avec celui-ci composent toute la France. Il m'eût fallu pour cela, non un acte seulement, mais quatre-vingt-quatre actes d'autant de préfets aussi sincères et d'aussi bonne foi que celui de Tours; encore ne pourrais-je, avec toutes leurs attestations, montrer que je n'ai pas voté. Quelque absurde en soi que me parut la demande d'une telle preuve, de la preuve d'un fait négatif, je croyais bonnement, je l'avoue, cette demande autorisée par la loi qu'on me citait, et n'avais aucun doute sur cette allégation, tant je connaissais peu les ruses, les profondeurs..... J'admirais qu'il pût y avoir des lois si contraires au bon sens. Or, on me l'a fait voir cette loi où j'ai lu ce qui suit à l'art. cité :

« Le domicile politique de tout Français est dans
» le département où il a son domicile réel. Néan-
» moins il pourra le transférer dans tout autre dépar-
» tement où il paiera des contributions directes, à la

» chargé par lui d'en faire, six mois d'avance, une
» déclaration expresse devant le préfet du départe-
» ment où il aura son domicile politique actuel, et
» devant le préfet du département où il voudra le
» le transférer.

» La translation du domicile réel ou politique ne
» donnera l'exercice du droit politique, relativement
» à l'élection des députés, qu'à celui qui, dans les
» quatre ans antérieurs, ne l'aura point exercé dans
» un autre département. »

Tout cela paraît fort raisonnable, mais s'y trouve-rait-il un seul mot qui autorise le préfet à demander un acte tel que celui dont il est question dans la circulaire, et qui m'oblige à le produire ? il ne s'agit là d'autre chose que de translation de domicile, et l'on m'applique cet article à moi, cultivant l'héritage de mon père et de mon grand-père, et de cette application résulte la demande d'une preuve négative qu'aucune loi ne peut exiger.

Il faut cependant m'y résoudre et montrer à la préfecture que je n'ai voté nulle part. Sans cela je ne puis voter ici. Sans cela je perds mon droit, et le pis de l'affaire, c'est que cela sera ma faute. La même circulaire le dit expressément et finit par ces mots :

J'ai lieu de croire que vous vous empresserez de m'envoyer la pièce dont la loi réclame la remise (quoique la loi n'en dise rien), *afin de ne pas vous priver de l'avantage de concourir à des choix utiles et honorables. On aurait droit de vous reprocher votre négligence, si vous en apportiez dans cette circonstance.*

Belle conclusion ! Si je néglige de prouver que je

n'ai voté nul part, si je ne produis une pièce impossible à produire, je suis déchu de mon droit, et de plus ce sera ma faute. Ciel, donnez-nous patience! C'est-là ce qu'on appelle ici administrer, et ailleurs gouverner.

Je ne m'arrêterai pas davantage, Messieurs, à vous faire sentir le ridicule de ce qu'on exige de moi. La chose parle d'elle-même. Je n'ai vu personne qui ne fût choqué de l'absurdité de telles demandes, et affligé en même temps de la figure que font faire au gouvernement ceux qui emploient, en son nom, de si pitoyables finesses, en le servant, à ce qu'ils disent. Dieu nous préserve, vous et moi, d'être jamais servis de la sorte! Non, parmi tant d'individus qui dans les choses de cette nature diffèrent d'opinion presque tous, et desquels on peut dire avec juste raison, autant de têtes autant d'avis et de façons de voir toutes diverses, je n'en ai pas trouvé un seul qui pût rien comprendre aux prétextes dont on se sert pour m'écarter de l'assemblée électorale. Et par quelle raison veut-on m'en éloigner? Que craint-on de moi qui, depuis trente ans, ayant vu tant de pouvoirs nouveaux, tant de gouvernements se succéder, me suis accomodé à tous et n'en ai blâmé que les abus, partisan déclaré de tout ordre établi, de tout état de choses supportable, ami de tout gouvernement, sans rien demander à aucun? D'où peut venir, Messieurs, ce système d'exclusion dirigé contre moi, contre moi seul? car je ne crois pas qu'on ait fait à personne les mêmes difficultés, et j'ai lieu de penser que des lettres imprimées, et en apparence adressées à tous les électeurs de ce département, ont été composées pour moi. Par où ai-je pu m'attirer cette attention, cette distinction ? je l'ignore, et ne vois rien dans ma vie, dans ma conduite, jusqu'à ce jour, qui puisse être suspect de mauvaises intention, de cabale, d'intrigue, de vue particulière ou d'esprit de parti, ni faire ombrage à qui que ce soit. Est-ce haine personnelle de M. le préfet ? me croit-il son ennemi parce qu'il m'est arrivé de lui parler librement ? Il se tromperait fort. Ce n'est pas d'aujourd'hui, ni avec lui seulement que j'en use de cette façon. J'ai bien d'autres griefs, moi Courier, contre lui qui cherche à me ravir le plus beau, le plus cher, le plus précieux de mes droits, et pourtant je ne lui en veux point. Je sais à quoi oblige une place, ou je m'en doute, pour mieux dire, et plains les gens qui ne peuvent ni parler ni agir d'après leur sentiment, s'ils ont un sentiment.

Mon droit est évident, palpable, incontestable. Tout le monde en convient, et nul n'y contredit, excepté le préfet. Je vous prie donc, Messieurs, de m'inscrire sur les listes où mon nom doit paraître et n'a pu être omis que par la plus insigne mauvaise foi. Je suis électeur, je veux l'être et en exercer tous les droits. Je n'y renoncerai jamais, et je déclare ici, Messieurs, devant vous, devant tous ceux qui peuvent entendre ma voix, je les prends à témoin que je proteste ici contre toute opération que pourrait faire, sans moi, le collége électoral, et regarde comme nulle toute nomination qui en résulterait, à moins qu'une décision légale n'ait statué sur la requête que j'ai l'honneur de vous adresser.

LETTRE PARTICULIÈRE.

Tours, le 18 octobre.

J'ai reçu la vôtre du 12. Nos métayers sont des fripons qui vendent la poule au renard ; leurs valets me semblent comme à vous les plus méchants drôles qu'on ait vus depuis long-temps. Ils ont mis le feu aux granges, et maintenant, pour l'éteindre, ils appellent les voleurs. Que faire ? sonner le tocsin ? les secours sont à craindre presqu'autant que le feu. Croyez-moi ; sans esclandre, à nous seuls, étouffons la flamme, s'il se peut. Après cela nous verrons ; nous ferons un autre bail avec d'autres frippons ; mais il faudra compter, il faudra faire une part à cette valetaille, puisqu'on ne peut s'en passer, et surtout point de pot de vin.

Voilà mon sentiment sur ce que vous nous mandez. En revanche, apprenez les nouvelles du pays. A Saumur il y a eu bataille, coups de fusil, mort d'homme ; le tout à cause de Benjamin Constant. Cela se conte de deux façons.

Les uns disent que Benjamin, arrivant à Saumur, dans sa chaise de poste, avec madame sa femme, insulta sur la place toute la garnison qu'il trouva sous les armes, et particulièrement l'école d'équitation. Cela ne me surprend point ; il a l'air féralleur, surtout en bonnet de nuit ; car c'était le matin. Douze officiers se détachent, tous gentilshommes de nom, marchent à Benjamin, voulant se battre avec lui; l'arrêtent, et d'abord, en gens déterminés, mettent l'épée à la main. L'autre mit ses lunettes pour voir ce que c'était. Ils lui demandaient *raison*. Je vois bien, leur dit-il, que c'est ce qui vous manque. Vous en avez besoin; mais je n'y puis que faire. Je vous recommanderai au bon docteur Pinel, qui est de mes amis. Sur ces entrefaites arrive l'autorité en grand costume, en écharpe, en habit brodé, qui intime l'ordre à Benjamin de vider le pays, de quitter sans délai un ville où sa présence mettait le trouble. Mais lui : c'est moi, dit-il, qu'on trouble. Je ne trouble personne, et je m'en irai, Messieurs, quand bon me semblera. Tandis qu'il contestait, refusant également de partir et de se battre, la garde nationale s'arme, vient sur le lieu, sans en être requise et *proprio motu*. On s'aborde; on se choque; on fait feu de part et d'autre. L'affaire a été chaude. Les gentilshommes seuls en ont eu l'honneur. Les officiers de fortune et les bas officiers ont refusé de donner, ayant peu d'envie, disaient-ils de combattre avec la noblesse, et peu de choses à espérer d'elle. Voilà un des récits.

Mais notez en passant que les bas officiers n'aiment point la noblesse. C'est une étrange chose; car enfin la noblesse ne leur dispute rien; pas un gentilhomme ne prétend être caporal ou sergent. La noblesse, au contraire, veut assurer ces places à ceux qui les occupent, fait tout ce qu'elle peut pour que les bas officiers ne cessent jamais de l'être, et meurent bas officiers, comme jadis au bon temps. Eh bien, avec tout cela, ils ne sont pas contents. Bref, les bas officiers, ou ceux qui l'ont été, qu'on appelle à présent officiers de fortune, s'accomodent mal avec les officiers de naissance, et ce n'est pas d'aujourd'hui.

De fait il m'en souvient; ce furent les bas officiers qui firent la révolution autrefois. Voilà pourquoi peut-être ils n'aiment point du tout ceux qui la veulent défaire, et ceci rend vraisemblable le dialogue suivant, qu'on donne pour authentique, entre un noble lieutenant de la garnison de Saumur et son sergent-major.

Prends ton briquet, Francisque, et allons assommer ce Benjamin Constant. — Allons, mon lieutenant. Mais qui est ce Benjamin Constant? — C'est un coquin, un homme de la révolution. — Allons, mon lieutenant, courons vite l'assommer. C'est donc un de ces gens qui disent que tout allait mal du temps de mon grand-père? — Oui. — Oh le mauvais homme! et je gage qu'il dit que tout va mieux maintenant? — Oui. — Oh le scélérat. Dites-moi, mon lieutenant; on va donc rétablir tout ce qui était jadis? — Assurément, mon cher. — Et ce Benjamin ne veut pas? — Non le coquin ne veut pas. — Et il veut qu'on maintienne ce qui est à présent? — Justement. — Quel maraut! Dites-moi, mon lieutenant; ce bon temps-là, c'était le temps des coups de bâton, de la *schlague* pour les soldats? — Que sais-je moi? — C'était le temps des coups de plat de sabre? — Que veux-tu que je te dise? ma foi je n'y étais pas. — Je n'y étais pas non plus; mais j'en ai ouï parler; et s'il vous plaît il dit, ce monsieur Benjamin, que tout cela n'était pas bien? — Oui. C'est un drôle qui n'aime que sa révolution ; il blâme généralement tout ce qui se faisait alors. — Alors, mon lieutenant, nous autres sergents, pouvions-nous devenir officiers? — Non certes, dans ce temps-là. — Mais la révolution changea cela, je crois, nous fit des officiers, ôta les coups de bâton ? — Peut-être ; mais qu'importe ? — Et ce Benjamain-là, dites-vous, mon lieutenant, approuve la révolution, ne veut pas qu'on remette les choses comme elles étaient ? — Que de discours; marchons.—Allez, mon lieutenant, allez en m'attendant. — Ah! coquin, je te devine. Tu penses comme Benjamin ; tu aimes la révolution. — Je hais les coups de bâton. — Tu as tort, mon ami ; tu ne sais pas ce que c'est. Ils ne déshonorent point quand on les reçoit d'un chef ou bien d'un camarade. Que moi, ton lieutenant, je te donne la bastonnade, tu la donnes aux soldats en qualité de sergent; aucun de nous, je t'assure, ne serait déshonoré. — Fort bien. Mais mon lieutenant, qui vous la donnerait? — A moi? personne, j'espère. Je suis gentilhomme. — Je suis homme. — Tu est un sot, mon cher. C'était comme cela jadis, tout allait bien L'ancien régime vaut mieux que la révolution. — Pour vous, mon lieutenant. — Puis c'est la discipline des puissances étrangères. Anglais, Suisses, Allemands, Russes, Prussiens, Polonais, tous bâtonnent le soldat. Ce sont nos bons amis, nos fidèles alliés; il faut faire comme eux. Les cabinets se fâcheront, si nous voulons toujours vivre et nous gouverner à notre fantaisie. Martin bâton commande les troupes de la Sainte-Alliance. — Ma foi, mon lieutenant, je n'ai pas grande envie de servir sous ce général ; et puis, je vous l'avoue, j'aime l'avancement. Je voudrais devenir, s'il y avait moyen, maréchal.—Oui, j'entends, maréchal des logis dans la cavalerie. — Non, ce n'est pas cela. — Quoi, maréchal ferrant ? — Non. — Propos séditieux. Tu te gâtes, Francisque. Qui diable te met donc ces idées dans la tête? tu ne sais ce que tu dis. Tu rêves, mon ami ; ou bien tu n'entends pas la distinction des classes. Moi noble, ton lieutenant, je suis de la haute classe. Toi, fils de mon fermier, tu es de la basse classe. Comprends-tu maintenant? Or, il faut que chacun demeure dans sa classe; autrement ce serait un désordre, une cohue; ce serait la révolution. — Pardon, mon lieutenant ; répondez-moi, je vous prie. Vous voulez, j'imagine, devenir capitaine ? — Oui. — Colonel ensuite ? — Assurément. — Et puis général ? — A mon tour. — Puis maréchal de France ? — Pourquoi non? Je peux bien l'espérer comme un autre. — Et moi je reste sergent ? — Quoi ? n'est-ce pas assez pour un homme de ta sorte, né rustre, fils d'un rustre. Souviens-toi donc, mon cher, que ton père est paysan. Tu voudrais me commander peut-être ? — Mon lieutenant, le maréchal duc de..... qui nous passe en revue, est fils d'un paysan ? — On le dit. — Il vous commande. — Eh! vraiment c'est le mal. Voilà le désordre qu'à produit la révolution. Mais on y remédiera, et bientôt, j'en suis sûr, mon oncle me l'a dit; on arrangera cela en dépit de Benjamin, qui sera pendu le premier, si nous ne l'assommons tout-à-l'heure. Viens, Francisque, mon ami, mon frère de lait, mon camarade ; viens, sabrons tous ces vilains avec leur Benjamin. Il n'y a point de danger ; tu sais bien qu'à Paris ils se sont laissés faire. — Allez, mon lieutenant, mon camarade ; allez devant et m'attendez. — Francisque, écoute-moi. Si tu te conduis bien, que tu sabres ces vilains, quand je te le commanderai, si je suis content de toi, j'écrirai à mon père qu'il te fasse laquais, garde de chasse ou portier. — Allez, mon lieutenant. — Oh ! le mauvais sujet. Va, tu en mangeras, de la prison ; je te le promets.

D'autres content autrement. L'arrivée de Benjamin, annoncée à Saumur, fit plaisir aux jeunes gens, qui voulurent le fêter : non que Benjamin soit jeune ; mais ils disent que ses idées sont de ce siècle-ci, et leur conviennent fort. La jeunesse ne vaut rien nulle part, comme vous savez ; à Saumur elle est pire qu'ailleurs. Ils sortent au-devant du député de gauche, et vont à sa rencontre avec musique, violons, flûtes, fifres, hautbois. Les gentilshommes de la garnison, qui ne veulent entendre parler ni du siècle ni de ses idées, trouvèrent celle-là très-mauvaise ; et résolus de troubler la fête, attaquent les donneurs d'aubade, croyant ne courir aucun risque. Mais, en ce pays-là, la garde nationale ne laisse point sabrer les jeunes gens dans les rues ; aussi n'est-elle pas commandée par un duc. La garde nationale armée fit tourner tête aux nobles assaillants, qui bientôt, mal menés, quittent le champ de bataille en y laissant des leurs. Tel est le second récit.

A Nogent le Rotrou, il ne faut point danser, ni regarder danser, de peur d'aller en prison. Là, les droits réunis s'en viennent au milieu d'une fête de village *exercer* (c'est le mot, nous appelons cela *vexer*) ; on chasse mes coquins. Gendarmes aussitôt arrivent; en prison le bal et les violons, danseurs et spectateurs, en prison tout le monde. Un maire verbalise; un procureur du roi (c'est comme qui dirait *un loup quelque peu clerc*) voit là-dedans des complots, des machinations, des ramifications ! Que ne voit pas le zèle d'un procureur du roi ! il traduit devant la cour d'assises vingt pauvres gens qui ne savaient pas que le roi eût un procureur. Les uns sont artisans, les autres laboureurs, quelques-uns parents du maire, tous perdus sans ressource. Qui sèmera leur champ ? qui fera leurs travaux, pendant six mois de prison ou plus ? Qui prendra soin de leurs familles ? Et sortis, s'ils en sortent, que deviendront-ils après ? mendiants ou voleurs par force, nouvelle matière pour le zèle de M. le procureur du roi.

Ici scène moins grave; il s'agit de préséance. A l'église c'était grande cérémonie, office pontifical, cierges allumés, faux-bourdon, procession, cloches en branle; le concours des fidèles et cet ordre pompeux faisaient plaisir à voir. Au beau milieu du chœur, deux champions couverts d'or, se gourment, s'apostrophent. Ote-toi. — Non, c'est ma place. — C'est la mienne. — Tu mens. Coups de pied, coups de poing. Tu n'es pas royaliste. — Je le suis plus que toi. — Non, mais moi plus que toi. Je te le prouverai, je te le ferai voir. Notre mère sainte église, affligée du scandale, y voulut mettre fin; le ministre du Très-Haut arrive crossé, mitré. Ah, monsieur le général ! ah, monsieur le commandant de la garde nationale ! Mon cher comte ! mon cher chevalier ! Laissez-là cette chaise, monsieur le général; rengaînez votre épée, monsieur le commandant.

Par malheur le payeur ne se trouvait pas là, car il eût appaisé la noise tout d'abord, en faisant savoir à ces messieurs ce que chacun d'eux touche par mois du gouvernement; on eût pu calculer, en francs, de combien l'un était plus royaliste que l'autre, et régler les rangs sans dispute. La charge de payeur devrait toujours s'unir à celle de maître des cérémonies. Je l'ai dit à Perceval, un de nos députés; il en fera la proposition dès qu'il sera conseiller d'état.

Mais dites-moi, je vous prie, vous qui avez couru, sauriez-vous un pays où il n'y eût ni gendarmes, ni rats de cave, ni maire, ni procureur du roi, ni zèle, ni appointements (je voulais dire *dévouement*; n'importe, c'est tout un), ni généraux, ni commandants, ni nobles, ni vilains qui pensent noblement? Si vous savez un tel pays sur la mappemonde, montrez-le-moi, et me procurez un passeport.

Voilà Perceval en bon chemin. Secrétaire de la guerre! cela s'appelle tirer son épingle du jeu. C'est un habile garçon; il n'en demeurera pas là : tant vaut l'homme, tant vaut la députation. Les sots n'attrapent rien; quelques uns y mettent du leur. Il n'ose, dit-on, revenir ici de peur de la sérénade. Quelle faiblesse! je me moquerais et de la sérénade et de mes commettants. Bellart n'en est pas mort à Brest. Un autre de nos députés, M. Gouin Moisan, est ici un peu fâché, à ce qu'on dit, de n'avoir pu encore rien tirer des ministres, ni pour lui, ni pour sa famille. Ce M. Gouin Moisan est un honnête marchand que la noblesse méprise, et qui vôte avec elle, sans qu'elle le méprise moins, comme vous pensez bien. Pour les services par lui rendus au parti gentilhomme, il voudrait qu'on le fît noble ; il se contenterait du titre de baron. La noblesse française n'a point de baron Gouin, et s'en passe volontiers; mais Gouin ne se passe pas de noblesse. Depuis trois ans entiers, il se lève, il s'assied avec le côté droit, dans l'espérance d'un parchemin. Quand on peut à ce prix rendre les gens heureux, il faut avoir le cœur bien ministériel pour les laisser languir. Le service des nobles est dur et profite peu ; on leur sacrifie tout ; on renie ses amis, ses œuvres, ses paroles ; on abjure le vrai ; toujours dire et se dédire, parler contre son sens, combattre l'évidence et mentir sans tromper ; je ne m'étonne pas que de Serre en soit malade. Renoncer à toute espèce de bonne foi, d'approbation de soi-même et d'autrui ; affronter le haro, l'indignation publique! pour qui ? pour des ingrats qui vous paient d'un cordon et disent : Le sieur Laisné, le nommé de Villèle, un certain Donnadieu ! Eh ! bonjour, mon ami, votre père fait-il toujours de bons souliers ? Çà, vous dînerez chez moi, quand je n'aurai personne. Voilà la récompense. Va, pour de telles gens, va trahir ton mandat, et livre à l'étranger ta patrie et tes dieux. Ainsi parle un vilain dégoûté de bien penser ; mais *la moindre faveur d'un coup d'œil carressant* le rengage comme Sosie, et fait taire la conscience, la patrie et le mandat.

Nous en allons faire de nouveaux, je dis des députés, Dieu sait quels, blancs ou noirs, mais bonnes gens, à coup sûr. En attendant ce jour, on rit de la querelle de Paul et du préfet ; c'est affaire d'élections. Paul veut être électeur ; le préfet ne veut pas qu'il le soit, et lui fait la plus plaisante chicane.......

Paul n'a pas de domicile, dit le préfet, attendu qu'il a été soldat ; il a femme et enfant dans ce département, cultive son héritage, habite la maison de son père et de son grand-père, paie treize cents francs d'impôts : tout cela n'y fait rien. Il a été soldat pendant seize ans, rebelle aux puissances étrangères, aux cabinets de l'Europe ; il a quitté le pays. Que ne restait-il chez lui ? ou, s'il eût émigré..... C'est un mauvais sujet, un vagabond, indigne d'être même électeur. Cette bouffonnerie réjouit toute la ville, et le département, et le bonhomme Paul, qui, labourant son champ, se moque des cabinets. Adieu : portez-vous bien ; que tout ceci soit entre nous.

SECONDE

LETTRE PARTICULIÈRE.

Tours, 28 novembre 1820.

Vous êtes babillard et vous montrez mes lettres, ou bien vous les perdez ; elles vont de main en main et tombent dans les journaux. Le mal serait petit si je ne vous mandais que les nouvelles du Pont-Neuf ; mais de cette façon tout le monde sait nos affaires. Et croyez-vous, je vous prie, moi qui ai toujours fui la mauvaise compagnie, que je prenne plaisir à me voir dans la Gazette ?

Notre vigne n'est point si chétive qu'on le voudrait bien faire croire. Les vieilles souches, à vrai dire, sont pourries jusqu'au cœur, et le fruit n'en vaut guères ; mais un jeune plan s'élève, qui va prendre le dessus et couvrir tout bientôt. Laissez-le croître avec cette vigueur, cette sève, seulement cinq ou six ans encore, et vous m'en direz des nouvelles.

Si vous me promettiez de tenir votre langue, je vous conterais..... mais non ; car vous iriez tout dire, et je suis averti ; je vous conterais nos élections, comment tout cela s'est passé, la messe du Saint-Esprit, le noble pair et son urne, le club des gentilshommes, l'embarras du préfet, et d'autres choses non moins utiles à savoir qu'agréables ; mais quoi ? vous ne pouvez rien taire; un peu de discrétion est bien rare aujourd'hui. Les gens crèveraient plutôt que de ne point jaser, et vous tout le premier. Vous ne saurez rien cette fois; pas un mot, nulle nouvelle; pour vous punir, je veux ne vous rien dire, si je puis.

Oui, par ma foi, c'était une chose curieuse à voir. Figurez-vous, sur une estrade, un homme tout brillant de crachats, devant lui une table, et sur la table une urne. Si vous me demandez ce que c'est que cette urne; cela m'avait tout l'air d'une boîte de sapin. L'homme, c'était le président, comte de Villemanzy, noble pair, dont le père n'était ni pair ni noble; mais procureur fiscal, ou quelque chose d'approchant. Je note ceci pour vous qui aimez la nouvelle noblesse. Jadis Larochefoucault était de votre avis, il la voulait toute neuve; neuve elle se vendait alors; elle valait mieux. La vieille ne se vendait pas. Pour moi ce m'est tout un, l'ancienne, la nouvelle, la Tremouille ou Godin, Rohan ou Ravigot, j'en donne le choix pour une épingle.

Il tira de sa poche une longue écriture (c'est le président que je dis), et lut : *Le roi tout seul pouvait faire les lois; il en avait le droit et la pleine puissance. Mais par un rare exemple de bonté paternelle, il veut bien prendre notre avis.* Je n'entendis pas le reste; on cria vive le roi, les princes, les princesses et le duc de Bordeaux. Puis le président se lève. Nous étions au parterre quelque deux cent cinquante, choisis par le préfet pour en choisir d'autres qui doivent lui demander des comptes. Le président debout nous donna des billets sur lesquels chacun de nous devait écrire deux noms; mais il fallut jurer d'abord.

Nous jurâmes tous. Nous levâmes la main de la meilleure grâce du monde et en gens exercés. Puis, nos billets remplis, le président les reprenait avec le doigt index et le pouce seulement, ses manchettes retroussées, les remettait dans la boîte d'où nous vîmes sortir un ultra royaliste et un ministériel.

Sans être compère, j'avais parié pour cela et deviné d'abord ce qui devait sortir de la boîte ou de l'urne, par un raisonnement tout simple, et le voici. Nous étions trois sortes de gens appelés là par le préfet. Gens de droite, aisés à compter; gens de gauche, aussi peu nombreux, et gens du milieu à foison, qui, se tournant d'un côté, font le gain de la partie, et se tournent toujours du côté où l'on mange. Or, en arrivant, je sus que tous ceux de la droite dînaient chez le préfet ou chez l'homme aux crachats avec ceux du milieu, et que ceux de la gauche ne dînaient nulle part. J'en conclus aussitôt que leur affaire était faite, qu'ils perdraient la partie et paieraient le dîner dont ils ne mangeaient pas; je ne me suis point trompé.

J'étais là le plus petit des grands propriétaires, ne sachant où me placer parmi tant d'honnêtes gens qui payaient plus que moi, quand je trouvai, devinez qui? Cadet Roussel, vieille connaissance, à qui je dis en l'abordant: Qu'as-tu Cadet? puis je me repris: Qu'avez-vous, M. de Cadet? (car c'est sa nouvelle fantaisie de mettre un *de* avec son nom, depuis qu'il est éligible et maire de sa commune), je vous vois soucieux, inquiet. Ce n'est pas sans sujet, me dit-il. J'ai trois maisons, comme vous savez; l'une est celle de mon père, où je n'habite plus; l'autre appartenait ci-devant à M. le marquis de.... chose, qui s'en alla, je ne sais pourquoi, dans le temps de la révolution. J'achetai sa maison pendant qu'il voyageait. C'est celle où je demeure et me trouve fort bien. La troisième appartenait à Dieu, et de même je m'en suis accommodé. Je viens de voir là-bas, vers la droite, des gens qui parlaient de restituer, et disaient que de mes trois maisons la dernière doit retourner à Dieu, les deux autres pourraient servir à recomposer une grande propriété pour le marquis. A ce compte, je n'aurais plus de maison. Je vous avoue que cela m'a donné à penser. C'est dommage pour vous, lui dis-je, que d'autres comme vous, peu amis de la restitution, ne se trouvent point ici. On ne les a pas invités, et je m'étonne de vous y voir. Ah! me dit-il, c'est que je pense bien. Je ne pense point comme la canaille. Je vois la haute société, ou je la verrai bientôt du moins, car mon fils me doit présenter chez ses parents. — Qui? quels parents? — Eh! oui, mon fils de la Rousselière se marie, ne le savez-vous point? il épouse une fille d'une famille..... Ah! il sera dans peu quelque chose. J'espère par son moyen arranger tout. — J'entends, vous voudriez par son moyen voir la haute société et ne point restituer. — Justement. — Garder l'hôtel de *chose* et y recevoir le marquis? — C'est cela. — Vous aurez de la peine.

Comme je regardais curieusement partout, j'aperçus Germain dans un coin, parlant à quelques-uns de la gauche; il semblait s'animer, et m'approchant, je vis qu'il s'agissait entre eux de ce qu'on devait écrire sur ces petits billets. Ecrivez, disait-il, écrivez le bonhomme Paul, qui demeure là haut, sur le côteau du Cher. Il n'est pas jacobin, mais il ne veut point du tout qu'on pende les jacobins ; il n'aime pas Bonaparte, mais il ne veut point qu'on emprisonne les bonapartistes, nommez-le, croyez-moi. Il sait écrire, parler ; il vous défendra bien ; vous êtes sûrs au moins qu'il ne vous vendra pas ; c'est quelque chose à présent. Non, répondirent-ils, ce Paul n'est pas des nôtres. Il en sera bientôt, reprit Germain, car on l'a vu toujours du parti opprimé. Aristocrate sous Robespierre, libéral en 1815, il va être pour vous, et ne vous renoncera que quand vous serez forts, c'est-à-dire insolents. — Non, nous voulons des nôtres. — Mais personne n'en veut ; vous allez être seuls, et que pensez-vous faire ? — Rien, nous voulons ceux-là. Ils ne savent pas grand chose, et sont peut-être un peu sujets à caution. Mais ce sont nos compères, et Paul, dont vous parlez, n'est compère de personne. Germain à ce discours : Mes amis, leur dit-il, je crois que vous serez pendus vous et les vôtres, oui, pendus à vos pruniers, et j'aurai le plaisir d'y avoir contribué. Car je vais de ce pas me joindre à messieurs de droite et voter avec eux. Que me faut-il à moi ? culbuter les ministres ; pour cela les ultra sont aussi bons que d'autres, sinon meilleurs. Adieu.

Je voulais passer avec lui du côté des honnêtes gens. Mais en chemin je trouvai des ministériels, qui parlaient de *places* et disaient : Il n'y en a point qui soit sûre. Comme j'entends un peu la fortification, je m'arrêtai à les écouter. Il n'y en a pas une, disaient-ils, sur laquelle on puisse compter. C'est sans doute, leur dis-je, que les remparts ne sont pas bien entretenus, ou faute d'approvisionnement ? Ils me regardaient étonnés. Oui, reprit un d'eux, que je meure s'il y a une place à présent, qu'aucune compagnie d'assurance voulût garantir pour un mois. Cependant, leur dis-je, il me semble qu'avec de grandes demi-lunes, des fronts en ligne droite et un bon défilement, on doit tenir un certain temps. Ils me regardèrent plus surpris que la première fois, et le même homme continua: Ma foi, vu leur peu de sûreté, les places aujourd'hui ne valent pas grand chose. Vous voulez dire, lui répliquai-je, que les meilleures ont été livrées à l'ennemi.

Comme je semblais les gêner, je m'en allai, fâché de quitter cette conversation, et plus loin je rencontrai l'honnête procureur, qui passe pour mener tout le parti noble ici. C'est Calas ou Colas qu'on le nomme, je crois, garçon d'un vrai mérite. Avez-vous remarqué que depuis quelque temps les nobles nulle part ne font rien, s'ils ne sont menés par des vilains? Qu'est-ce que Laisné, de Villèle, Ravez, Donnadieu, Martainville, sinon les chefs de la noblesse, et tous vilains? sans eux, que deviendrait le parti des puissances étrangères, réduit à M. de Marcellus? et chez ces puissances, qu'aurait fait la noblesse allemande, si les vilains ne l'eussent entraînée contre l'armée de Bonaparte, qui elle-même alla très-bien, étant menée par des vilains, mal aussitôt qu'elle fut commandée par des nobles; autre point à noter. Mais où en étions-nous? à Colas, procureur et chef de la noblesse. Je suis content, disait-il, oui, je suis fort content de M. de Duras, il a du caractère, et je n'aurais pas cru qu'un gentilhomme, un duc....., aussi, l'ai-je fait président de notre club des Carmélites, club d'honnêtes gens ; nous nous assemblâmes hier, lui président, moi secrétaire ; nous avons tous prêté serment entre les mains de M. le duc. Ils ont juré foi de gentilhomme, moi, foi de procureur, et j'ai fait le procès-verbal de la séance. Mais le bon de l'affaire, c'est que le préfet s'est avisé d'y trouver à redire. Là-dessus nous l'avons mené de la belle manière, et M. de Duras a montré ce qu'il est : Monsieur, lui a-t-il dit, je vous défends, au nom de mon gouvernement, de vous mêler des élections. Voilà parler cela, et voilà ce que c'est que de la fermeté. Le pauvre préfet n'a su que dire. Je vous assure, moi, que la noblesse a du bon et fera quelque chose, Dieu aidant, avec les puissances étrangères. Tout cela ne demande qu'à être un peu conduit, et j'en fais mon affaire.

Il continua et je l'écoutais avec grand plaisir, quand le président m'appelant, me donna un de ces billets où il fallait écrire deux noms. Pour moi, j'y voulais mettre Aristide et Caton. Mais on me dit qu'ils n'étaient pas sur la liste des éligibles. J'écrivis Bignon, et un autre ; Bignon, vous le connaissez, je crois, celui qui ne veut pas qu'on proscrive ; et je m'en allai comme j'étais venu, à travers les gendarmes.

Je voudrais bien répondre à ce monsieur du journal. Car, comme vous savez, j'aime assez causer. Je me fais tout à tous et ne dédaigne personne ; mais je le crois fâché. Il m'appelle jacobin, révolutionnaire, plagiaire, voleur, empoisonneur, faussaire, pestiféré ou pestifère, enragé, imposteur, calomniateur, libelliste, homme horrible, ordurier, grimacier, chiffonnier. *C'est tout, si j'ai mémoire.* Je vois ce qu'il veut dire, il entend que lui et moi sommes d'avis différent; peut-être se trompe-t-il.

Il aime les ministres, et moi aussi je les aime ; je leur suis trop obligé pour ne pas les aimer. Jamais je n'ai eu recours à eux qu'ils ne m'aient rendu bonne et prompte justice. Ils m'ont tiré trois fois des mains de leurs agents. C'est bien, si vous voulez un peu ce que ce Romain appelait *beneficium latronis, non occidere*. Mais enfin c'est *beneficium*. Et quand tout le monde est larron, le meilleur est celui qui ne tue pas.

J'aime bien mieux les ministres que messieurs les jurés nommés par le préfet, beaucoup mieux que les électeurs choisis par le préfet, beaucoup mieux que mes juges qu'on appelle naturels, et dont je n'ai jamais pu obtenir une sentence qui eût le moindre air d'équité. J'aime cent fois mieux le gouvernement ministériel qu'un jeu, une piperie, une ombre de gouvernement rimant en *el ;* je suis plus ministériel que monsieur du journal, et *si* je le suis gratis.

Il dit que nous sommes libres, et j'en dis tout autant ; nous sommes libres, comme on l'est à la veille d'aller en prison. Nous vivons à l'aise, ajoute-t-il, et rien ne nous gêne à présent. Je sens ce bonheur, et j'en jouis comme faisait Arlequin, dit-on, qui, tombant du haut d'un clocher, se trouvait assez bien en l'air, avant de toucher le pavé.

Il n'est que de s'entendre. Cet homme-là et moi sommes quasi d'accord, et ne nous en doutions pas. Il se plaint de mon langage. Hélas ! je n'en suis pas plus content que lui. Mon style lui déplaît; il trouve ma phrase obscure, confuse, embarrassée. Oh! qu'il a raison, selon moi! Il ne saurait dire tant de mal de ma façon de m'exprimer, que je n'en pense davantage, ni maudire plus que je ne fais la faiblesse, l'insuffisance des termes que j'emploie. Autant la plupart s'étudient à déguiser leur pensée, autant il me fâche de savoir si peu mettre la mienne au jour. Ah! si ma langue pouvait dire ce que mon esprit voit, si je pouvais montrer aux hommes le vrai qui me frappe les yeux, leur faire détourner la vue des fausses grandeurs qu'ils poursuivent, et regarder la liberté, tous l'aimeraient, la désireraient. Il sconnaîtraient, en rougissant, qu'on ne gagne rien à dominer, qu'il n'est tyran qui n'obéissent, ni maître qui ne soit esclave, et perdant la funeste envie de s'opprimer les uns les autres, ils voudraient vivre et laisser vivre. S'il m'était donné d'exprimer, comme je le sens, ce que c'est que l'indépendance, Decazes reprendrait la charrue de son père, et le roi, pour avoir des ministres, serait obligé d'en requérir, ou de faire faire ce service à tour de rôle, par corvée, sous peine d'amende et de prison.

Sur les injures je me tais : il en sait plus que moi ; je n'aurais pas beau jeu. Mais il m'appelle *loustic*, et c'est là-dessus que je le prends. Il dit, et croit bien dire, parlant de moi, *le loustic du parti national*, et fait là une faute, sans s'en douter, le bonhomme! Ce mot est étranger. Lorsqu'on prend le mot des puissances étrangères, il ne faut pas le changer. Les puissances étrangères disent *loustig* non *loustic*, et je crois même qu'il ignore ce que c'est que le *loustig* dans un régiment *Teutsche*. C'est le plaisant, le jovial qui amuse tout le monde, et fait rire le régiment, je veux dire les soldats et les bas-officiers ; car tout le reste est noble, et comme de raison, rit à part. Dans une marche, quand le *loustig* a ri, toute la colonne rit et demande : Qu'a-t-il dit ? Ce ne doit pas être un sot. Pour faire rire des gens qui reçoivent des coups de bâton, des coups de plat de sabre, il faut quelque talent, et plus d'un journaliste y serait embarrassé. Le *loustig* les distrait, les amuse, les empêche quelquefois de se pendre, ne pouvant déserter, les console un moment de la *schlague,* du pain noir, des fers, de l'insolence des nobles officiers. Est-ce là l'emploi qu'on me donne ? Je vais avoir de la besogne. Mais quoi ? j'y ferai de mon mieux. Si nous ne rions encore, quoiqu'il puisse arriver, il ne tiendra pas à moi ; car j'ai toujours été de l'avis du chancelier Thomas Morus : Ne faire rien contre la conscience, et rire jusqu'à l'échafaud inclusivement. Comme cet emploi d'ailleurs n'a point de traitement, ni ne dépend des ministres, je m'en accommode d'autant mieux.

Tout cela ne serait rien, et je prendrais patience sur les noms qu'il me donne. Mais voici pis que des injures. Il me menace du sabre, non du sien ; je ne sais même s'il en a un, mais de celui du soldat. Écoutez bien ceci : Quand le soldat, dit-il, (faites attention ; chaque mot est officiel, approuvé des censeurs), quand le soldat voit ces gens qui n'aiment pas les hautes classes, les classes à privilége, il met d'abord la main sur la garde de son sabre. *Tudieu, ce ne sont pas des prunes que cela.* Le chiffonnier valait mieux. On ne me sabre pas encore comme vous voyez ; mais on tardera peu; on n'attend que le signal du noble qui commande. Profitons de ce moment; je quitte mon journaliste et je vais au soldat. Camarade, lui dis-je. Il me regarde à ce mot: Ah! c'est vous, bonhomme Paul. Comment se porte mon père, ma mère, ma sœur, mes frères et tous nos bons voisins? Ah! Paul, où est le temps que je vivais avec eux et vous, vous souvient-il? labourant mon champ près du vôtre. Combien ne m'avez-vous pas de fois prêté vos bœufs lorsque les miens étaient las! Aussi vous aidais-je à semer, ou serrer vos gerbes, quand le temps menaçait d'orage. Ah! bonhomme, si jamais...... Comptez que vous me reverrez. Dites à mes bons parents qu'ils me reverront, si je ne meurs. — Tu n'as donc point, lui dis-je, oublié tes parents. — Non plus que le premier jour. — Ni ton pays? — Oh! non. Pays de mon enfance! terre qui m'as vu naître! — Mon ami, tu es triste. Tu te promènes seul; tu fuis tes camarades; tu as le mal du pays. — Nous l'avons tous, bonhomme Paul.

Touché de pitié, je m'assieds et il continue: Vous savez, père Paul, comment je vivais chez nous, toujours travaillant, labourant ou façonnant ma vigne, et chantant la vendange ou le dernier sillon; attendant le dimanche pour faire danser ma Sylvine aux *assemblées* de Véretz ou de Saint-Avertin. On m'a ôté de là, pourquoi? pour escorter la procession, ou bien prendre les armes lorsque le bon dieu passe. On m'apprend la charge en douze temps. A quoi bon? Pour quelle guerre? On s'y prend de manière à n'avoir jamais de querelle avec les puissances étrangères. Pourquoi donc charger, et sur qui faire feu? Je sers;

mais à quoi sers-je ? A rien, bonhomme Paul. Tout cela nous ennuie et nous fait regretter le pays dans nos casernes. Ah ! Véretz, ah ! Sylvine ! ah ! mes bœufs, mes beaux bœufs ! Fauveau à la raie noire, et l'autre qui avait une étoile sur le front ! Vous en souvient-il, bonhomme Paul ?

Là-dessus, sans répondre, je lui glisse ce mot : Sais-tu bien ce qu'on m'a dit de toi ? Mais je n'en crois rien. Je me suis laissé dire que tu voulais nous sabrer. — Moi, vous sabrer, bonhomme ! Quiconque vous l'a dit est un..... — Oui, mon ami, c'est un gazetier censuré.

Mais que fais-tu ? Comment te trouves-tu à ton régiment ? Es-tu content, dis-moi, de tes chefs ? — Fort content, bonhomme, je vous jure. Nos sergents et nos caporaux sont les meilleures gens du monde. Voilà là-bas Francisque, notre sergent-major, brave soldat, bon enfant ; il a fait les campagnes d'Égypte et de Russie, et il fait aujourd'hui sa première communion. — Tout de bon ? — Oui vraiment ; c'est aujourd'hui le numéro cinq, demain ce sera le numéro six. — Comment ? que veux-tu dire ? — Nous communions par numéros de compagnie, la droite en tête. — Fort bien. Tes officiers ? — Mes officiers ? Ma foi, je ne les connais guères. Nous les voyons à la parade. Nous autres soldats, bonhomme Paul, nous ne connaissons que nos sergents. Ils vivent avec nous, ils logent avec nous ; ils nous mènent à vêpres. — En vérité ? Cependant, tu dois savoir, mon cher, si ton capitaine te veut du bien. — Notre capitaine n'a pas rejoint ; nous ne l'avons jamais vu. Il prêche les missions dans le midi. — Bon ! Mais ton colonel ? — Oh !

celui-là nous l'aimons tous. C'est un joli garçon, bien tourné, fait à peindre, bel homme en uniforme, jeune ; il est né peu de temps avant l'émigration. — Dis-moi : il a servi ? — Oh ! oui ; en Angleterre il a servi la messe ; et il y paraît bien, car il aime toujours l'Angleterre et la messe.

— A ce que je puis voir, tu ne te soucies point de rester au régiment, de suivre jusqu'au bout la carrière militaire. — Où me mènerait-elle ? Sergent après vingt ans, la belle perspective ! — Mais par la loi Gouvion, ne peux-tu pas aussi devenir officier ? — Ah ! officier de fortune ! Si vous saviez ce que c'est ! J'aime mieux labourer et mener bien ma charrue, que d'être ici lieutenant mal mené par les nobles. Adieu, bonhomme Paul ; la retraite m'appelle. Au revoir, mon bonhomme. — Au revoir, mon ami.

A quatre pas de là, je trouve le seigneur du fief de Haubert, et je lui dis : Mon gentilhomme vous n'aurez jamais ces gens-là. — Pourquoi ? s'il vous plaît ? — C'est qu'ils ont tâté de l'avancement. Vous voulez toutes les places, mais surtout vous voulez toutes les places d'officiers, et vous avez raison ; car sans cela point de noblesse. Eux veulent avancer. Le marquis aura beau faire, c'est une fantaisie qu'il ne leur ôtera pas. Je ne vois guères moyen de vous accommoder. M. Quatremer de Quincy, bourgeois de Paris, vous accordera tout ce que vous voudrez ; priviléges, pensions, traitements, et la restitution, et la substitution, et la grande propriété. Vous le gagnerez aisément en l'appelant mon cher ami, et lui serrant la main quelquefois. Mais les soldats ne se paient point de cette monnaie. Pour lui, l'ancien régime est une chose admirable, c'est le temps des belles manières; mais, pour les soldats, c'est le temps des coups de bâton. Vous ne le ferez pas aisément consentir à rétrograder jusque-là. Puis le public est pour eux. On sait qu'un bon soldat est un bon officier et un bon général, tant qu'il ne se fait point gentilhomme. On ne le savait pas autrefois. En un mot comme en cent, vous n'aurez jamais en ce pays une armée à vous. — Nous aurons les gendarmes et le procureur du roi.

P. S. M. le Tissier, le dernier de nos députés (j'entends dernier nommé), nous assure, par une circulaire, qu'il a de la vertu plus que nous ne croyons. Il n'acceptera, nous dit-il, ni places, ni titres, ni argent. Beau sacrifice! car sans doute on ne manquera pas de lui tout offrir. Ses talents oratoires, ses rares connaissances, sa grande réputation vont lui donner une influence prodigieuse sur l'assemblée des députés de la nation. Les ministres tenteront tout pour s'acquérir un homme comme M. le Tissier; mais leurs avances seront perdues; il n'acceptera rien, dit-il, quand on voudrait le faire gentilhomme et le mettre à la garde-robe.

On va ici couper le cou à un pauvre diable pour tentative d'homicide. Il se plaint et dit à ses juges : supposons qu'en effet j'aie voulu tuer un homme. Vous connaissez des gens qui ont tenté de faire tuer la moitié de la France par les puissances étrangères. Ils voulaient de l'argent, et moi aussi. Le cas est tout pareil. Vous n'avez contre moi que des preuves douteuses ? vous avez leurs notes secrètes signées d'eux;

vous me coupez le cou, et vous leur faites la revérence.

Je lis avec grand plaisir les mémoires de Montluc. C'est un homme admirable, il raconte des choses! par exemple celle-ci : Un jour, il avait pris quinze cents huguenots, et ne sachant qu'en faire, il écrit à la cour. Le roi lui mande de les bien traiter. La reine lui fait dire de les tuer. Le roi, qui alors négociait avec leur parti, se flattait d'un accommodement. Mais la reine mère ne voulait point d'accommodement. Voilà le bon maréchal en peine entre deux ordres si contraires. Enfin il se décide. Je crus, dit-il, ne pouvoir faillir en obéissant à la reine. Je tuai mes huguenots et fis bien ; car le traité manqua, la guerre continua et la reine me sut gré de tout. Ce livre est plein de traits pareils. Mais pour en entendre le fin, il faut savoir l'histoire du temps. Il y avait en France alors deux gouvernements.

Est-il donc vrai que les notes secrètes ne savent plus où s'adresser et que tout se brouille là-bas. Leurs excellences européennes veulent, dit-on, se couper la gorge ; l'Anglais défie l'Allemand. Celui-ci, plus rusé, lui joue d'un tour de diplomate, gagne le postillon de milord, qui verse sa Grâce dans un trou, pensant bien lui rompre le cou. Mais l'Anglais roule jusqu'au fond sans s'éveiller, et cuve son vin; puis, sorti de là, demande raison. Voilà les contes qu'on nous fait, et nous écoutons tout cela. Que vous êtes heureux à Paris de savoir ce qui se passe, et de voir les choses de près, surtout la garderobe et Rapp dans ses fonctions ! C'est là ce que je vous envie.

SIMPLE DISCOURS
DE PAUL-LOUIS,

VIGNERON DE LA CHAVONNIÈRE.

Aux membres du conseil de la commune de Véretz, département d'Indre et Loire ; à l'occasion d'une souscription proposée par son excellence le ministre de l'intérieur, pour l'acquisition de Chambord.

SIMPLE DISCOURS.

Si nous avions de l'argent à n'en savoir que faire, toutes nos dettes payées, nos chemins réparés, nos pauvres soulagés, notre église d'abord (car Dieu passe avant tout), pavée, recouverte et vitrée, s'il nous restait quelque somme à pouvoir dépenser hors de cette commune, je crois, mes amis, qu'il faudrait contribuer, avec nos voisins, à refaire le pont de Saint-Avertin, qui, nous abrégeant d'une grande lieue le transport d'ici à Tours, par le prompt débit de nos denrées, augmenterait le prix et le produit des terres dans tous ces environs; c'est-là, je crois, le meilleur emploi à faire de notre superflu, lorsque nous en aurons. Mais d'acheter Chambord pour le duc de Bordeaux, je n'en suis pas d'avis, et ne le voudrais pas quand nous aurions de quoi, l'affaire étant, selon moi, mauvaise pour lui, pour nous et pour Chambord. Vous l'allez comprendre, j'espère, si vous m'écoutez ; il est fête, et nous avons le temps de causer.

Douze mille arpents de terre enclos que contient le parc de Chambord, c'est un joli cadeau à faire à qui les saurait labourer. Vous et moi connaissons des gens qui n'en seraient pas embarassés, à qui cela viendrait fort bien; mais lui, que voulez-vous qu'il en fasse? Son métier c'est de régner un jour, s'il plaît à Dieu, et un château de plus ne l'aidera de rien. Nous allons nous gêner et augmenter nos dettes, remettre à d'autres temps nos dépenses pressées, pour lui donner une chose dont il n'a pas besoin, qui ne peut lui servir et servirait à d'autres. Ce qu'il lui faut pour régner, ce ne sont pas des châteaux, c'est notre affection; car il n'est sans cela couronne qui ne pèse. Voilà le bien dont il a besoin et qu'il ne peut avoir en même temps que notre argent. Assez de gens là-bas lui diront le contraire; nos députés tous les premiers, et sa cour lui répétera que plus nous payons, plus nous sommes sujets amoureux et fidèles, que notre dévouement croît avec le budget. Mais s'il en veut savoir le vrai, qu'il vienne ici, et il verra, sur ce point là et sur bien d'autres, nos sentiments fort différents de ceux des courtisans. Ils aiment le prince en raison de ce qu'on leur donne, nous, en raison de ce qu'on nous laisse; ils veulent Chambord pour en être, l'un gouverneur, l'autre concierge, bien gagé, bien logé, bien nourri, sans faire œuvre; et peu leur importe du reste. L'affaire sera toujours bonne pour eux, quand elle serait mauvaise pour le prince, comme elle l'est, je le soutiens; acquérant de nos deniers pour un million de terres, il perd pour cent millions de notre amitié. Chambord, ainsi payé, lui coûtera trop cher; de telles acquisitions le ruineraient bientôt, s'il est vrai ce qu'on dit, que les rois ne sont riches que de l'amour des peuples. Le marché paraît d'or pour lui, car nous donnons et il reçoit: il n'a que la peine de prendre; mais lui, sans débourser de fait, y met beaucoup du sien, et trop, s'il diminue son capital dans le cœur de ses sujets : c'est spéculer fort mal et se faire grand tort. Qui le conseille ainsi n'est pas de ses amis, ou, comme dit l'autre, mieux vaudrait un sage ennemi.

Mais quoi! je vous le dis, ce sont les gens de cour dont l'imaginative enfante chaque jour ces merveilleux conseils; ils ont plutôt inventé cela que le semoir de Fehlemberg, ou bien le bateau à vapeur. On a eu l'idée, dit le ministre, de faire acheter Chambord par les communes de France, pour le duc de Bordeaux. On a eu cette pensée! qui donc? Est-ce le ministre? il ne s'en cacherait pas, ne se contenterait pas de l'honneur d'approuver une pareille occasion. Le prince,? à Dieu ne plaise que sa première idée ait été celle-là, que cette envie lui soit venue avant celle des bonbons et des petits moulins! Les communes donc apparemment? non pas les nôtres, que je sache, de ce côté-ci de la Loire, mais celles-là peut-être qui ont logé deux fois les cosaques du Don. Ici nous nous sentons assez des bienfaits de la Sainte-Alliance; mais c'est toute autre chose là où on a joui de sa présence, possédé Sacken et Platow; là naturellement on s'avise d'acheter des châteaux pour les princes, et puis on songe à refaire son toit et ses foyers.

Du temps du bon roi Henri IV, le roi du peuple, le seul roi dont il ait gardé la mémoire, pareils dons furent offerts à son fils nouveau né; on eût l'idée de faire contribuer toutes les communes de France en l'honneur du royal enfant, et, de la seule ville de La Rochelle, des députés vinrent apportant cent mille écus en or, somme énorme alors. Mais le roi: c'est trop, mes amis, leur dit-il, c'est trop pour de la bouillie; gardez cela, et l'employez à rebâtir chez vous ce que la guerre a détruit, et n'écoutez jamais ceux qui vous parleront de me faire des présents, car telles gens ne sont vos amis ni les miens. Ainsi pensait ce roi protecteur déclaré de la petite propriété, qui toute sa vie fut brouillé avec les puissances étrangères, et qui faisait couper la tête aux courtisans, aux favoris, quand il les surprenait à faire des notes secrètes.

Ceci soit dit et revenant à l'idée d'acheter Chambord, avouons-le, ce n'est pas nous, pauvres gens de village, que le ciel favorise de ces inspirations. Mais qu'importe, après tout, un homme s'est rencontré, dans les hautes classes de la société, doué d'assez d'esprit pour avoir cette heureuse idée : que soit un courtisan fidèle, jadis pensionnaire de Fouché, ou un gentilhomme de Bonaparte employé à la garderobe, c'est la même chose pour nous qui n'y saurions avoir jamais d'autre mérite que celui de payer. Laissons aux gens de cour, en fait de flatteries, l'honneur des inventions, et nous, exécutons ; les frais seuls nous regardent ; il saura bien se nommer l'auteur de celle-ci, demander son brevet, et nous suffise à nous, habitants de Véretz, qu'il ne soit pas du pays.

Elle est nouvelle assurément l'idée que le ministre admire et nous charge d'exécuter. On avait vu de tels dons payer de grands services, des actions éclatantes. Eugène, Marlboroug, à la fin d'une vie toute pleine de gloire, obtinrent des nations qu'ils avaient su défendre ces témoignages de la reconnaissance publique ; et Chambord même, sans chercher si loin des exemples, Chambord qu'on veut donner au prince pour sa layette, fut au comte de Saxe le prix d'une victoire qui sauva la France à Fontenoi. La France par lui libre je veux dire indépendante, délivrée de l'étranger, au dedans florissante, respectée au dehors, fit présent de cette terre à son libérateur, qui s'y vint reposer de trente ans de combats. Monseigneur n'a encore que six mois de nourice, et, il faut en convenir, de Maurice vainqueur au prince à la bavette, il y a quelque différence, à moins qu'on ne veuille dire peut-être que, commençant sa vie où l'autre a fini la sienne; il finira par où Maurice a commencé, par nous débarrasser des puissances étrangères. Je le souhaite et l'espère du sang de ce Henri qui chassa l'Espagne de France; mais le payer déjà, je crois que c'est folie, et n'approuve aucunement qu'il ait ses invalides avant de sortir du maillot. Récompenser l'enfant d'être venu au monde, comme le capitaine qui gagna des batailles, et par d'heureux exploits, acquit à ce pays et la paix et la gloire, c'est ce qu'on n'a point vu, c'est là l'idée nouvelle, qui ne nous fût pas venue sans l'avis officiel. Pour inventer cela, et mettre à la place des hulans du comte de Saxe les dames du berceau, il faut avoir non pas l'esprit, mais le génie de l'adulation, qui ne se trouve que là où ce genre d'industrie est puissamment encouragé; ce trait sort des bassesses communes, et met son auteur, quelqu'il soit, hors du gros des flatteurs de cour. Il se moque fort apparemment de ses camarades qui, marchant dans la route battue des vieilles flagorneries usées, ne savent rien imaginer; on va limiter maintenant jusqu'à ce qu'un autre aille au-delà.

Quand le gouverneur d'un roi enfant dit à son élève

jadis : Maître, tout est à vous ; ce peuple vous appartient, corps et bien, bêtes et gens, faites-en ce que vous voudrez ; cela fut remarqué. La chambre, l'antichambre et toute la galerie répétèrent : Maître, tout est à vous, qui, dans le langage des courtisans, voulait dire tout est pour nous ; car la cour donne tout aux princes, comme les prêtres tout à Dieu ; et ces domaines, ces apanages, ces listes civiles, ces budgets ne sont guères autrement pour le roi que le revenu des abbayes n'est pour Jésus-Christ. Achetez, donnez Chambord, c'est la cour qui le mangera ; le prince n'en sera ni pis ni mieux. Aussi ces belles idées de nous faire contribuer en tant de diverses façons, viennent toujours des gens de cour, qui savent très-bien ce qu'ils font en offrant au prince notre argent. L'offrande n'est jamais pour le saint, ni nos épargnes pour les rois, mais pour cet essaim dévorant qui sans cesse bourdonne autour d'eux depuis leur berceau jusqu'à Saint-Denis.

Car, après la leçon du sage gouverneur, au temps dont je vous parle, bon temps, comme vous savez, les princes ayant appris une fois, et compris que tout était à eux, on leur enseignait à donner ; un précepteur abbé de cour, en lisant avec eux l'histoire, leur faisait admirer cet empereur Titus, qui, dit-on, donnait à toutes mains, croyant perdu le jour qu'il n'avait rien donné, *qu'on n'alla jamais voir sans revenir heureux,* avec une pension, quelque gratification ou des coupons de rente ; prince adoré de tout ce qui avait les grandes entrées ou qui montait dans les carrosses. La cour l'idolâtrait, mais le peuple ? le peuple ? il n'y en avait pas : l'histoire n'en dit mot. Il n'y avait alors que les honnêtes gens, c'est-à-dire les gens présentés; c'était-là le monde, tout le monde, et le monde était heureux. Faites ainsi, mon maître, vous serez adoré comme ce bon empereur; la cour vous bénira, les poètes vous loueront, et la postérité en croira les poètes. Voilà les éléments d'histoire qu'on enseignait alors aux princes. Peu de mention d'ailleurs de ces rois tels que Louis XII et Henri IV, en leur temps, maudits de la cour, pour n'avoir su donner comme d'autres faisaient si généreusement, si magnifiquement, avec choix néanmoins. Donner au riche, aider le fort, c'est la maxime du bon temps, de ce bon temps qui va revenir tout à l'heure, sans aucun doute, à moins que jeunesse ne grandisse et vieillesse périsse.

Mais la jeunesse croît chez nous et voit croître avec elle ses princes; je dis avec elle, et je m'entends. Nos enfants, plus heureux que nous, vont connaître leurs princes élevés avec eux, et en seront connus. Déjà voilà le fils aîné du duc d'Orléans, je sais cela de bonne part et vous le garantis plus sûr que si les gazettes le disaient, voilà le duc de Chatres au collége, à Paris. Chose assez simple, direz-vous, s'il est en âge d'étudier; simple sans doute, mais nouvelle pour les personnes de ce rang. On n'a point encore vu de prince au collége; celui-ci, depuis qu'il y a des colléges et des princes, est le premier qu'on ait élevé de la sorte, et qui profite du bienfait de l'instruction publique et commune; et de tant de nouveautés écloses de nos jours, ce n'est pas la moins faite pour surprendre. Un prince étudier, aller en classe! un prince avoir des camarades! Les princes jusqu'ici ont eu des serviteurs, et jamais d'autre école que celle de l'adversité, dont les rudes leçons étaient perdues souvent. Isolés à tout âge, loin de toute vérité, ignorant les choses et les hommes, ils naissaient ils mouraient dans les liens de l'étiquette et du cérémonial, n'ayant vu que le fard et les fausses couleurs étalées devant eux ; ils marchaient sur nos têtes, et ne nous apercevaient que quand par hasard ils tombaient. Aujourd'hui, connaissant l'erreur qui les séparait des nations, comme si la clef d'une voûte, pour user de cette comparaison, pouvait en être hors et ne tenir à rien, ils veulent voir des hommes, savoir ce que l'on sait, et n'avoir plus besoin de malheurs pour s'instruire, tardive résolution, qui, plus tôt prise, leur eût épargné combien de fautes, et à nous combien de maux ! Le duc de Chartres au collége, élevé chrétiennement et monarchiquement, mais je pense, aussi un peu constitutionnellement, aura bientôt appris ce qu'à notre grand dommage ignoraient ses aïeux, et ce n'est pas le latin que je veux dire, mais ces simples notions de vérités communes que la cour tait aux princes, et qui les garderaient de faillir à nos dépens. Jamais de dragonnades ni de Saint-Barthélemy, quand les rois, élevés au milieu de leurs peuples parleront la même langue, s'entendront avec eux sans truchement ni intermédiaire ; de jacquerie non plus, de ligues, de barricades. L'exemple ainsi donné par le jeune duc de Chartres aux héritiers des trônes, ils en profiteront sans doute. Exemple heureux autant qu'il est nouveau ! que de changements il a fallu, de bouleversements, mais aussi que d'amendements dans le monde pour amener là cet enfant ! Et que dirait le grand roi, le roi des honnêtes gens, Louis-le-Superbe, qui ne put souffrir, confondus avec la noblesse du royaume, ses bâtards même, ses bâtards! tant il redoutait d'avilir la moindre parcelle de son sang! Que dirait ce parangon de l'orgueil monarchique, s'il voyait aux écoles, avec tous les enfants de la race sujette, un de ses arrière-neveux, sans pages ni jésuites, suivre des exercices et disputer des prix, tantôt vainqueur, tantôt vaincu ; jamais, dit-on, favorisé ni flatté en aucune sorte, chose admirable au collége même (car où n'entre pas cette peste de l'adulation), croyable pourtant si l'on pense que la publicité des cours rend l'injustice difficile, qu'entre eux les écoliers usent peu de complaisance, peu volontiers cèdent l'honneur, non encore exercés aux feintes qu'ailleurs on nomme déférence, égards, ménagements, et qu'a produits l'horreur du vrai. Là, au contraire, tout se dit, toutes choses ont leur vrai nom et le même nom pour tous ; là, tout est matière d'instruction, et les meilleures leçons ne sont pas celles des maîtres. Point d'abbé Dubois, point de Menins ; personne qui dise au jeune prince : Tout est à vous, vous pouvez tout ; il est l'heure que vous voulez. En un mot, c'est le bruit commun qu'on élève là le duc de Chartres comme tous les enfants de son âge ; nulle distinction, nulle différence, et les fils de banquiers, de juges, de négociants, n'ont aucun avantage sur lui ; mais il en aura lui beaucoup, sorti de là, sur tous ceux qui n'auront pas reçu cette éducation. Il n'est, vous le savez, meilleure éducation que celle des écoles publiques, ni pire que celle de la cour. Ah ! si au lieu de Chambord pour le duc de Bordeaux, on nous parlait de payer sa pension au collége (et plût à Dieu qu'il fût en âge que je l'y pusse voir de mes yeux), s'il était question de cela, de bon cœur j'y consentirais et voterais ce qu'on voudrait, dût-il m'en coûter ma meilleure coupe de sain-foin : il ne nous faudrait pas plaindre de cette dépense ; il y va de tout pour nous. Un roi ainsi élevé ne nous regarderait pas comme sa propriété, jamais ne penserait nous tenir à cheptel de Dieu ni d'aucune puissance.

Mais à Chambord, qu'apprendra-t-il ? ce que peuvent enseigner et Chambord et la cour. Là, tout est plein de ses aïeux. Pour cela précisément je ne l'y trouve pas bien, et j'aimerais mieux qu'il vécût avec nous qu'avec ses ancêtres. Là il verra partout les chiffres d'une Diane, d'une Châteaubriant, dont les noms souillent encore ces parois infectés jadis de leur présence. Les interprètes, pour expliquer de pareils emblêmes, ne lui manqueront pas, on peut le croire; et quelles instructions pour un adolescent destiné à régner! Ici, Louis, le modèle des rois, vivait (c'est le mot à la cour) avec la femme Montespan, avec la fille Lavalière, avec toutes les femmes et les filles que son bon plaisir fut d'ôter à leurs maris, à leurs parents. C'était le temps alors des mœurs, de la religion ; et il communiait tous les jours. Par cette porte entrait sa maîtresse le soir, et le matin son confesseur. Là, Henri faisait pénitence entre ses mignons et ses moines ; mœurs et religion du bon temps! Voici l'endroit où vint une fille éplorée demander la vie de son père, et l'obtint (à quel prix!) de François, qui, là, mourut de ses bonnes mœurs. En cette chambre, un autre Louis....; en celle-ci, Philippe.... sa fille...... oh mœurs! oh religion! perdues depuis que chacun travaille et vit avec sa femme et ses enfants. Chevalerie, cagoterie, qu'êtes-vous devenues? Que de souvenirs à conserver dans ce monument, où tout respire l'innocence des temps monarchiques! et quel dommage c'eût été d'abandonner à l'industrie ce temple des vieilles mœurs, de la vieille galanterie (autre mot de cour qui ne se peut honnêtement traduire), de laisser s'établir des familles laborieuses et d'ignobles ménages sous ces lambris témoins de tant d'illustres débauches! Voilà ce que dira Chambord au jeune prince, logé là d'allieurs comme l'était le roi François Ier, et comme aucun de nous ne voudrait l'être. Dieu préserve tout honnête homme de jamais habiter une maison bâtie par le Primaticcio. Les demeures de nos pères ne nous conviennent non plus aujourd'hui que leurs lois, et comme nous valons mieux qu'eux, à tous égards, sans nous vanter trop, ce me semble, et à n'en juger seulement que par la conduite des princes, qui n'étaient pas, je crois, pires que leurs sujets; vivant mieux de toute manière, nous voulons être et sommes en effet mieux logés.

Que si l'acquisition de Chambord ne vaut rien pour celui à qui on le donne, je vous laisse à penser pour nous qui le payons. J'y vois plus d'un mal, dont le moindre n'est pas le voisinage de la cour. La cour, à six lieues de nous, ne me plaît point. Rendons aux grands ce qui leur est dû; mais tenons-nous en loin le plus que nous pourrons, et ne nous approchant jamais d'eux, tâchons qu'ils ne s'approchent point de nous, parce qu'ils peuvent nous faire du mal et ne nous sauraient jamais faire de bien. A la cour tout est grand, jusques aux marmitons. Ce ne sont là que grands officiers, grands seigneurs, grands propriétaires. Ces gens qui ne peuvent souffrir qu'on dise mon champ, ma maison ; qui veulent que tout soit terre, parc, château, et tout le monde seigneur ou laquais ou mendiant ; ces gens ne sont pas tous à la cour. Nous en avons ici, et même c'est de ceux-là qu'on fait nos députés ; à la cour il n'y en a point d'autres. Vous savez de quel air ils nous traitent, et le bon voisinage que c'est. Jeunes, ils chassent à travers nos blés avec leurs chiens et leurs chevaux, ouvrent nos haies, gâtent nos fossés, nous font mille maux, mille sottises ; et plaignez-vous un peu, adressez-vous au maire, ayez recours, pour voir, aux juges, au préfet, puis vous m'en direz des nouvelles quand vous serez sortis de prison. Vieux, c'est encore pis ; ils nous plaident, nous dépouillent, nous ruinent juridiquement, par arrêt de *Messieurs*, qui dînent avec eux, incapables de manger viande le vendredi ou de manquer la messe le dimanche, qui, leur adjugeant votre bien, pensent faire œuvre méritoire et recomposer l'ancien régime. Or, dites, si un seul près de vous de ces honnêtes éligibles suffit pour vous faire enrager et souvent quitter le pays, que sera-ce d'une cour à Chambord, lorsque vous aurez là tous les grands réunis autour d'un plus grand qu'eux. Croyez-moi, mes amis, quelque part que vous alliez, quelque affaire que vous ayez, ne passez point par-là ; détournez-vous plutôt, prenez un autre chemin ; car, en marchant, s'il vous arrive d'éveiller un lièvre, je vous plains. Voilà les gardes qui accourent. Chez les princes, tout est gardé ; autour d'eux, au loin et au large, rien ne dort qu'au bruit des tambours et à l'ombre des baïonnettes ; védettes, sentinelles, observent, font le guet ; infanterie, cavalerie, artillerie en bataille, rondes, patrouilles, jour et nuit ; armée terrible à tout ce qui n'est pas étranger. Les voilà : qui vive ? Wellington ; ou bien laissez-vous prendre et mener en prison. Heureux si on ne trouve dans vos poches un pétard ? Ce sont-là, mes amis, quelques inconvénients du voisinage des grands. Y passer est fâcheux, y demeurer est impossible, à qui du moins ne veut être ni valet ni mendiant.

Vous seriez bientôt l'un et l'autre. Habitant près d'eux, vous feriez comme tous ceux qui les entourent. Là, tout le monde sert ou veut servir. L'un présente la serviette, l'autre le vase à boire. Chacun reçoit ou demande salaire, tend la main, se recommande, supplie. Mendier n'est pas honte à la cour ; c'est toute la vie d'un courtisan. Dès l'enfance, appris à cela, voué à cet état par honneur, il s'en acquitte bien autrement que ceux qui mendient par paresse ou par nécessité. Il y apporte un soin, un art, une patience, une persévérance, et aussi des avances, une mise de fonds ; c'est tout, en tout genre d'industrie. Gueux à la besace, que peut-on faire ? Le courtisan mendie en carrosse à six chevaux, et attrappe plutôt un million que l'autre un morceau de pain noir. Actif, infatigable, il ne s'endort jamais ; il veille la nuit et le jour, guette le temps de demander, comme vous celui de semer, et mieux. Aucun refus, aucun mauvais succès ne lui fait perdre courage. Si nous mettions dans nos travaux la moitié de cette constance, nos greniers chaque année rompraient. Il n'est affront, dédain, outrage ni mépris qui le puisse rebuter. Éconduit, il insiste ; repoussé il tient bon ; qu'on le chasse, il revient ; qu'on le batte, il se couche à terre. *Frappe, mais écoute* et donne. Du reste, prêt à tout. On est encore à inventer un service assez vile, une action assez lâche pour que l'homme de cour, je ne dis pas s'y refuse, chose inouïe, impossible, mais n'en fasse point gloire et preuve de dévouement. Le dévouement est grand à la personne d'un maître. C'est à la personne qu'on se dévoue, au corps, au contenu du pourpoint, et même quelquefois à certaine parties de la personne, ce qui a lieu surtout quand les princes sont jeunes.

La vertu semble avoir des bornes. Cette grande hauteur qu'ont atteinte certaines âmes, paraît en quelque sorte mesurée. Caton et Washington montrent où peut s'élever le plus beau, le plus noble de tous les sentiments, c'est l'amour du pays et de la liberté. Au-dessus on ne voit rien. Mais le dernier degré de bassesse n'est pas connu : et ne me citez point ceux qui proposent d'acheter des châteaux pour les princes, d'ajouter à leur garde une nouvelle garde ; car on ira plus bas, et eux-mêmes demain vont trouver d'autres inventions qui feront oublier celles-là.

Vous, quand vous aurez vu les riches demander, chacun recevoir des aumônes proportionnées à sa fortune, tous les honnêtes gens abhorrer le travail et ne fuir rien tant que d'être soupçonnés de la moindre relation avec quiconque a jamais pu faire quelque chose en sa vie, vous rougirez de la charrue, vous renierez la terre votre mère, et l'abandonnerez, ou vos fils vous abandonneront, s'en iront valets de valets à la cour, et vos filles, pour avoir seulement ouï parler de ce qui s'y passe, n'en vaudront guères mieux au logis.

Car, imaginez ce que c'est. La cour..... Il n'y a ici ni femmes ni enfants. Écoutez. La cour est un lieu honnête, si l'on veut, cependant bien étrange. De celle d'aujourd'hui, j'en sais peu de nouvelles; mais je connais, et qui ne connaît pas celle du grand roi Louis XIV, le modèle de toutes, la cour par excellence, dont il nous reste tant de Mémoires, qu'à présent on n'ignore rien de ce qui s'y fit jour par jour. C'est quelque chose de merveilleux; car, par exemple, leur façon de vivre avec les femmes..... Je ne sais trop comment vous dire. On se prenait, on se quittait, ou, se convenant, on s'arrangeait. Les femmes n'étaient pas toutes communes à tous; ils ne vivaient pas pêle-mêle. Chacun avait la sienne, et même ils se mariaient. Cela est hors de doute. Ainsi je trouve qu'un jour, dans le salon d'une princesse, deux femmes au jeu s'étant piquées, comme il arrive, l'une dit à l'autre : Bon Dieu, que d'argent vous jouez! combien donc vous donnent vos amants? Autant, repartit celle-ci, sans s'émouvoir, autant que vous donnez aux vôtres. Et la chronique ajoute : les maris étaient là. Elles étaient mariées; ce qui s'explique peut-être, en disant que chacune était la femme d'un homme, et la maîtresse de tous. Il y a de pareils traits une foule. Ce roi eut un ministre, entre autres, qui, aimant fort les femmes, les voulut avoir toutes; j'entends celles de la cour qui en valaient la peine : il paya et les eut. Il lui en coûta. Quelques-unes se mirent à haut prix, connaissant sa manie. Mais enfin il les eut toutes comme il voulut. Tant que, voulant avoir aussi celle du roi, c'est-à-dire sa maîtresse d'alors, il la fit marchander, dont le roi se fâcha et le mit en prison. S'il fit bien, c'est un point que je laisse à juger; mais on en murmura. Les courtisans se plaignirent. Le roi veut, disaient-ils, entretenir nos femmes, c...... avec nos sœurs, et nous interdire ses ...., je ne vous dis pas le mot; mais ceci est historique, et si j'avais mes livres, je vous le ferai lire. Voilà ce qui fut dit, et prouve qu'il y avait du moins quelque espèce de communauté, nonobstant les mariages et autres arrangements.

Une telle vie, mes amis, vous paraît impossible à croire. Vous n'imaginez pas que, dans de pareils désordres, une famille, une maison subsistent, encore moins qu'il y eût jamais un lieu où tout le monde se conduisît de la sorte. Mais quoi? ce sont des faits, et m'est avis aussi que vous raisonnez mal. Vos maisons périraient, dites-vous, si les choses s'y passaient ainsi. Je le crois. Chez vous on vit de travail, d'économie; mais à la cour on vit de faveur. Chez vous l'industrie du mari amène tous biens à la maison, où la femme dispose, ordonne, règle chaque chose. Dans le ménage de cour, au contraire, la femme au dehors s'évertue. C'est-elle qui fait les bonnes affaires. Il lui faut des liaisons, des rapports, des amis, beaucoup d'amis. Sachez qu'il n'y a pas en France une seule famille noble, mais je dis noble de race et d'antique origine, qui ne doive sa fortune aux femmes; vous m'entendez. Les femmes ont fait les grandes maisons ; ce n'est pas, comme vous croyez bien, en cousant les chemises de leurs époux, ni en allaitant leurs enfants. Ce que nous appelons, nous autres honnête femme, mère de famille, à quoi nous attachons tant de prix, trésor pour nous, serait la ruine du courtisan. Que voudriez-vous qu'il fît d'une dame *honesta*, sans amants, sans intrigues, qui, sous prétexte de vertu, claquemurée dans son ménage, s'attacherait à son mari? Le pauvre homme verrait pleuvoir les grâces autour de lui, et n'attraperait jamais rien. De la fortune des familles nobles il en paraît bien d'autres causes, telles que le pillage, les concussions, l'assassinat, les proscriptions, et surtout les confiscations. Mais qu'on y regarde, on verra qu'aucun de ces moyens n'eût pu être mis en œuvre sans la faveur d'un grand, obtenue par quelque femme. Car, pour piller, il faut avoir commandements, gouvernements, qui ne s'obtiennent que par les femmes ; et ce n'était pas tout d'assassiner Jacques Cœur ou le marchéchal d'Ancre, il fallait, pour avoir leurs biens, le bon plaisir, l'agrément du roi, c'est-à-dire, des femmes qui gouvernaient alors le roi ou son ministre. Les dépouilles des huguenots, des frondeurs, des traitants, autres faveurs, bienfaits qui coulaient, se répandaient par les mêmes canaux aussi purs que la source. Bref, comme il n'est, ne fut, ni ne sera jamais, pour nous autres vilains, qu'un moyen de fortune, c'est le travail ; pour la noblesse non plus il n'y en a qu'un, et c'est........ la prostitution, puisqu'il faut, mes amis, l'appeler par son nom. Le vilain s'en aide par fois, quand il se fait homme de cour, mais non avec tant de succès.

C'en est assez sur cette matière, et trop peut-être. Ne dites mot de tout cela dans vos familles ; ce ne sont pas des contes à faire à la veillée, devant vos enfants. Histoires de cour et de courtisans, mauvais récits pour la jeunesse, qui ne doit pas de nous apprendre jusqu'à quel point on peut mal vivre, ni même soupçonner au monde de pareilles mœurs. Voilà pourquoi je redoute une cour à Chambord. Qu'une fois ils entendent parler de cette honnête vie et d'un lieu, non loin d'ici, où l'on gagne gros à se divertir et ne rien faire, où, pour être riche à jamais, il ne faut que plaire un moment, chose que chacun croit facile, en n'épargnant aucun moyen ; à ces nouvelles, je vous demande qui les pourra tenir qu'ils n'aille d'abord voir ce que c'est, et, l'ayant vu, adieu parents, adieu le champ qui paie si mal un labeur sans fin, rendant quelques gerbes au bout de l'an pour tant de fatigues, de sueurs. On veut chaque mois toucher des gages, et non s'attendre à des moissons ; on veut servir, non travailler. De là, mes amis, tout ce qu'engendre oisiveté, plus féconde encore quand elle est compagne de servitude. La cour, centre de corruption, étend partout son influence ; il n'est nul qui ne s'en ressente, selon la distance où il se trouve. Les plus gâtés sont les plus proches ; et nous que la bonté du ciel fit naître à cent lieues de cette fange, nous irions payer pour l'avoir à notre porte ! A Dieu ne plaise !

C'est ce que me disait un bonhomme du pays de Chambord même, que je vis dernièrement à Blois ;

car, comme je lui demandai ce qu'on pensait chez lui de cette affaire, et que désiraient les habitants : Nous voudrions bien, me dit-il, avoir le prince, mais non la cour. Les princes, en général, sont bons, et si ce n'était ce qui les entoure, il y aurait plaisir à demeurer près d'eux ; ce seraient les voisins du monde les meilleurs ; charitables, humains, secourables à tous, exempts des vices et des passions que produit l'envie de parvenir, comme ils n'ont point de fortune à faire. J'entends les princes qui sont nés princes; quant aux autres, sans eux eût-on jamais deviné jusqu'où peut aller l'insolence ? Nous en pouvons parler, habitants de Chambord. Mais ces princes enfin, quels qu'ils soient, d'ancienne ou de nouvelle date, par la grâce de Dieu ou de quelqu'un, affables ou brutaux, nous ne les voyons guères ; nous voyons leurs valets, gentilshommes ou vilains, les uns pires que les autres ; leurs carrosses nous écrasent et leur gibier nous dévore. De tout temps le gibier nous fit la guerre. Une seule fois il fut vaincu, en mil sept cent quatre-vingt-neuf : nous le mangeâmes à notre tour. Maîtres alors de nos héritages, nous commencions à semer pour nous, quand le héros parut et fit venir de l'Allemagne des parents ou alliés de nos ennemis morts dans la campagne de quatre-vingt-neuf. Vingt couples de cerfs arrivèrent, destinés à repeupler les bois et ravager les champs pour le plaisir d'un homme, et la guerre ainsi rallumée continue. Depuis lors, nous sommes sur le qui vive, menacés chaque jour d'une nouvelle invasion des bêtes fauves, ayant à leur tête Marcellus ou Marcassus, Paris en saura des nouvelles, et devrait y penser au moins autant que nous. Paris fut bloqué huit cents ans par les bêtes fauves, et sa banlieu, si riche, si féconde aujourd'hui, ne produisait pas de quoi nourrir les gardes de chasse. Pour moi, je vous l'avoue, en de pareilles circonstances, songeant à tout cela, considérant mûrement, rappelant à ma mémoire ce que j'ai vu dans mon jeune âge, et qu'on parle de rétablir, je fais des vœux pour la bande noire, qui, selon moi, vaut bien la bande blanche, servant mieux l'état et le roi. Je prie Dieu qu'elle achète Chambord.

En effet, qu'elle l'achète six millions; c'est le moins à cinq cents francs l'arpent : tel arpent de la futaie vaut dix fois plus; que le tout soit revendu huit millions à trois ou quatre mille familles, comme nous avons vu dépecer tant de terres ici, et ailleurs. Je trouve à cela beaucoup et de grands avantages pour le public et pour un nombre infini de particuliers. Premièrement, acheteurs et vendeurs s'enrichissent, travaillent, cultivent au profit de tous et de chacun. L'état, le trésor, ou le roi, ou enfin qui vous voudrez, reçoit, tant en impôts que droits de mutation, la valeur du fonds en vingt ans, huit millions; c'est par an quatre cent mille francs qu'on diminuera du budget, quand le budget se pourra diminuer; nous, voisins de Chambord, nous y gagnons sur tous. Plus de gibier qui détruise nos blés, plus de gardes qui nous tourmentent, plus de valetaille près de nous, fainéante, corrompue, corruptrice, insolente ; au lieu de tout cela, une colonie heureuse, active, laborieuse, dont l'exemple autant que les travaux nous profiteront pour bien vivre ; colonie qui ne coûte rien, ni transport, ni expédition, ni flotte, ni garnison ; point de frais d'état-major ni de gouvernement; point de permission ni de protection à obtenir de l'Angleterre; c'est autre chose que le Sénégal. Et de fait, remarquez, me dit-il, que l'on envoie ici des missionnaires chez nous, et en Afrique des gens qui ont besoin de terre ; double erreur : En Afrique, il faut des missionnaires ; en France des colonies. Là doivent aller ces bons pères, où ils auront à convertir païens, musulmans, idolâtres ; ici doivent rester les colons, où il y a tant à défricher, et où les domaines de la couronne sont encore tels que les trouva le roi Pharamond.

Cette pensée me plut ; mais les gens de Chambord, comme vous voyez, ont peu d'envie de faire partie d'un apanage, croyant peut-être qu'il vaut mieux être à soi qu'au meilleur des princes, a part l'intérêt que chacun y peut avoir personnellement ; car il n'en est pas un, je crois, qui n'achetât plus volontiers pour lui-même un morceau de Chambord que le tout pour les courtisans ; ils aiment mieux d'ailleurs pour voisins de bons paysans comme eux, laboureurs, petits propriétaires, qu'un grand, un protecteur, un prince ; et en tant qu'il nous touche, je suis de cet avis. Je prie Dieu pour la bande noire, qui, d'elle-même, doit avoir Dieu favorable, car elle aide à l'accomplissement de sa parole. Dieu dit: Croissez, multipliez, remplissez la terre, c'est-à-dire, cultivez-la bien ; car, sans cela, comment peupler ? et la partagez ; sans cela, comment cultiver ? Or, c'est à faire ce partage d'accord, amiablement, sans noise, que s'emploie la bande noire, bonne œuvre et sainte, s'il en est.

Mais il y a des gens qui l'entendent autrement. La terre, selon eux, n'est pas pour tous, et surtout elle n'est pas pour les cultivateurs, appartenant de droit divin à ceux qui ne la voient jamais et demeurent à la cour. Ne vous y trompez pas ; le monde fut fait pour les nobles. La part qu'on nous en laisse est pure concession, émanée de lieu haut, et partant révocable. La petite propriété, octroyée seulement, comme telle, peut être suspendue et le sera bientôt, car nous en abusons ainsi que de la Charte. D'ailleurs, et c'est le point, la grande propriété est la seule qui produise. On ne recueillera plus, on va mourir de faim, si la terre se partage et que chacun en ait ce qu'il peut labourer ; au laboureur aussi cultivant pour soi seul, sans ferme ni censive, la terre ne rend rien. Il la paie bien cher ; il achète l'arpent huit ou dix fois plus cher que le gros éligible qui place à deux et demi ; c'est qu'il n'en tire rien. Si tant est qu'il laboure, le petit propriétaire la bêche, l'ignoble bêche, disent nos députés, déshonore le sol, bonne tout au plus à nourrir une famille, et quelle famille ! en blouse, en guêtres, en sabots. Le pis, c'est que la terre morcelée, une fois dans les mains de la gent corvéable, n'en sort plus. Le paysan achète du monsieur, non celui-ci de l'autre, qui, ayant payé cher, vendrait plus cher encore. L'honnête homme, bloqué chez lui par la petite propriété, ne peut acquérir aux environs, s'étendre, s'arrondir (il en coûterait trop), ni le château ravoir les hamps qu'il a perdus. La grande propriété, une ois décomposée, ne se recompose plus. Un fief, une bbaye sont malaisés à refaire ; et comme chaque ur les gens les mieux pensants, les plus mortels enemis de la petite propriété, vendent pourtant leurs rres, alléchés par le prix, à l'arpent, à la perche, t en font les morceaux les plus petits qu'ils peuvent, bêche gagne du terrain, la rustique famille bâtit t s'établit sans aller pour cela en Amérique, aux des; les grandes terres disparaissent, et le capitaste, las d'espérer, de craindre la hausse ou la baisse, e sait comment placer. Il y aurait moyen de se faire n domaine sans acheter en détail, ce serait de déicher. Mais, diantre, il ne faut pas, et les lois s'y pposent, afin de conserver ; on en viendra là cependant, si le morcellement continue : les landes, s bruyères périront. Quelle pitié ! quel dommage ! vous législateurs nommés par les préfets, préveez ce malheur, faites des lois, empêchez que tout monde ne vive ! Otez la terre au laboureur, et le avail à l'artisan, par de bons priviléges de bonnes orporations; hâtez-vous, l'industrie, aux champs omme à la ville, envahit tout, chasse partout l'anque et noble barbarie ; on vous le dit, on vous le ie : que tardez-vous encore ? qui vous peut retenir? euple, patrie, honneur ? lorsque vous voyez là emloi, argent, cordons, et le baron de Frimont.

AUX AMES DÉVOTES

DE LA PAROISSE DE VÉRETZ,

DÉPARTEMENT D'INDRE ET LOIRE.

On recommande à vos prières le nommé Paul-Louis, vigneron de la Chavonnière, bien connu dans cette paroisse. Le pauvre homme est en grande peine, ayant eu le malheur d'irriter contre lui tout ce qui s'appelle en France courtisans, serviteurs, flatteurs, adulateurs, complaisants, flagorneurs et autres gens vivants de bassesse et d'intrigue, lesquels sont au nombre, dit-on, de quatre ou cinq cent mille, tous enrégimentés sous diverses enseignes et déterminés à lui faire un mauvais parti; car ils l'accusent d'avoir dit, en taillant sa vigne:

Qu'eux, gens de cour, sont à nous autres, gens de travail et d'industrie, cause de tous nos maux;

Qu'ils nous dépouillent, nous dévorent au nom du Roi, qui n'en peut mais (1);

Que les sauterelles, la grêle, les chenilles, le charençon ne nous pillent pas tous les ans, au lieu que lesdits courtisans des hautes classes s'abattant sur nous chaque année, au temps du budget, enlèvent du

---

(1) Voyez la page 215, ligne 14 de la brochure saisie; page 212, ligne 26.

produit de nos champs le plus clair, le plus net, le meilleur et le plus beau, dont bien fâché audit seigneur Roi, qui n'y peut apporter remède (1);

Que tous ces impôts qu'on lève sur nous en tant de façon, vont dans leur poche et non pas dans celle du Roi (2), étant par eux seuls inventés, accrus, multipliés chaque jour à leur profit comme au dommage du Roi non moins que des sujets (3);

Que lesdits courtisants veulent manger Chambord et le royaume et nous, et le peuple et le Roi devant lequel ils se prosternent, se disant dévoués à sa personne (4);

Que les princes sont bons, charitables, humains, secourables à tous et bien intentionnés (5), mais qu'ils vivent entourés d'une mauvaise valetaille (6) qui les sépare de nous et travaille sans cesse à corrompre eux et nous;

Que c'est là un grand mal, et que pour y remédier, il serait bon d'élever les princes au collége, loin desdits courtisants (7), comme on voit à Paris le jeune duc de Chartres, enfant qui promet d'être quelque jour homme de bien, et dont on espère beaucoup;

---

(1) Voyez page 212, ligne 9 et suivantes; page 213, ligne 30 et suivantes, et page 215, ligne 9 et suivantes.
(2) Voyez page 215.
(3) Même page, ligne 15.
(4) Même page, ligne 17 et *passim*.
(5) Voyez page 225, ligne 12.
(6) Voyez page 226, ligne 21.
(7) Voyez page 218, ligne 16.

Que par ce moyen lesdits princes, instruits à l'égal de leurs sujets, élevés au milieu d'eux, parlant la même langue, s'entendraient avec eux contre lesdits gens de cour, et peut-être parviendraient à délivrer le monde de cette engeance perverse, détestable, maudite;

Qu'ainsi, on ne verrait plus ni Saint-Barthélemy, ni frondes, ni dragonnades, ni révolutions, contre-révolution (1), qui, après force coups et grand massacre de gens tournent toutes au profit de la susdite valetaille;

Qu'un tel amendement aux choses de ce monde, bien loin d'être impossible (2) comme quelques uns croient, se fait quasi de soi, sans qu'on y prenne garde; que le temps d'aprésent vaut mieux que le passé; que princes et sujets sont meilleurs qu'autrefois (3); qu'il y a parmi nous moins de vices, plus de vertu; ce qui tend à insinuer calomnieusement, contre toute vérité, que même les courtisans, exerçant près des rois l'art de la flagornerie, sont maintenant moins vils, moins lâches, moins dévoués, moins fidèles au trésor que ne le furent leurs devanciers.

Et pour conclusion, que les princes nés princes sont les seuls bons, aimables, avec qui l'on puisse vivre. Que les autres, connus sous les noms de héros ou princes d'aventure, ne valent rien du tout. Que nous en avons vu montrer une insolence à nul autre

---

(1) Voyez page 217, ligne 6.
(2) Voyez page 217, ligne 12.
(3) Voyez page 219, ligne 16.

pareille (1), et que ceux qui les flattaient valaient encore moins, apôtres aujourd'hui de la légitimité, prêts à verser pour elle leur sang, etc.

Lesquelles propositions scandaleuses, impies et révolutionnaires, auraient été par lui recueillies, mises en lumière dans un pamphlet intitulé : *Simple discours*, espèce de *factum* pour les princes contre les courtisans, saisi par la police comme contraire aux pensions, gratifications et dilapidations de la fortune publique, poursuivis par M. le procureur du roi, comme propre à éclairer lesdits princes et rois sur leurs vrais intérêts.

Tels sont les principaux griefs articulés contre Paul-Louis par les syndics du corps de la flagornerie Siméon, Jacquinot de Pampelune et autres, poursuivants en leur nom et comme fondés de pouvoir de la corporation.

Et ajoutent lesdits syndics, aux charges ci-dessus énoncées, qu'en outre Paul-Louis voulant porter atteinte à la bonne renommée dont jouissent dans le monde lesdites gens de cour, aurait mal-à-propos, sans en être prié, conté à tout-venant les histoires oubliées de leurs pères et grands-pères, rappelé les aventures de leurs chastes grand'-mères, en donnant à entendre que tous chiens chassent de race, et autres discours pleins de malice et d'imposture.

Et que, par maints propos plus coupables encore, subversifs de tout ordre et de toute morale, comme de toute religion, il aurait essayé de troubler aucu-

---

(1) Voyez page 225, ligne 16.

nement lesdites gens de cour dans l'antique, légitime et juste possession où ils sont de tout temps, de partager entre eux les revenus publics, le produit des impôts, dont l'objet principal, ainsi que chacun le sait, est d'entrenir la paresse et d'encourager la bassesse de tous les fainéants du royaume.

A raison de quoi ils ont cité et personnellement ajourné ledit Paul-Louis, à comparoir devant les assises de Paris, comme ayant *offensé la morale publique*, en racontant tout haut ce qui se passe chez eux, *et la personne du Roi* (1) dans celle des courtisans; le tout conformément à l'article connu du titre..... de la loi.... du Code des gens de cour, commençant par ces mots : *Qui n'aime pas Cotin n'estime point son Roi*, etc.

Et doit en conséquence ledit Paul, ci-devant canonnier à cheval, aujourd'hui vigneron, laboureur, bûcheron, etc., etc., comparoir en personne aux assises de Paris, le 27 du présent mois, pour s'ouïr condamner à faire aux courtisans, fainéants, intrigants, réparation publique et amende honorable, déclarant qu'il les tient pour valets aussi bons, aussi bas, aussi vils, aussi rampants que furent oncques leurs pères et prédécesseurs ; qu'à tort et méchamment il a dit le contraire ; et en même temps confesser, la hart au col, la torche au poing, que le passé seul est bon, que le présent ne vaut rien, n'a jamais rien valu, ne vaudra jamais rien; qu'autrefois il y eut d'honnêtes gens et des mœurs ; mais qu'aujour-

---

(1) Voyez le réquisitoire signé Jaquinot-Pampelune.

d'hui les femmes sont toutes débauchées, les enfants tous fils de coquettes, garnements tous nos jeunes gens, et nous marauds à pendre tous, si Bellart faisait son devoir.

Après quoi ledit Paul sera détenu et conduit ès-prisons de Paris, pour y apprendre à vivre et faire pénitence, sous la garde d'un geôlier, gentilhomme de nom et d'armes, qui répondra de sa personne aussi long-temps qu'il conviendra pour l'entière satisfaction desdits courtisans, gens de cour, flatteurs, flagorneurs flagornant par tout le royaume, etc., etc.

Voilà, mes chers amis, en quelle extrémité se trouve réduit le bonhomme Paul que nous avons vu faire tant et de si bons fagots dans son bois de Larçai, tant de beau sainfoin dans son champ de la Chavonnière; sage s'il n'eût fait autre chose! On l'avait mainte fois averti que sa langue lui attirerait quelque méchante affaire; mais il n'en a tenu compte, Dieu sans doute le voulant châtier, afin d'instruire ses pareils qui ne se peuvent empêcher de crier quand on les écorche. Le voilà mis en jugement et condamné, ou autant vaut. Car vous savez tous comme il est chanceux en procès. Chaque fois qu'on le volait ici, c'était lui qui payait l'amende. Et de fait, se peut-il autrement? Il ne va pas même voir ses juges! Prions Dieu pour lui, mes amis, et que son exemple nous apprenne à ne jamais dire ce que nous pensons des gens qui vivent à nos dépens.

PROCÈS

DE PAUL-LOUIS COURIER,

VIGNERON DE LA CHAVONNIÈRE,

Condamné le 28 août 1821, à l'occasion de son discours sur la souscription de Chambord.

PROCÈS

DE PAUL-LOUIS COURIER.

Assez de gens connaissent la brochure intitulée : *Simple discours*. Lorsqu'elle parut on la lut ; et déjà on n'y pensait plus, quand le gouvernement s'avisa de réveiller l'attention publique sur cette bagatelle oubliée, en persécutant son auteur qui vivait aux champs loin de Paris. Le pauvre homme étant à labourer un jour, reçut un long papier signé *Jaquinot Pampelune*, dans lequel on l'accusait d'avoir offensé la morale publique, en disant que la cour autrefois ne vivait pas exemplairement; d'avoir en même temps offensé la personne du Roi, et de ce non content, provoqué à offenser ladite personne. A raison de quoi Jaquinot proposait de le mettre en prison et et l'y retenir douze années, savoir : deux ans pour la morale, cinq ans pour la personne du Roi, et cinq pour la provocation. Si jamais homme tomba des nues, ce fut Paul-Louis à la lecture de ce papier timbré. Il quitte ses bœufs, sa charrue, et s'en vient courant à Paris, où il trouva tous ses amis non moins surpris de la colère de ce monsieur de Pampelune, et en grand émoi la plupart. Il n'alla point voir Jaquinot, comme lui conseillaient quelques-uns, ni le substitut de Jaquinot qu'on lui recommandait de voir aussi, ni le président, ni les juges, ni leurs suppléants, ni leurs clercs, non qu'il ne les crût honnêtes gens et de fort bonne compagnie, mais c'est qu'il n'avait point envie de nouvelles connaissances. Il se tint coi ; il attendit, et bientôt il sut que Jaquinot ayant dû premièrement faire approuver son accusation par un tribunal, ne sais lequel, les juges lui avaient rayé l'offense à la personne du Roi et la provocation d'offense. C'était le meilleur et le plus beau de son paier *réquisitoire;* chose fâcheuse pour Pampelune ; bonne affaire pour Paul-Louis, qui en eut la joie qu'on peut croire, se voyant acquitté par là de dix ans de prison sur douze, et néanmoins encore inquiet de ces deux qui restaient, se fut accomodé à un an avec Jaquinot pour n'en entendre plus parler, s'il n'eût trouvé Maître Berville, jeune avocat déjà célèbre, qui lui défendit de transiger, se faisant fort de le tirer de là. Votre cause, lui disait-il, est imperdable de tout point ; il n'y en eût jamais de pareille, et je défie M. Réglet de faire un jury qui vous condamne. Où M. Réglet trouvera-t-il douze individus qui déclarent que vous offensez la morale en copiant les prédicateurs ? que vous corrompez les mœurs publiques en blâmant les mœurs corrompues et la dépravation des cours ? Réglet n'aura jamais douze hommes qui fasse cette déclaration, qui se chargent de cette opprobre. Allez, bonhomme, laissez-moi faire, et si l'on vous condamne, je me mets en prison pour vous.

Paul-Louis toutefois doutait un peu. Maître Berville, se disait-il, est dans l'âge où l'on s'imagine que le bon sens et l'équité ont quelque part aux affaires du monde, où l'on ne saurait croire encore

> Les hommes assez vils, scélérats et pervers
> Pour faire une injustice aux yeux de l'univers (1).

Or, comme dans cette opinion qu'il a du monde en général, il se trompe visiblement, il pourrait bien se tromper aussi dans son opinion sur le cas particulier dont il s'agit. Ainsi raisonnait Paul-Louis, et cependant écoutait le jeune homme bien disant, auquel à la fin il s'en remet, lui confiant sa cause imperdable. Il la perdit, comme on va voir ; il fut condamné tout d'une voix, déclaré coupable du fait et des circonstances par les jurés, choisis, triés, tous gens de bien, propriétaires, ayant, dit-on, *pignon sur rue*, et de probité non suspecte. Mais, par la clémence des juges, il n'a que pour deux mois de prison : cela est un peu différent des douze ans de maître Jaquinot, qui, à ce que l'on dit, en est piqué au vif, et promet de s'en venger sur le premier auteur, ayant quelque talent, qui lui tombera entre les mains. De fait, pour un écrit tel que le *Simple discours*, goûté aussi généralement et approuvé de tout le monde, on ne pouvait guères en être quitte à meilleur marché aujourd'hui.

Ce fut le 28 août dernier, au lieu ordinaire des séances de la Cour d'assises, que, la cause appelée, comme on dit au barreau, l'accusé comparut. La

---

(1) Molière.

salle était pleine. On jugea d'abord un jeune homme qui avait fait quelques sottises, à ce qu'il paraissait du moins, ayant perdu tout son argent dans une maison privilégiée du Gouvernement, avec des femmes protégées, taxées par le Gouvernement, après quoi le Gouvernement accusa Paul-Louis, vigneron, d'offense à la morale publique, pour avoir écrit un discours contre la débauche. Mais il faut conter tout par ordre. On lut l'acte d'accusation, puis le président prit la parole et interrogea Paul-Louis.

Le président. Votre nom ?

Courier. Paul-Louis Courier.

Le président. Votre état ?

Courier. Vigneron.

Le président. Votre âge ?

Courier. Quarante-neuf ans.

Le président. Comment avez-vous pu dire que la noblesse ne devait sa grandeur et son illustration qu'à l'assassinat, la débauche, la prostitution ?

Courier. Voici ce que j'ai dit : Il n'y a pour les nobles qu'un moyen de fortune, et de même pour tous ceux qui ne veulent rien faire : ce moyen, c'est la prostitution. La cour l'appelle galanterie. J'ai voulu me servir du mot propre, et nommer la chose par son nom.

Le président. Jamais le mot de galanterie n'a eu cette signification. Au reste, si l'histoire a fait quelques reproches à des familles nobles, ils peuvent également s'appliquer aux familles qui n'étaient pas nobles.

Courier. Qu'appelez-vous reproches, M. le président ? Tous les Mémoires du temps vantent cette galanterie, et la noblesse en était fière comme de son plus beau privilége. La noblesse prétendait devoir seule fournir des maîtresses aux princes, et quand Louis XV prit les siennes dans la roture, les femmes titrées se plaignirent.

Le président. Jamais l'histoire n'a fait l'éloge de la prostitution.

Courier. De la galanterie, M. le président, de la galanterie.

Le président. Vous avez employé le mot de prostitution. Vous savez ce que vous dites. Vous êtes un homme instruit. On rend justice à vos talents, à vos rares connaissances.

Courier. J'ai employé ce mot faute d'autre plus précis. Il en faudrait un autre. Car, à dire vrai, cette espèce de prostitution n'est pas celle des femmes publiques. Elle est différente et infiniment pire.

Le président. Comment la souscription pour S. A. R. Mgr. le duc de Bordeaux ne vous a-t-elle inspiré que de pareilles idées?

Courier. Dans ce que j'ai écrit il n'y a rien contre la famille royale.

Le président. Aussi n'est-ce pas de quoi l'on vous accuse ici.

Courier. C'est qu'on ne l'a pas pu, M. le président. On eût bien voulu faire admettre cette accusation. Mais il n'y a pas eu moyen. On cherchait un délit plus grave; on n'a trouvé que ce prétexte d'offense à la morale publique.

Le président. Vous insultez une classe, une partie de la nation.

Courier. Je n'insulte personne. J'ai parlé des ancêtres de la noblesse actuelle, dans laquelle je connais de fort honnêtes gens qui ne vont point à la cour. J'en ai vu à l'armée faire comme les vilains, défendre leur pays. Serait-ce insulter les Romains de dire que leurs aïeux furent des voleurs, des brigands ? Ferais-je tort aux Américains si je les déclarais descendus de malfaiteurs et de gens condamnés à la déportation ? J'ai voulu montrer l'origine des grandes fortunes dans la noblesse, et de la grande propriété.

Le président. Vous avez outragé tout le corps de la noblesse, l'ancienne et la nouvelle, et vous ne respectez pas plus l'une que l'autre.

Courier. Sans m'expliquer là-dessus, je vous ferai remarquer, M. le président, que j'ai spécifié, particularisé la noblesse de race et d'antique origine.

Le président. Eh bien, dans l'ancienne noblesse, il y a des familles sans tache, qui ne doivent rien aux femmes : les Noailles, les Richelieu.

Courier. Les Richelieu ! Tout le monde sait l'histoire du pavillon d'Hanovre, et de la guerre d'Allemagne. Madame de Pompadour étant premier ministre.....

Le président. Assez ; point de personnalités.

Courier. Je réponds à vos questions, M. le président. Sans madame de Maintenon, les Noailles......

Le président. On ne vous demande pas ces détails historiques.

Courier. La prostitution, M. le président ; toujours la prostitution.

Le président. Les faveurs de la cour s'obtiennent sur le champ de bataille, par des services......

Courier. Par les femmes, M. le président.

Le président. Votre décoration de la légion d'honneur, l'avez-vous donc eue par les femmes ?

Courier. Ce n'est pas une faveur, et je n'ai pas fait fortune : il s'agit des fortunes. Je n'ai jamais eu rien de commun avec la cour, et puis je ne suis pas noble.

Le président. Vous avez la noblesse personnelle, vous êtes noble.

Courier. J'en doute, M. le président, permettez-moi de vous le dire ; je doute fort que je sois noble. Mais enfin, je veux bien m'en rapporter à vous.

(A chaque réponse de l'accusé il s'élevait dans l'assemblée un murmure qui peu à peu se changeait en applaudissements. L'avocat-général crut devoir mettre ordre à cela. M. le président, dit-il, ce bruit est contraire à la loi.)

Le président. Messieurs, point d'applaudissements. Vous n'êtes pas au spectacle. Je ferai sortir d'ici tous les perturbateurs. — Prévenu, vous avez dit que la cour mangerait Chambord.

Courier. Oui. Qu'y a-t-il en cela qui offense la morale ?

Le président. Mais ? qu'entendez-vous par la cour ?

Courier. La définir serait difficile. Toutefois je dirais que la cour est composée des courtisans, des gens qui n'ont point d'autre état que de faire valoir leur dévouement, leur soumission respectueuse, leur fidélité inviolable.

Le président. Il n'y a point chez nous de courtisans en titre. La cour, ce sont les généraux, les maréchaux, les hommes qui entourent le roi. Et que veut dire encore : les prêtres donnent tout à Dieu ? Cela est contre la religion.

Courier. Contre les prêtres tout au plus. Ne confondons point les prêtres avec la religion, comme on veut toujours le faire.

Le président. Les prêtres sont désintéressés ; ils ne veulent rien que pour les pauvres.

Courier. Oui, le pape se dit propriétaire de la terre entière. C'est donc pour la donner aux pauvres. Au reste, ce que j'ai écrit n'offense pas même les prêtres ; car il signifie simplement : les prêtres voudraient que tout fût consacré à Dieu.

Après cet interrogatoire, où le public ne parut pas un seul moment indifférent, l'avocat-général, maître Jean de Broë, prit la parole, ou, pour mieux dire, prit son papier, car il lisait. C'est un homme de petite taille, qui parle des grands magistrats, et assure que la noblesse leur appartient de droit avec ce qui s'ensuit, honneurs et priviléges, d'où l'on peut sans faute conclure que, dans cette affaire, croyant plaider sa propre cause et combattre pour ses foyers, il y aura mis tout son savoir. Il prononça un discours long, et que peu de gens auront lu imprimé dans le *Moniteur*, mais que personne ne comprendrait si on le rapportait ici, tant les pensées en sont obscures, le langage impropre. C'est vraiment une chose étrange à concevoir que cette barbarie d'expression dans les apôtres du grand siècle. Les amis de Louis XIV ne parlent pas sa langue. On entend célébrer Bossuet, Racine, Fénélon en style de Marat, et la cour polie en jargon des antichambres de Fouché. Il y en a chez qui cette bizarrerie passe toute créance ; et si je citais une phrase comme celle-ci, par exemple : *Qui profitera d'un bon coup ? Les honnêtes gens ? Laissez donc. Ils sont si bêtes !* vous la croiriez de quelque valet, et des moins *éduqués*. Elle est du marquis de Castel Bajac, imprimée sous son nom, dans le *Conservateur*. Ainsi parlent ces gens nés autrement que nous, c'est-à-dire bien nés, qui se rangent à part, avec quelque raison ; classe privilégiée, supérieure, distinguée. Voilà leur langage familier. Veulent-ils s'exprimer noblement ? ce ne sont qu'altesses, majestés, excellences, éminences. Ils croient que le style noble est celui du blason. Malheur des courtisans, ne point connaître le peuple, qui est la source de tout bon sens. Ils ne voient en leur vie que des grands et des laquais, leur être se compose de manières et de bassesses.

Je dis donc, revenant à maître de Broë, que pour ceux qui l'emploient,

> C'est un homme impayable, et qui par son adresse,
> Eût fait mettre en prison les sept sages de Grèce.

comme mauvais sujets, perturbateurs. Sa prose est bonne pour les jurés, s'ils sont amis de M. Réglet. Mais à moins de cela, on ne saurait y prendre plaisir. Son discours, qui d'abord ennuie dans la *Gazette officielle*, assomme au second paragraphe ; et par cette considération, je renonce à le placer ici, comme je voulais, si je n'eusse craint d'arrêter tout court mes lecteurs. Car, qui pourrait tenir à ce style : *Un exécrable forfait avait privé la France d'un de ses meil-*

leurs princes. Un espoir restait toutefois. Un prodige, une royale naissance, bien plus miraculeuse que celle dont nos aïeux furent témoins, se renouvela. Un cri de reconnaissance et d'admiration se fit entendre. Une antique et auguste habitation avait fait partie des apanages de la couronne. Une pensée noble se présenta tout-à-coup, et elle fut répétée; elle fut suivie de l'exécution, ce fut à l'amour qu'un appel fut adressé.

Ouf! demeurons-en là sur l'appel à l'amour. Si vous ne dormez pas, cherchez-moi, je vous prie, par plaisir inventez, imaginez quelque chose de plus lourd, de plus maussade et de plus monotone que cette psalmodie de maître de Broë, par laquelle il exprime pourtant son allégresse. L'auteur de la brochure n'y a point mis d'allégresse, dit maître de Broë, qui, pour cette omission, le condamne à la prison. Lui, de peur d'y manquer, il commence par là, et d'abord se réjouit.

<blockquote>D'aise on entend sauter la pesante baleine (1).</blockquote>

Mais il a un peu l'air de se réjouir par ordre, par devoir, par état, et on lui dirait presque, comme le président disait à Paul-Louis : Sont-ce là les pensées qu'a pu vous inspirer la royale naissance? Est-ce ainsi que le cœur parle? une si triste joie, un hymne si lugubre, sont plus suspects que le silence. Ne poussons pas trop cet argument, de peur d'embarrasser le

---

(1) Homère.

pauvre magistrat. Car il ne faudrait rien pour faire de son allégresse une belle et bonne offense à la morale publique, et même à la personne du prince, s'il est vrai

.... Qu'un froid panégyrique
Déshonore à la fois le héros et l'auteur.

Abrégeons son discours, au risque de donner quelque force à ses raisons, en les présentant réunies. Voici ce notable discours brièvement, compendieusement traduit de *baragouin* en français, comme dit Panurge.

Il commence par son commencement. Car on assure qu'il n'en a qu'un pour toutes les causes de ce genre : le duc de Berry est mort; le duc de Bordeaux est né. On a voulu offrir Chambord au jeune prince. Éloge de Chambord et de la souscription.

A cet exorde déjà long, et qui remplirait plusieurs pages, il en fait succéder un autre non moins long, pour fixer, dit-il, *le terrain,* c'est-à-dire le point de la question, comme on parle communément.

Il ne s'agit pas d'un impôt dans la souscription proposée pour l'acquisition de Chambord, et le mot même indique un acte volontaire. De quoi donc s'avise Paul-Louis de contrarier la souscription, qui ne l'oblige point, ne lui coûtera rien ? C'est fort mal fait à lui. Cela le déshonore. *Vous ne voulez pas souscrire? eh bien, ne souscrivez pas. Qui vous force?* Un moment, de grâce entendons-nous, M. l'avocat-général. Je ne souscrirai pas, sans doute, si je ne veux; car je n'ai point d'emploi, de place qu'on me puisse ôter. Je ne cours aucun risque, en ne souscrivant pas, d'être *destitué*. Mais je paierai pourtant, si ma commune souscrit; je paierai malgré moi, si mon maire veut faire sa cour à mes dépens. Et quand je dis doucement: *je ne veux pas payer*, vous, monsieur de Broë, vous criez : *en prison;* ajoutant que je suis maître, qu'il dépend bien de moi, que la souscription est toute volontaire; que ce n'est pas un impôt. Comment l'entendez-vous ?

Or, cette *pensée noble*, cette *récompense noble*, cette *souscription noble* et libre, comme on voit, l'auteur entreprend de l'arrêter. Il veut empêcher de souscrire les gens qui en seraient tentés, *paralyser l'élan, glacer l'élan des cœurs un peu plus généreux que le sien*, tandis que maître Jean, par de nobles discours, chauffe l'élan des cœurs. Mais ne le copions pas; j'ai promis de le traduire, et de l'abréger surtout, afin qu'on puisse le lire.

Voilà l'objet de la brochure. Elle est écrite contre l'*élan*, et on ne saurait s'y méprendre. Puis il y a des accessoires, des diatribes contre les rois, les prêtres et les nobles.

Il est vrai que l'auteur ne parle pas des prêtres, ou n'en dit qu'un seul mot bien simple, et que partout il loue les princes. Mais ce sont des *parachûtes*. Il ne pense pas ce qu'il dit des princes, et pense ce qu'il ne dit pas des prêtres.

Deux remarques ensuite : 1º L'auteur ne s'afflige point de la mort du duc de Berry, ne se réjouit point de la naissance du duc de Bordeaux. Il n'a pas dit un mot de mort ni de naissance. Il n'y a *ni allégresse ni désolation* dans sa brochure. 2º L'auteur parle du jeune prince comme d'un enfant à la mamelle. Il dit *le maillot* simplement, sans dire l'*auguste maillot*; la *bavette*, et non pas la *royale bavette*. Il dit, chose horrible, de ce prince, qu'un jour *son métier sera de régner.*

Après s'être étendu beaucoup sur tous ces points, maître de Broë déclare enfin qu'il ne s'agit pas de tout cela. Ce n'est pas là-dessus que porte l'accusation, dit-il. On n'attaque pas le fond de la brochure, ni même les accessoires dont nous venons de parler, mais des propositions incidentes seulement. Là-dessus il s'écrie : *Voilà le terrain fixé.*

Puis il entame un autre exorde.

Dans les affaires de cette nature, on n'examine que les passages déterminés suivant la loi par l'acte même d'accusation. Or, il y en a quatre ici.

La loi est fort insuffisante. *Les écrivains sont si adroits,* qu'ils échappent souvent au procureur du roi. Il faut *leur appliquer, d'une manière frappante, la loi* (style de Broë). *La liberté d'écrire jouit de tous ses droits ;* elle est libre (Broë tout pur), bien qu'elle aille en prison quelquefois. *Elle enjambe sur la licence* (Broë! Broë!) par l'excessive indulgence des magistrats.

On avait d'abord assayé, dans le premier réquisitoire, d'accuser l'auteur de cet écrit d'offense à la personne du roi. On y a renoncé par réflexion.

Vient enfin l'examen des passages inculpés, dont le premier est celui-ci :

« Car la cour donne tout au prince, comme les
» prêtres tout à Dieu, et ces domaines, ces apanages,
» ces listes civiles, ces budgets ne sont guères autre-

» ment pour le roi que le revenu des abbayes n'est
» pour Jésus-Christ. Achetez, donnez Chambord,
» c'est la cour qui le mangera, le prince n'en sera ni
» pis ni mieux. »

Les prêtres tout à Dieu! Ah! oui, demandez aux pauvres. Tirade d'éloquence. Les abbayes! Oh! non. Il n'y a plus d'abbayes. Tirade de haut style sur la révolution. De morale, pas un mot, ni des phrases inculpées.

Le second passage est celui-ci :

» Mais à Chambord, qu'apprendra-t-il? Ce que
» peuvent enseigner et Chambord et la cour. Là,
» tout est plein de ses aïeux. Pour cela précisément
» je ne l'y trouve pas bien ; et j'aimerais mieux qu'il
» vécût avec nous qu'avec ses ancêtres.....»

Maître de Broë n'examine point non plus ce passage, ni ce qu'il peut avoir de contraire à la morale. Il le cite et le laisse là, sans autrement s'en occuper. Mais, dit-il, ensuite de ces phrases, il y en a d'autres horribles. Il ne les lira pas, parce qu'il n'en est point parlé dans l'acte d'accusation. Cependant elles sont horribles. Beau mouvement d'éloquence à propos de ces phrases, dont il n'est pas question et qu'on n'accuse pas. L'auteur, dit maître Jean, représente nos rois, ou du moins quelques uns, comme ayant mal vécu et donné en leur temps de fort mauvais exemples. Il les peint corrompus, dissolus, pleins de vices, et condamne *leurs déportemens* sans avoir égard *aux convenances*. Les tableaux qu'il en fait (non de sa fantaisie, mais d'après les histoires) sont scandaleux d'abord, et en outre *immoraux, licencieux, déshonnêtes*. Le scandale abonde de nos jours, et la brochure y ajoute encore, mettant les vieux scandales à côté des nouveaux. Chapitre le plus long de tous et le meilleur par conséquent, sur la différence qu'il y a de l'historien au pamphlétaire, qu'il appelle aussi libelliste. L'un peut dire la vérité, parce qu'il fait de gros volumes qu'on ne lit pas. L'autre ne doit pas dire vrai, parce qu'on le lit en petit volume. L'auteur de la brochure va vous conter qu'il a copié les historiens, *mensonge, Messieurs, mensonge odieux, aussi dangereux que coupable.* Car l'histoire n'est pas toute dans sa brochure. Il devait copier tout ou rien. Il montre le laid, cache le beau. Louis eut des bâtards ; mensonge. Car ce n'est pas le beau de son histoire. Il y avait bien d'autres choses à vous dire de Louis-le-Grand. Ne les pas dire toutes, selon maître de Broë, c'est mentir, et de plus, insulter la nation. Qui ne sent ? dit-il, qui ne sent..... Il croit que tout le monde sent cela. Vengez, Messieurs, vengez la nation, la morale.

Outre les historiens, Paul-Louis cite les pères et les prédicateurs, morts il y a long-temps ; maître de Broë lui répond par une autorité vivante ; c'est celle de Monseigneur le garde-des-sceaux actuel, dont il rapporte (en s'inclinant) les propres paroles extraites d'un de ses discours, page 40, sans songer que peut-être ailleurs Monseigneur a dit le contraire.

Et puis l'Écriture et les pères et les sermons de Massillon appartiennent aux honnêtes gens. Les écrivains ne doivent pas s'en servir pour se justifier. Développement de cette proposition appliquée à l'auteur d'un roman condamné, qui osa dernièrement alléguer l'Évangile.

Nota. Que cet épisode, sur les horribles phrases dont on ne parle pas, occupe deux colonnes entières du *Moniteur*.

Troisième passage.

« Sachez qu'il n'y a pas en France une seule fa-
» mille noble, mais je dis noble de race et d'antique
» origine, qui ne doive sa fortune aux femmes; vous
» m'entendez. Les femmes ont fait les grandes mai-
» sons: ce n'est pas, comme vous croyez bien, en cou-
» sant les chemises de leurs époux, ni en allaitant leurs
» enfants. Ce que nous appelons, nous autres honnête
» femme, mère de famille, à quoi nous attachons tant
» de prix, trésor pour nous, serait la ruine du courti-
» san. Que voudriez-vous qu'il fît d'une dame *ho-
» nesta*, sans amants, sans intrigues, qui, sous pré-
» texte de vertu, claquemurée dans son ménage, s'at-
» tacherait à son mari ? Le pauvre homme verrait
» pleuvoir les grâces autour de lui, et n'attraperait ja-
» mais rien. De la fortune des familles nobles il en
» paraît bien d'autres causes, telles que le pillage, les
» concussions, l'assassinat, les proscriptions, et surtout
» les confiscations. Mais qu'on y regarde, on verra
» qu'aucun de ces moyens n'eût pu être mis en œuvre
» sans la faveur d'un grand, obtenue par quelque
» femme. Car, pour piller, il faut avoir commande-
» ments, gouvernements, qui ne s'obtiennent que par
» les femmes ; et ce n'était pas tout d'assassiner Jac-
» ques Cœur ou le marchéchal d'Ancre, il fallait, pour
» avoir leurs biens, le bon plaisir, l'agrément du roi,
» c'est-à-dire, des femmes qui gouvernaient alors le
» roi ou son ministre. Les dépouilles des huguenots,
» des frondeurs, des traitants, autres faveurs, bienfaits

» qui coulaient, se répandaient par les mêmes canaux
» aussi purs que la source. Bref, comme il n'est, ne
» fut, ni ne sera jamais, pour nous autres vilains,
» qu'un moyen de fortune, c'est le travail; pour la
» noblesse non plus il n'y en a qu'un, et c'est........
» c'est la prostitution, puisqu'il faut, mes amis, l'ap-
» peler par son nom. »

Quatrième exorde pour fixer encore *le terrain*.

La charte fait des nobles qui descendent de leurs pères, et d'autres nobles qui ne descendent de personne, et puis de grands magistrats qui sont nobles aussi. Longue dissertation à la fin de laquelle il déclare qu'il ne s'agit pas de la noblesse, qu'il ne la défend pas.

Mais l'auteur outrage une classe, *une généralité d'individus*. Il offense la morale évidemment. *L'honneur de certaines familles fait partie de la morale*, et l'auteur blesse ces familles, quand il répète mot à mot ce que l'histoire en dit, et qui est imprimé partout. Il blesse la morale; et le pis, c'est qu'il empêche toutes les autres familles d'imiter celles-là, de vivre noblement. Réprimez, Messieurs, réprimez. Oui, punissons, punissons. Ne souffrons pas, ne permettons pas, etc,

Maître Jean, qui appelle toujours l'auteur de la brochure libelliste, et l'associe, dans sa réplique, aux écrivains les plus déshonorés en ce genre, ajoute que c'est l'*avidité* qui a fait écrire Paul-Louis, qu'il écrit par *spéculation,* qu'il est fabriquant et marchand de libelles diffamatoires; et quand il disait cela, maître Jean de Broë venait de lire à haute voix une déclaration de l'imprimeur Bobée, portant que jamais

Paul-Louis n'a tiré nulle rétribution des ouvrages par lui publiés. N'importe, c'est un compte à régler du libelliste à l'imprimeur. Eh quoi ? maître Jean, selon vous, rien ne se fait gratis au monde, rien par amour ? tout est payé ? Je vous crois, même les réquisitoires, même le zèle et le dévouement.

Quatrième passage inculpé :

« O vous, législateurs nommés par les préfets, » prévenez ce malheur (celui du morcellement des » grandes propriétés) ; faites des lois, empêchez que » tout le monde ne vive ! ôtez la terre au labou- » reur et le travail à l'artisan, par de bons priviléges, » de bonnes corporations. Hâtez-vous ; l'industrie, » aux champs comme à la ville, envahit tout, chasse » partout l'antique et noble barbarie. On vous le dit, » on vous le crie : que tardez-vous encore ? Qui vous » peut retenir ? peuple, patrie, honneur, lorsque » vous voyez là emplois, argent, cordons et le baron » de Frimont ? »

Il y a ici injure à la nation entière. Car on l'accuse de se laisser mener par les préfets, et ceux-ci de mener la nation. Quelle insigne fausseté ! Voyez la médisance ! Accuser la nation d'une si lâche faiblesse, les préfets d'une telle audace, n'est-ce pas outrager à la fois et la morale publique et celle des préfets ? Il faut donc venger la morale, qui est, dit maître de Broë, le patrimoine du peuple. Oui, que le peuple ait la morale ; c'est son vrai patrimoine. Cela vaut mieux que des terres ; et vengeons, punissons. Variations sur cet air : oui, punissons, vengeons.

Pour conclure, maître de Broë prie, dans son patois, les jurés de réprimer vigoureusement tous ceux qui écrivent en français, et se font lire avec plaisir. Sûr de son affaire, il s'écrie : La *société* sera satisfaite ! (C'est *la société de Jésus.*)

Tel fut, en substance, le dire de M. l'avocat-général ; et toutes ses raisons, si longuement déduites que personne, hors les intéressés, n'eut la patience de l'écouter, furent encore étendues, développées, amplifiées dans le résumé très-prolixe qu'en fit M. le président, où même il ajouta du sien, disant que l'auteur de la brochure écrivait pour encourager la prostitution, et gâter, par ce vilain mot, l'innocence des courtisans. Mais ceci vint ensuite ; il s'agit à présent de la belle harangue de maître de Broë.

Ce discours, m'a-t-on dit, n'est pas extraordinaire au barreau, où l'on entend des choses pareilles, chaque jour, en plein tribunal, prononcées avec l'assurance que n'avaient pas les Daguesseau. Nous en sommes surpris, nous à qui cela est nouveau, et concevons malaisément qu'un homme, siégeant, comme on dit, sur les fleurs de lis, sachant lire, un homme ayant reçu l'éducation commune, puisse manquer assez de sens, d'instruction, de goût, pour ne trouver dans ces paroles d'un paysan à un grand prince, *ton métier sera de régner,* qu'une injure, et ne pas sentir que ce mot vulgaire de *métier,* relève, ennoblit l'expression, par cela même qu'il est vulgaire, tellement qu'elle ne serait pas déplacée dans un poème, une composition du genre le plus élevé, une ode à la louange du prince. Si on n'en saurait dire autant des autres termes employés par l'auteur, dans le même endroit, ils ont tous du moins le ton de simplicité naïve convenable au personnage qui parle, et le public ne s'y est pas trompé, souverain juge en ces matières. Personne ayant le sens commun n'a vu là-dedans rien d'offensant pour le jeune prince, auquel il serait à souhaiter qu'on fît entendre ce langage de bonne heure, et toute sa vie. Mais il ne faut pas l'espérer. Car tous les courtisans sont des Jean de Broë qui croient ou font semblant de croire qu'on outrage un grand, quand d'abord pour lui parler on ne se met pas la face dans la boue. Ils ont leurs bonnes raisons, comme dit la brochure, pour prétendre cela, et trouvent leur compte à empêcher que jamais front d'homme n'apparaisse à ceux qu'ils obsèdent. Cependant, il faut l'avouer, quelques-uns peuvent être de bonne foi, qui, habitués comme tous le sont aux sottes exagérations de la plus épaisse flagornerie, finissent par croire insultant, tout ce qui est simple et uni; insolent, tout ce qui n'est pas vil. C'est par là, je crois, qu'on pourrait excuser maître de Broë. Car il n'était pas né peut-être avec cette bassesse de sentiments. Mais une place, une cour à faire.....

> Le même jour qui met un homme libre aux fers,
> Lui ravit la moitié de sa vertu première.

Et voilà comme généralement on explique la persécution élevée contre cette brochure, au grand étonnement des gens les plus sensés du parti même qu'elle attaque. Répandue dans le public, elle est venue aux mains de quelques personnages comme Jean de Broë, mais placés au-dessus et en pouvoir de nuire, qui, aux seuls mots de *métier*, de *layette*, de *bavette*, sans examiner autre chose, aussi incapables d'ailleurs de goût et de discernement, que d'aucune pensée tant soit peu généreuse, crurent l'occasion belle pour déployer du zèle, et crièrent outrage aux personnes sacrées. Mais on se moqua d'eux, il fallut renoncer à cette accusation. Un duc, homme d'esprit, quoiqu'infatué de son nom, trouva ce pamphlet piquant, le relut plus d'une fois, et dit : Voilà un écrivain qui ne nous flatte point du tout. Mais d'autres ducs ou comtes, et le sieur Siméon, qui ne sont pas gens à rien lire, ayant ouï parler seulement du peu d'étiquette observée dans cette brochure, prirent feu là-dessus, tonnèrent contre l'auteur, comme ce président qui jadis voulut faire pendre un poète pour avoir tutoyé le prince dans ses vers. Si maître Jean a des aïeux, s'il descend de quelqu'un, c'est de ce bon président, *et si vous n'en sortez, vous en devez sortir* (1), maître Jean Broë. Mais qu'est-ce donc que la cour, où des mots comme ceux-là soulèvent, font explosion ! et quelle condition que celle des souverains entourés, dès le berceau, de pareilles gens ! Pauvre enfant ! O mon fils, né le même jour, que ton sort est plus heureux ! Tu entendras le vrai ; vivras avec les hommes ; tu connaîtras qui t'aime ; ni fourbes, ni flatteurs n'approcheront de toi.

Après l'avocat-général, Me Berville parla pour son client, et dit :

MESSIEURS LES JURÉS,

Si, revêtus du ministère de la parole sacrée, vous

---

(1) Boileau.

veniez annoncer aux hommes les vérités de la morale, on ne vous verrait point, sans doute, timides censeurs, faciles moralistes, composer avec la corruption et dégrader, par des ménagements prévaricateurs, votre auguste caractère. Vous sauriez vous armer, pour remplir vos devoirs, d'indépendance et d'austérité. La haine du vice ne se cacherait point sous les frivoles délicatesses d'un langage adulateur; vos paroles, animées d'une vertueuse énergie, lanceraient tour-à-tour sur les hommes dépravés les foudres de l'indignation et les traits pénétrants du sarcasme. Vous n'iriez point contrister le pauvre, alarmer la conscience du faible, et baisser devant le vice puissant un œil indignement respectueux; mais votre voix, généreuse autant que sévère, flétrirait jusque sous la pourpre les bassesses de la flatterie et la corruption des cours. Faudrait-il vous applaudir ou vous plaindre? Je sais quel prix vous serait dû : sais-je quel prix vous serait réservé? Seriez-vous offerts à l'estime publique en apôtres des mœurs et de la vérité? Seriez-vous traduits en criminels devant la cour d'assises?

Qu'a fait de plus l'auteur que je défends? A l'exemple des écrivains les plus austères, il a opposé aux vices brillants des cours la simplicité des vertus rustiques; on a pris contre lui la défense des cours : il s'est indigné contre des scandales; on s'est scandalisé de son indignation : il a plaidé la cause de la morale publiquement outragée; on l'accuse d'avoir outragé la morale publique.

Je ne dois point vous dissimuler, Messieurs les Jurés, l'embarras extrême que j'ai éprouvé lorsqu'il s'est agi de préparer la défense de cette cause. Ordinairement, l'expérience des doctrines du ministère public, que nous partageons rarement, mais que du moins nous avons appris à connaître, nous permet de prévoir, en quelque façon, le système de l'accusation, d'en démêler l'erreur et de méditer nos réponses. Ici, je l'avoue, j'ai vainement cherché à deviner le système du ministère accusateur ; il m'a été impossible de concevoir par quels arguments, je ne dis pas raisonnables, mais du moins soutenables, on pourrait trouver dans les pages incriminées un délit d'*outrage à la morale publique*, et l'accusation doit, à l'excès même de son absurdité, l'avantage de surprendre son adversaire et de le trouver désarmé,

Soyons justes, toutefois, et, après avoir écouté l'orateur du ministère public, reconnaissons que l'embarras de l'accusation a dû surpasser encore l'embarras de la défense. Vous en pouvez juger par le soin avec lequel on a constamment évité d'aborder la question. Vous avez imaginé, sans doute, que, dans une accusation d'*outrage à la morale publique*, on allait commencer par définir *la morale publique*; et puis expliquer comment l'auteur l'avait outragée. Point du tout. Vous avez entendu de nombreux mouvements oratoires ; d'éloquentes amplifications sur le clergé, sur la noblesse, sur François Ier, sur Louis XIV, sur le duc de Bordeaux, sur Chambord ; des personnalités amères (et beaucoup trop amères) contre l'écrivain inculpé..... mais de la *morale publique*, pas un mot : tout se trouve traité dans le réquisitoire du ministère accusateur, hormis l'accusation.

Ainsi, je me félicitais d'avoir enfin à défendre, en

matière de délits de la presse, une cause étrangère à la politique. « Du moins, me disais-je, je ne serai plus condamné à traiter ces questions si délicates, que l'on n'aborde qu'avec inquiétude, que l'on ne discute jamais avec une entière liberté. Je n'aurai plus à redouter dans mes juges la dissidence des opinions, l'influence des préventions politiques. Tout le monde est d'accord sur les principes de la morale ; nous parlerons, le ministère public et moi, un langage commun, que toutes les opinions pourront comprendre et juger..... »

Et voilà qu'on nous fait une morale politique ! Voilà qu'on s'efforce encore, dans une cause où la politique n'a rien à démêler, de parler aux passions politiques ! On commence par reprocher à M. Courier d'avoir dit irrespectueusement, en parlant du duc de Bordeaux, que *son* MÉTIER *est de régner un jour,* et d'avoir employé d'autres expressions également familières ; sans songer que c'est un villageois que l'auteur a mis en scène, et que le langage d'un villageois ne peut pas être celui d'un académicien ! On lui impute à crime d'*avoir traité un pareil sujet sans dire un seul mot de l'auguste naissance du jeune prince;* de sorte que désormais les écrivains devront répondre à la justice, non seulement de ce qu'ils auront dit, mais encore de ce qu'ils n'auront pas dit ! Enfin, par une réflexion un peu tardive, on reconnaît que ce n'est pas là l'objet de l'accusation ; et cependant on a cru pouvoir se permettre d'en faire un sujet d'accusation !

Vous le voyez, Messieurs les Jurés, la marche incertaine de l'accusation trahit à chaque pas sa faiblesse et sa nullité. Aux définitions, qu'on n'ose donner, on substitue des lieux-communs oratoires; à défaut de la raison qu'on ne peut convaincre, on cherche à soulever les passions; au délit de la loi, qu'on ne peut établir, on s'efforce de substituer le délit d'opinion.

Ce n'est point ainsi que procédera la defense; tout, chez elle, sera clair et précis. Mais avant d'aborder la discussion relative à l'écrit, qu'il nous soit permis de rappeler les considérations personnelles à l'écrivain. Ces considérations ne sont pas indifférentes. Dans les délits purement politiques, la criminalité peut, jusqu'à certain point, être indépendante du caractère de l'auteur : la passion, l'erreur, le préjugé peuvent faire d'un honnête homme, un citoyen coupable : mais l'auteur d'un *outrage à la morale publique* est nécessairement un homme immoral : il y a incompatibilité entre la moralité de la conduite et l'immoralité des principes, et justifier l'auteur, c'est déjà justifier l'ouvrage.

Paul-Louis Courier, l'un de nos savants les plus estimés et de nos plus spirituels écrivains, entra, au sortis de ses études, dans le corps du génie militaire. Officier d'artillerie, distingué par ses talents, il pouvait fournir une carrière brillante : mais, lorsqu'il vit le chef de l'armée envahir le pouvoir et dévorer la liberté, il refusa de servir la tyrannie; il s'éloigna. Retiré à la campagne, il partagea ses journées entre les utiles travaux de l'agriculture et les nobles travaux des lettres et des arts. Gendre d'un helléniste célèbre (1), il marcha sur ses traces avec honneur; nous devons à ses recherches le complément de l'un des précieux monuments de la littérature ancienne: l'ouvrage de Longus offrait une lacune importante; M. Courier, dans un manuscrit vainement exploré par d'autres mains, découvrit le passage jusqu'alors inconnu, et donna un nouveau prix à sa découverte par l'habileté avec laquelle, imitant le vieux style et les grâces naïves d'Amyot, il compléta la traduction en même temps que l'original. Ce succès eut pour lui des suites assez fâcheuses: par un bizarre effet de la fatalité qui semble le poursuivre, l'auteur qu'on accuse aujourd'hui pour un écrit moral, fut alors persécuté à l'occasion d'un *roman pastoral*. Sa fermeté triompha de la persécution. Depuis ce temps, retiré à la campagne, cultivateur laborieux, père, époux, citoyen estimable, il a constamment vécu loin de la capitale, étranger aux partis, quelquefois persécuté, jamais persécuteur; refusant, pour garder son indépendance, les places qu'on lui offrit plus d'une fois; se délassant, par l'étude des lettres, de ses travaux agricoles, et ne tirant aucun profit de ses ouvrages, que les applaudissements du public et l'estime des juges éclairés. C'est là qu'il s'occupait encore d'un nouveau travail, honorable pour sa patrie, lorsqu'une accusation, bien imprévue sans doute, est venue l'arracher à ses études, à ses champs, à sa famille: étrange récompense des hommes qui font la gloire de leur pays!

---

(1) M. Clavier, de l'Institut.

Voilà l'écrivain *immoral* que l'on traduit devant vous ! voilà le *libelliste* qu'on signale à votre indignation ! Certes, il conviendrait que l'accusation y regardât à deux fois, avant de s'attaquer à de tels hommes.

Par quelle inconcevable fatalité tout ce qu'il y a de plus honorable dans la littérature française, semble-t-il successivement appelé à siéger sur le banc des accusés ? Tour-à-tour le spirituel rédacteur de la correspondance administrative et l'ingénieux *Ermite de la Chaussée d'Antin,* l'auteur des *deux Gendres* et l'auteur des *Délateurs,* ont porté sur ce banc leurs lauriers, les Bergasses et les Lacretelle leurs cheveux blancs, l'archevêque de Malines sa toge épiscopale, le peintre de Marius ses longues infortunes. La cour d'assises semble être devenue une succursale de l'académie française... Messieurs, cette exhubérance de poursuites, cette succession d'attaques, non pas contre d'obscurs pamphlétaires, mais contre les plus distingués de nos écrivains ; cette guerre déclarée par le ministère public à la partie la plus éclairée de la nation française, révèle nécessairement une erreur fondamentale dans les doctrines de l'accusation. Lorsqu'en dépit des persécutions, des emprisonnements, des amendes, les meilleurs esprits s'obstinent à comprendre la loi, à user de la loi dans un sens opposé au pouvoir qui les accuse, il est évident que ce pouvoir entend mal la loi, et se fait illusion par un faux système. Cette erreur, involontaire sans doute, le ministère public nous saura gré de la lui signaler. Elle consiste à considérer comme coupable, non ce qui est qualifié délit par la loi, mais ce qui déplaît aux organes de l'accusation ; sans réfléchir que la liberté de la presse n'est pas la liberté de dire ce qui plaît au pouvoir, mais ce qui peut lui déplaire. Une proposition nous blesse ; nous commençons par poser en principe qu'il faut mettre l'auteur en jugement. Ensuite, comme pour mettre un homme en jugement il faut bien s'appuyer sur un texte de loi, nous cherchons dans la loi pénale quelque texte qui puisse, tant bien que mal, s'ajuster à l'écrit en question. Les uns sont trop précis, il n'y a pas moyen d'en faire usage : d'autres sont rédigés d'une manière plus vague, et par conséquent plus élastique ; on s'en empare, et c'est ainsi que, dans les procès de la presse, nous voyons revenir sans cesse ces accusations banales *d'attaque contre l'autorité constitutionnelle du Roi et des Chambres, de provocation à la désobéissance aux lois, d'outrages à la morale publique.*

Voilà précisément ce qui est arrivé dans le procès de M. Courier. On ne l'accusait pas seulement, dans le principe d'*outrage à la morale publique* : d'autres textes avaient été essayés : mais leur rédaction, trop précise, n'a pas permis de s'en servir ; il a fallu les abandonner. L'*outrage à la morale publique* est resté seul, parce que le sens de ces termes, fixé, à la vérité, aux yeux des jurisconsultes, offre pourtant, aux personnes qui n'ont point étudié la législation, une sorte de latitude et d'arbitraire dont l'accusation peut profiter.

Aussi, remarquez avec quel soin l'accusation a évité de définir *la morale publique*. En bonne logique, pourtant, c'est par cette définition qu'elle aurait dû commencer : la première chose à faire, quand on signale un délit, c'est d'expliquer en quoi consiste le délit; et c'est la première chose que l'accusation ait onbliée ! Cela s'explique facilement : son intérêt est d'éluder les définitions afin que le vague qui peut exister dans la loi favorise l'extension illimitée qu'elle cherche à leur donner. Nous, dont l'intérêt, au contraire, est de tout éclaircir, nous suivrons une marche opposée, et nous nous demanderons, avant d'entrer dans la discussion, ce que la loi entend par le délit d'*outrages à la morale publique*.

Pourquoi lisons-nous dans la loi ces mots : *outrages à la morale* PUBLIQUE? Pourquoi le législateur n'a-t-il pas dit simplement : *les outrages à la morale ?* Que signifie cette épithète (*publique*) qu'il a cru devoir ajouter ?

Messieurs, il faut le reconnaître : ces expressions sont un avertissement donné par le législateur aux fonctionnaires chargés de poursuivre les délits; un avertissement de ne point intenter d'accusations téméraires, de ne point faire du code pénal le vengeur de leurs doctrines personnelles, de ne point voir une infraction dans ce qui pourrait contrarier leurs opinions *particulières*. La morale du législateur n'est point la morale d'un homme, d'une secte, d'une école; c'est cette morale absolue, universelle, immuable; contemporaine de la société elle-même, toujours constante au milieu des vicissitudes sociales, émanée de la Divinité, et supérieure à toutes les opinions humaines; qui n'est point de réflexion mais de sentiment, point de raisonnement mais d'inspiration; qu'on ne trouve point autre à Paris, autre à Philadelphie. C'est cette morale qui sanctionne la foi des engagements, consacre la couche conjugale, unit par un lien sacré les pères et les enfants ; c'est elle qui flétrit le mensonge, le larcin, le meurtre, l'impudicité : c'est celle-là seule qui prend le nom de morale *publique*, parce que, fondée sur l'assentiment de tous les hommes, elle a son témoignage, sa garantie dans la conscience *publique*.

Quel est donc l'écrivain qui outrage la morale publique ? C'est celui qui ose mentir à l'honnêteté naturelle, à la conscience universelle ; celui dont le langage soulève dans tous les cœurs le mépris et l'indignation. N'allez point chercher ailleurs les caractères d'un tel délit. Ici, toute argumentation est vaine : le cri de la conscience outragée, voilà le témoignage que l'accusation doit invoquer : c'est la voix du genre humain qui doit prononcer la condamnation.

Si l'écrit qui vous est déféré outrageait en effet la morale publique, vous n'eussiez point supporté de sang froid la lecture des passages inculpés. Vos murmures auraient à l'instant même révélé votre horreur et votre indignation : un cri de réprobation se serait élevé parmi vous : vos regards se seraient détournés avec dégoût de l'auteur immoral, et votre conscience n'aurait pas attendu pour se soulever les syllogismes d'un orateur.

Est-ce là, j'ose vous le demander, l'impression qu'a produite sur vos esprits la lecture de l'ouvrage ? Avez-vous ressenti du dégoût de l'indignation ? de l'horreur excitée par l'écrit, avez-vous passé au mépris pour l'auteur ? Non, je ne crains pas de le proclamer devant vous-mêmes ; non, telle n'est point l'impression que vous avez éprouvée. Je pose en fait qu'il n'est point dans cette enceinte un seul homme, je n'en excepte pas même l'orateur de l'accusation, qui, au sortir de cette audience, refusât de se trouver dans le même salon avec l'écrivain qu'on accuse ; qui n'y conduisît ses enfants ; qui ne s'honorât d'une telle société. Condamnez maintenant l'écrivain immoral et scandaleux!

Non, ce n'est pas contre des écrits tels que celui qui nous occupe qu'est dirigé la sévérité des lois. Les lois ont voulu frapper ces auteurs infâmes qui se jouent de ce qu'il y a de plus sacré, et dont les pages révoltantes font frémir à la fois la pudeur et la nature. C'est contre ces écrits monstrueux que le législateur s'est armé d'une juste rigueur ; c'est contre eux qu'il a voulu donner des garanties à la société ; et qu'il me soit permis de m'étonner que ses intentions aient pu être méconnues au point de traduire un père de famille estimable, un écrivain distingué, un citoyen honorable, sur le banc préparé pour les de Sades et pour les Arétins.

C'est en vain que, dans un discours travaillé avec un art digne d'une meilleure cause, on a cherché à vous faire illusion sur vos propres impressions, à déguiser sous l'éclat des ornements oratoires la nullité de l'accusation. Que signifient, dans une accusation d'*outrage à la morale publique,* ces argumentations, ces insinuations artificieuses, ces inductions subtiles, ces déclamations éloquentes ? Quoi! la morale publique est outragée, et il faut que le ministère public vous en fasse apercevoir! Quoi! la morale publique est outragée, et il faut que l'élégante indignation un orateur vienne vous avertir de vous indigner! Ah! la discussion du ministère public prouve du moins une chose, c'est que, puisqu'il est besoin de discuter pour établir l'outrage à la morale publique, il n'existe point d'outrage à la morale publique.

Toutefois, examinons cette discussion elle-même; et puisqu'on vous a parlé du caractère de l'ouvrage et du caractère particulier des passages attaqués, suivons l'accusation dans la double carrière qu'elle s'est tracée.

Considéré dans son caractère général, l'écrit de M. Courier est, je ne crains pas d'en convenir, une critique de la souscription de Chambord. L'acquisition de ce domaine lui paraît *une mauvaise affaire* pour le prince, pour le pays, pour Chambord même.

Pour le Prince : Ce n'est pas lui qui en profitera; ce seront les courtisans : ce sacrifice imposé aux communes en son nom, affaiblira l'affection dont il a besoin pour régner : enfin, le séjour de Chambord, plein de souvenirs funestes pour les mœurs, pourra corrompre sa jeunesse.

Pour le pays : La cour viendra l'habiter ; les fortunes des habitants, leur innocence, pourront souffrir de ce dangereux voisinage.

Pour Chambord : Douze mille arpents de terre rendus à la culture, vaudraient mieux que douze mille arpents consacrés à un parc de luxe.

Certes, il serait difficile de trouver dans ces idées générales rien de contraire à la morale publique. La dernière est une vue d'économie politique que je crois très-juste, et qui, dans tous les cas, n'a rien à démêler avec la morale ; les deux premières sont, au contraire, conformes aux principes de la morale la plus pure.

En conséquence de ces réflexions, M. Courier blâme l'opération de Chambord : il la croit inspirée moins par l'amour du prince et de son auguste famille, que par la flatterie et par des vues d'intérêt personnel. A cette occasion, il s'élève, au nom de la morale, contre l'esprit d'adulation et contre la licence des cours.

Et ce qu'il y a de remarquable, c'est que les considérations présentées par M. Courier contre la souscription de Chambord se retrouvent, en grande partie, dans le rapport soumis à S. M. par le ministre de l'intérieur (1).

M. Courier craint que ce présent ne soit plus onéreux que profitable au jeune prince. — Le ministre avait dit « qu'on a exprimé le désir de la conserva-« tion de Chambord *sans songer à ce qu'elle coûtera* » *de réparations foncières et d'entretien, à toutes les* » *dépenses* qu'exigeront son ameublement et son ha-» bitation. »

M. Courier se demande si ce sont les communes qui ont conçu la pensée d'acheter Chambord pour le prince. « Non pas, répond-il, les nôtres, que je » sache, de ce côté-ci de la Loire; mais celles-là » peut-être qui ont logé deux fois les cosaques..... » Là, naturellement on s'occupe d'acheter des châ-» teaux pour les princes, et puis on songe à refaire » son toît et ses foyers. » Le ministre avait dit, pres-

---

(1) Voir le *Journal de Paris* du 31 décembre 1820.

que dans les mêmes termes : « Les conseils qui ont
» voté l'acquisition de Chambord n'ont point été ar-
» rêtés *par les embarras de finances qu'éprouvent*
» PRESQUE TOUTES *les communes*, les unes *épuisées*
» par la suite DES GUERRES, PAR L'INVASION ET LE
» LONG SÉJOUR DES ÉTRANGERS ; les autres apauvries
» par *les fléaux du ciel, la grêle, les gelées, les inon-*
» *dations, les incendies ;* obligées *la plupart* de re-
» courir *à des impositions extraordinaires* pour ac-
» quitter LES CHARGES COURANTES DE LEURS DETTES.
» Dans d'autres circonstances, l'administration de-
» vrait examiner pour chaque commune *si les*
» *moyens répondent à son zèle.*

» Nous allons, dit M. Courier, nous gêner et
» augmenter nos dettes pour lui donner (au prince)
» une chose DONT IL N'A PAS BESOIN.

» Il n'appartiendrait qu'à V. M., avait dit le mi-
» nistre, de refuser, au nom de son auguste pupille,
» un présent DONT IL N'A PAS BESOIN. *Assez de châ-*
» *teaux seront un jour à sa disposition,* et ce sont les
» chambres qui auront à composer, au nom de la
» nation son apanage. »

M. Courier paraît craindre que les offrandes ne
soient pas toujours suffisamment libres et sponta-
nées. Le ministre avait conçu les mêmes craintes :
« Le don du pauvre, avait-il dit, mérite d'être ac-
» cueilli comme le tribut du riche, *mais il ne faut*
» *pas le demander.* IL SERAIT A CRAINDRE qu'on ne
» vît une sorte de CONTRAINTE dans une invitation
» solennelle, venue de si haut, AU NOM D'UNE RÉU-
» NION DE PERSONNAGES IMPORTANTS qui s'occupe-
» raient à donner une si vive impulsion à tous les

» administrés. Des dons qui ne sont acceptables que
» parce qu'ils sont spontanés *paraîtraient peut-être*
» *commandés par des considérations* qui doivent
» être étrangères à des sentiments dont l'expression
» n'aura plus de mérite, si elle n'est entièrement li-
» bre. »

En critiquant l'acquisition de Chambord, M. Courier n'a donc rien dit qui ne soit permis, qui ne soit plausible, qui ne soit conforme aux observations du ministre lui-même.

— *N'importe : il a voulu arrêter l'élan généreux des Français : il a voulu s'opposer à l'allégresse publique......*

Quoi donc, blâmer un témoignage d'allégresse inconvenant ou intéressé, est-ce blâmer l'allégresse elle-même ? Parce qu'un non sacré aura servi de voile à un acte imprudent ou blâmable, cet acte deviendra-t-il également sacré ? Pour moi, s'il faut le dire, je crois qu'il était beaucoup d'autres manières plus convenables d'honorer la naissance du duc de Bordeaux. Je ne parle point ici de ces bruits trop fâcheux qui se sont répandus sur l'origine de cette souscription et sur les moyens employés pour faire souscrire : je ne veux ni les écouter, ni les répéter. Mais ces dons d'argent, de terres, de châteaux, adressés à l'héritier d'un trône, ces présents qu'on fait offrir au riche par le pauvre, par des communes épuisées, au neveu d'un roi de France, s'accordent mal dans mon esprit, avec la délicatesse qui doit présider aux hommages rendus par des Français à leurs princes. Je ne puis, d'ailleurs, oublier que naguères on faisait offrir aussi, par les communes, des adresses, des chevaux, des soldats, à l'homme qui avait usurpé la liberté publique, et j'aurais désiré, je l'avoue, que l'héritier d'un pouvoir légitime fût honoré d'une autre manière que le ravisseur d'un pouvoir absolu.

Croyez-moi, Messieurs, il est pour les princes des hommages plus délicats et plus purs, que l'adulation ne saurait contrefaire, et que la tyrannie ne saurait usurper. Ce sont ces pleurs d'allégresse qu'on verse à leur aspect, ces vœux d'un peuple accouru sur leur passage; ce sont les joies du pauvre, les actions de grâces du laboureur, les bénédictions des mères de familles. Voilà les hommages que le peuple français rendait à Henri IV ; voilà ceux que ses descendants vous demandent, et non ces tributs mendiés qu'on ne refusa jamais à la puissance. Les princes français ne ressemblent point à ces despotes de l'Orient que la prière n'ose aborder qu'un présent à la main, et loin d'obliger la pauvreté à doter leur opulence, ils consacrent leur opulence à soulager la pauvreté.

M. Courier a donc pu, non seulement sans être coupable, mais sans manquer aux convenances les plus sévères, voir, dans la souscription de Chambord, un acte de flatterie ou une spéculation intéressée. Il a pu blâmer cet hommage indiscret et suspect, qui compromet, sous prétexte de l'honorer, tout ce qu'il y a de plus élevé et de plus respectable ; et celui-là peut-être avait quelque droit de s'élever contre la flatterie, qui, sous aucun pouvoir, ne fut aperçu parmi les flatteurs.

Si l'esprit général de l'ouvrage est irréprochable, les détails en sont-ils criminels ? Examinons les passages sur lesquels le ministère public a fondé son accusation.

Maintenant que nous avons fait connaître l'idée que la loi attache à l'expression *de morale publique*, vous aurez peine peut-être à vous empêcher de sourire, en écoutant la lecture de ces passages. La plupart ont si peu de rapport à la morale publique, qu'on se demande par quel étrange renversement des notions les plus communes, l'accusation a pu rapprocher deux idées d'une nature si différente.

Ainsi, M. Courier veut prouver que le don de Chambord ne profitera pas au prince, mais aux courtisans. Après une sortie assez vive contre les flatteurs, il cite le trait de ce courtisan qui disait au prince, son élève, *tout ce peuple est à vous;* puis il ajoute : « Ce qui, dans la langue des courtisans, vou-
» lait dire : tout est pour nous. *Car la cour donne*
» *tout aux princes comme les prêtres donnent tout à*
» *Dieu ; et ces domaines, ces apanages, ces listes ci-*
» *viles, ces budgets, ne sont guères autrement pour le*
» *Roi que le revenu des abbayes n'est pour Jésus-*
» *Christ. Achetez, donnez Chambord : c'est la cour*
» *qui le mangera ; le prince n'en sera ni pis ni*
» *mieux.* »

N'est-il pas déplorable que l'on soit réduit à justifier devant les tribunaux un pareil langage! Quoi! désormais on ne pourra plus dire, sans se faire une affaire avec la justice, que les courtisans font souvent servir l'auguste nom du prince, les prêtres, le nom sacré de Dieu à leur intérêt personnel! Quoi! cette vérité de morale, devenue triviale à force d'explications, va devenir un délit digne de la prison! *Mais vous outragez les prêtres!* Mais il ne s'agit point d'outrages aux prêtres ; vous m'accusez d'outrages à la morale publique ; prouvez que j'ai outragé la morale publique. *Mais outrager une généralité d'individus, c'est outrager la morale publique.* Vraiment? A ce compte, je plains nos auteurs comiques. Désormais il ne leur sera plus permis de dire, sous peine d'amende, que les médecins tuent leurs malades, que les cabaretiers sont fripons, que les femmes sont indiscrètes, et (puisqu'enfin il faut s'exécuter) que les avocats sont bavards. Au surplus, qu'à dit l'auteur à l'égard du clergé, que le respectable abbé Fleury, que Massillon, que tant d'autres écrivains non moins graves, n'aient dit avant lui et n'aient dit quelquefois d'une manière beaucoup plus sévère? *Mais c'est calomnier le malheur.....* Le malheur? Vous oubliez que le clergé figure pour vingt-cinq millions au budget de l'état. Ce sont sans doute, des fonds très-bien employés ; nous ne le contestons pas : mais lorsque cet emploi existe, ne venez donc pas nous parler de *malheur*, même pour en tirer un effet d'éloquence. Laissons-là les lieux communs oratoires, et revenons toujours à l'unique question du procès : ai-je outragé la morale publique? ai-je fait l'apologie du vice? ai-je attaqué les bases de nos devoirs?

Je viens au second passage : « Ah! dit M. Courier,
» si au lieu de Chambord pour le duc de Bordeaux,
» on nous parlait de payer sa pension au collége (et
» plût à Dieu qu'il fût en âge et que je pusse l'y voir
» de mes yeux), s'il était question de cela, de bon
» cœur j'y consentirais et voterais ce qu'on voudrait,
» dût-il m'en coûter ma meilleure coupe de sainfoin...

» *Mais à Chambord, qu'apprendra-t-il? Ce que*
» *peuvent enseigner Chambord et la cour. Là, tout*
» *est plein de ses aïeux ; pour cela précisément, je ne*
» *l'y trouve pas bien, et j'aimerais mieux qu'il vécut*
» *avec nous qu'avec ses ancêtres.* »

Il faut assurément être doué d'une admirable sagacité pour découvrir dans ces paroles un outrage à la morale publique. Pour moi, je l'avoue, j'aurais cru, dans ma simplicité, qu'ici l'auteur, loin d'offenser la morale, parlait en bon et sage moraliste. Oh! s'il était venu nous vanter les mœurs des cours, nous les offrir en exemple, nous inviter à les imiter, je conçois qu'alors on pourrait l'accuser d'avoir outragé la morale; mais il a fait précisément le contraire. Ces mœurs dissolues et scandaleuses, il les a censurées; il a voulu arracher un jeune prince à leur contagion; et c'est lui, c'est le défenseur des mœurs que vous accusez d'avoir offensé les mœurs! et c'est au censeur des cours que vous venez reprocher l'immoralité de ses doctrines!

Ah! si c'est un crime à vos yeux de médire de la cour, faites donc le procès à tout ce que la France compte d'écrivains célèbres. Condamnez l'immortel auteur de l'*Esprit des lois*. Que direz-vous en effet des couleurs dont il ose tracer le tableau des cours?
« L'ambition dans l'oisiveté, la bassesse dans l'or-
» gueil, *le désir de s'enrichir sans travail*, l'aversion
» pour la vérité; *la flatterie*, la trahison, la perfidie,
» l'abandon de tous ses engagements, le mépris des
» devoirs du citoyen; *la crainte de la vertu du prince*,
» L'ESPÉRANCE DE SES FAIBLESSES, et plus que tout
» cela *le ridicule perpétuel jeté sur la vertu*, forment,

» je crois, le caractère du plus grand nombre des
» courtisans, marqué *dans tous les lieux* et *dans tous*
» *les temps.* »

Mais peut-être récusera-t-on l'autorité de Montesquieu, c'est un auteur profane, c'est un philosophe..... Eh bien ! écoutons un père de l'église, écoucoutons Massillon :

« Que de bassesses pour parvenir ! Il faut paraître,
» non pas tel qu'on est, mais tel qu'on nous souhaite.
» Bassesse d'adulation, on encense et on adore l'idole
» qu'on méprise ; bassesse de lâcheté, il faut essuyer
» des dégoûts, dévorer des rebuts, et les recevoir
» presque comme des grâces ; bassesse de dissimula-
» tion, point de sentiments à soi, et ne penser que
» d'après les autres ; bassesse *de déréglement, devenir*
» *les complices et peut-être les* MINISTRES *des pas-*
» *sions de ceux de qui nous dépendons*..... Ce n'est
» point là une peinture imaginée ; *ce sont les mœurs*
» *des cours,* ET L'HISTOIRE DE LA PLUPART DE CEUX
» QUI Y VIVENT.... »

»....... Le peuple regarde comme un bon air de
» marcher sur vos traces ; la ville croit se faire honneur en prenant tout le mauvais de la cour ; *vos*
» *mœurs forment un poison* qui gagne les peuples et
» les provinces, qui infecte tous les états, *qui change*
» *les mœurs publiques,* qui donne *à la licence* un air
» de noblesse et de bon goût, et qui susbtitue à la
» simplicité de nos pères et à l'innocence des mœurs
» anciennes la nouveauté de vos plaisirs, de votre
» luxe, de vos profusions *et de vos indécences profa-*
» *nes.* (C'est-là précisément ce qu'à dit M. Courier.)
» Ainsi, c'est de vous que passent jusque dans le peu-
» ple les modes immodestes, la vanité des parures, les

» artifices qui déshonorent un visage où la pudeur
» toute seule devrait être peinte, la fureur des jeux,
» *la facilité des mœurs, la licence des entretiens, la*
» *liberté des passions* ET TOUTE LA CORRUPTION DE
» NOS SIÈCLES. »

Messieurs, c'était aussi pour conserver l'innocence d'un prince enfant, du dernier rejeton d'une race royale, que Massillon élevait sa voix éloquente. Il est triste de penser que, si Massillon vivait encore, il se verrait probablement traduit sur les bancs d'une cour d'assises!.....

Au surplus ce n'est point une assertion sèche et dénuée de preuves que l'auteur vous présente. Il ne s'est pas borné à censurer les mœurs de la cour : il a justifié sa censure par des faits ; sa critique n'est que la conséquence forcée de ces faits ; avant d'attaquer la conséquence, prouvez que les faits sont controuvés.

Voici la triple alternative que je présente à l'accusation. Ou vous niez, lui dirai-je, les faits rapportés dans l'écrit ; et alors, les monuments historiques sont là pour vous confondre : ou vous les avouez, mais vous en faites l'apologie ; et alors, c'est vous-même qui outragez la morale publique : ou vous les avouez et les condamnez, et vous prétendez cependant que j'aurais dû les taire, parce que les coupables ont siégé sur le trône ou près du trône ; et alors, c'est encore au nom de la morale publique que je m'élève contre vous : c'est au nom de la morale publique que je repousse cette doctrine honteuse. Quoi ! des désordres coupables auront été commis, et l'histoire, l'institutrice des peuples et des rois, devra garder le silence ! Quoi !

l'adultère aura souillé les palais, et vous me commanderez, au nom des mœurs, respect pour l'adultère ! Il y aura des vices privilégiés ! Des scandales auront un brevet d'impunité, et si, à l'aspect des mœurs outragés, je laisse éclater mon indignation, c'est mon indignation qui sera criminelle ; c'est moi qui aurai outragé les mœurs !

Messieurs, l'Égypte honorait ses rois, mais elle jugeait leur cendre, et le jugement des morts était la leçon des vivants et de la postérité.

Que signifie cette distinction qu'on s'est efforcé d'établir entre l'histoire et d'autres écrits ? La vérité a-t-elle, pour se montrer, des formes privilégiées ! Existe-t-il un genre d'ouvrages dans lesquels la vérité soit criminelle ?

C'est, il faut le dire, c'est la première fois qu'on voit un écrivain traduit devant les tribunaux pour avoir rapporté des faits dont on ne conteste point la sincérité ! C'est la première fois que l'accusation vient nous tenir cet étrange langage : *cela est vrai, mais vous ne deviez pas le dire.* Nous avons vu incriminer des doctrines, condamner des opinions ; il nous restait à voir accuser des souvenirs historiques ; il nous manquait de voir traîner la vérité devant la cour d'assises !

C'est, dites-vous, *attenter à la gloire nationale ; c'est dépouiller la nation de son plus riche patrimoine.*

Ce ne serait plus alors qu'une simple question d'amour-propre national, et non plus une question de morale publique.

Mais est-ce donc flétrir la nation que de flétrir les

vices de quelques hommes dont les noms figurent dans notre histoire? Une nation est-elle solidaire pour tous les individus qui la composent? Le patrimoine de l'honneur national se compose-t-il des vices ou des crimes dont elle a été le témoin? Vous nous reprochez d'avoir attenté à la gloire nationale? Ai-je donc essayé d'avilir les trophées de Fontenoi, les vertus de Sully, les lauriers de Racine? Voilà le patrimoine de l'honneur national: la France peut revendiquer la solidarité de la gloire; elle ne revendiquera jamais la solidarité de la honte.

On a plus vivement encore insisté sur le troisième chef d'accusation. Suivons le ministère public sur ce nouveau terrain.

M. Courier s'attache à prouver, comme nous l'avons vu, que le voisinage de la cour est dangereux pour les simples habitants de la campagne. Une des choses qu'il redoute le plus dans ce voisinage, c'est la contagion des mauvaises mœurs. Voici, à cet égard, comme il s'exprime:

« Sachez qu'il n'y a pas en France une seule fa-
» mille noble, mais je dis noble de race et d'antique
» origine, qui ne doive sa fortune aux femmes; vous
» m'entendez. Les femmes ont fait les grandes mai-
» sons; ce n'est pas, comme vous croyez bien, en cou-
» sant les chemises de leurs époux, ni en allaitant leurs
» enfants. Ce que nous appelons, nous autres honnête
» femme, mère de famille, à quoi nous attachons tant
» de prix, trésor pour nous, serait la ruine du courti-
» san. Que voudriez-vous qu'il fît d'une dame *honesta*,
» sans amants, sans intrigues, qui, sous pré-
» texte de vertu, claquemurée dans son ménage, s'at-

» tacherait à son mari ? Le pauvre homme verrait
» pleuvoir les grâces autour de lui, et n'attraperait ja-
» mais rien. De la fortune des familles nobles il en
» paraît bien d'autres causes, telles que le pillage, les
» concussions, l'assassinat, les proscriptions, et surtout
» les confiscations. Mais qu'on y regarde, on verra
» qu'aucun de ces moyens n'eût pu être mis en œuvre
» sans la faveur d'un grand, obtenue par quelque
» femme. Car, pour piller, il faut avoir commande-
» ments, gouvernements, qui ne s'obtiennent que par
» les femmes ; et ce n'était pas tout d'assassiner Jac-
» ques Cœur ou le marchéchal d'Ancre, il fallait, pour
» avoir leurs biens, le bon plaisir, l'agrément du roi,
» c'est-à-dire, des femmes qui gouvernaient alors le
» roi ou son ministre. Les dépouilles des huguenots,
» des frondeurs, des traitants, autres faveurs, bienfaits
» qui coulaient, se répandaient par les mêmes canaux
» aussi purs que la source. Bref, comme il n'est, ne
» fut, ni ne sera jamais, pour nous autres vilains,
» qu'un moyen de fortune, c'est le travail ; pour la
» noblesse non plus il n'y en a qu'un, et c'est........
» c'est la prostitution, puisqu'il faut, mes amis, l'ap-
» peler par son nom. »

Laissant de côté tous les commentaires plus ou moins infidèles qu'on a faits sur ce passage, et le réduisant à son expression la plus simple, qu'y découvrons-nous ? Cette proposition fondamentale, et dont le passage entier n'est qu'un développement: « Que les mœurs des courtisans sont corrompues. » J'aurais difficilement imaginé que cette proposition fût outrageante pour la morale publique, et que les mœurs des cours dussent être pour nous un objet de vénération. Depuis quand n'est-il donc plus permis de dire, d'une manière générale, que tel vice, tel défaut, tel genre de dépravation règne dans telle classe de la société ?

Ici, j'interpelle encore l'accusation. Niez vous les faits ? J'offre de les prouver. Les avouez-vous ? J'ai donc eu raison d'avancer ce que j'ai avancé.

Expliquez-vous enfin d'une manière cathégorique. Est-ce pour avoir controuvé des faits que vous m'accusez ? Ce n'est plus qu'une question de vérité historique ; nous pouvons la décider avec des autorités. M'accusez-vous pour avoir dit des vérités fâcheuses à quelques amours-propres ? Alors, je vous demande où est la loi qui condamne la vérité et qui fait du mensonge un devoir de morale publique. Mais du moins expliquez-vous : parlez ; qu'on sache ce que vous voulez, ce que vous prétendez. Niez franchement les faits, ou bien avouez-les franchement, sans vous perdre en vaines déclamations qui ne prouvent rien, si ce n'est votre embarras et votre faiblesse.

Pour moi, je vous dirai que de tout temps l'histotorien, le moraliste, l'écrivain satirique, ont été en possession de censurer les vices généraux, et surtout les vices des cours. Je vous dirai que l'auteur que vous accusez n'a fait que redire, avec moins de force peut-être, ce que mille auteurs estimés avaient dit avant lui. On vous a cité Massillon et Montesquieu ; écoutez maintenant Mézeray et Bassompierre.

Mézeray parle de l'introduction des femmes à la cour. « Du commencement, dit-il, cela eut de fort » bons effets, cet aimable sexe y ayant amené la po-

» litesse et la courtoisie, et donnant de vives pointes
» de générosité aux âmes bien faites. Mais depuis que
» l'*impureté* s'y fut mêlée, et que l'*exemple des plus*
» *grands eût autorisé la corruption*, ce qui était au-
« paravant une belle source d'honneur et de vertu,
» ADVINT UN SALE BOURBIER DE TOUS LES VICES ; *le*
» *déshonneur* SE MIT EN CRÉDIT, LA PROSTITUTION SE
» SAISIT DE LA FAVEUR, on *y entrait*, on *s'y mainte-*
» *nait par ce moyen ;* bref, les charges et les emplois
» se distribuaient à la fantaisie des femmes, et parce
» que d'ordinaire, quand elles sont une fois déréglées,
» elles se portent à l'injustice, aux fourberies, à la
» vengeance et à la malice, avec bien plus d'effron-
» terie que les hommes même, elles furent cause
» qu'il s'introduisit de très-méchantes maximes dans
» le gouvernement, et que l'ancienne candeur gau-
» loise fut rejetée, *encore plus loin que la chasteté.*
» *Cette corruption commença sous le règne de Fran-*
» *çois I, se rendit presque universelle sous celui de*
» *Henri II*, et SE DÉBORDA ENFIN JUSQU'AU DERNIER
» PÉRIODE sous *Charles IX et Henri III.* » Mézeray, Histoire de France, Henri III, tom. 3, p. 446-
447.

Voyons maintenant comment Bassompierre s'exprime sur le compte d'un courtisan. « C'était un
» homme assez mal fait, et il y a lieu de s'étonner
» qu'il ait réussi en ce temps-là, *où l'on ne parvenait*
» *à rien que par les femmes, comme je pense qu'il en*
» *a été* DE TOUT TEMPS, *dans* TOUTES *les cours*, et
» crois que qui voudrait y regarder de bien près, ON
» TROUVERAIT PLUS DE MAISONS QUI SE SONT FAIT
» GRANDES PAR CETTE VOIE QU'AUTREMENT. »

Je pourrais multiplier ces citations à l'infini, il faut se borner; passons à un autre point.

Le dernier chef d'accusation a été soutenu avec moins d'insistance, et si quelque chose m'étonne encore, c'est qu'on ne l'ait pas entièrement abandonné. Vous penserez comme moi, sans doute, quand je l'aurai remis sous vos yeux.

« O vous, législateurs nommés par les préfets, pré-
» venez ce malheur (le morcellement des grandes
» propriétés); faites des lois, empêchez que tout le
» monde ne vive ! ôtez la terre au laboureur et le tra-
» vail à l'artisan, par de bons priviléges, de bonnes
» corporations. Hâtez-vous; l'industrie aux champs
» comme à la ville, envahit tout, chasse partout
» l'antique et noble barbarie. On vous le dit, on
» vous le crie : que tardez-vous encore ? qui vous
» peut retenir ? peuple, patrie, honneur ? lorsque
» vous voyez là emplois, argent, cordons et le baron
» de Frimont. »

Je dois vous le confesser; dans ma simplicité, j'avais imaginé que, par une méprise étrange, mais qui n'est pas plus étrange que le reste de l'accusation, le ministère public avait pris au sérieux les conseils ironiques de l'auteur, et qu'il allait lui reprocher d'avoir engagé les pouvoirs législateurs à faire des lois pour empêcher que tout le monde ne vive, etc., etc... C'est ainsi seulement que je concevais la possibilité d'une accusation d'outrage à la morale publique, et je me promettais de vous désabuser facilement.

Je m'étais trompé : l'accusation a pris une autre marche; et ici, je ne la comprends plus.

S'il s'agissait d'une accusation politique, je la trourais seulement très-mal fondée, mais enfin, je la oncevrais, puisque le passage a trait à la politique : mais c'est une accusation de morale publique qu'on vous présente; or, qu'ont de commun avec la morale publique, le mode d'élection des députés, et la recomposition de la grande propriété?

C'est insulter la nation que de prétendre qu'elle abandonne à ses préfets le choix de ses législateurs? Toujours des reproches étrangers à la question! Mais qu'a donc écrit ici M. Courier, que le gouvernement lui-même n'ait dit cent fois à la tribune? Les ministres ne nous ont-ils pas souvent entretenus de la nécessité de donner au gouvernement de l'influence dans les élections? Et comment le gouvernement exerce-t-il cette influence? Par ses agents, apparemment? Et ces agents, qui sont-ils? dans les départements? Les préfets. Qu'a donc dit M. Courier?

Vous offensez les Chambres, en les supposant disposées à faire des lois pour ôter le pain au laboureur. Encore une accusation étrangère au procès, car nous ne sommes point accusés d'offense envers les Chambres, mais d'outrage à la morale publique.

Je répondrai d'un seul mot : si les Chambres se croyaient offensées, elles avaient droit de rendre plainte et de provoquer des poursuites. Elles ne l'ont pas fait; elles ne se sont donc pas jugées offensées; et vous, vous n'avez pas droit, quand elles gardent le silence, de devancer leur plainte et d'agir sans leur provocation.

Avant de quitter cette discussion, je veux, Messieurs les jurés, vous proposer une épreuve irrécusable pour discerner la vérité de l'erreur, et pour apprécier les charges de l'accusation. Vous n'ignorez pas, et c'est un des plus simples axiomes de la logique, que le contraire d'une proposition fausse et nécessairement une proposition vraie : par la même raison, toute proposition qui outragera la morale publique, aura nécessairement pour contraire une vérité fondamentale de morale publique. Ainsi, qu'un auteur fasse l'apologie du larcin ou du mensonge, vous n'aurez qu'à renverser sa proposition, et vous trouverez que le mensonge, que le larcin sont des actions répréhensibles : ce sont là, en effet, des principes de morale incontestables.

Si, au contraire, la proposition ainsi renversée ne nous donne qu'un sens insignifiant, indifférent ou ridicule, il est évident que la proposition primitive ne renfermait pas d'outrage à la morale publique.

Appliquons aux propositions incriminées cette méthode d'appréciation.

La cour donne tout aux princes ;

Les prêtres donnent tout à Dieu ;

Les apanages, les listes civiles ne sont pas pour les princes ;

Le revenu des abbayes n'est pas pour Jésus-Christ ;

Le prince, à Chambord, apprendra ce que peuvent enseigner Chambord et la cour.

J'aimerais mieux qu'il vécût avec nous qu'avec ses ancêtres ;

Les courtisans s'enrichissent par la prostitution ;

Les préfets ont beaucoup d'influence dans la nomination des députés.....

Prenons les propositions inverses, et voyons quel

est le catéchisme de morale publique que le ministère accusateur voudrait nous faire adopter :

La cour ne donne rien aux princes ;

Les prêtres ne donnent rien à Dieu ;

Les apanages, les listes civiles sont exclusivement pour les princes ;

Le revenu des abbayes est exclusivement pour Jésus-Christ ;

Le prince n'apprendra pas à Chambord ce que peut enseigner Chambord ;

J'aimerais mieux qu'il vécût avec ses ancêtres qu'avec nous ;

Les courtisans ne s'enrichissent pas par la prostitution ;

Les préfets n'ont aucune influence sur la nomination des députés.

Voilà ces hautes vérités morales que le ministère public veut nous contraindre d'observer à peine d'amende et de prison ! Messieurs, il n'en faut pas davantage. Il n'est point de subtilité, point de sophisme qui puisse résister à cette épreuve, aussi simple qu'infaillible ; vous en avez vu les résultats ; l'accusation est jugée.

Si, après cette épreuve, vous condamnez l'écrit qui vous est déféré, plus de loi qui puisse rassurer les citoyens, plus d'écrit qui ne puisse être condamné, plus d'écrivain qui soit assuré de conserver sa fortune et sa liberté. L'accusation d'*outrage à la morale publique* va devenir pour la France ce que fut, pour Rome dégénérée, l'accusation de lèze-majesté.

C'est à vous de conserver à la loi son empire, à la liberté ses garanties ; c'est à vous d'empêcher que le glaive de la justice ne s'égare, et, par un abus déplorable, ne devienne l'instrument des passions politiques, ou le vengeur des amours-propres offensés. Il est, vous le savez, deux sortes de jugements : les uns, fruits de l'erreur, des préventions ou des ressentiments, sont l'effroi de la société ; l'opinion publique les dénonce à l'histoire, et l'inexorable histoire les inscrit sur ses tables vengeresses : les autres, dictés par l'équité, rassurent le corps social, affermissent les états, et sont transmis par la reconnaissance publique à l'estime de la postérité. Voilà quel jugement nous attendons de vous : j'ose croire que cette attente ne sera point trompée.

Ainsi parla Me Berville, avec beaucoup de facilité, de netteté dans l'expression, et assez de force par fois. A ce discours Paul-Louis voulait ajouter quelques mots ; mais ses amis l'en empêchèrent, en lui remontrant qu'il n'avait de sa vie parlé en public, et que ce serait un vrai miracle qu'il pût soutenir les regards de toute une assemblée ; qu'ignorant entièrement les convenances du barreau, où s'est établie une sorte de cérémonial, d'étiquette gênante, impossible à deviner, il ferait des fautes dont ses ennemis ne manqueraient pas de profiter, et demeurerait étonné à la moindre contradiction ; qu'il n'avait là pour lui que le public, auquel on imposait silence, dont même il risquait de diminuer à son égard la bienveillance, par une harangue mal dite, peu entendue, interrompue ; que les gens de lettres qui avaient tenté cette épreuve avec moins de désavantage, s'en étaient rarement bien tirés ; qu'il ne devait pas se flatter, pour avoir su écrire quelques brochures passables, de pouvoir aussi bien se faire entendre de vive voix, ces deux arts n'étant pas seulement fort différents en plusieurs points, mais contraire autant que l'est la concision, qui fait le mérite des écrits, au langage diffus de la tribune ; qu'enfin, piqué comme il l'était, et de l'absurdité de l'affaire en elle-même, et du choix des jurés, et de la mauvaise foi du procureur du roi, et de la partialité servile du président, il ne pouvait manquer de s'exprimer vivement, avec peu de mesure, et de gâter sa cause aux yeux de tout le monde. Il se rendit à ces raisons, et prit patience en enrageant de ne pouvoir au moins répondre, et confondre le mauvais sens de ses accusateurs, chose facile assurément ; car, s'il n'eût mieux aimé déférer en cela aux conseils de gens sages qui lui veulent du bien, soit par attachement personnel, ou conformité de principes, il eût prononcé ce discours ou quelque chose d'approchant :

Messieurs,

Dans ce que vous a dit M. l'avocat-général, je comprends ceci clairement : il désapprouve les termes dont je me suis servi pour désigner la source, respectable selon lui, très-impure, selon moi, des fortunes de cour, et la manière aussi dont j'ai parlé des grands dans l'imprimé qu'il vous dénonce comme contraire à la morale, scandaleux, licencieux, horrible. Pour moi, aux premières nouvelles d'une pareille accusation, à laquelle je m'attendais peu, sûr de mon intention, n'ayant à me reprocher aucune pensée qui méritât ce degré de blâme, je crus d'abord qu'aisément j'avais pu me méprendre sur le sens de quelques mots, et donner à entendre une chose pour une autre, en expliquant mal mes idées. Car, comme savent assez ceux qui se mêlent un peu de parler ou d'écrire, rien n'est si rare que l'expression juste ; on dit presque toujours plus ou moins qu'on ne veut dire, et par l'exemple même de M. l'avocat du roi, qui me nomme ici libelliste, homme avide de gain, spéculateur d'injure et de diffamation, vous avez pu juger combien il est plus facile d'accumuler dans un discours ces traits de la haute éloquence, que d'appliquer à chaque chose le ton, le style, le langage qui conviennent exactement.

Je crus donc avoir failli, Messieurs, et ne m'en étonnais en aucune façon. Il m'est rarement arrivé, dans ma vie, de lire une page dont je fusse satisfait, bien moins encore d'écrire sans faute. Mais en examinant ceci attentivement, avec des gens qui n'ont nulle envie de me flatter, considérant le tout, et chaque phrase à part, chaque mot, chaque syllabe, je vous dis la pure vérité : nous n'y avons trouvé à reprendre qu'une seule chose, mais grave et fâcheuse vraiment pour l'auteur, une chose dont M. le procureur du roi ne s'est point avisé ; c'est que cet écrit n'apprend rien : dans les passages inculpés, ni dans le reste de l'ouvrage, il n'y a rien de nouveau, rien qui n'ait été dit et redit mille fois. En effet, qu'y voit-on ? les vices de la cour, les bassesses, la lâcheté, l'hypocrisie, l'avidité, la corruption de courtisans. A proprement parler, l'auteur de ce pamphlet est un homme qui crie : Venez, accourez, voyez la malice des singes, le venin des reptiles, et la rapacité des animaux de proie : j'ai découvert tout cela. Que sa naïveté vous amuse un moment ; riez-en, si vous voulez ; mais le condamner après, comme ayant outragé ces classes distinguées de malfaisantes bêtes, l'envoyer en prison ; ah ! ce serait conscience.

Pas un mot, Messieurs, pas un mot ne se trouve dans cet imprimé qui ne soit partout dans les livres que chacun a entre les mains et que vous approuvez comme bons. Mon avocat vous l'a fait voir par de nombreuses citations ; non seulement les orateurs, les historiens, les moralistes, mais les prédicateurs et les pères de l'Église ont dit ces mêmes choses, déjà dites avant eux et connues de tout temps. Tellement qu'il paraîtrait bien que l'auteur d'un pareil écrit, si ce n'est ignorance à lui, et simplicité villageoise, d'avoir cru dignes de l'impression des observations si vulgaires, s'est un peu moqué du public, en lui débitant pour nouveau ce que les moindres enfants savent. Mais quelle loi du Code a prévu ce délit ?

Quant aux expressions qui déplaisent à vous, Monsieur le président, à M. l'avocat du roi, débauche, prostitution, et autres que je ne feindrais non plus de répéter, c'est une grande question entre les philosophes, de savoir si l'on peut pécher par les paroles, quand le sens du discours en soi n'a rien de mauvais, comme lorsqu'on blâme certains vices en les appelant par leur nom. La dispute est ancienne, et ce sont, notez bien, ce sont les sectes rigides qui croient les mots indifférents. Nous autres paysans, tenons cette opinion de nos maîtres stoïques, gens de travail jadis. Nous regardons aux actes surtout, au langage peu ;

le sens dans le discours, non les termes, nous touche. Mais d'autres pensent autrement, et les sages suivant la cour, parmi lesquels on peut compter messieurs les procureurs du roi, sont farouches sur les paroles. La morale est toute dans les mots, selon eux, plus sévères que ceux qui la mettent toute dans les grimaces. Ainsi, qu'on joue sur vos théâtres Georges Dandin et d'autres pièces où l'adultère est en action, mais où le mot ne se prononce pas, ils n'y voient rien à redire, rien contre la morale publique, et applaudissent à la peinture des vieilles mœurs qu'on veut nous rendre. Moi, que je me trouve là par hasard, homme des champs, dont les paroles vous scandalisent, Monsieur l'avocat-général, je rougis en voyant représentée, figurée, en public admirée, la dégoûtante débauche, la corruption infecte; je murmure, et c'est moi qui offense la morale. On me le prouvera bien. Autre exemple : en tous lieux, et même dans les églises, j'entends chanter ici : *Charmante Gabrielle,* au grand contentement de tous les magistrats conservateurs des mœurs. Apprenant ce que c'est que cette Gabrielle; je m'écrie aussitôt : infâme créature, débauchée, prostituée. Là-dessus, réquisitoire, mandat de comparoir. Pour venger la morale, le procureur du roi conclu à la prison. Est-ce là le fait? Oui, Messieurs, j'ai parlé des vieilles mœurs qu'on nous prêche aujourd'hui, de la vieille galanterie des cours que l'on nous vante; sans cacher ma pensée, ni voiler mes paroles, j'ai dit sale débauche, infâme prostitution, et me voilà devant vous, Messieurs.

Mais je suis du peuple; je ne suis pas des hautes classes, quoique vous en disiez, M. le président; j'ignore leur langage, et n'ai pas pu l'apprendre. Soldat pendant long-temps, aujourd'hui paysan, n'ayant vu que les camps et les champs, comment saurais-je donner aux vices des noms aimables et polis. Peut-être aussi ne le voudrais-je pas, s'il était en moi de quitter nos rustiques façons de dire pour vos expressions, vos formules. Dans cet écrit, d'ailleurs, je parle à des gens comme moi ; villageois, laboureurs, habitants des campagnes ; et si l'on m'imprime à Paris, vous savez bien pourquoi, Messieurs ; c'est qu'ailleurs il y a des préfets qui ne laissent pas publier autre chose que leur éloge. Les gens pour qui j'écris n'entendent point à demi-mot, ne savent ce que c'est que finesse, délicatesse, et veulent à chaque chose le nom, le nom français. Leur ayant dit mainte fois, nous valons mieux que nos pères (proposition qui m'a toujours paru sans danger, car elle n'offense que les morts), pour le prouver, il m'a fallu leur dire les mœurs du temps passé. J'ai cru faire merveille d'user des termes mêmes de tant d'auteurs qui nous en ont laissé des mémoires ; puis il se trouve que ces termes choquent le procureur du roi, qui les approuve dans mes auteurs, et les poursuit partout ailleurs. Pouvais-je deviner cela, prévoir, me douter seulement que des traits délicieux, divins, venant d'une marquise de Sévigné, d'une mademoiselle de Montpensier, ou d'une princesse de Conti, répétés par moi, feraient horreur, et que les propres mots de ces femmes célèbres, loués, admirés dans leurs écrits ; dans les miens seraient des attentats contre la décence publique.

Oh ! que vous serez bien surpris, bonnes gens du pays, mes voisins, mes amis, quand vous saurez que notre morale, à Paris, passe pour *déshonnête*, que ces mêmes discours qui là-bas vous semblaient austères, ici alarment la pudeur et scandalisent les magistrats! Quelle idée n'allez-vous pas prendre de la sévérité, de la pureté des mœurs dans cette capitale, où l'on met au rang des vauriens, on interroge sur la sellette l'homme qui, chez vous, parut juste, et dont la vie fut au village exemple de simplicité, de paix, de régularité. Tout de bon, Messieurs, peut-on croire que cette accusation soit sérieuse? le moyen de se l'imaginer? Où trouver la moindre apparence, le moindre soupçon d'offense à la morale publique, dans un écrit dont le public, non seulement approuve la morale, mais la juge même trop rigide pour le train ordinaire du monde, et dont plusieurs se moqueraient comme d'un sermon de Janséniste, s'il n'était appuyé, soutenu de la pratique et de la vie toute entière de celui qui parle. En bonne foi, je commence à croire qu'il y a du vrai dans ce qu'on m'a dit. Ce sont des gens instruits de vos façons d'agir, Messieurs les procureurs du roi, qui m'ont averti de cela. Dans les écrits, vous attaquez rarement ce qui vous déplaît. Quand vous criez à la morale, ce n'est pas la morale qui vous blesse. Ici, après beaucoup d'hésitation, de doute, pour fonder une accusation, vous prenez quelques passages les plus abominables, les plus épouvantables que vous ayez pu découvrir; et ces passages les voici: écoutez, de grâce, Messieurs, Juges et Jurés, écoutez, si vous le pouvez sans frémir, ces horreurs que l'on vous dénonce: *les prêtres donnent tout à Dieu; les leçons de la cour ne sont pas les meilleures; les préfets quelque-*

fois font des législateurs; nos princes avec nous se-
raient mieux qu'avec leurs ancêtres. C'est là ce qui vous émeut, avocats-généraux et procureurs du roi! pour cela vous faites tant de bruit? Votre zèle s'enflamme, et la fidélité..... Non, vous avez beau dire, il y a quelque autre chose; si tout était de ce ton dans le pamphlet que l'on poursuit au nom de la décence et des mœurs, si tout eût ressemblé à ces phrases coupables, on n'y eût pas pris garde, et la morale publique ne serait pas offensée. Prenez, Messieurs, ouvrez ce scandaleux pamphlet aux passages inculpés, calomnieux, horribles, pleins de noirceur, atroces. Vous êtes étonnés, vous ne comprenez pas; mais tournez le feuillet, vous comprendrez alors, vous entendrez l'affaire; vous devinerez bientôt et pourquoi l'on se fâche, et d'où vient qu'on ne veut pas pourtant dire ce qui fâche. Feuilletez, Messieurs, lisez : *Un prince*..... Vous y voilà; *Un jeune prince, au collége*...... C'est cela même. Que dis-je? il s'agit de morale, de la morale publique ou de la mienne, je crois, ou de celle du pamphlet, n'importe; la morale est l'unique souci de ceux qui me font cette affaire; ils n'ont point d'autre objet, ne voient autre chose; ils chérissent la morale et la cour tout ensemble, l'un et l'autre en même temps. Pourquoi non? Des gens ont aimé la liberté et Bonaparte à la fois *indivis*.

Mais que vous fait cela, vous, Messieurs les jurés? vous n'êtes pas de la cour, j'imagine. Etrangers à ses momeries, vous devez vouloir dans vos familles la véritable honnêteté, non pas un jargon, des manières. Conterez-vous, sortant d'ici, à vos femmes, à vos filles : un homme a osé dire que les dames d'autrefois, ces grandes dames qui vivaient avec tout le monde, excepté avec leurs maris, étaient d'indignes créatures ; il les appelle des prostituées. J'ai puni cet homme là ; je l'ai déclaré coupable ; on va le mettre en prison pour la morale. Jurés, si vous leur contez cela, ne manquez pas après de leur faire chanter : *Charmante Gabrielle ;* et d'ajouter encore : oui, mes filles, ma femme, cette Gabrielle était une charmante personne. Elle quitta son mari pour vivre avec le roi, et, sans quitter le roi, elle vivait avec d'autres. Aimable friponnerie, fine galanterie, coquetterie du beau monde! Il y a des gens, mes filles, qui appellent cela débauche ; ils offensent la morale, et ce sont des coquins qu'il faut mettre en prison. Évitez, sur toutes choses, les mots, mes filles, les mots de débauche, d'adultère ; et tant que vous vivrez, gardez-vous des paroles qui blessent la décence, le bon ton ; ainsi faisait la charmante Gabrielle.

Voilà ce qu'il vous faudra dire dans vos familles, si vous me condamnez ici, et non seulement à vos familles, mais à toutes vous recommanderez de tels exemples, de telles mœurs. Autant qu'il est en vous, de la France industrieuse, savante et sage qu'elle est, vous en ferez la France galante d'autrefois ; chez vous, dans vos maisons, vous prêcherez le vice, en me punissant, moi, de l'avoir blâmé ailleurs. Femmes, quittez ces habitudes d'ordre, de sagesse, d'économie ; tout cela sent le siècle présent. Vivez à la mode des vieilles cours, non comme ces Ninon de l'Enclos, qui restaient filles, ne se mariaient point pour pouvoir disposer d'elles-mêmes, redoutaient le nœud conjugal ; mais comme celles qui le bravaient, moins timides, s'engageaient exprès, afin de n'avoir aucun frein, se faisaient épouses pour être libres ; qui...... prenons garde d'offenser encore la morale ! comme ces belles dames enfin, dont la conduite est naïvement représentée dans l'écrit coupable. Il y aura cela de curieux dans votre arrêt, s'il m'est contraire, que ne pouvant nier la vérité de cette peinture des anciennes mœurs (car qu'opposer au témoignage des contemporains ?) tout en avouant qu'elles étaient telles, vous me condamneriez seulement pour les avoir appelées mauvaises. Ainsi vous les trouveriez bonnes, et engageriez un chacun à les imiter ; chose peu croyable de vous, jurés, à moins que vous n'ayez des grâces à demander, des faveurs et vos profits particuliers sur la dépravation commune.

Il serait aussi bien étrange qu'ayant loué le présent aux dépens du passé, je n'en pusse être absous par vous, gens d'à présent, par vous, magistrats, qui vivez de notre temps, ce me semble ; que vous me fissiez repentir de vous avoir jugés meilleurs que vos devanciers, et d'avoir osé le publier ; car cela même est exprimé ou sous-entendu dans l'imprimé qu'on vous dénonce, et où je soutiens, bien ou mal, que le monde actuel vaut au moins celui d'autrefois, ce qui suppose que je vous préfère aux conseillers de chambre ardente, aux juges d'Urbain Grandier, de Fargue, aux Laubardemont, aux d'Oppède, vous croyant plus instruits, plus justes, et même..... oui, Messieurs, moins esclaves du pouvoir. Est-ce donc à vous de m'en dédire, de me prouver que je m'abusais ? et serais-je, par vous, puni de vous avoir estimé trop ?

J'aurais meilleur marché, je crois, des morts dont j'ai médit, si les morts me jugeaient; que des vivants loués par moi. Tous les écoliers de Ramus, revenant au monde aujourd'hui, conviendraient sans peine que les nôtres en savent plus qu'eux, et sont plus sages; car au moins ils ne tuent pas leurs professeurs. Les dames galantes de Brantôme, en avouant la vérité de ce que j'ai dit d'elles, s'étonneraient du soin qu'on prend de leur réputation. Si j'osais évoquer ici, par un privilège d'orateur, l'ombre du grand Laubardemont, de ce zélé, de ce dévoué procureur du roi en son temps, il prendrait mon parti contre son successeur; il serait avec moi contre vous, Monsieur l'avocat général, et vous soutiendrait que vous et nous, en tout, vivons mieux que nos anciens, comme je l'ai dit, le redis, et le dirai, dussiez-vous, Messieurs, pour ce délit, me condamner au maximum de la peine. Mais n'en faites rien, et plutôt écoutez ce que j'ajoute ici. J'ai employé beaucoup d'étude à connaître le temps passé, à comparer les hommes et les choses d'autrefois avec ce qui est aujourd'hui, et j'ai trouvé, foi de paysan, j'ai trouvé que tout va mieux maintenant, ou moins mal. Si quelques uns vous disent le contraire, ils n'ont pas, comme moi, compulsé tous les registres de l'histoire, pour savoir à quoi s'en tenir. Ceux qui louent le passé ne connaissent que le présent.

Ainsi de la morale, Messieurs : c'est moi qu'il en faut croire là-dessus, et non pas le procureur du roi. J'en sais plus que lui, sans nul doute, et mon autorité prévaut sur la sienne en cette matière. Pourquoi ? Par la même raison que je viens de vous dire, l'étude, qui fait que j'en ai plus appris; et par d'autres raisons encore: car la morale a deux parties, la théorie et la pratique. Dans la théorie, je suis plus fort que messieurs les procureurs du roi, ayant eu plus qu'eux le loisir et la volonté de méditer ce que les sages en ont écrit depuis trois mille ans jusqu'à nos jours. Mes principes..... fiez-vous en, Messieurs à un homme qui chaque jour lit Aristote, Plutarque, Montaigne, et l'Évangile dans la langue même de Jésus-Christ. Le procureur du roi en dirait-il autant? lui, occupé de toute autre chose; car enfin les devoirs de sa charge, les soins toujours assez nombreux d'une louable ambition, sans laquelle on n'accepte point de tels emplois, et d'autres soins, d'autres devoirs qu'impose la société à ceux qui veulent y tenir un rang; visites, assemblées, jeu, repas, cérémonies, tant de soucis, d'amusements, laissent peu de temps à l'homme en place pour s'appliquer à la morale que j'étudie sans distraction. Je dois la savoir, et la sais mieux, n'en doutez pas; et voilà pour la théorie. Quant à la pratique, ma vie laborieuse, studieuse, active, chose à noter, et contemplative en même temps, ma vie aux champs, libre de passions, d'intrigues, de plaisirs, de vanités, me donnerait trop d'avantages dans quelque parallèle que ce fût, et je puis, je dois même dire que je ferais honneur à ceux avec qui je me comparerais, fût-ce même avec vous, Monsieur le procureur du roi. Oui, sur ce banc où vous m'amenez, et où tant d'autres se sont vus condamner à des peines infâmes, sur ce banc même, je vous le dis, ma morale est au-dessus de la vôtre, à tous égards, sous quelque point de vue qu'il vous plaise de l'envisager, et si l'un de nous en devait faire des leçons à l'autre, ce ne serait pas vous qui auriez la parole; par où j'entends montrer seulement, que je ne me tiens point avili de l'espèce d'injure que je reçois, et dont la honte, s'il y en a, est et demeurera toute à ceux qui s'imagineraient m'outrager.

En effet, le monde ne s'abuse point, et les sentences des magistrats ne sont flétrissantes qu'autant que le public les a confirmées. Caton fut condamné cinq fois; Socrate mourut comme ayant offensé la morale. Je ne suis Caton, ni Socrate, et sais de combien il s'en faut. Toutefois me voilà dans le même chemin, poursuivi par les hypocrites et les flatteurs de la puissance. Quel que soit votre arrêt, Messieurs; et ceci, j'espère, ne sera point pris en mauvaise part; oui, Messieurs, je veux qu'on le sache, et regrette qu'il n'y ait ici plus de gens à m'écouter : en respectant votre jugement, je ne l'attends pas néanmoins pour connaître si j'ai bien fait. J'en aurais pu douter avant ce qui m'arrive, n'ayant encore que la conscience de mon intention. Mais par le mal que l'on me veut, je comprends que mon œuvre est bonne. Aussi n'aurais-je fâché personne, si personne ne m'eût applaudi. La voix publique se déclarant autant qu'elle le peut aujourd'hui, m'apprend ce que je dois penser, et ce que, sans doute, vous pensez avec tout le monde de l'écrit qu'on accuse devant vous. Parmi tant de gens qui l'ont lu, de tout âge, de toute condition, j'ajoute même encore, de toute opinion, je n'ai vu nul qui ne m'en parût satisfait quant à la morale, et grâce au ciel, je suis d'un rang, d'une fortune qui ne m'exposent point à la flatterie. Une chose donc fort assurée, dont je ne puis faire aucun doute, c'est que le public m'approuve, me loue. Si vous cependant, Messieurs, me déclarez coupable, j'en souffrirai de plus d'une façon, outre le chagrin de n'avoir pu vous agréer, comme à tant d'autres, mais j'aime mieux qu'il soit ainsi, que si le contraire arrivait, et que je fusse absous par vous, coupable aux yeux de tout le monde.

Voilà ce que Paul-Louis voulait dire. Ces paroles, et d'autres qu'il eût pu ajouter, n'eussent pas été perdues peut-être ; car, en de tels débats, la voix de l'accusé a une grande force ; mais peut-être aussi n'eût-il pas empêché par-là les jurés de le condamner, comme ils ont fait, unanimement et quasi sans délibérer, tant le fait leur parut éclairci par la lumineuse harangue de M. l'avocat-général. Le président posa deux questions : Paul-Louis est-il coupable ? Oui. Bobée est-il coupable ? Non. La Cour renvoie Bobée, condamne Paul-Louis à deux mois de prison et 200 francs d'amende. Appel en cassation. Si le pourvoi est admis, l'accusé parlera, et touchera des points qui sont encore intacts dans cette affaire vraiment curieuse.

PÉTITION

A LA CHAMBRE DES DÉPUTÉS,

POUR DES VILLAGEOIS QUE L'ON EMPÊCHE DE DANSER.

Messieurs,

L'objet de ma demande est plus important qu'il ne semble; car, bien qu'il ne s'agisse, au vrai que de danse et d'amusements, cependant, comme d'une part ces amusements sont ceux du peuple, et que rien de ce qui le touche ne vous peut être indifférent; que d'autre part, la religion s'y trouve intéressée ou compromise, pour mieux dire, par un zèle mal entendu, je pense, quelque division qu'il puisse y avoir entre vous, que tous vous jugerez ma requête digne de votre attention.

Je demande qu'il soit permis, comme par le passé, aux habitans d'Azai de danser le dimanche sur la place de leur commune, et que toutes défenses faites, à cet égard, par le préfet, soient annulées.

Nous y sommes intéressés, nous, gens de Véretz, qui allons aux fêtes d'Azai, comme ceux d'Azai viennent aux nôtres. La distance des deux clochers n'est que de demi-lieue environ : nous n'avons point de plus proches ni de meilleurs voisins. Eux ici, nous chez eux; on se traite tour à tour, on se divertit le dimanche, on danse sur la place, après midi, les jours d'été. Après midi viennent les violons et les gendarmes en même temps, sur quoi j'ai deux remarques à faire.

Nous dansons au son du violon; mais ce n'est que depuis une certaine époque. Le violon était réservé jadis aux bals des honnêtes gens. Car d'abord il fut rare en France. Le grand roi fit venir des violons d'Italie, et en eut une compagnie pour faire danser sa cour gravement, noblement, les cavaliers en perruque noire, les dames en vertugadin. Le peuple payait ces violons, mais ne s'en servait pas, dansait peu, quelquefois au son de la musette ou cornemuse, témoin ce refrain : *Voici le pèlerin jouant de sa musette; danse Guillot, saute Perrette.* Nous, les neveux de ces Guillots et de ces Perrettes, quittant les façons de nos pères, nous dansons au son du violon; comme la cour de Louis-le-Grand. Quand je dis comme, je m'entends ; nous ne dansons pas gravement ni ne menons, avec nos femmes, nos maîtresses et nos bâtards. C'est la première remarque ; l'autre, la voici :

Les gendarmes se sont multipliés en France, bien plus encore que les violons, quoique moins nécessaires pour la danse. Nous nous en passerions aux fêtes du village, et à dire vrai ce n'est pas nous qui les demandons, mais le gouvernement est partout aujourd'hui, et cette *ubiquité* s'étend jusqu'à nos danses, où il ne se fait pas un pas dont le préfet ne veuille être informé, pour en rendre compte au ministre ; de savoir à qui tant de soins sont plus déplaisants, plus à charge, et qui en souffre davantage, des gouvernants ou de nous gouvernés, surveillés, c'est une grande question et curieuse, mais que je laisse à part, de peur de me brouiller avec les classes ou de dire quelque mot tendant à je ne sais quoi.

Outre ces danses ordinaires les dimanches et fêtes, il y a ce qu'on nomme l'assemblée une fois l'an, dans chaque commune, qui reçoit à son tour les autres. Grande affluence ce jour-là, grande joie pour les jeunes gens. Les violons n'y font faute, comme vous pouvez croire. Au premier coup d'archet, on se place, et chacun mène sa prétendue. Autre part on joue à des jeux que n'afferme point le gouvernement : au palet, à la boule, aux quilles. Plusieurs, cependant, parlent d'affaires, des marchés se concluent; mainte vache est vendue qui n'avait pu l'être à la foire. Ainsi ces assemblées ne sont pas des rendez-vous de plaisir seulement, mais touchent les intérêts du public et de chacun, et le lieu où elles se tiennent n'est pas non plus indifférent. La place d'Azai semble faite exprès pour cela ; située au centre de la commune, en terrain battu, non pavé, par là, propre à toute sorte de jeux et d'exercice, entourée de boutiques, à portée des hôtelleries, des cabarets ; car peu de marchés se font sans boire, peu de contredanses se terminent sans vider quelque pot de bierre ; nul désordre, jamais l'ombre d'une querelle. C'est l'admiration des Anglais qui nous viennent voir quelquefois, et ne peuvent quasi comprendre que nos fêtes populaires se passent avec tant de tranquillité, sans coups de poings comme chez eux, sans meurtres comme en Italie, sans ivres-morts comme en Allemagne.

Le peuple est sage, quoiqu'en disent les notes secrêtes. Nous travaillons trop pour avoir temps de penser à mal, et s'il est vrai ce mot ancien, que tout vice naît d'oisiveté, nous devons être exempts de vice, occupés comme nous le sommes six jours de la semaine, sans relâche, et bonne part du septième, chose que blâment quelques-uns. Ils ont raison, et je voudrais que ce jour-là, toute besogne cessât ; il faudrait, dimanches et fêtes, par tous les villages, s'exercer au tir, au maniement des armes, penser aux puissances étrangères qui pensent à nous tous les jours. Ainsi font les Suisses, nos voisins, et ainsi nous devrions faire, pour être gens à nous défendre en cas de noise avec le forts. Car de se fier au ciel et à notre innocence, il vaut bien mieux apprendre la charge en douze temps, et savoir au besoin ajuster un cosaque. Je l'ai dit et le redis, labourer, semer à temps, être aux champs dès le matin, ce n'est pas tout : il faut s'assurer la récolte. Aligne tes plants, mon ami, tu provigneras l'an qui vient, et quelque jour, Dieu aidant, tu feras de bon vin. Mais, qui le boira ? Rostopschin, si tu ne te tiens prêt à le lui disputer. Vous, Messieurs, songez-y, pendant qu'il en est temps; avisez entre vous s'il ne conviendrait pas, vu les circonstances présentes ou imminentes, de vaquer le saint jour du dimanche, sans préjudice de la messe, à des exercices qu'approuve le Dieu des armées, tels que le pas de charge et les feux de bataillon. Ainsi pourrions-nous employer, avec un très-grand profit pour l'état et pour nous, des moments perdus à la danse.

Nos dévots toutefois, l'entendent autrement. Ils voudraient que ce jour-là, on ne fît rien du tout que prier et dire ses heures. C'est la meilleure chose et la seule nécessaire, l'affaire du salut. Mais le percepteur est là ; il faut payer et travailler pour ceux qui ne travaillent point. Et combien pensez-vous qu'ils soient à notre charge ? enfants, vieillards, mendiants, moines, laquais, courtisans ; que de gens à entretenir, et magnifiquement la plupart ! Puis, la splendeur du trône, et puis, la Sainte-Alliance ; que de coûts, quelles dépenses ! et pour y satisfaire, a-t-on trop de tout son temps ? Vous le savez, d'ailleurs, et le voyez, Messieurs, ceux qui haïssent tant le travail du dimanche veulent des traitements, envoient des garnisaires, augmentent le budget. Nous devons chaque année, selon eux, payer plus et travailler moins.

Mais quoi ? la lettre tue et l'esprit vivifie. Quand l'Église a fait ce commandement de s'abstenir à certains jours de toute œuvre servile, il y avait des serfs alors liés à la glèbe ; pour eux, en leur faveur le repos fut prescrit ; alors il n'était saint que la gent corvéable ne chômât volontiers ; le maître seul y perdait, obligé de les nourrir, qui, sans cela, les eût accablés de travail ; le précepte fut sage et la loi salutaire, dans ces temps d'oppression. Mais depuis qu'il n'y a plus ni fief, ni haubert ; qu'affranchis, peu s'en faut, de l'antique servitude, nous travaillons pour nous quand l'impôt est payé, nous ne saurions chômer qu'à nos propres dépens ; nous y contraindre, c'est..... c'est pis que le budget, car le budget du moins profite aux courtisans, mais notre oisiveté ne profite à personne. Le travail qu'on nous défend, ce qu'on nous empêche de faire, le vivre et le vêtement qu'on nous ôte par-là, ne produisent point de pensions, de grâces, de traitements, c'est nous nuire en pure perte.

« Les Anglais, en voyant nos fêtes, montrent tous la même surpise, font tous la même réflexion ; mais parmi eux, il y en a qu'elles étonnent davantage, ce sont les plus âgés, qui, venus en France autrefois, ont quelque mémoire de ce qu'était la vieille Touraine et le peuple des bons seigneurs. De fait, il m'en souvient : jeune alors, j'ai vu, avant cette grande époque où, soldat volontaire de la révolution, j'abandonnai des lieux si chers a mon enfance, j'ai vu les paysans affamés, déguenillés, tendre la main aux portes et partout sur les chemins, aux avenues des villes, des couvents, des châteaux, où leur inévitable aspect était le tourment de ceux-là même que la prospérité commune indigne, désole aujourd'hui. La mendicité renaît, je le sais, et va faire, si ce qu'on dit est vrai, de merveilleux progrès ; mais n'atteindra de long-temps ce degré de misère. Les récits que j'en ferais seraient faibles pour ceux qui l'ont vue comme moi, aux autres sembleraient inventés à plaisir : écoutez un témoin, un homme du grand siècle, observateur exact et désintéressé ; son dire ne peut être suspect ; c'est Labruyère.

« On voit, dit-il, certains animaux farouches, des
» mâles et des femelles, répandus dans la campagne,
» noirs, livides, nuds, et tout brûlés du soleil, atta-
» chés à la terre qu'ils fouillent et remuent avec une
» opiniâtreté invincible. Ils ont comme une voix ar-
» ticulée, et quand ils se lèvent sur leurs pieds, ils
» montrent une face humaine ; et en effet ils sont des
» hommes ; ils se retirent la nuit dans des tanières,
» où ils vivent de pain noir, d'eau et de racines. Ils
» épargnent aux autres hommes la peine de semer,

» de labourer et de recueillir pour vivre, et méri-
» tent ainsi de ne pas manquer de ce pain qu'ils ont
» semé. »

Voilà ses propres mots ; il parle des heureux, de ceux qui avaient du pain, du travail, et c'était le petit nombre alors.

Si Labruyère pouvait revenir comme on revenait autrefois, et se trouver à nos assemblées, il y verrait non seulement des faces humaines, mais des visages de femmes et de filles plus belles, surtout plus modestes que celles de sa cour tant vantée, mises de meilleur goût sans contredit, parées avec plus de grâce, de décence; dansant mieux, parlant la même langue (chose particulière au pays), mais d'une voix si joliment, si doucement articulée, qu'il en serait content, je crois. Il les verrait le soir se retirer, non dans des tanières, mais dans des maisons proprement bâties et meublées. Cherchant alors ces animaux dont il a fait la description, il ne les trouverait nulle part et sans doute bénirait la cause, quelle qu'elle soit, d'un si grand, si heureux changement.

Les fêtes d'Azai étaient célèbres, entre toutes celles de nos villages, attiraient un concours de monde des champs, des communes d'alentour. En effet, depuis que les garçons, dans ce pays, font danser les filles, c'est-à-dire depuis le temps que nous commençâmes d'être à nous, paysans des rives du Cher, la place d'Azai fut toujours notre rendez-vous de préférence pour la danse et pour les affaires. Nous y dansions comme avaient fait nos pères et nos mères, sans que jamais aucun scandale, aucune plainte en fût avenue, de mémoire d'homme, et ne pensions guères, sages comme nous sommes, ne causant aucun trouble, devoir être troublés dans l'exercice de ce droit antique, légitime, acquis et consacré par un si long usage, fondé sur les premières lois de la raison et du bon sens; car, apparemment c'est chez soi qu'on a droit de danser, et où le public sera-t-il chez lui, sinon sur la place publique? On nous en chasse néanmoins; un *firman* du préfet, qu'il appelle arrêté, naguères publié, proclamé au son du tambour, *Considérant*, etc., défend de danser à l'avenir, ni jouer à la boule ou aux quilles, sur ladite place, et ce, sous peine de punition. Où dansera-t-on? nulle part; il ne faut point danser du tout; cela n'est pas dit clairement dans l'arrêté de M. le préfet; mais c'est un article secret entre lui et d'autres puissances, comme il a bien paru depuis. On nous signifia cette défense quelques jours avant notre fête, notre assemblée de la Saint-Jean.

Le désappointement fut grand pour tous les jeunes gens, grand pour les marchands en boutique et autres qui avaient compté sur quelque débit. Qu'arriva-t-il, la fête eut lieu, triste, inanimée, languissante; l'assemblée se tint, peu nombreuse et comme dispersée ça et là. Malgré l'arrêté on dansa hors du village, au bord du Cher, sur le gazon, sous la coudrette, cela est bien plus pastoral que les échoppes du marché, de meilleur effet dans une églogue, et plus poétique en un mot. Mais chez nous, gens de travail, c'est de quoi on se soucie peu; nous aimons mieux, après la danse, une omelette au lard, dans le cabaret prochain, que le murmure des eaux et l'émail des prairies.

Nos dimanches d'Azai, depuis lors, sont abandonnnés. Peu de gens y viennent de dehors, et aucun n'y reste. On se rend à Véretz, où l'affluence est grande, parce que là nul arrêté n'a encore interdit la danse. Car le curé de Véretz est un homme sensé, instruit, octogénaire quasi, mais ami de la jeunesse, trop raisonnable pour vouloir la réformer sur le patron des âges passés, et la gouverner par des bulles de Boniface ou d'Hildebrand. C'est devant sa porte qu'on danse, et devant lui le plus souvent. Loin de blâmer ces amusements, qui n'ont rien en eux-mêmes que de fort innocent, il y assiste et croit bien faire, y ajoutant, par sa présence et le respect que chacun lui porte, un nouveau degré de décence et d'honnêteté. Sage pasteur, vraiment pieux, le puissions-nous longtemps conserver pour le soulagement du pauvre, l'édification du prochain et le repos de cette commune, où sa prudence maintient la paix, le calme, l'union, la concorde.

Le curé d'Azai, au contraire, est un jeune homme bouillant de zèle, à peine sorti du séminaire, conscrit de l'église militante, impatient de se distinguer. Dès son installation, il attaqua la danse, et semble avoir promis à Dieu de l'abolir dans sa paroisse, usant pour cela de plusieurs moyens, dont le principal et le seul efficace, jusqu'à présent, est l'autorité du préfet. Par le préfet, il réussit à nous empêcher de danser; et bientôt il nous fera défendre de chanter et de rire. Bientôt! que dis-je? il y a eu déjà de nos jeunes gens mandés, menacés réprimandés pour des chansons, pour avoir ri. Ce n'est pas, comme on sait, d'aujourd'hui que les ministres de l'église ont eu la pensée de s'aider du bras séculier dans la conversion des pécheurs, où les apôtres n'employaient que l'exemple et la parole, selon le précepte du maître. Car Jésus avait dit: Allez et instruisez. Mais il n'avait pas dit: Allez avec des gendarmes; instruisez de par le préfet, et depuis, l'ange de l'école de Saint-Thomas déclara nettement qu'on ne doit pas contraindre à bien faire. On ne nous contraint pas, il est vrai; on nous empêche de danser. Mais c'est un acheminement, car les moyens qui sont bons pour nous détourner du péché, peuvent servir et serviront à nous décider aux bonnes œuvres. Nous jeûnerons par ordonnance, non du médecin, mais du préfet.

Et ce que je viens de vous dire n'a pas lieu chez nous seulement. Il en est de même ailleurs, dans les autres communes de ce département où les curés sont jeunes. A quelques lieues d'ici, par exemple, à Fondettes, de là les deux rivières de la Loire et du Cher, pays riche, heureux, où l'on aime le travail et la joie, autant pour le moins que de ce côté, toute danse est pareillement défendue aux administrés par un arrêté du préfet. Je dis toute danse sur la place, où les fêtes amenaient un concours de plusieurs milliers de personnes des villages environnants, et de Tours, qui n'en est qu'à deux lieues. Les hameaux près de Paris, les Bastides de Marseille, au dire des voyageurs, avec plus d'affluence, surtout en gens de ville, avaient moins d'agrément, de rustique gaîté. N'en soyez plus jaloux, bals champêtres de Sceaux et du pré Saint-Gervais; ces fêtes ont cessé; car le curé de Fondettes est aussi un jeune homme sortant du séminaire, comme celui d'Azai, du séminaire de Tours; maison dont les élèves, une fois en besogne dans la vigne du Seigneur, en veulent extirper d'abord tout plaisir, tout divertissement, et faire d'un riant village un sombre couvent de la Trappe. Cela s'explique : on explique tout, dans le siècle où nous sommes ; jamais le monde n'a tant raisonné sur les effets et sur les causes. Le monde dit que ces jeunes prêtres, au séminaire, sont élevés par un moine, un frère picpus, frère Isidor, c'est son nom ; homme envoyé des hautes régions de la monarchie, afin d'instruire nos docteurs, de former les instituteurs qu'on destine à nous réformer. Le moine fait les curés, les curés nous feront moines. Ainsi l'horreur de ces jeunes gens pour le plus simple amusement, leur vient du triste picpus, qui lui-même tient d'ailleurs sa morale farouche. Voilà comme en remontant dans les causes secondes, on arrive à Dieu, cause de tout. Dieu nous livre aux picpus. Ta volonté, Seigneur, soit faite en toutes choses. Mais qui l'eût dit à Austerlitz !

Une autre guerre que font à nos danses de village ces jeunes séminaristes, c'est la confession. Ils confessent les filles, sans qu'on y trouve à redire, et ne donnent l'absolution qu'autant qu'elles promettent de renoncer à la danse, à quoi peu d'entre elles consentent, quelque ascendant que doivent avoir, et sur leur sexe et sur leur âge, un confesseur de vingt-cinq ans, à qui les aveux, le secret et l'intimité qui s'en suit nécessairement, donnent tant d'avantages, tant de moyens pour persuader ; mais les pénitentes aiment la danse. Le plus souvent aussi elles aiment un danseur, qui, après quelque temps de poursuite et d'amour, enfin devient un mari. Tout cela se passe publiquement ; tout cela est bien, et en soi beaucoup plus décent que des conférences tête-à-tête avec ces jeunes gens vêtus de noir. Y a-t-il de quoi s'étonner que de tels attachements l'emportent sur l'absolution, et que le nombre des communiants se trouve diminué cette année de plus des trois quarts, à ce qu'on dit. La faute en est toute au pasteur, qui les met dans le cas d'opter entre ce devoir de religion et les affections les plus chères de la vie présente, montrant bien par là que le zèle pour conduire les âmes ne suffit pas, même uni à la charité. Il y faut ajouter encore la discrétion, dit saint Paul, aussi nécessaire aujourd'hui, dans ce ministère pieux, qu'elle fut au temps de l'Apôtre..

En effet, le peuple est sage, comme je l'ai déjà dit, plus sage de beaucoup et plus heureux aussi qu'avant la révolution ; mais il faut l'avouer, il est bien moins dévôt. Nous allons à la messe le dimanche à la paroisse, pour nos affaires, pour y voir nos amis ou nos débiteurs, nous y allons ; combien reviennent (j'ai grand honte à le dire), sans l'avoir entendue, partent, leurs affaires faites, sans être entrés dans l'église. Le curé d'Azai, à Pâques dernières, voulant quatre hommes pour porter le dais, qui eussent communié, ne les put trouver dans le village ; il en fallut prendre de dehors, tant est rare chez nous, et petite la dévotion. En voici la cause, je crois. Le peuple est d'hier propriétaire, ivre encore, épris, possédé de sa propriété ; il ne voit que cela, ne rêve d'autre chose, et nouvel affranchi de même, quant à l'industrie se donne tout au travail, oublie le reste et la religion. Esclave auparavant il prenait du loisir, pouvait écouter, méditer la parole de Dieu, et penser au ciel où était son espoir, sa consolation. Maintenant il pense à la terre qui est à lui et le fait vivre. Dans le présent ni dans l'avenir, le paysan n'envisage plus qu'un champ, une maison, qu'il a ou veut avoir, pour laquelle il travaille, amasse, sans prendre repos ni repas. Il n'a d'idée que celle-là, et vouloir l'en distraire, lui parler d'autre chose, c'est perdre son temps. Voilà d'où vient l'indifférence qu'à bon droit nous reproche l'abbé de la Mennais, en matière de religion. Il dit bien vrai ; nous ne sommes pas de ces tièdes que Dieu vomit, suivant l'expression de saint Paul, nous sommes froids, et c'est le pis. C'est proprement le mal du siècle. Pour y remédier et nous amener, de cette indifférence, à la ferveur que l'on désire, il faut user de ménagements, de moyens doux et attrayants, car d'autres produiraient un effet opposé. La prudence y est nécessaire, ce qu'entendent mal ces jeunes curés, dont le zèle admirable, d'ailleurs, n'est pas assez selon la science. Aussi leur âge ne le porte pas.

Pour en dire ici ma pensée, j'écoute peu les déclamations contre la jeunesse d'à présent, et tiens fort suspectes les plaintes qu'en font certaines gens, me rappelant toujours le mot *vengeons-nous par en médire* (si on en médisait seulement ; mais on va plus loin) ; pourtant il doit y avoir du vrai dans ces discours, et je commence à me persuader que la jeunesse séculière, sans mériter d'être sabrée, foulée aux pieds, ou fusillée, peut ne valoir guères aujourd'hui, puisque même ces jeunes prêtres, dans leurs pacifiques fonctions, montrent de telles dispositions bien éloignées de la sagesse et de la retenue de leurs anciens. Je vous ai déjà cité, Messieurs, notre bon curé de Véretz, qui semble un père au milieu de nous; mais celui d'Azai, que remplace le séminariste, n'avait pas moins de modération, et s'était fait de même une famille de tous ses paroissiens, partageant leurs joies, leurs chagrins, leurs peines comme leurs amusements, où de fait on n'eût su que reprendre; voyant très-volontiers danser filles et garçons, et principalement sur la place; car il l'approuvait là bien plus qu'en quelque autre lieu que ce fût, et disait que le mal rarement se fait en public. Aussi trouvait-il à merveille que le rendez-vous des jeunes filles et de leurs prétendus fût sur cette place plutôt qu'ailleurs, plutôt qu'au bosquet ou aux champs, quelque part loin des regards, comme il arrivera quand nos fêtes seront tout-à-fait supprimées. Il n'avait garde de demander cette suppression, ni de mettre la danse au rang des péchés mortels, ou de recourir aux puissances pour troubler d'innocents plaisirs. Car, enfin, ces jeunes gens, disait-il, doivent se voir, se connaître avant de s'épouser, et où se pourraient-ils jamais rencontrer plus convenablement que là, sous les yeux de leurs amis, de leurs parents et du public, souverain juge en fait de convenance et d'honnêteté?

Ainsi raisonnait ce bon curé, regretté de tout le pays, homme de bien s'il en fut oncques, irréprochable dans ses mœurs et dans sa conduite, comme sont aussi, à vrai dire, les jeunes prêtres successeurs de ces anciens-là. Car il ne se peut voir rien de plus exemplaire que leur vie. Le clergé ne vit pas maintenant comme autrefois, mais fait paraître en tout une régularité digne des temps apostoliques. Heureux effet de la pauvreté ! heureux fruit de la persécution soufferte à cette grande époque où Dieu visita son Église. Ce n'est pas un des moindres biens qu'on doive à la révolution, de voir non seulement les curés, ordre respectable de tout temps, mais les évêques avoir des mœurs.

Toutefois il est à craindre que de si excellents exemples faits pour grandement contribuer au maintien de la religion, ne soient en pure perte pour elle, par l'imprudence des nouveaux prêtres qui la rendent peu aimable au peuple en la lui montrant ennemie de tout divertissement, triste, sombre, sévère, *n'offrant de tous côtés que pénitence à faire, et tourments mérités,* au lieu de prêcher sur des textes plus convenables à présent : *Sachez que mon joug est léger,* ou bien celui-ci : *Je suis doux et humble de cœur.* On ramènerait ainsi des brebis égarées que trop de rigueur effarouche. Quelque grands que soient nos péchés, nous n'avons guères maintenant le temps de faire pénitence. Il faut semer et labourer. Nous ne saurions vivre en moines, en dévots de profession, dont toutes les pensées se tournent vers le ciel. Les règles faites pour eux, détachés de la terre, *et comme du fumier, regardant tout le monde* ne conviennent point à nous qui avons ici bas et famille et chevance, comme dit le bonhomme, et malheureusement tenons à toutes ces choses. Puis, que faisons-nous de mal, quand nous ne faisons pas bien, quand nous ne travaillons pas? Nos délassements, nos jeux, les jours de fêtes, n'ont rien de blâmable en eux-mêmes ni par aucune circonstance. Car ce qu'on allègue au sujet de la place d'Azai, pour nous empêcher d'y danser ; cette place est devant l'église, dit-on ; danser là, c'est danser devant Dieu, c'est l'offenser ; et depuis quand? Nos pères y dansaient, plus dévots que nous, à ce qu'on nous dit. Nous y avons dansé après eux ; le saint roi David dansa devant l'arche du Seigneur, et le Seigneur le trouva bon ; il en fut aise, dit l'Écriture ; et nous qui ne sommes saints ni rois, mais honnêtes gens néanmoins, ne pourrons danser devant notre église, qui n'est pas l'arche, mais sa figure selon les sacrés interprètes. Ce que Dieu aime de ses saints, de nous l'offense ; l'église d'Azai sera profanée du même acte qui sanctifia l'arche et le temple de Jérusalem! Nos curés jusqu'à ce jour étaient-ils mécréants, hérétiques, impies, ou prêtres catholiques, aussi sages pour le moins que des séminaristes? Ils ont approuvé de tels plaisirs et pris part à nos amusements, qui ne pouvaient scandaliser que les élèves du picpus. Voilà quelques-unes des raisons que nous opposons au trop de zèle de nos jeunes réformateurs.

Partant, vous déciderez, Messieurs, s'il ne serait pas convenable de nous rétablir dans le droit de danser comme auparavant, sur la place d'Azai, les dimanches et fêtes, puis, vous pourrez examiner s'il est temps d'obéir aux moines et d'apprendre des oraisons, lorsqu'on nous couche en joue de près, à bout touchant, lorqu'autour de nous toute l'Europe en armes fait l'exercice à feu, ses canons en batterie et la mêche allumée.

Véretz, 15 *juillet* 1822.

PROSPECTUS

D'UNE TRADUCTION NOUVELLE

D'HÉRODOTE,

CONTENANT UN FRAGMENT DU LIVRE TROISIÈME ET LA PRÉFACE DU TRADUCTEUR.

PRÉFACE
DU
TRADUCTEUR.

Hécatée de Milet le premier écrivit en prose, ou, selon quelques uns, Phérécyde peu antérieur aussi bien que l'autre à Hérodote. Hérodote naissait quand Hécatée mourut, vingt ans ou environ après Phérécyde. Jusque là, on n'avait su faire encore que des vers; car avant l'usage de l'écriture, pour arranger quelque discours qui se pût retenir et transmettre, il fallut bien s'aider d'un rhythme, et clore le sens dans des mesures à peu près réglées, sans quoi il n'y eût eu moyen de répéter fidèlement, même le moindre récit. Tout fut au commencement matière de poésie; les fables religieuses, les vérités morales, les généalogies des dieux et des héros; les préceptes de l'agriculture et de l'économie domestique, oracles, sentences, proverbes, contes, se débitaient en vers, que chacun citait, ou pour mieux dire, chantait dans l'occasion aux fêtes, aux assemblées : par là, on se faisait honneur et on passait pour homme instruit. C'était toute la littérature qu'enseignaient les rapsodes, savants de profession, mais savants sans livres longtemps. Quand l'écriture fut trouvée, plusieurs blâmaient cette invention, non justifiée encore aux yeux de bien des gens; on la disait propre à ôter l'exercice de la mémoire et rendre l'esprit paresseux. Les amis du vieux temps vantaient la vieille méthode d'apprendre par cœur sans écrire, attribuant à ces nouveautés, comme on le peut voir dans Platon, et la décadence des mœurs et le mauvais esprit de la jeunesse.

Je ne décide point, quant à moi, si Homère écrivit, ni s'il y eut un Homère, de quoi on veut douter aussi. Ces questions, plus aisées à élever qu'à résoudre, font entre les savants des querelles où je ne prends point de parti : j'ai assez d'affaires sans celle-là, et je déclare ici, pour ne fâcher personne, que j'appellerai Homère l'auteur ou les auteurs, comme on voudra, des livres que nous avons sous le nom d'Iliade et d'Odyssée. Je crois qu'on fit des vers longtemps avant de les savoir écrire; mais l'alphabet une fois connu, sans doute on écrivit autre chose que des vers. Le premier usage d'un art est pour les besoins de la vie; accords et marchés furent écrits avant les prouesses d'Achille. Celui qui s'avisa de tracer, sur une pomme ou sur une écorce, le nom de ce qu'il aimait avec l'épithète ordinaire Kalè, ou peut-être Kalos, suivant les mœurs grecques et antiques, celui-là écrivit en prose avant Hécatée, Phérécyde : eux essayèrent de composer des discours suivis sans aucun rhythme ni mesure poétique, et commencèrent par des récits.

L'histoire était en vers alors comme tout le reste. Homère et les cycliques avaient mis dans leurs chants le peu de faits dont la mémoire se conservait parmi les hommes. Homère fut historien; mais la prose naissante, *à peine du filet encore débarrassée*, s'empara de l'histoire, en exclut la poésie, comme de bien d'autres sujets; car d'abord les sciences naturelles et la philosophie, telle qu'elle pouvait être, appartinrent à la poésie, chargée seule en ce temps d'amuser et d'instruire : on lui dispute jusqu'à la tragédie maintenant, et, chassée bientôt du théâtre, elle n'aura plus que l'épigramme. C'est que vraiment la poésie est l'enfance de l'esprit humain, et les vers l'enfance du style, n'en déplaise à Voltaire et autres contempteurs de ce qu'ils ont osé appeler vile prose. Voltaire s'étonne mal à propos que les combats de Salamine et des Thermopyles, bien plus importants que ceux d'Ilion, n'aient point trouvé d'Homère qui les voulût chanter; on ne l'eût pas écouté, ou plutôt Hérodote fut l'Homère de son temps. Le monde commençait à raisonner, voulait avec moins d'harmonie un peu plus de sens et de vrai. La poésie épique, c'est-à-dire historique, se tut, et pour toujours, quand la prose se fit entendre, venue en quelque perfection.

Les premiers essais furent informes; il nous en reste des fragments où se voit la difficulté qu'on eut à composer sans mètre, et se passer de cette cadence qui, réglant, soutenant le style, faisait pardonner tant de choses. La Grèce avait de grands poètes, Homère, Antimaque, Pindare, et parlant la langue des dieux, bégayait à peine celle des hommes. *Hécatée de Milet ainsi devise; j'écris ceci comme il me semble être véritable; car des Grecs les propos sont tous divers, et, comme à moi paraissent risibles.* Voilà le début d'Hécatée dans son histoire; et il continuait de ce ton assorti d'ailleurs au sujet : ce n'étaient guère que des légendes fabuleuses de leurs anciens héros; peu de faits noyés dans des contes à dormir debout. Même façon d'écrire fut celle de Xantus, Charon, Hellanicus et autres qui précèdèrent Hérodote : ils n'eurent point de style, à proprement parler, mais des membres de phrases, tronçons jetés l'un sur l'autre, heurtés sans nulle sorte de liaison ni de correspondance, comme témoigne Démétrius ou l'auteur, quel qu'il soit, du livre de l'élocution. Hérodote suivit de près ces premiers inventeurs de la prose, et mit plus d'art dans sa diction, moins incohérente, moins hachée : toutefois, en cette partie, son savoir est peu de chose au prix de ce qu'on vit depuis. La période n'était point connue, et ne pouvait l'être dans un temps où il n'y avait encore ni langage réglé, ni la moindre idée de grammaire. L'ignorance là-dessus était telle, que Protagoras, long-temps après, s'étant avisé de distinguer les noms en mâles et femelles, ainsi qu'il les appelait, cette subtilité nouvelle fut admirée; quelques uns s'en moquèrent, comme il arrive toujours; on en fit des risées dans les farces du temps. De ce manque absolu de grammaire et de règles, viennent tant de phrases dans Hérodote, qui n'ont ni conclusion, ni fin, ni construction raisonnable, et ne laissent pas pourtant de plaire par un air de bonhomie et de peu de malice, moins étudié que ne l'ont cru les anciens critiques. On voit que dans sa composition il cherche, comme par instinct, le nombre et l'harmonie, et semble quelquefois deviner la période; mais avec tout cela, il n'a su ce que c'était que le style soutenu, et cet agencement des phrases et des mots qui fait du discours un tissu, secret découvert par Lysias, mieux pratiqué encore depuis, au temps de Philippe et d'Alexandre. Théopompe alors, se vantant d'être le premier qui eût su écrire en prose, n'eut peut-être point tant de tort. Dans quelques restes mutilés de ses ouvrages, dont la perte ne se peut assez regretter, on aperçoit un art que d'autres n'ont pas connu.

Mais ce style si achevé n'eût pas convenu à Hérodote pour les récits qu'il devait faire, et le temps où il écrivit. C'était l'enfance des sociétés; on sortait à peine de la plus affreuse barbarie. Athènes, du vivant d'Hérodote, sacrifiait des hommes à Bacchus Omestès, c'est-à-dire mangeant cru. Thémistocle, il est vrai, dès ce temps-là philosophe, y trouvait à redire; mais il n'osa s'en expliquer, de peur des honnêtes gens : c'eût été outrager la morale religieuse. Hérodote, dévot, put très-bien assister à cette cérémonie, et parle de semblables fêtes avec son respect ordinaire pour les choses saintes. On jugerait par là de son siècle et de lui, si tout d'ailleurs ne montrait pas dans quelles épaisses ténèbres était plongé le genre humain, qui seulement tâchait de s'en tirer alors, et fit bientôt de grands progrès, non dans les sciences utiles, la religion s'y opposant, mais dans les arts de goût qu'elle favorisait. Le temps d'Hérodote fut l'aurore de cette lumière, et comme il a peint le monde encore dans les langes, s'il faut ainsi parler, d'où lui-même il sortait, son style dut avoir et de fait a cette naïveté, bien souvent un peu enfantine, que les critiques appelèrent innocence de la diction, unie avec un goût du beau et une finesse de sentiment qui tenaient à la nation grecque.

Cela seul le distingue de nos anciens auteurs avec lesquels il a d'ailleurs tant de rapports, qu'il n'y a pas peut-être une phrase d'Hérodote, je dis pas une, sans excepter la plus gracieuse et la plus belle, qui ne se trouve en quelque endroit de nos vieux romanciers ou de nos premiers historiens, si ainsi se doivent nommer. On l'y trouvera, mais enfouie comme était l'or dans Ennius, sous des tats de fiente, d'ordures; et c'est en quoi notre français se peut comparer au latin, qui resta long-temps négligé, inculte, sacrifié à une langue étrangère. Le grec étouffa le latin à son commencement, et l'empêcha toujours de se développer : autant en fit depuis le latin au français pendant le cours de plusieurs siècles. Non seulement alors qu'écrivait Ennius, mais après Virgile et Horace, la belle langue c'était le grec à Rome, le latin chez nous au temps de Joinville et de Froissard. On ne parlait français que pour demander à boire; on écrivait le latin que lisaient, étudiaient savants et beaux esprits; tout ce qu'il y avait de gens tant soit peu clercs; et *camera compotorum* paraissait bien plus beau que *la chambre des comptes*. Cette manie dura et même n'a point passé; des inscriptions nous disent, en mots de Cicéron, qu'ici est le marché Neuf ou bien la place aux Veaux. Que pouvait faire un pauvre auteur employant l'idiôme vulgaire ? Poètes, romanciers, prosateurs se trouvaient dans le cas de ceux qui maintenant voudraient écrire le picard ou le bas-breton. En Italie, Pétrarque eut honte de ses divins tercets, parce qu'ils étaient italiens; et depuis, ne reprocha-t-on pas à Machiavel d'avoir écrit l'histoire autrement qu'en latin, faute que ne fit pas le président de Thou.

Partout la langue morte tuait la langue vivante. Lorsqu'enfin on s'avisa, fort tard, d'écrire pour le public, et non plus seulement pour les doctes, le latin domina encore dans ces compositions, qui ainsi n'eurent jamais le caractère simple des premiers ouvrages grecs, dictés par la nature.

La littérature grecque est la seule, en effet, qui ne soit pas née d'une autre, mais produite par l'instinct et le sentiment du beau chez un peuple poète. Homère, avec raison, se dit inspiré de dieux, tenant son art des dieux, dit-il, sans être enseigné d'aucun homme. Il n'a point eu d'anciens, fut lui-même son maître, ne passa point dix ans dans le fond d'un collége à recevoir le fouet, pour apprendre quelques mots qu'il eût pu, chez lui, savoir mieux en cinq ou six mois ; il chante ce qu'il a vu, non pas ce qu'il a lu, et il nous le faut lire, non pour l'imiter, mais pour apprendre de lui à lire dans la nature, aujourd'hui lettre-close à nous, qui ne voyons que des habits, des usages ; l'étude de l'antique ramène les arts au simple ; hors duquel, point de sublime.

Hérodote et Homère nous représentent l'homme sortant de l'état sauvage, non encore façonné par les lois compliquées des sociétés modernes ; l'homme grec, c'est-à-dire, le plus heureusement doué à tous égards ; pour la beauté, qu'on le demande aux statuaires, elle est née en ce pays-là ; l'esprit, il n'y a point de sots en Grèce, a dit quelqu'un qui n'aimait pas les Grecs et ne les flattait point. Aussi, tout art vient d'eux, toute science ; sans eux, nous ne saurions pas même nous bâtir des demeures, ni mesurer nos champs, nous ne saurions pas vivre. Gloire, amour du pays, vertus des grandes âmes, où parurent-elles mieux que dans ce qu'ils ont fait et ce qu'ils font encore. Ce sont les commencements d'une telle nation que nous montrent ces deux auteurs.

Le sujet leur est commun, la guerre de l'Europe contre l'Asie; jamais il n'y en eut de plus grand ni qui nous touchât davantage. Il y allait pour nous de la civilisation, d'être policés ou barbares, et la querelle était celle du monde entier pour qui le germe de tout bien se trouvait dans Athènes. L'ancienne, l'éternelle querelle se débattait à Salamine, et si la Grèce eût succombé, c'en était fait, non que je pense que le progrès du genre humain, dans la perfection de son être, pût dépendre d'une bataille ni même d'aucun événement; mais comme il fut arrêté depuis par la férocité romaine et d'autres influences qui faillirent à perdre la civilisation, elle eût péri pour un long temps à Salamine, dès sa naissance, par le triomphe du barbare.

Ils écrivirent, non dans le patois esclave, comme nos Froissard, nos Joinville, mais dans la langue belle alors, c'est-à-dire ancienne; car en la déliant du rhythme poétique, ils lui conservèrent les formes de de la poésie, les expressions et les mots hors du dialecte commun, témoin le passage même d'Hécatée: *Ecataios Milèsios ô de mutheitai,* qui, en italien, (car cette langue a aussi sa phrase et ses mots pour la poésie) se traduirait bien, ce me semble, *Ecateo Milesio così favella,* au lieu de la façon vulgaire *così dice Ecateos outô legei Ecataios o Milèsios;* la différence paraît d'abord. Au grec, il ne manque, pour un vers, que le mètre seul et le rhythme, qui même revint dans la prose après Hécatée ; mais ce n'est pas de quoi il s'agit. Le dialecte poétique, chez les Grecs, était le vieux grec ; en Italie, c'est le vieux toscan, qu'on retrouve dans le contado de Sienne et du val d'Arno. Il ne faut pas croire qu'Hérodote ait écrit la langue de son temps commune en Ionie, ce que ne fit pas Homère même, ni Orphée, ni Linus, ni de plus anciens, s'il y en eut ; car le premier qui composa, mit dans son style des archaïsmes. Cet ionien si suave n'est autre chose que le vieux attique auquel il mêle, comme avaient fait tous ses devanciers prosateurs, le plus qu'il peut de phrases d'Homère et d'Hésiode. La Fontaine, chez nous, empruntant les expressions de Marot, de Rabelais, fait ce qu'ont fait les anciens Grecs, et aussi est plus grec cent fois que ceux qui traduisaient du grec. De même Pascal, soit dit en passant, dans ses deux ou trois premières lettres, a plus de Platon, quant au style, qu'aucun traducteur de Platon.

Que ces conteurs des premiers âges de la Grèce aient conservé la langue poétique dans leur prose, on n'en saurait douter après le témoignage des critiques anciens, et d'Hérodote qu'il suffit d'ouvrir seulement pour s'en convaincre. Or, la langue poétique partout, si ce n'est celle du peuple, en est tirée du moins. Malherbe, homme de cour, disait : J'apprends tout mon français à la place Maubert ; et Platon, poète s'il en fut, Platon, qui n'aimait pas le peuple, l'appelle son maître de langue. Demandez le chemin de la ville à un paysan de Varlungo ou de Peretola, il ne vous dira pas un mot qui ne semble pris dans Pétrarque, tandis qu'un cavalier de San-Stephano parle l'italien francisé (*infrancesato*, comme ils disent) des antichambres de Pitti. *Ariane, ma sœur, de quel amour blessée,* n'est point une phrase de marquis; mais nos laboureurs chantent: *feru de ton amour, je ne dors nuit ni jour*. C'est la même expression. L'autre qui dit de Jeanne :

Sentant son cœur faillir, elle baissa la tête et se prit à pleurer (1).

n'a point trouvé cela certes dans les salons; il s'exprime en poète : pouvait-il mieux ? jamais, ni avec plus de grâce, de douceur, d'harmonie. C'est langue poétique, antique ; et mes voisins allant vendre leur âne à la foire de Chousé, ne causent pas autrement, n'emploient point d'autres mots. Il continue de même, c'est-à-dire, très-bien : *qui t'inspira, jeune et faible bergère.....* et non pas qui vous conseilla, mademoiselle, de quitter monsieur votre père, pour aller battre les Anglais ? Le ton, le style du beau monde sont ce qu'il y a de moins poétique dans le monde. Madame Dacier commençant : *Déesse, chantez,* je devine ce que doit être tout le reste. Homère a dit grossièrement : *Chante, déesse, le courroux.....*

Par tout ceci, on voit assez que penser traduire Hérodote dans notre langue académique, langue de cour, cérémonieuse, roide, apprêtée, pauvre d'ailleurs, mutilée par le bel usage, c'est étrangement s'abuser; il y faut employer une diction naïve, franche,

---

(1) Casimir Delavigne.

populaire et riche, comme celle de La Fontaine. Ce n'est pas trop assurément de tout notre français pour rendre le grec d'Hérodote, d'un auteur que rien n'a gêné, qui, ne connaissant ni ton ni fausses bienséances, dit simplement les choses, les nomme par leur nom, fait de son mieux pour qu'on l'entende, se reprenant, se répétant de peur de n'être pas compris, et faute d'avoir su son rudiment par cœur, n'accorde pas toujours très-bien le substantif et l'adjectif. Un abbé d'Olivet, un homme d'académie ou prétendant à l'être, ne se peut charger de cette besogne. Hérodote ne se traduit point dans l'idiôme des dédicaces, des éloges, des compliments.

C'est pourtant ce qu'ont essayé de fort honnêtes gens d'ailleurs, qui sans doute n'ont point connu le caractère de cet auteur, ou peut-être ont cru l'honorer en lui prêtant un tel langage, et nous le présentant sous les livrées de la cour, en habit habillé : au moins est-il sûr qu'aucun d'eux n'a même pensé à lui laisser un peu de sa façon simple, grecque et antique. Saisissant, comme ils peuvent, le sens qu'il a eu dessein d'exprimer, ils le rendent à leur manière toujours parfaitement polie et d'une décence admirable. Figurez-vous un truchement qui, parlant au sénat de Rome pour le paysan du Danube, au lieu de ce début :

Romains, et vous Sénat, assis pour m'écouter,

commencerait : Messieurs, puisque vous me faites l'honneur de vouloir bien entendre votre humble serviteur, j'aurai celui de vous dire...... Voilà exactement ce que font les interprètes d'Hérodote. La version de Larcher, pour ne parler que de celle qui est la plus connue, ne s'écarte jamais de cette civilité : on ne saurait dire que ce soit le laquais de madame de Sévigné, auquel elle compare les traducteurs d'alors; car celui-là rendait dans son langage bas, le style de la cour, tandis que Larcher, au contraire, met en style de cour ce qu'a dit l'homme d'Halicarnasse. Hérodote, dans Larcher, ne parle que de princes, de princesses, de seigneurs et de gens de qualité; ces princes montent sur le trône, s'emparent de la couronne, ont une cour, des ministres et de grands officiers, faisant, comme on peut croire, le bonheur des sujets; pendant que les princesses, les dames de la cour, accordent leurs faveurs à ces jeunes seigneurs. Or est-il qu'Hérodote ne se douta jamais de ce que nous appelons prince, trône et couronne, ni de ce qu'à l'académie on nomme faveurs des dames et bonheur des sujets. Chez lui, les dames, les princesses mènent boire leurs vaches ou celles du roi leur père, à la fontaine voisine, trouvent là des jeunes gens, et font quelque sottise, toujours exprimée dans l'auteur avec le mot propre : on est esclave ou libre, mais on n'est point sujet dans Hérodote. Cependant, en si bonne et noble compagnie, Larcher a fort souvent des termes qui sentent un peu l'antichambre de madame de Sévigné; comme quand il dit, par exemple : *Ces seigneurs mangeaient du mouton ;* il prend cela dans la chanson de monsieur Jourdain. *Le grand roi bouchant les derrières aux Grecs* à Salamine, est encore une de ses phrases, et il en a bien d'autres peu séantes à un homme comme son Hérodote, qui parle congruement, et surtout noblement; il ne nommera pas le boulanger de Crésus, le palfrenier de Cyrus, le chaudronnier Macistos, il dit grand panetier, écuyer, armurier, avertissant en note que cela est plus noble.

Cette rage d'ennoblir, ce jargon, ce ton de cour, infectant le théâtre et la littérature sous Louis XIV et depuis, gâtèrent d'excellents esprits, et sont encore cause qu'on se moque de nous avec juste raison. Les étrangers crèvent de rire quand ils voient dans nos tragédies, le seigneur Agamemnon et le seigneur Achille qui lui demande raison, aux yeux de tous les Grecs, et le seigneur Oreste brûlant de tant de feux pour madame sa cousine. L'imitation de la cour est la peste du goût aussi bien que des mœurs. Un langage si poli, adopté par tous ceux qui, chez nous, se sont mêlés de traduire les anciens, a fait qu'aucun ancien n'est traduit, à vrai dire, et qu'on n'a presque point de versions qui gardent quelques traits du texte original. Une copie de l'antique, en quelque genre que ce soit, est peut-être encore à faire. La chose passe pour difficile, à tel point que plusieurs la tiennent impossible. il y a des gens persuadés que le style ne se traduit pas, ni ne se copie d'un tableau. Ce que j'en puis dire, c'est qu'ayant réfléchi là-dessus, aidé de quelque expérience, j'ai trouvé cela vrai jusqu'à un certain point. On ne fera sans doute jamais une traduction tellement exacte et fidèle, qu'elle puisse en tout tenir lieu de l'original, et qu'il devienne indifférent de lire le texte ou la version. Dans un pareil travail, ce serait la perfection qui ne se peut non plus atteindre en cela qu'en toute autre chose; mais on en approche beaucoup, surtout lorsque l'auteur a, comme celui-ci, un caractère à lui, quoique véritablement si naïf et si simple, qu'en ce sens il est moins imitable qu'un autre. Par malheur, il n'a eu long-temps pour interprètes que des gens tout-à-fait de la bonne compagnie, des académiciens, gens pensant noblement et s'exprimant de même, qui, avec leurs idées de beau monde et de savoir vivre, ne pouvaient goûter ni sentir, encore moins représenter le style d'Hérodote. Aussi n'y ont-ils pas songé. Un homme séparé des hautes classes, un homme du peuple, un paysan sachant le grec et le français, y pourra réussir si la chose est faisable ; c'est ce qui m'a décidé à entreprendre ceci où j'emploie, comme on va voir, non la langue courtisanesque, pour user de ce mot italien, mais celle des gens avec qui je travaille à mes champs, laquelle se trouve quasi toute dans La Fontaine, langue plus savante que celle de l'académie, et comme j'ai dit, beaucoup plus grecque : on s'en convaincra en voyant, si on prend la peine de comparer ma version au texte, combien j'ai traduit de passages littéralement, mot à mot, qui ne se peuvent rendre que par des circonlocutions sans fin dans le dialecte académique. Je garantis cette traduction plus courte d'un quart que toutes celles qui l'ont précédée ; si avec cela elle se lit, je n'aurai pas perdu mon temps : encore est-elle plus longue que le texte ; mais d'autres, j'espère, feront mieux et la pourront réduire à sa juste mesure, non pas toutefois en suivant des principes différents des miens.

LIVRE TROISIÈME.

Contre cet Amasis marcha Cambyse, fils de Cyrus, menant entre autres peuples qui lui obéissaient, des Grecs Éoliens et des Ioniens, pour une telle raison : il avait envoyé en Égypte un héraut demander à Amasis sa fille ; et il la lui demandait par le conseil d'un Égyptien, qui, voulant mal à Amasis, faisait cela pour se venger de ce que lui seul des médecins alors en Égypte, avait été par Amasis enlevé à sa famille et livré aux Perses, quand Cyrus lui fit demander le meilleur médecin pour les yeux qui fût en Égypte ; dont se voulant venger l'Égyptien, par conseil induisit Cambyse à demander la fille d'Amasis, afin que la donnant il eût du déplaisir, ou que la refusant il devint ennemi de Cambyse. Amasis donc, qui redoutait la puissance des Perses et les haïssait en même temps, ne savait à quoi se résoudre, assuré que Cambyse la voulait, non pour femme, mais pour concubine ; et dans cet embarras, voici le parti qu'il prit.

Il y avait du roi Apriès, dernier mort, une fille, grande et belle personne, seul reste de cette maison, ayant nom Nitétis. On lui fit mettre de beaux habits avec de l'or, et ainsi parée, Amasis l'envoie en Perse comme sa fille. A quelque temps de là, Cambyse l'embrassant l'appelait du nom de son père, et elle s'en va lui dire : « O roi, tu ne vois pas qu'on te trompe, et qu'Amasis m'ayant parée de beaux atours me donne à toi comme sa fille, tandis que vraiment je suis née d'Apriès son maître, qu'il a fait périr en soulevant les Égyptiens contre lui. » Ce fut cette parole qui fut cause à Cambyse grandement courroucé de mouvoir guerre à l'Égypte. Ainsi le racontent les Perses. Mais les Égyptiens font Cambyse de leur pays et veulent que Cyrus non Cambyse, ait demandé la fille d'Apriès, quoi disant, ils ne disent pas vrai. Ils savent (car ce ce n'est pas à eux qu'il faut apprendre les coutumes et l'histoire de Perse) que d'abord, par la loi, le bâtard n'y peut régner, y ayant enfants légitimes, et que de plus la mère de Cambyse était Cassandane, la fille de Pharnaspès Achéménide, et non pas cette Égyptienne. Ils confondent ainsi les faits pour paraître en quelque manière tenir à la maison de Cyrus; mais il n'en est que ce que j'ai dit. Toutefois on fait encore ce conte, peu croyable à mon sens; qu'un jour une femme persane entra chez les femmes de Cyrus, et voyant près de Cassandane ses enfants beaux à merveille, en fit de grandes louanges; sur quoi Cassandane, qui était femme de Cyrus : « Moi, dit-elle, mère de tels enfants, Cyrus cependant me méprise, et cette étrangère égyptienne, il la tient chère et l'honore. » Ainsi parlait-elle par haine qu'elle portait à Nitétis; et que là-dessus l'aîné de ses enfants, Cambyse, se prit à dire : Quand je serai grand, j'irai en Égypte et je mettrai tout sens dessus dessous; qu'il pouvait avoir bien dix ans lorsqu'il tint ce langage; dont les femmes s'émerveillèrent, et qu'en ayant toujours gardé le souvenir, lorsqu'il fut homme et roi, il fit l'expédition d'Égypte.

Une chose avint qui aida l'entreprise de cette guerre. Dans les troupes auxiliaires d'Amasis y avait un homme d'Halicarnasse, son nom était Phanès, brave de sa personne et d'esprit avisé; lequel Phanès ayant possible à se plaindre d'Amasis, un jour fuit d'Egypte par mer, pour aller devers Cambyse, et attendu qu'il n'était pas personnage peu considérable entre les alliés, instruit d'ailleurs de toutes choses concernant l'Égypte, Amasis envoie après lui, désirant fort le ravoir; et celui qu'il envoya sur une galère à trois rangs, était son plus fidèle eunuque, lequel de fait le prit en Lycie, mais pris ne le sut ramener; car Phanès, plus fin, l'abusa. Car, ayant énivré ses gardes, il se sauva en Perse et fut trouver Cambyse, qui pour lors se préparait à marcher contre l'Égypte, et était en peine comment passer le désert. Il lui conte tout ce qu'il savait des affaires d'Amasis, lui donne des avis pour sa marche. Son conseil était d'envoyer au roi des Arabes demander sûreté pour le passage.

Ce n'est que par là seulement qu'on trouve l'entrée de l'Egypte. Car, de la Phénicie aux confins de la ville de Cadytis, c'est terre des Syriens de Palestine, comme on les appelle. De Cadytis, ville à mon sens peu inférieure à celle de Sardes, jusqu'à Jenyse, tous les ports où l'on se peut approvisionner sont à l'Arabe. Puis de Jenyse, c'est encore pays syrien jusqu'au lac Serbonide, au long duquel le mont Casius s'étend vers la mer. A partir du lac Serbonide, où Typhon se cacha, dit-on, de-là c'est Egypte. Tout entre Jenyse, le mont Casius et le lac Serbonide (qui n'est pas si peu de pays qu'il n'y ait bien trois jours de marche), tout cela est désert sans eau.

Une chose peu remarquée de ceux qui voyagent en Egypte, c'est cela que je vais dire. De toute la Grèce et encore de la Phénicie, deux fois l'an, il vient en Egypte grand nombre de jarres pleines de vin, et si n'y en voit-on pas une, par manière de dire, ni le moindre vase de terre à serrer le vin. Que deviennent-elles donc? Le voici. Chaque chef de tribu est tenu de ramasser toutes les jarres qui se peuvent trouver dans sa ville, pour les conduire à Memphis, et ceux de Memphis, de les porter à leur tour pleines d'eau dans le désert de Syrie; tellement que ce qu'il en arrive de dehors chaque année, enlevé se va joindre aux autres en Syrie; et ce sont les Perses qui ont imaginé ce moyen d'assurer leur marche en Egypte, faisant ainsi provision d'eau, depuis qu'ils eurent conquis l'Egypte. Mais lors n'y avait point encore de ces amas d'eau. C'est pourquoi Cambyse, par conseil de l'homme d'Halicarnasse, envoya vers l'Arabe et lui fit demander sûreté pour le passage, laquelle il obtint en donnant et recevant la foi.

Les Arabes gardent la foi autant que peuple qu'il y ait, quand ils l'ont jurée, ce qui se fait en cette manière. Deux voulant se jurer la foi, un troisième se met entre eux deux, et avec une pierre tranchante leur incise le dedans des mains près des grands doigts; puis, prenant du vêtement de chacun une floche imbibée de leur sang, il en frotte sept pierres posées à terre entre eux deux, et en ce faisant invoque et Bacchus et Uranie; et cependant celui qui engage sa foi présente à ses amis l'étranger ou le citoyen, si c'en est un, avec lequel il s'engage ; et les amis sont garants de la foi jurée. Ils ne reconnaissent de dieux que Bacchus et Uranie, et disent que leur façon de se couper les cheveux en rond, se rasant le tour des tempes, est celle-là même de Bacchus. Ils appellent Bacchus Ourotal et Uranie Alilat.

Ayant donné la foi aux envoyés de Cambyse, l'Arabe, pour lui faire service, usa d'une telle invention. Il remplit d'eau des outres de peau de chameau, et les chargeant sur tout autant qu'il pût trouver de chameaux vivants, les mena dans le désert, où il attendit la venue de Cambyse et de son armée. C'est là le récit qu'on en fait le plus vraisemblable ; si faut-il dire le moins probable aussi, puisqu'autrement se raconte. Un grand fleuve est en Arabie nommé Coris, lequel donne dans la mer qu'on appelle Erythrée. De ce fleuve donc on prétend que le roi des Arabes, par un tuyau qu'il fit de peaux de bœufs crues et autres, cousues ensemble de longueur à venir jusque dans le désert, conduisit l'eau ; que dans le désert il fit creuser de grands réservoirs, pour recevoir et garder l'eau conduite de la sorte en trois différents endroits par trois tuyaux. Il y a du fleuve au désert douze journées de chemin.

Or, campé à la bouche du Nil qu'on appelle Pélusiaque, Psamménite, fils d'Amasis, attendait Cambyse. Car Cambyse ne trouva pas, lorsqu'il vint en Egypte, Amasis vivant. Après quarante et quatre ans de règne, il était mort, n'ayant éprouvé durant ce temps nul événement désastreux, et mort et embaumé fut mis dans les tombeaux, dans le lieu sacré où lui-même les avait bâtis. Régnant Psamménite en

Egypte, un prodige arriva. Ce fut la pluie à Thèbes d'Egypte, où jamais pluie n'était tombée, ni ne s'est vue oncque depuis, à ce que disent les Thébains. Car il ne pleut du tout point dans la haute Egypte, et toutefois il plut à Thèbes alors quelques gouttes.

Les Perses donc, après avoir traversé le désert, comme ils furent près des Égyptiens, sur le point d'en venir aux mains, les alliés de l'Égyptien, Grecs et Cariens, voulant mal à Phanès de ce qu'il amenait une armée étrangère, pour s'en venger, inventent ceci. Phanès avait laissé des enfants en Égypte ; il les font venir au camp, et à la vue du père, ils placent un cratère entre les deux armées ; puis amenant là ces enfants, l'un après l'autre, les égorgent jusqu'au dernier dans ce cratère, où ils versèrent, après cela, de l'eau et du vin ; et tous ayant bu de ce sang, vont au combat qui fut terrible. De part et d'autre y demeurèrent grand nombre de gens, et les Égyptiens furent défaits.

Là j'ai vu chose surprenante, dont je m'enquis à ceux du pays, les ossements de tous ces morts sur le champ de bataille séparés (car ils étaient à part, ceux des Perses d'un côté, comme d'abord on les mit, de l'autre ceux des Égyptiens), et les crânes des Perses si faibles, qu'à les frapper d'un petit caillou seulement tu les percerais, ceux des Égyptiens, au contraire, tellement solides, qu'à grand peine les rompras-tu d'une grosse pierre ; et la raison qu'ils m'en donnèrent, laquelle je crois aisément, c'est que les Égyptiens dès l'enfance vont la tête rase, dont les os se durcissent au soleil, et cela est cause en même temps qu'ils ne deviennent point chauve. Car il n'est pays où se voient moins de chauves qu'en Égypte. Voilà donc la raison pourquoi ils ont la tête si forte. Les Perses l'ont faible au contraire, parce qu'ils la tiennent couverte, portant dès leur bas âge des tiares de feutre, et qui plus est vivent à l'ombre. Voilà ce que je puis dire avoir vu. A Paprémis aussi j'ai vu chose pareille de ceux qui là périrent avec Achéménès, fils de Darius, défait par Inaros de Libye.

A l'issue du combat, les Égyptiens vaincus s'enfuirent, sans garder aucun ordre, jusqu'à Memphis où ils se jetèrent. Là Cambyse leur envoya un héraut, Perse de nation, qui remonta le fleuve sur un vaisseau de Mitylène, pour leur proposer un accord. Mais eux dès qu'ils virent le vaisseau entrer dans leur ville, descendant des murailles en foule, détruisirent ce vaisseau, et dépeçant les hommes comme chair à manger, les emportèrent dans le fort. Toutefois après un long siége, ils se rendirent à la fin. Les Libyens, proches voisins, craignant pour eux-mêmes ce qui était avenu en Égypte, se soumire sans combat, s'imposèrent un tribut, envoyèrent des présents; et les Barcéens, comme aussi les Cyrénéens, ayant pareille crainte, en voulurent faire autant ; mais Cambyse agréa les dons qui lui vinrent des Libyens, et au contraire se fâcha de ceux des Cyrénéens, à cause, comme je crois, que leurs dons étaient petits. Car ils lui envoyèrent cinq cents mines d'argent qu'il prit et distribua par poignées à ses gens.

Cambyse, dix jours après la prise de la citadelle de Memphis, ayant par grande ignominie fait venir et seoir sur l'esplanade, hors de la ville, Psamménite roi des Égyptiens, lequel avait régné six mois l'ayant fait asseoir là parmi d'autres Égyptiens, il éprouvait son âme, et voici de quelle façon. La fille de ce roi habillée en esclave, il l'envoyait à l'eau une cruche à la main, et avec elle il envoyait vêtues de même d'autres filles des premiers hommes de l'Égypte, lesquelles venant à passer, tout éplorées poussant des cris, eux aussi s'écriaient, pleuraient l'infortune de leurs enfants ; mais Psamménite qui d'abord avait le tout vu et reconnu, baissa seulement les yeux à terre. Après ces filles portant l'eau, passa le fils de Psamménite, avec d'autres jeunes Égyptiens de son âge, deux mille ayant la corde au col et un mors en la bouche. Sur eux se faisait la vengeance des Mityléniens massacrés dans le vaisseau ; car ainsi l'avaient ordonné les juges royaux, que pour chaque homme dix Égyptiens périraient des premières familles. Lui les voyant et connaissant que son fils allait à la mort, tandis que tous les autres assis au tour de lui pleuraient se déconfortaient, fit comme il avait fait à la vue de sa fille. Ceux-là passés, il arriva que par hasard un sien convive, homme déjà sur l'âge, ayant perdu son bien et ne possédant plus rien, réduit à mendier dans l'armée, passa sur cette même place devant Psamménite fils d'Amasis, et les autres Égyptiens ; et comme il le vit, Psamménite aussitôt se prit à crier lamentablement, et appelant ce vieil ami par son nom se frappait la tête. Or y avait-il là des gardes qui de ce qu'il faisait et disait, à chaque chose qu'il voyait, allaient rendre compte à Cambyse, lequel émerveillé de cette façon de faire, par un homme qu'il envoya le fit interroger, disant : « Cambyse ton maître te demande, Psamménite, pourquoi c'est que voyant ta fille en tel malheur, et ton fils marcher à la mort, tu n'en as crié ni pleuré, mais ce mendiant qui ne t'est rien, ce dit-on, tu l'as honoré ? » A cette demande il répondit : « Mes maux pour en gémir sont trop grands, fils de Cyrus; mais celui-ci vraiment mérite compassion, qui ayant possédé tant de biens, est misérable et dénué de tout, sur le seuil de la vieillesse. »

Ceci rapporté à Cambyse lui parut de bon sens, et les Égyptiens disent que Crésus en pleura, car il suivait Cambyse dans cette expédition. Aussi s'en prirent à pleurer tous ceux des Perses là présents, et à Cambyse même en vint quelque pitié. D'abord il commanda que l'on sauvât l'enfant d'entre ceux qui devaient périr, puis qu'on fît lever le père et partir de la place pour le mener chez lui Cambyse. Mais l'enfant ne vivait plus lorsqu'on y alla, car il avait été le premier mis à mort. On fit lever Psamménite et on le conduisit chez Cambyse, où depuis il vécut sans nul mauvais traitement. Même s'il eût su s'abstenir de toute secrète pratique, apparemment il eût gardé le gouvernement de l'Égypte. Car c'est là coutume des Perses d'honorer les enfants des rois et leur remettre le pouvoir, encore que le père ait failli. Qu'ainsi ne soit ; entre autres preuves, le fils d'Inaros de Libye Tannyras en est un exemple, qui posséda le même état qu'avait eu son père, et Pausiris, fils d'Amyrtée; car celui-là aussi garda l'état de son père ; cependant nul ne fit jamais plus de mal aux Perses qu'Inaros et Amyrtée. Psamménite donc eut le loyer de ses méchants desseins ; car il avait tenté de faire soulever l'Égypte. Cambyse le sut, et Psamménite, ayant bu du sang de taureau, mourut sur le champ. Telle fut la fin de celui-ci.

Cambyse vint de Memphis en la ville de Saïs, à dessein de faire ce qu'il fit. Car comme il fut d'abord entré dans le palais d'Amasis, il commanda que l'on tirât son corps du tombeau, ce qui étant exécuté, il commanda de le fouetter, de lui arracher les cheveux, de le percer et mutiler en toutes façons. Puis voyant ces gens y avoir peine, attendu que ce corps embaumé résistait, ne se défaisait point, il ordonna de le brûler, en quoi il commit sacrilége; car le feu chez les Perses est tenu pour divinité. Perses ni Égyptiens n'ont coutume de brûler leurs morts, les premiers par cette opinion qu'un Dieu ne se doit pas repaître de cadavres, les autres parce qu'ils croient le feu bête vivante, qui dévore tout ce qu'elle atteint et meurt ensuite avec sa proie, étant rassasiée de pâture. Or, leur loi ne veut pas que les morts soient aucunement abandonnés aux bêtes, et c'est pourquoi ils les embaument, afin de les garder des vers. Ainsi ce qu'ordonna Cambyse était impie chez les deux peuples.

Toutefois, au dire des Égyptiens, ce ne fut pas le corps d'Amasis que l'on maltraita de la sorte, mais celui d'un autre Égyptien, mort de même âge à peu près que lui, et que déchirèrent les Perses, pensant déchirer Amasis. Car ils disent que par un oracle ayant su ce qui lui devait arriver après sa mort, pour s'en préserver, Amasis fit mettre à l'entrée de sa tombe, près des portes, ce corps qui fut battu pour lui, se réservant le fond du tombeau, où il enjoignit à son fils de le placer le plus avant qu'il serait possible. Toutes ces précautions d'Amasis et ces ordres par lui donnés pour assurer sa sépulture, me semblent pures inventions des Égyptiens, qui ont voulu en imposer par tels récits

Cambyse, après cela, fit dessein d'attaquer trois différentes nations, à savoir : les Carthaginois, les Ammoniens, et les Éthiopiens dits Macrobs ou long-temps vivants, qui habitent le long de la mer australe de Libye ; et il résolut d'envoyer pour l'exécution de ce dessein à Carthage son armée de mer, contre les Ammoniens une part de ses troupes de terre, et en Ethiopie des espions premièrement, ayant charge de voir la table du soleil, si de fait elle était chez ces peuples, et d'observer par même moyen les autres choses du pays, portant en apparence des présents à leur roi. Or, de la table du soleil, voici ce qui s'en raconte. Devant la ville est un préau plein de chair bouillie de tout bétail, où de nuit font placer ces chairs toutes gens ayant office entre les citoyens, de jour sont mangés par qui veut prendre là son repas ; et dit-on que ceux du pays disent telles viandes être produite par la terre elle-même en tout temps. Voilà les récits qui se font de la table du soleil.

Cambyse lors délibéré d'envoyer là des espions, manda d'Eléphantis des hommes Ichthyophages qui parlaient la langue d'Ethiopie, et attendant qu'ils arrivassent, il donna ordre à l'armée de mer d'aller contre Carthage. Mais les Phéniciens refusèrent, se disant liés par grands serments et que ce serait à eux chose impie de faire la guerre à leurs enfants. Or sans les Phéniciens, les autres n'étaient plus en force suffisante. De la sorte Carthage échappa ce danger, ne fut point soumise aux Perses, Cambyse n'ayant pas cru devoir user de contrainte à l'égard des Phéniciens, à cause qu'ils s'étaient eux-mêmes donnés aux Perses, et que l'armée de mer dépendait toute des Phéniciens. Aussi s'étaient eux-mêmes donnés les Cypriens pour cette expédition d'Égypte. Cambyse donc, les Ichthyophages étant venus d'Éléphantis, les envoya en Éthiopie instruits de ce qu'il fallait dire, et portant pour présents un vêtement de pourpre, un collier d'or, des brasselets, une fiole de myrre et un baril de vin de palme.

Ces Éthiopiens vers lesquels envoyait Cambyse sont, à ce qu'on dit, les plus grands et les plus beaux de tous les hommes. Ils ont des lois fort différentes de celles des autres peuples; et en particulier, touchant la royauté, voici comment ils se gouvernent. Celui d'entre les citoyens qu'ils jugent être le plus grand et avoir force selon sa taille, c'est celui-là qu'ils nomment roi. Chez ces hommes donc arrivés, les Ichthyophages présentèrent au roi les dons qu'ils apportaient, et lui dirent ceci : « Le roi des Perses Cambyse, voulant être à l'avenir ton ami et ton hôte, nous envoie pour parler à toi et t'offrir en présent ces choses dont plus il se plaît à user. » L'Éthiopien connaissant qu'ils étaient espions, leur répond en cette sorte : « Non, vous n'êtes pas envoyés par le roi des Perses, pour m'apporter des présents, comme désirant m'être ami, ni ne dites la vérité ; car vous venez ici épier mon état et moi ; ni aussi lui n'est homme juste; car étant juste il ne voudrait autre pays que le sien, et n'eût pas mis en esclavage des gens qui ne lui faisaient nul mal. Donnez-lui donc cet arc et lui dites de ma part : Roi des Perses, le roi d'Éthiopie te conseille, quand il aviendra que tes Perses tendent ainsi aisément des arcs grands comme celui-ci, de les mener alors en nombre supérieur contre les Éthiopiens ; mais jusque-là rends grâces aux dieux qu'ils ne font penser aux enfants des Éthiopiens d'avoir autre terre que la leur. »

Cela dit, il detendit l'arc et le leur donna. Puis prenant le vêtement de pourpre, il voulut savoir ce que c'était et comment avait été fait ; et entendant, comme lui apprirent les Ichthyophages, ce que c'était que pourpre et teinture, il dit tels hommes être trompeurs et trompeurs aussi leurs habits. Du collier et des brasselets il en fit semblable demande, et comme on lui voulut montrer la beauté de cette parure, il se prit à rire, et pensant que ce fussent des chaînes, dit que chez eux ils en avaient de plus fortes et meilleures ; puis demanda aussi de la fiole de myre ce que c'était et à quoi bon ; et ayant ouï la façon et l'usage pour frotter le corps, il en dit comme de l'habillement. Mais quand ce vint au baril de vin, dont il goûta et s'enquit de même en qu'elle sorte il se faisait, il y prit plaisir bien grand, et demanda ce que mangeait avec cela le roi des Perses, et combien de temps pour le plus un homme chez eux pouvait vivre, à quoi il lui fut répondu que le roi mangeait du pain, dont la nature ainsi que du blé lui fut expliquée, et que quatre-vingts ans étaient le plus long terme de la vie. Lors il dit n'être pas merveille si mangeant fiente ils vivaient peu et qu'encore ne vivraient-ils tant sans ce breuvage ; il entendait le vin, par où seul, selon lui, la Perse l'emportait sur l'Éthiopie. Et à leur tour interrogeant les Ichthyophages, de la longueur des âges et de la nourriture chez eux Éthiopiens, il dit que la plupart allaient jusqu'à six-vingt ans et quelques-uns même au-delà ; que leur vivre commun était de viande bouillie et de lait pour boisson ; qu'ayant paru surpris de ce nombre d'années, les envoyés furent conduits à une fontaine de laquelle s'étant lavés, ils s'en trouvèrent oints comme d'huile ; et disaient les Ichthyophages l'eau de la fontaine être si faible que rien n'y pouvait surnager ; ni bois ni chose aucune plus légère que bois, mais que tout allait au fond. Cette eau sans doute, si elle est telle, comme ils en usent en toutes choses, leur est cause de vivre long-temps ; et qu'au partir de cette fontaine, on les mena voir une prison d'hommes où tous étaient tenus les pieds dans des ceps d'or. Le plus rare métal et le plus estimé chez les Éthiopiens, c'est le cuivre. Ayant vu la prison, ils virent puis après la table du soleil, et ensuite finablement virent les cercueils que l'on dit être de verre faits en cette sorte. Après avoir séché le cadavre, soit comme font les Egyptiens, soit de toute autre manière, l'ayant partout enduit de plâtre, on le peint de belles couleurs, le plus ressemblant qu'il se peut, puis on l'introduit au-dedans d'un cippe de verre creusé exprès (ils en ont des carrrières et en tirent beaucoup qui se travaille bien) ; au milieu du quel cippe le cadavre paraît sans nul fâcheuse odeur, ni rien qui soit désagréable, ayant toutes choses visibles pareillement au mort lui-même. Pendant l'espace d'une année, on le garde au logis des plus proches parents, lui offrant prémices de tout, et on lui sacrifie. Au bout de ce temps, on l'emporte et on le dresse quelque part autour de la ville.

Ces choses vues, les envoyés s'en retournèrent devers Cambyse, auquel ayant de tout rendu compte, lui, sur le champ, mu de colère, voulut marcher en Ethiopie, sans ordonner nulles provisions, ni prendre temps de considérer que cette fois il s'agissait de porter la guerre aux extrémités du monde ; mais comme furieux et hors de sens, aussitôt ouï le rapport des Ichthyophages, il se mit en marche, laissant ce qu'il avait de Grecs à l'attendre, et menant avec soi toute l'armée de terre. Venu à Thèbes il détacha cinquante mille hommes environ, et à ceux-là il donna ordre d'aller réduire en esclavage les Ammoniens et brûler le temple de Jupiter ; lui cependant, avec le reste, tira droit en Ethiopie. Ainsi marchant, ils n'eurent pas fait la cinquième partie du chemin que ce qu'ils emportaient de vivre leur faillit, et pareillement leur faillirent les bêtes de somme qu'ils mangèrent après leurs provisions finies. Si Cambyse connaissant sa faute alors eût rebroussé chemin et ramené l'armée, il était homme sage ; mais n'écoutant nulle raison, il alla toujours en avant. Les soldats, durant que la terre leur offrit du vert à cueillir, se repaissant d'herbe, vécurent ; mais quand ils furent dans les sables, ce que firent aucuns est horrible à conter. Entre dix ils tiraient au sort un d'eux, et celui-là les autres le mangeaient ; ce qu'ayant su, Cambyse eut peur de cette rage et revint sur ses pas, quittant son entreprise. Il s'en revint à Thèbes avec faute d'une grande part de ses gens, et de Thèbes descendu à Memphis, il renvoya les Grecs par mer. Ainsi réussit l'entreprise du voyage d'Ethiopie.

De leur part ceux qui allaient contre les Ammoniens, étant partis de Thèbes, marchèrent avec des guides. Ce qu'on sait c'est qu'ils arrivèrent en une ville, Oasis, peuplée de Samiens qu'on dit être de la Æschrionienne. Ils sont distants de Thèbes de sept jours de chemin par les sables, et cet endroit s'appelle, en la langue des Grecs, Macaron Nési, qui veut dire Iles-des-Bienheureux. Jusque-là donc vint cette armée. Au partir de là, ce qu'elle devint, hors les Ammoniens eux-mêmes et ceux qui l'ont pu savoir d'eux, nul n'en eut jamais connaissance ; car ils n'arrivèrent pas chez les Ammoniens ni ne retournèrent en arrière. Au reste voici ce qu'en content les Ammoniens. Que d'Oasis venant contre eux à travers les sables, il se trouvait à mi-chemin environ d'eux et d'Oasis, et que comme ils étaient à repaître, il leur survint une bourrasque de vent du midi, qui levant des grèves de sable, les laissa dessous ensevelis, et ainsi disparurent tous. Tel récit font les Ammoniens du succès de l'expédition.

Peu après le retour de Cambyse, apparut en Egypte Apis que les Grecs nomment Epaphus, et aux premières nouvelles de son apparition, tous les Egyptiens en liesse mirent leurs plus beaux vêtements ; ce que voyant Cambyse, persuadé que par là ils témoignaient être joyeux de sa mésaventure, fit venir devant lui les gouverneurs de Memphis et les interrogea, pour quelle cause auparavant, lors de son séjour à Memphis, rien de semblable ne s'était fait, mais bien à l'heure qu'il revenait, ayant perdu part de ses gens : eux lui dirent que depuis peu un dieu se manifestait, lequel avait coutume de rarement se montrer, et que quand il apparaissait, toute l'Egypte en faisait fête. Cette réponse ouïe, Cambyse dit que c'était mensonge que cela, et comme menteurs les fit mourir. Ceux-là morts, il manda les prêtres, et eux disant les mêmes choses, il repartit qu'il voulait voir si leur Dieu était bonne bête, et commanda aux prêtres de lui amener Apis, et ils l'allèrent quérir. Or cet Apis ou Epaphus naît veau d'une vache, qui ne peut après cela en porter d'autres, sur laquelle vache il descend du ciel un éclair, au dire des Egyptiens, dont elle engendre Apis : et de ce veau qu'on nomme Apis les marques sont telles : le corps noir, sur le front un blanc à quatre angles, sur le dos la semblance d'un aigle, tous les crins doubles à la queue, et sur la langue un scarabée.

Apis étant venu amené par les prêtres, Cambyse féru qu'il était méchant de folie, tira sa dague, dont lui voulant donner dans le ventre, il l'atteint à la cuisse, et riant, dit aux prêtres : « Coquins, voilà vos dieux qui ont de la chair et du sang et qui sentent les coups du fer ; digne en effet des Egyptiens un dieu tel que celui-là. Mais je vous apprendrai à vous moquer de moi. » Cela dit, il commande à ceux qui avaient charge de telles choses de fouetter les prêtres et tuer quiconque des Egyptiens serait trouvé à faire fête, moyennant quoi la fête cessa. Les prêtres furent traités ainsi qu'il avait dit, et Apis malade de sa blessure était gissant dans le temple, où finablement il mourut et fut enseveli par les prêtres à l'insu de Cambyse.

Cambyse, au dire des Egyptiens, pour avoir commis ce méfait, aussitôt après devint fou, étant auparavant peu sage, et premièrement fit mourir son frère de même père et mère, Smerdis qu'il avait par envie renvoyé de l'Egypte en Perse, parce que seul entre les Perses il tendait l'arc, à deux doigts près, qu'avaient apporté d'Ethiopie les Ichthyophages. Nul autre Perse que Smerdis n'en sut autant faire. Lui parti, Cambyse eut en songe une vision. Il lui fut avis qu'un messager venant de Perse apportait nouvelle que Smerdis assis sur le siége royal touchait de sa tête au ciel, à raison de quoi ayant peur que son frère le tuant, ne devint roi, il envoie en Perse Prexaspès, qui lui était le plus dévoué entre tous les Perses, lequel montant à Suses fit mourir Smerdis, aucuns disent à la chasse, d'autres dans la mer Rouge et qu'il le fit noyer.

Par là commencèrent, dit-on, les méchancetés de Cambyse. Depuis il fit mourir sa sœur venue quant et lui en Egypte, et qui lui était pareillement sœur des deux côtés, et voici comme il l'épousa. Car les Perses auparavant n'avaient du tout accoutumé d'habiter avec leurs sœurs. Cambyse aimait une de ses sœurs et la voulant avoir à femme, comme il pensa que c'était chose contraire à l'usage, fit appeler les juges royaux pour savoir d'eux s'il y avait point une loi qui permît au frère d'épouser sa sœur. Les juges royaux sont gens choisis, qui, leur vie durant, hors qu'ils soient convaincus de quelque iniquité, rendent la justice aux Perses et interprètent les lois, et toute affaire vient à eux. Interrogés lors par Cambyse, ils lui firent une réponse juste et sans danger pour eux-mêmes, disant n'y avoir point de loi qui autorisât le mariage entre frère et sœur, mais bien une loi par laquelle il est permis au roi de faire ce qu'il veut. Voilà comment ils évitèrent d'enfreindre la loi pour Cambyse, et eux-mêmes, pour ne pas mourir s'ils eussent défendu la loi, en trouvèrent une favorable au roi voulant pour femme sa sœur. Ainsi Cambyse eut en mariage celle qu'il aimait, et peu après il épousa encore une autre sœur à lui. La plus jeune des deux fut celle qu'il tua en Egypte, ce qu'on raconte en deux manières, comme la mort de Smerdis. Car les Grecs disent que Cambyse un jour faisait combattre ensemble un lionceau et un jeune levron, étant cette sienne femme et sœur à les regarder avec lui, et que comme le chien se trouvait le plus faible, un autre jeune chien frère de ce levron accourut à son aide, rompant le lien qui l'attachait; au moyen de quoi le lionceau fut vaincu par les deux levrons ; que Cambyse prenait plaisir à voir ce combat, mais elle assise près de lui pleurait, dont s'étant aperçu Cambyse lui en demanda la cause, et elle dit qu'en voyant ce chien secourir et venger son frère, il lui souvenait de Smerdis ; qu'il n'y aurait nul qui jamais le voulut venger. C'est le récit des Grecs et que pour cette parole Cambyse la fit mourir ; mais les Egyptiens racontent autrement qu'eux deux étant à table assis, elle prit une laitue dont elle ôtait les feuilles une à une, lui demandant comment il la trouvait plus belle, ou dégarnie, ou bien feuillue, à quoi il répondit feuillue. Lors elle : « Ainsi fais-tu de la maison de Cyrus que tu vas dit-elle, effeuillant tout comme moi cette laitue »; dont Cambyse irrité lui sautant sur le ventre, comme elle était grosse d'enfant, la fit avorter et mourir.

Tels actes furieux fit Cambyse à l'encontre de ses proches, soit vengeance d'Apis, soit autre cause qu'il y eût, étant nature comme elle est sujette à tant de maux. Aussi avait-il, ce dit-on, de naissance une grande maladie que quelques-uns nomment sacrée. Partant ne se faut étonner qu'éprouvant en son corps si griève souffrance, il n'eût pas l'esprit sain. Autres actes pareils furent par lui commis envers les Perses. On raconte qu'un jour il dit à Prexaspès, qui près de lui était le plus considéré, portait ses ordres, même avait son fils échanson de Cambyse, charge non des moindres aussi ; un jour il lui dit : « Prexaspès, que dit-on de moi et quel homme pensent les Perses que je sois ? Maître, répondit Prexaspès, de toutes choses ils te louent, si ce n'est qu'ils te croient trop adonné au vin. » Qu'il dit cela comme un langage que tenaient les Perses, à quoi l'autre en courroux repart : « Les Perses donc me disent trop adonné au vin ; ils me croient insensé, privé de jugement, et par ainsi leur premier dire ne fut pas véritable. » De fait Cambyse auparavant, en un conseil où assistait Crésus avec les Perses, ayant demandé quel homme il leur paraissait être au prix de son père Cyrus, par les Perses fut répondu qu'il valait bien plus que son père, ayant tout ce qu'il avait eu, et l'Egypte encore et la mer. Voilà ce que dirent les Perses ; mais Crésus fut mal satisfait de cette réponse, et prenant la parole, dit : « Je ne trouve pas, fils de Cyrus, que tu sois égal à ton père ; car il te manque un fils tel qu'il a laissé toi. » Lequel propos plut à Cambyse, qui loua la réponse de

Crésus; et qu'en colère alors, remémorant ces choses, il dit à Prexaspès : « Tu vas tout-à-l'heure connaître s'ils disent vrai les Perses, ou si, parlant ainsi, ce sont eux au contraire qui ont perdu le sens; car avec ce trait si je frappe au milieu du cœur de ton fils que voilà là bas devant ma porte, les Perses sans doute sont menteurs. Si je faux, dis qu'ils ont raison, et que je ne sais ce que je fais. » Cela dit, il tend son arc et du trait frappe l'enfant; lequel étant tombé, il commanda de l'ouvrir et regarder le coup, et qu'en effet le fer était au milieu du cœur. Sur quoi transporté d'aise et s'éclatant de rire, il dit au père : « Tu le vois, Prexaspès; je ne suis pas fou. Si sont eux, et ne savent ce qu'ils disent; mais toi, vis-tu jamais, dis-moi, archer aussi sûr comme je suis. » Et que Prexaspès le voyant du tout hors de sens, davantage craignant pour soi, répondit : « Maître, le dieu même ne tirerait pas plus juste. ».

C'étaient là ses œuvres alors. En une autre occasion, il fit sans nul valable raison enterrer vifs par-dessus la tête douze des premiers personnages qui fussent en toute la Perse. Sur ces actions Crésus de Lydie le crut devoir admonester de telles paroles : « O roi, ne te laisse emporter à chaude colère de jeunesse, mais plutôt tâche à te modérer. Prévoyance en tout vaut sagesse, et n'est chose en quoi ne se doive regarder la fin. Tu fais mourir sans nulle raison gens de ton pays et enfants; mais si tu agis de la sorte, garde que les Perses un jour ne se bandent contre toi. Ainsi m'a enchargé ton père et recommandé de t'aviser et admonester pour ton bien. » Voilà comme il le conseillait par amitié qu'il lui portait; mais l'autre répond en ces mots : « Tu m'oses donner des conseils, comme de vrai tu as bien gouverné ton pays et sagement guidé mon père quand tu le fis passer l'Araxe pour aller aux Messagètes, sur le point qu'eux voulait venir à nous. Tu t'es perdu, n'ayant pas su régir ton pays, et as perdu Cyrus aussi, qui te crut lors, mais à ton dam ; car voici venue l'occasion que je cherchais de t'en punir. » Ce disant, il prenait son arc pour le percer, mais Crésus se sauva de vîtesse dehors, et lui ne le pouvant darder, dit à ses serviteurs de le prendre et de le tuer. Les serviteurs, comme ils connaissaient son humeur, cachèrent Crésus en telle intention que si Cambyse se repentait et redemandait Crésus, eux le lui rendant, en auraient quelque récompense, pour avoir sauvé Crésus, que s'il ne se repentait, ni ne le regrettait, ils le feraient mourir. Peu après avint que Cambyse regretta Crésus, ce que voyant ses serviteurs lui dirent qu'il était en vie. Cambyse fut aise d'apprendre que Crésus était encore en vie ; mais il dit que ceux qui l'avaient ainsi conservé ne s'en trouverainet pas bien et qu'il les tuerait, comme il fit.

Il commit plusieurs tels excès contre les Perses et alliés durant le temps qu'il fut à Memphis, ouvrant les vielles tombes et regardant les morts ; il entra dans le temple de Vulcain, fit à l'image force moqueries. Car là l'image de Vulcain ne diffère en quoi que ce soit des Pataïques de Phénicie, que mettent les Phéniciens à la proue de leurs trirèmes ; et qui ne les a vues je lui dirai, c'est la figure d'un homme Pigmée. Pareillement il entra dans le temple des Cabires, où n'est permis d'entrer qu'au prêtre, et ces images il les brûla, non sans en faire grande risées. Elles sont semblables aussi à celles de Vulcain ; même on dit que ce sont ses enfants.

En somme il me paraît sans doute que Cambyse était hors de sens ; car il n'eût pas pris en moquerie les religions et les coutumes ; car si l'on proposait aux hommes de choisir entre toutes les lois établies les meilleures, après y avoir bien regardé, chacun s'en tiendrait aux siennes propres. Ainsi pense chacun ses lois être les meilleures de beaucoup et partant il n'est pas à croire qu'autre qu'un insensé ait pu se rire de telles choses. Et qu'ainsi soit que tous les hommes pensent de la sorte en ce qui concerne les lois, d'autres preuves le font connaître, et singulièrement celle-ci. Darius un jour ayant mandé des Grecs qui demeuraient près de sa résidence, s'enquit d'eux pour combien d'argent ils voudraient manger leur père mort. Eux répondirent que pour rien au monde ; et Darius alors fit venir de ces indiens nommés Calaties, lesquels ont pour usage de manger leurs parents, et leur demanda devant les Grecs, qui par un interprète entendaient ce qui se disait, pour combien ils consentiraient à brûler le corps de leur père. Ils s'écrièrent haut, le priant de ne proférer telles paroles. Ainsi sont ces choses réglées par l'usage des différents peuples ; et Pindare me semble avoir bien rencontré, disant coutume être reine du monde.

Au temps même de cette expédition de Cambyse contre l'Egypte, les Lacédémoniens en firent une aussi contre Samos et Polycrate, qui s'étant soulevé tenait Samos, et d'abord avait départi la ville entre lui et ses deux frères, Pantagnote et Syloson, depuis ayant tué l'un et chassé le plus jeune. Syloson tenait Samos toute, et la tenant contracta hospitalité avec Amasis roi d'Egypte, auquel il envoya des dons et en reçut d'autres de lui. Polycrate bientôt s'accrut, devint fameux en Ionie et dans le reste de la Grèce. Quelque guerre qu'il entreprît, tout lui succédait à souhait. Il avait à lui cent galères à cinquante rames et mille archers, attaquait, pillait tout le monde indistinctement, disant qu'il obligeait davantage un ami en lui rendant son bien qu'il n'eût fait ne lui ôtant rien. Il s'empara de plusieurs îles et de beaucoup de villes en terre ferme, prit les Lesbiens qu'il défit en combat naval allant avec toutes leurs forces au secours de Milet, et qui depuis creusèrent enchaînés tout le fossé autour dans la forteresse de Samos.

Amasis n'était point sans entendre parler des prospérités de Polycrate, voire même y prenait intérêt, et comme ses succès allaient toujours croissant, il écrivit ceci dans une lettre qu'il lui adressa en Samos : « Amasis à Polycrate ainsi dit : C'est bien douce chose d'apprendre le bonheur d'un hôte et ami ; toutefois tes grands succès ne me contentent pas. Je sais que la divinité est de sa nature envieuse. Partant j'aime mieux, moi et les miens avoir chance dans des affaires tantôt bonne, tantôt contraire, que non pas réussir en tout. Car oncques je n'ouïs parler d'aucun qui n'ait eu triste fin en prospérant toujours. Toi donc, si tu m'en crois, voici ce qu'il faut faire à ton trop de bonheur. Songe en toi-même ce que tu peux avoir de plus précieux et qui plus te fâchât à perdre, et le perds et l'abîme tellement que jamais n'en soit nouvelle au monde ; et si dorénavant ton heur n'est mêlé de semblables discrâces, use du remède que je t'enseigne. »

Ces paroles lues, Polycrate, comme il comprit que l'avis d'Amasis était bon, chercha lequel de ses bijoux lui ferait plus de peine à perdre, et cherchant, voici ce qu'il trouva. Il avait un anneau monté en bague d'or qu'il portait au doigt ; c'était une pierre d'émeraude, et l'ouvrage était de Théodore fils de Téléclès de Samos. Ayant délibéré de le perdre, il fit ainsi. Sur une galère à cinquante rames il mit des gens et s'embarqua, puis fit voguer en haute mer. Quand il fut loin des côtes de l'île, ôtant cette bague de son doigt, aux yeux de tous ceux qui étaient quand et lui à bord, il la jette dans la mer, et cela fait, s'en revint à terre ; et retourné dans sa maison était chagrin de ce malheur. Cinq ou six jour après lui avint ce que voici. Un pêcheur avait pris un poisson grand et beau, et tel qu'il lui parut mériter d'être offert en don à Polycrate, et pour cela s'en vint aux portes, disant qu'il voulait être admis en sa présence, ce qui lui étant octroyé, il parla en ces termes : « Roi, j'ai pris celui-ci et ne l'ai pas voulu porter vendre au marché, pauvre homme que je suis toutefois, qui en ce faisant gagne ma vie ; mais il m'a semblé digne de toi, pourquoi je l'apporte et te le donne. « Lui aise d'entendre ce propos, repart : « Tu as grandement raison, et double grâce t'en est due de ton dire et de ton présent, et nous t'invitons à souper. » Le pêcheur qui tint à grand heur cette invitation, s'en retourna en son logis ; et cependant les serviteurs coupant le poisson, trouvèrent dans son ventre la bague même de Polycrate, laquelle ils prirent dès qu'ils la virent, et joyeux, la portèrent vitement à Polycrate, et la lui donnant lui contèrent en quel sorte ils l'avaient trouvée. Lui, comme il crut y avoir en cela quelque chose de divin, écrit dans une lettre tout ce qu'il avait fait et comment lui en avait pris, et tout étant écrit il dépêche en Égypte. Ayant donc le roi Amasis lu cette lettre, qui venait de la part de Polycrate, comprit qu'homme ne peut préserver un autre homme de chose qui lui doit avenir, et que Polycrate ne devait pas faire bonne fin, ayant heur en tout, à tel point de retrouver même ce qu'il avait voulu perdre exprès. Si lui envoya en Samos un héraut, disant qu'il rompait avec lui l'hospitalité ; ce qu'il fit pour cette raison, afin que venant Polycrate à choir en quelque grande et terrible disgrâce, il n'en eût point le deuil au cœur comme pour un hôte et ami.

Contre ce Polycrate donc heureux en tout, les Lacédémoniens entreprirent une guerre, mus à ce faire et appelés par ceux d'entre les Samiens, qui depuis fondèrent en Crète la ville de Cydonie. De sa part Polycrate dépêchant à Cambyse fils de Cyrus, qui lors armait contre l'Egypte, le pria qu'il lui plût envoyer en Samos lui demander, à lui Polycrate, une armée ; ce qu'ayant entendu, Cambyse volontiers envoya en Samos vers Polycrate, qu'il requit de lui prêter une armée de mer pour son expédition d'Egypte. L'autre prend ceux des citoyens qu'il pensait lui être contraires, les envoie sur quarante galères, et mande à Cambyse de faire en sorte qu'ils ne retournassent point.

Aucuns disent que ces Samiens envoyés par Polycrate n'allèrent pas en Egypte, mais ayant vogué seulement jusqu'à Carpathos, là se conseillèrent entre eux, et résolurent de ne point aller plus avant. D'autres content que venus en Egypte on les gardait et qu'ils s'enfuirent sur leurs vaisseaux, avec lesquels comme ils retournaient en Samos, Polycate vint à leur rencontre; il y eut combat, ils vainquirent et débarquèrent dans l'île, où ayant de nouveau combattu, ils eurent du pire et se rembarquèrent, enfin vinrent à Lacédémone.

Mais il en est aussi qui disent que ceux-là revenant d'Egypte, vainquirent Polycrate, en quoi, selon moi, ils disent mal. Car ces gens n'eussent eu que faire du secours de Lacédémone, étant par eux-mêmes capables de le ranger à la raison. Joint qu'il n'y a nulle apparence que lui, ayant à sa solde une troupe étrangère et ses propres archers, nombreux aussi, n'ait su résister à ce peu qu'ils étaient retournant d'Egypte. Encore tenait-il enfermé dans les hangards de sa marine les femmes et enfants des citoyens demeurés sous lui, tout prêt à y mettre le feu et brûler les hangards et ces ôtages avec, si leurs parents l'eussent trahi en faveur de ceux qui revenaient.

A Sparte arrivés ces Samiens que Polycrate avait chassés, se rendirent près des magistrats, et là disaient beaucoup de choses, comme gens qui se trouvaient en grande nécessité. Eux à la première harangue répondirent qu'ils en avaient oublié le commencement et ne comprenaient pas la fin. A la seconde audience, ils ne haranguèrent plus, mais ayant apporté un thulacos (1) vide, le montraient disant qu'il avait faute

---

(1) Sac de cuir qui servait à porter en voyage une provision de farine.

de farine. A quoi l'on repartit que le thulacos seul en aurait dit assez, et toutefois fut résolu de les secourir.

A donc toutes choses préparées pour cette expédition, les Lacédémoniens passèrent à Samos, en récompense, disent les Samiens, de ce qu'eux les avaient aidés de leurs vaisseaux contre les Messéniens; mais, comme le racontent ceux de Lacédémone, ce fut moins pour donner secours aux Samiens que pour eux-mêmes se venger de l'enlèvement du cratère qu'ils portaient à Crésus, et du corselet que le roi d'Egypte Amasis leur envoyait en présent. Car les Samiens leur prirent, un an avant le cratère, ce corselet lequel étant de lin avec beaucoup d'animaux en tissu, orné d'or et de laine de coton, est admiré pour ce regard, et aussi pour ce que chaque fil, fin comme il est, a cependant en soi trois cent soixante fils tous visibles à l'œil. Pareil est cet autre à Lindos, consacré par Amasis à Minerve.

Or aidèrent les Corinthiens à l'armement contre Samos, et volontiers y prirent part. Car il y avait un outrage à eux fait par les Samiens, une génération avant, lorsque le cratère fut volé. Car comme une fois Périandre fils de Cypsélus envoya pour être coupés à Sardes chez Alyattès, trois cents jeunes enfants des premières familles de Corcyre, ceux qui les menaient, Corinthiens, étant abordés en Samos, la chose fut contée aux Samiens, comment et pourquoi ces enfants s'en allaient à Sardes ; et eux premièrement leur montrèrent à toucher le temple de Diane, puis ne souffrant pas qu'on les enlevât suppliants du temple, comme ceux de Corinthe empêchaient qu'ils n'eussent à manger, les Samiens firent une fête de laquelle ils usent encore aujourd'hui en même façon. La nuit venue, durant tout le temps que les enfants furent suppliants, ils dressaient des chœurs de jeunes filles et de jeunes garçons, et dressant ces chœurs ordonnèrent par une loi qu'on y portât des gâteaux de sésame et de miel, à celle fin que les dérobant les enfants des Corcyréens eussent de quoi se nourrir; et dura cette façon de faire jusques à tant que les Corinthiens, gardes de ces enfants, les laissant s'en allèrent, et lors les Samiens les remenèrent à Corcyre. De vrai si les Corinthiens, mort Périandre, eussent été amis des Corcyréens, ils ne se fussent pas sans doute, pour le souvenir de cette affaire, joints aux ennemis de Samos; mais jamais depuis le temps que l'île fut peuplée par eux, ils n'ont paru d'accord ensemble, bien qu'entre eux cependant il y ait....... (1)

Voilà pourquoi les Corinthiens en voulaient à ceux de Samos. Or, Périandre envoyait à Sardes pour être coupés ces enfants des premiers de Corcyre, afin de se venger. Car les Corcyréens d'abord avaient commencé par un acte horrible envers lui; car après que Périandre eut tué sa femme Mélissa, un autre malheur lui avint après celui-là. Il avait de Mélissa deux fils âgés l'un de dix-sept, l'autre de dix-huit ans. Leur grand-père maternel Proclès, qui était tyran d'Epidaure, les ayant fait venir devers lui, les chrérissait comme on peut croire, étant les enfants de sa fille, et le jour qu'il les renvoya, leur dit en les recondui-

---

(1) quelques mots manquent au texte.

sant : « Savez-vous bien, enfants, qui est celui qui a tué votre mère ? » Parole dont l'aîné tint peu de compte ; mais le plus jeune appelé Lycophron en eut telle douleur en l'âme, qu'étant de retour à Corinthe, il ne voulut plus aucunement parler à son père, ni répondre à quoi qu'il lui pût dire ou demander ; interrogé par lui se taisait. Pourquoi Périandre en colère à la fin le chasse de sa maison, et ayant chassé celui-là, s'enquit à l'aîné de ce que leur grand-père leur avait dit et de quels propos il s'était avec eux entretenu. L'autre lui conte comme quoi ils en avaient été reçus avec joie et caresses grandes, mais de ce mot que leur dit Proclès en les reconvoyant il ne s'en souvenait pas, comme n'y ayant fait d'abord nulle attention. Périandre alors repart qu'il n'était pas possible au monde que leur grand-père ne leur eût donné quelque avis, et à force de l'interroger, fit tant que le jeune homme enfin se souvint de cela et le dit. Telle chose ouïe, Périandre, délibéré de ne céder ni s'amollir en nulle sorte à l'égard de son autre fils, où il le savait coutumier de se retirer, là envoyait un messager défendre aux gens de le recevoir, et lui, comme on le faisait sortir d'une maison, s'en allait en une autre, d'où on le chassait encore, à cause des menaces de Périandre et de ces ordres qu'il donnait afin de l'exclure de partout ; ainsi chassé il recourut à divers de ses amis, lesquels, comme enfant de Périandre, le recevaient, craignant toutefois. Mais enfin Périandre fit publier un ban portant que qui le logerait, ou lui parlerait seulement, paierait une amende sacrée à Apollon, disant de combien. Après ce ban, il n'y eut personne qui le voulût plus recevoir en sa maison ni lui parler. Lui-même cessa de tenter d'être admis nulle part, et depuis hantait sous les portiques, couchant à terre et manquant de tout. Au bout de quatre jours Périandre qui le vit affamé, mal en point, pour ne s'être lavé de long-temps, en eut compassion, et quittant sa colère, s'approcha de lui et lui dit : « O enfant, lequel donc te semble à préférer, ou ton sort tel qu'il est maintenant, ou me succéder et avoir, étant attaché à ton père, la tyrannie et les biens que j'ai ; toi, mon fils, qui né roi de la riche Corinthe, as choisi cette vie misérable et maudite en me résistant et te prenant à qui fallait le moins. Si chose est avenue dont tu aies contre moi soupçon, à moi d'abord en est le mal, dont j'ai d'autant plus à souffrir que seul j'en suis cause. Mais toi, connais enfin combien mieux vaut faire envie que pitié, et voyant la folie que c'est de se courroucer à son père, et plus fort que soi, vas de ce pas à la maison. »

Ainsi l'avisait Périandre ; mais l'enfant ne lui répondit autre chose sinon qu'il devait l'amende sacrée au dieu pour lui avoir parlé. Périandre alors connaissant que le mal en lui ne se pouvait adoucir ni vaincre, l'éloigne de ses yeux et l'envoie sur un navire à Corcyre, dont il était maître aussi. Lui parti, Périandre fit la guerre à son beau-père Proclès, qu'il pensait être auteur le premier de ses peines, prit la ville d'Epidaure et prit aussi Proclès et le garda vivant ; et comme avec le temps Périandre, avancé en âge, sentit ne pouvoir désormais voir et gouverner les affaires, alors il manda de Corcyre Lycophron pour qu'il vint prendre la tyrannie, n'ayant aucun égard à l'aîné de ses fils qui lui semblait être de trop faible entendement; mais Lycophron ne daigna même répondre au message. Le père qui avait mis en lui son espérance, envoie à ce jeune homme une autre fois sa sœur, fille de lui Périandre, pensant qu'il se devait plutôt laisser persuader à elle, laquelle devers lui venue, lui ayant dit : « O enfant, souffriras-tu donc la tyrannie passer à d'autres, la maison de ton père s'abîmer, plutôt que toi venir et la tenir ? Habite en ton logis, cesse de te tourmenter ; désir de gloire chose vaine ; et ne tâche point à guérir le mal par le mal. Plusieurs ont préféré au droit l'accommodement; plusieurs se sont vus perdre la paternelle chevance en requérant celle de leur mère. La tyrannie échappe ; beaucoup en sont amants. Le voilà vieux, cassé ; ne livre point à d'autres le bien qui t'appartient. »

Elle donc lui disait instruite par leur père, ce qu'elle croyait plus capable de l'attraire et fléchir son cœur ; mais il lui répondit disant que jamais n'irait à Corinthe, tant qu'il saurait son père en vie. Ce qui étant par elle rapporté à Périandre, pour la troisième fois il envoie un héraut voulant aller lui-même demeurer en Corcyre, et mandait à son fils de s'en venir à Corinthe prendre la tyrannie, à quoi lui s'étant accordé, ils se préparaient pour passer, Périandre en Corcyre et l'enfant à Corinthe. Mais ceux de Corcyre informés de toutes ces choses, afin d'empêcher que Périandre ne fût en leur pays, mettent à mort le jeune homme ; ce fut là la cause pourquoi Périandre se voulut venger des Corcyréens.

Les Lacédémoniens avec une puissante flotte arrivés devant Samos, la tenaient assiégée. D'abord attaquant le mur du côté de l'esplanade, ils montèrent sur la tour qui est au bord de la mer, mais bientôt en furent chassés par Polycrate même accouru avec un gros de gens. Cependant par la tour d'en haut, bâtie sur la croupe du mont, sortirent les alliés et des Samiens bon nombre, lesquels ayant tenu tête aux Lacédémoniens quelque peu de temps s'enfuirent, et eux les poursuivant en tuaient. Si dans cette journée les Lacédémoniens eussent fait tous aussi bravement comme Archias et Lycopas, sans faute Samos était prise. Car Archias et Lycopas à la poursuite des fuyards, s'étant seuls jetés avec eux dedans l'enceinte des murailles, la retraite leur fut coupée; ainsi périrent-ils dans la ville des Samiens.

Le troisième descendant de cet Archias-là, un autre Archias, je l'ai connu moi-même à Pitane, duquel bourg il était, et de tous les étrangers c'étaient les Samiens qu'il honorait le plus; et me dit que son père avait eu nom Samius, de ce que son père Archias était mort vaillamment en ce combat de Samos, et m'ajouta qu'il honorait surtout les Samiens, à cause que son aïeul fut publiquement par eux enseveli fort bien.

Après avoir tenu Samos assiégée quarante jours, les Lacédémoniens voyant qu'ils n'en étaient de rien plus avancés, s'en retournèrent au Péloponèse. Un sot propos en a couru, que Polycrate ayant frappé en plomb force pièces du pays, les fit dorer, les leur donna, et qu'eux les prenant, s'en allèrent. Cette guerre fut la première que firent en Asie les Doriens.

Ceux des Samiens qui étaient venus en Samos contre Polycrate, avec les Lacédémoniens, sur le point d'en être quittés, passèrent à Siphnos, car ils avaient besoin d'argent, et les affaires des Siphniens florissaient alors. Ils étaient les plus riches de tous les insulaires, comme ayant dans leur île des mines d'or et d'argent, si que la dîme du produit, ils en ont consacré à Delphes un trésor égal aux plus riches, et chaque année se partageaient les sommes provenantes de ces mines, Or, quand ils faisaient ce trésor, ils demandèrent à l'oracle si leurs biens présents leur devaient long-temps demeurer. La Pythie leur fit cette réponse. *Alors que dans Siphnos Pritanée blanc sera, et blanc le sourcilleux marché, Siphnien sagement fera si caut en son île caché, il évite embûche de bois et rouge héraut.* Le marché de Siphnos, en ce temps-là, et le prytanée étaient revêtus de pierre de Paros; ils ne surent comprendre l'oracle, ni lors, ni depuis à la venue des Samiens; car les Samiens, dès qu'ils eurent pris terre en Siphnos, envoyèrent sur un de leurs navires des parlementaires à la ville. Tous les vaisseaux jadis étaient peints de vermillon, et c'était cela que la Pythie avait prédit aux Siphniens, parlant d'une embûche de bois et d'un héraut rouge : venus, ces envoyés requirent les Siphniens de leur prêter dix talents, ce que ceux-ci refusèrent, et les Samiens se mirent à piller le pays ; quoi entendant, ceux de Siphnos accourent pour défendre leurs biens, et dans le combat eurent du pire ; même beaucoup d'entre eux ne purent regagner la ville, le chemin leur étant coupé par les Samiens qui leur firent payer ensuite cent talents.

Ils eurent pour argent des Hermionéens une île

près du Péloponnèse, Hydrée, qu'ils remirent aux Trézéniens comme dépôt, puis fondèrent en Crète Cydodie, n'étant pas venus dans ce dessein, mais bien pour expulser de l'île les Zacynthiens. Ils y demeurèrent et vécurent en prospérité l'espace de cinq ans, tellement que tous les lieux sacrés qu'on voit maintenant à Cydonie, sont leur ouvrage ; aussi est le temple de Dictyne. Mais la sixième année, ceux d'Egine les vainquirent dans un combat naval et les firent esclaves ; les proues qu'ils ôtèrent de leurs vaisseaux, faites en hures de sanglier, ils les consacrèrent dans le temple de Minerve à Egine. Les Eginètes en usèrent de la sorte avec les Samiens, par une haine envenimée que de long-temps ils leur portaient ; car les Samiens les premiers, régnant Amphicrate à Samos, passèrent en Egine armés, firent aux Eginètes de grands maux, et non moins en eurent à souffrir, de quoi la cause ne fut autre.

Or ai-je voulu m'étendre un peu sur le propos des Samiens, parce que les trois plus grands ouvrages de la Grèce entière sont faits par eux. D'une montagne haute de cent cinquante orgyies, la fosse ou trouée, commençant d'en-bas avec double ouverture, sept stades sont la longueur de la fosse, hauteur huit pieds, largeur égale ; par le milieu de celle-ci une autre fosse de bout en bout a de profondeur vingt coudées, trois pieds de large, par où l'eau d'une grosse source est conduite jusqu'à la ville dans des tuyaux ; de laquelle fosse ou trouée l'architecte était de Mégare, Eupalinus, fils de Naustrophus, et voilà un des trois ouvrages ; le second, c'est une levée dans la mer autour du port, profondeur quelques vingt orgyies, longueur de la levée, plus de deux stades ; le troisième qu'ils ont fait, est un temple le plus grand de tous les temples connus, dont fut le premier architecte Rhœcus, fils de Philès, né du pays ; pour cela j'ai voulu davantage m'étendre au sujet des Samiens.

Cependant que Cambyse séjournait en Egypte, faisant tels actes de démence, deux hommes se rebellent contre lui, tous deux mages et frères, dont l'un avait été par lui laissé gouverneur de sa maison. Il se souleva parce qu'il vit la mort de Smerdis tenue secrète, que peu en étaient informés ; la plupart même des Perses le croyaient encore en vie : prenant son parti là-dessus, il attente à la royauté. Il avait un frère que j'ai dit s'être soulevé avec lui, tout-à-fait semblable de visage à Smerdis, fils de Cyrus, celui que Cambyse son frère avait fait mourir. Il ressemblait donc à Smerdis, et de plus avait nom comme lui Smerdis : cet homme, à la persuation du mage Patizithès son frère, qui se faisait fort de lever toute difficulté, se laissa conduire et placer sur le siége royal, et cela fait Patizithès envoie des hérauts partout, et en Egypte aussi, mandant à l'armée d'obéir à Smerdis, fils de Cyrus, et non plus à Cambyse. Les autres hérauts proclamèrent cela où ils allèrent, et aussi fit celui qui alla en Egypte, il trouva Cambyse et l'armée à Ecbatane de Syrie ; et debout au milieu, proclama ce qu'avait ordonné le mage. Cambyse entendant cela, et pensant être vrai le dire du héraut, et que Prexaspès l'avait trahi en ne tuant pas Smerdis quand il en avait l'ordre, regarda Prexaspès au visage, et lui dit : « Ainsi as-tu fait, Prexaspès, le devoir que je t'imposai ? » L'autre dit : « Maître, il n'est pas vrai, et ne peut être que Smerdis ton frère se révolte aujourd'hui, ni que jamais il ait querelle avec toi, grande ni petite ; car moi-même ayant fait comme tu commandais, l'ai enseveli de mes propres mains : si à présent les morts reviennent, attends-toi de voir revenir aussi le Mède Astyagès ; mais il s'en va comme devant et selon l'ordre de nature, oncques de lui nulle nouveauté ne s'élèvera contre toi. Or, à cette heure, mon avis est qu'il convient appeler le héraut, afin de savoir par quel ordre il nous vient ici proclamer obéissance au roi Smerdis. »

Ainsi fut fait, la chose approuvée par Cambyse, le héraut mandé arriva, et venu Prexaspès l'interroge : « Homme qui te dis messager de Smerdis, fils de Cyrus, confesse ici la vérité et tu t'en iras sans nul mal ; est-ce lui Smerdis, qui présent à tes yeux, t'a donné cet ordre, ou quelqu'un de ses serviteurs ? » L'autre répond : « Je n'ai point vu, depuis que le roi Cambyse est parti pour l'Egypte, Smerdis fils de Cyrus ; le mage que Cambyse a laissé pour gouverneur de sa maison, m'a dépêché ici, disant que c'était Smerdis fils de Cyrus, qui me commandait de parler à vous comme j'ai fait. » Cambyse alors : « Prexaspès, en homme de bien tu as fait mon commandement, et partant tu es sans reproche ; mais qui donc est celui des Perses qui se rebelle contre moi, usurpant le nom de Smerdis ? » Lui à cela repart : « Je pense deviner, ô roi, ce qui se passe ; les révoltés, ce sont les mages, celui que tu laissas gouverneur de ta maison et son frère Smerdis. »

Alors que Cambyse entendit le nom de Smerdis, lors le frappa la vérité, tant de ce discours que du songe où il avait cru recevoir nouvelles de Smerdis assis sur le siége royal, et qui de sa tête touchait le ciel. Connaissant donc que sans raison il avait fait mourir son frère, il pleura Smerdis, et le pleurant, se déconfortant du malheur de toute cette aventure, il saute sur son cheval en délibération de marcher promptement contre le mage à Suses; et comme il sauta sur le cheval, du fourreau de son sabre tombe le champignon, le sabre nud le blesse à la cuisse; ainsi atteint au même endroit où il avait été blessé, le dieu d'Egypte Apis, sentant sa plaie mortelle, s'enquit comment s'appelait la ville : on lui dit Ecbatane. Un oracle jadis lui était venu de Buto, qu'il finirait sa vie à Ecbatane, pourquoi il pensait devoir mourir vieux à Ecbatane en Médie, où étaient toutes ses affaires; mais alors on vit bien que l'oracle entendait Ecbatane de Syrie; et comme Cambyse eut appris le nom de la ville où il était, l'aventure du mage et sa blessure l'ayant étonné vivement, sa raison s'en trouva remise, et comprenant la prédiction, il dit : « Ici s'en va mourir Cambyse fils de Cyrus. » Ce fut tout pour lors, mais au bout de quelques vingt jours, ayant mandé près de lui tous les plus apparents des Perses, il leur dit :

« Force m'est à cette heure, ô Perses, de déclarer devant vous la chose que plus je voulais tenir cachée; car étant en Egypte, j'eus en songe une vision, cause de mon malheur; il me fut avis que je voyais un messager venu de chez moi, m'annoncer que Smerdis assis sur le siége royal, touchait de sa tête le ciel; pourquoi appréhendant que mon frère ne m'ôtât l'empire, je fis plus vite que sagement. Aussi ne peut l'humaine faiblesse détourner le mal à venir. Insensé lors, j'envoie à Suses Prexaspès tuer Smerdis, et après un si grand méfait, je vivais sans peur; ne pensant pas que jamais personne, lui mort, se pût soulever contre moi; mais ayant failli à comprendre ce qui m'était prédit, je fus mal à propos meurtrier de mon frère et n'en perds pas moins mon empire; car c'était le mage Smerdis que la divinité me montrait dans cette vision se devoir contre moi rebeller. La chose est faite toutefois, et comptez que vous n'avez plus le fils de Cyrus Smerdis; mais ce sont les mages qui règnent, c'est un que je laissai gouverneur de ma maison, et son frère Smerdis. Celui qui maintenant saurait les punir et venger ma honte, a misérablement péri par ses plus proches! lui n'étant plus, ceci me reste à vous recommander, ô Perses, chose nécessaire et que je veux qui s'exécute après ma mort; je vous l'enjoins exprès au nom des dieux royaux, à vous tous, et à ceux surtout des Archiminides qui se trouvent ici présents; ne laissez pas la souveraineté retourner aux Mèdes; que s'ils l'ont usurpée par ruse, il faut par ruse la leur ôter, ou si la force les soutient, force plus grande les doit abattre. Faites ces choses, et ainsi puisse la terre vous donner tous ses fruits, vos femmes, vos brebis engendrer, vous étant libres à jamais; que si vous ne reprenez l'empire ou n'y faites du moins vos efforts, je vous veux et voue le contraire de tous ces biens, et davantage que puissent avoir tous les Perses, une fin pareille à la mienne. »

Cambyse en disant ces paroles, déplorait son sort, et les Perses, quand ils virent le roi pleurer, se mirent tous à déchirer ce qu'ils avaient sur eux d'habits, et se lamenter sans mesure. Ensuite l'os s'étant carié, la cuisse fut tantôt pourrie et le mal emporta Cambyse fils de Cyrus, après un règne de sept ans et cinq mois en tout, n'ayant lignée d'enfants ni mâle ni femelle. Les Perses là presents entrèrent en méfiance, et doutaient que vraiment les mages fussent devenus maîtres des affaires, soupçonnant Cambyse de dire à mauvais dessein ce qu'il disait de la mort de Smerdis, pour soulever contre lui la Perse. Eux tous tenaient pour assuré que c'était Smerdis fils de Cyrus qui se déclarait roi; car Prexaspès niait fortement avoir tué Smerdis, car il n'eût pas fait sûr pour lui, Cambyse mort, de confesser que le fils de Cyrus avait péri de sa main.

Le mage donc après que Cambyse fut mort, régna paisiblement, profitant du nom qu'il avait le même que Smerdis fils de Cyrus, pendant les sept mois qui restaient à remplir les huit ans de Cambyse, durant lesquels il fit tant de bien, qu'à sa mort tout le monde en Asie le regretta, hormis les Perses; car envoyant de tous côtés aux nations qu'il gouvernait, il publia une exemption de milice et d'impôts pour trois ans : le mage fit cette publication aussitôt son avénement, mais il fut au huitième mois reconnu en cette manière.

Otanès était fils de Pharnaspès, par sa naissance et ses richesses égal aux plus grands de la Perse. Le premier de tous, cet Otanès soupçonna Smerdis de n'être pas le fils de Cyrus, mais bien celui qu'il était de fait, remarquant qu'il ne sortait point de la citadelle, ni jamais n'appelait à le voir aucun des notables Persans. Sur ce soupçon voici qu'il fit : une fille à lui, nommée Phédyme, avait été femme de Cambyse;

et lors était au mage qui vivait avec elle, comme aussi avec toutes les femmes de Cambyse ; Otanès envoyant devers cette sienne fille, lui fit demander près de qui elle couchait coutumièrement, si c'était Smerdis fils de Cyrus, ou quelqu'autre. Elle lui renvoya disant qu'elle ne savait, n'avait conques vu le fils de Cyrus, ni lors ne connaissait qui était son mari. Le père, par un autre message, lui repart : Si tu ne connais Smerdis fils de Cyrus, saches d'Atossa quel est l'homme avec qui toutes deux vous demeurez, elle et toi, car sans faute elle connaît son frère. A cela sa fille renvoie : Je ne puis ni voir Atossa, ni parler à nulle des femmes qui sont enfermées, quant et moi ; car cet homme-ci, quel qu'il soit, dès le premier moment qu'il prit la royauté, nous dispersa, logeant l'une ici, l'autre là. Cette réponse ouïe, Otanès dès-lors comprit ce que c'était, et devers elle envoie un troisième message, disant ainsi : Comme bien née, tu dois, ma fille, faire ce qu'ordonne ton père, quelque péril qu'il y puisse avoir ; car s'il n'est le fils de Cyrus, Smerdis, mais celui que je pense, couchant avec toi et prenant pouvoir sur les Perses, qu'il n'en ait pas long-temps la joie, mais soit puni comme il mérite ; toi donc à présent fais ceci : quand tu seras au lit avec lui et le sentiras endormi, tâte à ses oreilles ; si tu le trouve ayant des oreilles assure-toi que tu habites avec Smerdis fils de Cyrus ; s'il n'en a, c'est le mage Smerdis. Phédyme là-dessus renvoie, disant que le péril est grand à telle chose faire, car si lui n'ayant point d'oreilles se sent toucher à cet endroit, elle sait qu'il la détruira, que toutefois elle le fera. Ainsi promit-elle à son père d'exécuter ce qu'il voulait. Cambyse régnant avait fait, pour quelque raison non petite, couper les oreilles à Smerdis le mage. Cette Phédyme donc, la fille d'Otanès, afin d'accomplir ce qu'elle avait promis à son père, quant lui échut d'aller chez le mage, car c'est la coutume des Perses d'appeler leur femme tour à tour, vint et dormit auprès de lui; le sentant au fort de son somme, tâte à ses oreilles où sans peine elle put connaître que cet homme n'avait point d'oreilles, et sitôt qu'il fût jour, dépêchant vers son père, lui mande la chose comme elle était, lequel en fait part à deux autres, Aspathine et Gobryas, les premiers des Perses et de qui plus il se fiait, leur déclarant tout de point en point. Eux qui déjà en avaient eu quelque méfiance, furent aisés à persuader et des raisons et du récit que leur fit Otanès, et fut convenu que chacun se donnerait un compagnon, celui des Perses dont il croirait la foi la plus sûre. Otanès choisit Intapherne, Gobryas Mégabyze, Aspathine Hydarnès. Etant donc ceux-là six en tout, arrive à Suses Darius fils d'Hystapès venant de Perse où son père était gouverneur; les six apprenant sa venue, d'un commun accord résolurent de le mettre des leurs.

Assemblés, ces sept qu'ils étaient se jurèrent la foi et se mirent à délibérer, et quand ce vint à Darius à déclarer son sentiment, il leur dit ces mots : « Je pensais vraiment seul savoir que c'est le mage qui règne à présent, le fils de Cyrus ayant péri; pour cela j'étais venu exprès afin de brasser mort à ce mage ; mais puisqu'il se trouve que vous le savez aussi, non pas moi seul, je suis d'avis d'agir sur l'heure, non différer, car il n'est bon en nulle sorte. » A quoi Otanès répondit : « Enfant d'Hystaspès, tu naquis de père vaillant, et me semble bien n'avoir pas moins de valeur que ton père ; toutefois, en cette entreprise, garde-toi de précipiter rien : il nous faut être plus nombreux pour commencer l'exécution. » Darius à cela repart : « Hommes ici présents, sachez, de la façon que veut Otanès, que si vous suivez son avis, vous mourrez tous de male mort ; car quelqu'un vous dénoncera au mage pour en avoir profit : vous deviez dans l'abord prendre sur vous le tout ; mais puis qu'il vous a plu diviser ce péril et m'en faire participant, mettons la main à l'œuvre aujourd'hui, ou sinon comptez que passé ce jour, je ne me laisse point prévenir par quelqu'autre, mais que j'irai moi-même vous déférer au mage. » A quoi Otanès le voyant avoir tant de hâte, répond : « Puisque tu nous contrains et ne souffres point de remise, voyons, toi-même, dis-nous un peu de quelle manière nous pourrons entrer au palais et les assaillir ; car les gardes, comme tu sais, pour l'avoir vu ou bien ouï-dire, étant placées l'une devant l'autre à distances, comment les passerons-nous toutes ? » Darius alors lui repart : « Otanès, il est force choses qui ne se peuvent démontrer par discours, mais bien par effet ; et d'autres belles en propos, d'où ne sort plus après aucun notable effet : apprenez donc, vous, que toutes ces gardes, comment qu'elles soient établies, ne sont point difficiles à passer ; car d'abord étant ce que nous sommes, nul n'osera nous arrêter, chacun ayant de nous ou crainte ou révérence : puis j'ai un prétexte tout propre à nous faire passer sans obstacle, qui est que j'arrive de Perse et viens porter au roi paroles de mon père ; car où il est besoin de mensonge, mentons ;

car nous avons tous même désir, ceux qui parlent vrai comme ceux qui usent de tromperie : les uns mentent pour abuser et en tirer profit après, les autres veulent acquérir bruit de sincérité, pour profiter de la confiance qu'on peut mettre en eux. Ainsi, par moyens différents, nous cherchons tous mêmes avantages. S'ils n'y devaient rien profiter, l'un n'aurait souci de mentir non plus que l'autre de dire vrai : or donc, celui des gardes-portes qui nous aura laissé passer, quelque jour s'en trouvera bien ; qui nous arrêtera soit traité en ennemi, en entrant à force, faisons œuvres de nos mains. »

Après Darius, Gobryas dit : « Amis, quelle occasion plus belle aurons-nous jamais de sauver et recouvrer l'empire, ou sinon mourir, nous que voilà, Perses commandés par un mage, par un Mède, lequel encore n'a point d'oreilles. Ceux d'entre vous qui se trouvèrent présents au trépas de Cambyse, vous savez les imprécations qu'il fit mourant, contre les Perses, s'ils ne tâchaient par tous moyens à reprendre le commandement, ce qu'alors vous écoutâtes peu ; car nous pensions qu'il le disait à dessein de tromper : maintenant donc, moi je me range au sentiment de Darius, qu'il ne nous faut quitter ce lieu, sinon pour aller droit au mage. »

Voilà ce que dit Gobryas, et que tous approuvèrent ; mais tandis qu'ils délibéraient, une chose avint par hasard. Les mages entre eux résolurent de se rendre ami Prexaspès, parce qu'il avait tout sujet de haïr Cambyse qui lui tua son fils d'un coup de flèche, et parce que seul il savait la mort de Smerdis fils de Cyrus, l'ayant tué de sa propre main, davantage était homme grandement estimé des Perses. Il l'appellent donc pour tâcher à se l'acquérir, et l'obliger aussi par la foi du serment de tenir secrette et ne dire à qui que ce fut la tromperie qu'ils faisaient aux Perse, lui promettant grandes récompenses, et qu'il aurait tout à souhait. Puis, comme il consentit à ce qu'ils désiraient, ils lui proposèrent après, disant qu'ils allaient assembler les Perses sous le fort royal, l'engagent à monter sur une tour, de là parler et certifier à tout le peuple que c'était Smerdis fils de Cyrus, non autre qui régnait. Ce qu'ils en faisaient était à cause qu'ils pensaient que son témoignage aurait créance parmi les Perses, mêmement qu'il avait plusieurs fois déclaré que Smerdis fils de Cyrus vivait, et se défendait de l'avoir tué. Prexaspès dit que volontiers, et les mages alors ayant convoqué les Perses, le firent monter sur une tour, et là lui dirent de parler ; mais lui, ce qu'il avait promis de dire, il l'oublia exprès, et commençant d'Achéménès, conta toute la descendance de la race de Cyrus, puis arrivé à lui, finit en remémorant les grands biens que Cyrus avait faits aux Perses, et ayant narré toutes ces choses, il déclara la vérité que jusqu'alors il dit avoir tenu cachée, ne voyant pas sûreté pour lui à confesser le fait comme il était allé, mais qu'à l'heure présente force lui était de tout dire, et dit que, contraint par Cambyse, il avait lui-même tué Smerdis fils de Cyrus et que c'étaient les mages qui régnaient ; et après de grandes imprécations qu'il prononça contre les Perses, s'ils ne recouvraient l'empire et ne punissaient les mages, il se précipite de la tour. Prexaspès donc ayant été homme de bien toute sa vie, ainsi mourut.

Cependant les sept, délibérés d'attaquer aussitôt le mage, sans davantage demeurer, leur prière aux dieux faite, marchèrent, ne sachant rien de Prexaspès. Déjà ils étaient à mi-chemin, quand ils eurent nouvelles du fait de Prexaspès, sur quoi se tirant à l'écart, ils furent partagés d'avis, les amis d'Otanès voulant remettre l'exécution, ne bouger en cet état de choses ; ceux de Darius poursuivre et ne point différer. Tandis qu'ils débattaient entre eux, sept couples d'éperviers parurent, lesquels donnaient la chasse à deux couples de vautours, les plumaient et griffaient en l'air ; ce que voyant, tous d'une voix approuvèrent l'avis de Darius, et sur un tel présage marchèrent au palais. A l'entrée, leur avint ce qu'avait pensé Darius, à savoir que les gardes leur portant révérence comme aux premiers des Perses, de qui on n'eût jamais soupçonné rien de pareil, les laissèrent passer, non sans l'ordre des dieux, ainsi qu'il est à croire, et nul ne leur dit mot. Venus dans la cour, ils trouvèrent les eunuques chargés d'annoncer ; ceux-là s'enquirent de ce qu'ils voulaient, et parmi telle enquête querellaient la garde de les avoir laissé entrer. Aucuns se mirent en devoir de les empêcher de passer outre ; mais eux s'encourageant l'un l'autre et tirant la dague, en donnèrent à qui les voulut retenir, et tout d'un temps coururent à la salle des hommes. Les deux mages y étaient pour l'heure à délibérer touchant le fait de Prexaspès, lesquels comme ils ouïrent le tumulte et les cris que poussaient les eunuques, s'en recoururent dehors et, voyant ce qui se passait, se voulurent mettre en défense. L'un d'abord prend son arc, l'autre saisit une pique ; ils en vinrent aux mains : celui qui avait l'arc, l'ennemi étant près, quasi sur lui, ne s'en put aider ; l'autre combattait de sa pique et blesse d'un coup à la cuisse Aspathine, d'un second Intapherne à l'œil ; même Intapherne en perdit l'œil, mais ne mourut pas de cette blessure. L'un des mages donc blesse ces deux ; l'autre, comme son arc ne lui servit de rien (il y avait une chambre à coucher qui donnait dans la salle des hommes) ; là se sauve et fermait la porte : mais deux des sept l'enfoncent et entrent avec lui, Darius et Gobryas, lequel Gobryas étant aux prises avec le mage Darius dans l'obscurité ne savait comment faire de peur de frapper Gobryas. Celui-ci le voyant n'agir point, lui demande qui l'empêchait ; crainte de te frapper, dit-il ; à quoi lui aussitôt repart : Dague, dusses-tu tuer les dieux. Adonc Darius pousse sa dague, et d'aventure n'atteignit que le mage seul.

Ayant de la sorte tué les mages, puis coupé leurs têtes, ils laissent là leurs propres blessés, autant comme hors d'état de marcher qu'afin de garder la citadelle ; et les cinq autres courent dehors, les têtes des mages à la main, faisant des cris, menant grand bruit. Ils appelaient tous les Perses et leur contaient l'affaire, montrant ces têtes et en même temps tuaient tous les mages qu'ils rencontraient. Les Perses entendant et la tromperie des mages et ce qu'avaient fait les sept, en voulurent de leur part autant faire, et à coups de dague tuaient des mages tout ce qu'ils en purent trouver ; et si la nuit n'y eût mis fin, pas un seul n'en fût échappé. Les Perses célèbrent ce jour publiquement plus qu'aucun jour, et en ont fait une grande fête qu'ils appellent mogophonie, durant laquelle il n'est permis à nul mage de se montrer dehors, mais tous les mages ce jour là se tiennent clos dans leurs maisons.

Le tumulte appaisé, au bout de dix jours ceux qui s'étaient soulevés contre le mage, délibérèrent entre eux ; et là furent dits des discours que bien des Grecs ne pourront croire, et furent dits néanmoins. Otanès était d'opinion de mettre en commun les affaires, disant ainsi : « M'est avis que nous ne devons plus avoir un monarque tout seul, chose qui n'est de soi plaisante ni utile. Vous savez jusqu'où se porta l'insolence de Cambyse, et avez expérimenté par vous-même celle du mage. Comment serait la monarchie une bonne et sage police, sous laquelle un fait ce qu'il veut et ne rend compte ni raison ? Le plus homme de bien du monde, qu'on le place en telle autorité, c'est le mettre hors du sens commun. Car insolence en lui s'engendre des biens dont il jouit, et d'autre part envie est dans l'homme par nature, lesquelles deux choses ayant, il a toute malice et vice. Car beaucoup d'actes détestables il les commet par insolence et beaucoup d'autres par envie, et ainsi ne laisse mal à faire. Le tyran qui possède tout, doit ce semble, ignorer l'envie, et pourtant le contraire avient. Car à l'égard des citoyens, il est jaloux des bons et les hait tant qu'ils vivent, caresse les méchants, accueille la calomnie, et chose de toutes la plus bizarre, qui le loue modérément, il s'en fâche et l'impute à manque de respect ; qui lui veut complaire, il s'en fâche comme de flatterie intéressée. Encore est-ce peu s'il ne remue les antiques lois, force les femmes, tue sans jugement. Peuple au contraire gouvernant a le plus beau de tous les noms, Isonomie, et ne s'y fait rien de ce qu'on voit dans la monarchie. Les magistratures sont au sort ; chacun rend compte de sa charge et en répond. Les déterminations se prennent en commun. J'opine donc à ce que laissant la monarchie, nous fassions le peuple grand ; car dans le peuple est tout. »

Telle fut l'opinion d'Otanès ; mais Mégabyse qui préférait l'olygarchie ainsi parla : « Ce qu'allègue Otanès afin d'abolir la tyrannie, de ma part vous soit dit également ; mais en ce qu'il conseille de porter la puissance au peuple, il a failli à rencontrer le meilleur avis. Car il n'est rien plus insolent ni moins capable de raison qu'une multitude sans frein, et de peur d'un tyran nous soumettre au vil peuple, je ne vois en cela nul bon sens ; l'un s'il fait quelque mal, il le connaît du moins. L'autre ne le peut même connaître. Et que connaîtrait-il, qui ne sait ni n'apprit rien de beau ni d'honnête ? il emporte de furie et précipite tout semblable à un torrent. Obéisse au peuple quiconque est ennemi du nom persan ; mais nous, parmi les meilleurs hommes, choisissons, faisons une classe et lui donnons le pouvoir, dont par ainsi nous serons nous-mêmes participants. Aussi que des seuls gens de bien peut venir le bien commun de tous. »

Telle fut l'opinion de Mégabyze, sur quoi Darius le troisième déclara son avis, et dit : « Pour moi, ton propos, Mégabyze, en tant qu'il touche la multitude, me semble juste et de bon sens, mais non quant à l'oligarchie, Car trois choses étant les meilleures qu'on sache en fait de gouvernement, le peuple supposé bon, l'oligarchie, le monarque, je maintiens celui-ci de tout point préférable; car un chef homme de bien est ce qu'il y a de meilleur. Car usant de conseils selon son caractère, il gouverne le peuple irréprochablement. Outre que d'un seul les desseins contre l'ennemi sont plus secrets; mais là ou la vertu s'exerce entre plusieurs, comme dans l'oligarchie, sourdent les haines privées qui sont cause de grands maux. Car chacun prétendant l'emporter et conduire les délibérations, on en vient à se haïr; de ces inimitiés naissent les factions, des factions les meurtres, qui ne sauraient finir sinon par la monarchie, d'où se peut connaître aisément combien celle-ci est meilleure. Le peuple d'autre part gouvernant, de nécessité le vice prend pied dans la commune. Le vice une fois établi engendre non pas haine entre les vicieux, mais forte amitié au contraire, eux agissant d'accord ensemble pour le mal public; et ainsi va jusqu'à ce qu'un prenne autorité sur le peuple et ôte l'empire à telles gens, lequel a raison de ce révéré par le peuple même, de cette révérence que lui porte un chacun profite et se fait monarque. En somme et pour finir d'un mot, d'où nous est venu la liberté? qui nous l'a donné? est-ce le peuple, l'oligarchie ou un monarque? mon sentiment, puisqu'un seul homme nous a fait libres, c'est de nous tenir à un seul et de n'innover point aux coutumes de nos pères, sages et bonnes; car ainsi ne nous vaudrait rien. »

Ces trois avis donc proposés, quatre des sept délibérants se déclarèrent pour le dernier. Alors Otanès qui avait conseillé l'Isonomie, voyant son avis rejeté, se prit à dire au milieu d'eux : « Hommes conjurés, il est sans doute qu'un de nous va devenir roi, soit par le sort, soit par le choix du peuple à qui on s'en remettra, soit de toute autre manière. Je n'entends point pour moi le disputer avec vous. Je ne veux gouverner ni être gouverné ; mais je vous cède ici l'empire à une condition pourtant, qui est que nul de vous ne commandera jamais ni à moi ni aux miens issus de moi à perpétuité. » Comme il eut dit ces mots, les six lui octroyèrent sa demande sur l'heure, moyennant quoi lui se retira du milieu d'eux, s'assit à part, et ne concourut point avec eux. Aujourd'hui encore cette maison est la seule en Perse qui soit libre et n'obéit qu'autant qu'elle veut, sauf les lois et coutumes qu'elle ne peut transgresser.

Le demeurant des sept tint conseil sur la manière d'élire un roi la plus équitable, et d'abord fut délibéré qu'à Otanès et ceux de sa race (venant la royauté à écheoir à un d'eux sept) serait donné par distinction particulière chaque année un habillement à la médoise et tout ce qui se peut chez les Perses de plus honorable en présent. La cause pourquoi ils voulurent lui faire ces présents, c'est qu'il avait eu de premier dessein du complot et avait assemblé les autres. Tels furent les dons et honneurs décernés à Otanès seul. Pour eux en commun ils réglèrent que toujours qui voudrait des sept entrerait au palais royal sans être annoncé, fors que le roi fut à dormir avec une femme ; que le roi ne pourrait épouser femme qui ne fut de famille d'un des conjurés ; et quant à l'élection, voici ce qu'ils résolurent ; que celui dont le cheval au lever du soleil hennirait le premier sur l'esplanade où ils iraient chevaucher le matin, celui-là serait roi. Or avait Darius, parmi ses domestiques, un palefrenier homme de sens, lequel s'appelait Œbarès. Finie la délibération, comme ils se furent séparés, Darius dit à cet homme : « Œbarès, pour élire un roi nous voulons faire ainsi. Nous monterons à cheval. Celui dont le cheval hennira le premier au lever du soleil aura la royauté. C'est à toi maintenant si tu sais quelque secret, de le mettre en usage pour faire que ce prix tombe à nous et non pas à quelque autre en partage. » Le palefrenier répond : « S'il ne tient qu'à cela, maître, que tu sois roi, aie bonne espérance et t'en remets à moi. J'ai telle drogue au moyen de laquelle nul autre que toi ne régnera. » Darius repart : « S'il est ainsi, que tu possèdes tel secret, c'est le temps ou jamais de l'employer. Car au point du jour se fait l'épreuve qui doit décider entre nous. »

Cela entendu Œbarès s'y prit en cette façon. La nuit venue, il conduisit à l'esplanade une jument, celle qu'aimait davantage le cheval de Darius, l'ayant liée, en fit approcher le cheval de Darius, par plusieurs fois le fit aller et venir au long de cette cavale et même la toucher en passant, puis enfin lui permit de saillir la cavale. Or le jour commençant à poindre, voici venir les six ainsi qu'il était convenu, montés sur leurs chevaux ; et eux traversant l'esplanade, comme ils furent vers cet endroit où la nuit passée la cavale avait été liée, là le cheval de Darius se mit à courir et hennir. En même temps on ouït tonner et se vit un éclair sans nuage, qui fut à Darius une sorte d'inauguration et comme une voix du ciel se déclarant pour lui. Les autres aussitôt sautant à bas de leurs chevaux adorèrent Darius et l'appelèrent roi.

Aucuns ainsi content l'invention que trouva Œbarès; mais d'autres disent, et de fait la chose en deux façons se racontent par les Perses, qu'il tint sa main cachée sous ses bragues, l'ayant frottée d'abord aux parties de la cavale, jusqu'à ce que le matin les chevaux allant partir, il sortit cette main, la porta aux narines du cheval de Darius et la lui fit sentir, lequel aussitôt se prit à souffler et hennir.

Darius donc fils d'Hystaspès fut déclaré roi et tous les peuples de l'Asie hors les Arabes lui obéirent, soumis par Cyrus premièrement et par Cambyse après. Les Arabes oncques n'obéirent aux Perses comme esclaves, mais furent leurs hôtes depuis qu'ils eurent fait passer en Egypte Cambyse; jamais les Perses n'eussent su, malgré les Arabes, avoir entrée en Egypte.

Ses premières femmes, Darius les prit étant roi chez les Perses, deux filles de Cyrus, Atossa et Artystone, l'une Atossa mariée d'abord à Cambyse son frère, l'autre Artystone encore vierge. Il épousa aussi une fille de Smerdis fils de Cyrus, appelée Parmis, aussi eut la fille d'Otanès, celle-là qui reconnut le mage, et tout fut plein de sa puissance. Il fit faire au commencement et dresser un type de pierre, où pour figure il y avait un homme à cheval, et y fit engraver des lettres qui disaient: Darius fils d'Hystaspès, par la vertu de son cheval (disant le nom) et d'Œbarès son palefrenier, obtint la royauté des Perses.

Cela fait il établit en Perse vingt gouvernements que là ils appellent Satrapies.....

PRÉFACE

DE LA TRADUCTION DE LA LUCIADE,

OU DE L'ANE DE LUCIUS DE PATRAS.

« Nous avons lu, dit Photius, les Métamorphoses
» de Lucius de Patras en plusieurs livres. Sa phrase
» est claire et pure ; il y a de la douceur dans son
» style ; il ne cherche point à briller par un bizarre
» emploi des mots, mais dans ses récits il se plaît trop
» au merveilleux ; tellement qu'on le pourrait appe-
» ler un second Lucien : et même ses deux premiers
» livres sont quasi copiés de celui de Lucien, qui a
» pour titre *la Luciade ou l'Ane;* ou peut-être Lu-
» cien a copié Lucius ; car nous n'avons pu découvrir
» qui des deux est le plus ancien. Il semble bien a dire
» vrai, que de l'ouvrage de Lucius, l'autre a tiré le
» sien comme d'un bloc, duquel abattant et retran-
» chant tout ce qui ne convenait pas à son but, mais
» dans le reste, conservant et les mêmes tournures et
» les mêmes expressions, il a réduit le tout à un livre
» intitulé par lui *la Luciade ou l'Ane.* L'un et l'autre
» ouvrage est rempli de fictions et de saletés, mais
» avec cette différence que Lucien plaisante et se rit
» des superstitions païennes, comme il a toujours
» fait, au lieu que Lucius parle sérieusement et en
» homme persuadé de tout ce qui se raconte de pres-

» tiges, d'enchantements, de métamorphoses d'hom-
» mes en bêtes, et autres pareilles sottises des fables
» anciennes. »

Voilà ce que dit Photius, ou du moins ce qu'il a voulu dire ; car ses expressions dans le grec sont assez embarassées. Son jugement d'ailleurs, et le grand sens que quelques-uns lui ont attribué, brillent peu dans cette notice. Qu'est-ce, en effet, que ce parallèle de Lucien et de Lucius, et cet amour du merveilleux qu'il leur reproche, comme s'il parlait de Ctésias ou d'Onésicrite? Lucien s'est moqué des histoires pleines de merveilles et des fables extravagantes dont la lecture, à ce qu'il paraît, était de son temps fort goutée. C'est dans ce dessein qu'il a écrit son Histoire véritable, parodie très-ingénieuse, et depuis souvent imitée, des contes à dormir de bout, d'Iamblique et de Diogène. L'auteur de cette plaisanterie aime les récits merveilleux, comme Molière le langage précieux. Sans mentir, il fallait que Photius ne connût guères les deux écrivains qu'il compare si mal à propos.

Ce qu'il ajoute et cette différence qu'il prétend établir entre Lucien et Lucius, dont l'un, dit-il, parle tout de bon, l'autre se moque en écrivant les mêmes choses dans les mêmes termes, c'est bien là encore une rêverie toute manifeste, moins étrange cependant que celle de saint Augustin sur le même sujet. *On ne sait*, dit ce Père, *s'il est vrai que Lucius ait été quelque temps transformé en âne.* Je ne vois pas pourquoi il en doute, ayant accoutumé de dire : *Credo quia absurdum*. Mais à moins d'une pareille raison, qui jamais se persuadera que Lucius ait pu conter sérieusement sa métamorphose en âne, sa vie, ses misères sous cette forme, ses amours avec de grandes dames, et donner tout cela pour des faits ? Qu'elle apparence qu'un récit dont l'âne que nous avons est l'abrégé fidèle, fut débité comme historique ? Si cet abrégé représente, ainsi que le dit Photius, les propres phrases et les mots du livre des Métamorphoses ; si ce sont en tout les mêmes traits qu'on a seulement raccourcis, le même narré, les mêmes paroles, comment donc concevoir que de ces deux ouvrages où tout était pareil, l'un fût sérieux, l'autre bouffon ; et comment l'exacte copie d'un conte ennuyeux était elle une satire si gaie ? Voilà ce que Photius ne nous explique point. Je ne veux pas dire qu'il n'eût lu ou vu à tout le moins les deux livres ; mais ou sa notice ne fut faite que long-temps après cette lecture, ou en écrivant il pensait à toute autre chose. Il ne sait et n'a pu, dit-il, encore découvrir quel est le plus ancien de Lucien ou de Lucius, ni qui des deux à copié l'autre, et il demeure dans ce doute, sagement ; car il se pourrait que Lucien, bien avant Lucius, eût fait cette histoire de Lucius, lequel venant après cela, aurait copié son historien, et redit de soi les mêmes choses que l'autre en avait déjà dites. Tout cet amas d'absurdités montre avec quelle distraction écrivait le bon patriarche.

Pour moi, je ne puis croire que Lucien ait jamais rien abrégé ; ce n'était pas son caractère ; il amplifie tout au contraire, et donne souvent à ce qu'il dit beaucoup trop de développement, ayant peut-être retenu ce défaut de son premier métier de sophiste et de déclamateur, esprit d'ailleurs plein d'invention qui n'avait nul besoin d'emprunt, et certes n'eût su se contraindre à retracer ainsi froidement une composition étrangère sans y jamais mettre du sien, chose dont les traducteurs même et les plus serviles copistes ont peine à se défendre. Voltaire peut dans ses contes parfois imiter d'autres écrivains, prendre une pensée, un sujet; mais ira-t-il transcrire des morceaux de Rablais, des pages de Cyrano? Ces vives imaginations ne suivent personne à la trace, ne copient point trait pour trait. Dans l'abrégé que Théopompe fit de l'histoire d'Hérodote, il ne mit pas un mot d'Hérodote; cela se voit par les fragments qui nous en restent. Denys d'Halicarnasse au contraire, en abrégeant lui-même ses Antiquités romaines, ne fit apparemment, comme dit ici Photius, que resserrer, élaguer, réduire en moindre dimension ce qui se trouvait plus étendu dans son premier ouvrage, dont il put très-bien conserver les phrases et les expressions, s'il n'espérait pas trouver mieux. Ainsi de notre auteur; car je ne fais nul doute que cet abrégé, si c'en est un, ne soit de Lucius lui-même, qui se déclare et se fait connaître avec assez de détail à la fin de son ouvrage, pour qu'on n'eût jamais dû l'attribuer à un autre. Cela ne fût pas arrivé non plus, selon toute apparence, si, à l'exemple des anciens, il eût pris soin de se nommer en tête, non à la fin du livre, et eût dit dès l'abord: Lucius a écrit ce qui suit. Mais ce n'était plus la coutume, et Longin se moque en un endroit de ceux qui alors prétendaient imiter Hérodote et les auteurs du vieux temps. Il y fallait plus de façon. On se nommait quelque part en passant, dans le corps de l'ouvrage, comme fait ici

Lucius, et comme Lucien l'a pratiqué dans son histoire véritable, où on ne se nommait point du tout. L'ancien usage toutefois, s'il eût subsisté, valait mieux et eût épargné aux libraires une infinité de méprises; car il n'y a guères d'auteur célèbre de l'antiquité auquel il n'est attribué faussement différents ouvrages.

Mais je vais plus loin, et je dis que ceci n'est point un abrégé; ce n'est point la copie réduite, mais l'original, au contraire, du livre des Métamorphoses qui n'était qu'un développement ou plutôt une pitoyable amplification de celui-ci, écrite depuis par quelque autre, je crois, que Lucius, ou si l'on veut, par Lucius vieilli, mal inspiré, brouillé avec les Muses, ayant perdu toute sa verve; et voici sur quoi je me fonde. D'abord les anciens n'abrégeaient que des ouvrages historiques. Ce fut bien tard, sous les empereurs de Constantinople, qu'on étendit à d'autres livres cette espèce de mutilation. Alors quelques compilations, de longs traités de grammaire et de philosophie furent réduits en petit volume; mais toujours on s'abstint de toucher aux ouvrages d'imagination, qui sont chose subtile et légère, dont la substance ne se peut saisir ni presser. Théopompe abrégea l'histoire d'Hérodote, Philiste celle de Thucidide, Brutus les livres de Polybe, quelques-uns leurs propres ouvrages, comme Denys d'Halicarnasse, Timosthène, Philochorus, tous historiens; mais nul ne s'avisa jamais de raccourcir les Mimes de Sophron, ni les Satires Ménippées? et que serait-ce qu'un abrégé de Gulliver ou de Gargantua?

Puis, ce livre aujourd'hui perdu des Métamorphoses, nous l'avons en latin traduit par Apulée. Je dis traduit, au sens des anciens; car à présent on nommerait cela imitation ou paraphrase. Dans cet Ane latin qui représente pour nous l'ouvrage de Lucius, se retrouve en effet le prétendu abrégé, l'Ane grec, tellement qu'ayant lu celui-ci, on le reconnaît dans l'autre, mais démesurément étendu par de froides amplifications et des épisodes sans fin. Les plus beaux traits de l'auteur grec sont là mêlés parmi un tas d'extravagantes fictions, de contes de sorciers, de fables à faire peur aux petits enfants, toutes inventions si absurdes et si dépourvues d'agrément, qu'on n'en peut soutenir la lecture. De pareilles sottises ont à bon droit choqué Photius dans le livre de Métamorphoses, d'où Apulée les a prises, et sont cause qu'il taxe l'auteur de ridicule crédulité. L'abréviateur, selon lui, ayant supprimé ces impertinences, le reste s'est trouvé faire un ouvrage achevé dans toutes ses parties, un véritable poème *dont le début, la fin, répondent au milieu...* Voilà ce que je ne crois point. D'un amas de confuses rêveries, cet abréviateur aurait fait un chef-d'œuvre de narration en en coupant seulement des feuillets; cela me paraît impossible ; on trouve de l'or dans le sable, mais des vases ciselés, non, et je demanderais volontiers à Photius comment, de ce monstrueux cahos, de cette rapsodie informe de Métamorphoses, certaines pièces auraient pu faire un tout régulier, si elle n'eussent été forgées à part exprès et façonnées pour s'unir. Je trouve donc fort vraisemblable que Lucius ayant d'abord composé ce joli ouvrage tel à peu près que nous l'avons, y aura voulu joindre depuis différents morceaux, et par ces additions de pièces battues à froid et hors de proportion, aura gâté son premier jet. Qu'on prenne la peine de comparer au grec que nous avons, le latin d'Apulée; tout ce qu'il y a de plus est hors d'œuvre; comme dès les commencement cette longue et puérile histoire de ce Socrate ensorcelé et égorgé par ces deux vieilles, ces outres changées en voleurs, et l'homme qui, en gardant un mort, a le nez coupé par une sorcière ; tout cela est ajouté au grec et cousu à la narration, dieu sait comment. Otez cela, et vous retrouvez l'introduction de Lucius telle qu'elle est ici, toute naïve, toute dramatique, où pour la clarté rien ne manque, pour l'agrément rien n'est de trop, où enfin ne se peut méconnaître la conception originale. Et quelle apparence qu'un esprit faible ou assez malade pour enfanter tant d'inepties par Apulée, ait pu en même temps imaginer la fable et le charmant recit où ces sottises sont insérées ? Je n'y vois, quant à moi, nulle possibilité.

Quoiqu'il en soit de ces conjectures, qu'on ne peut appuyer de preuves, car la pièce principale nous manque, et les témoignages anciens se réduisent à celui de Photius, qui, comme on voit, est peu de chose; en somme c'est ici l'œuvre de Lucius, puisque le plan et les détails, les pensées, les phrases et les mots lui appartiennent de l'aveu de ceux qui donnent l'ouvrage à un autre. Le style n'en est pas aussi pur que le prétend Photius, ni en tout exempt des défauts du siècle où l'auteur a vécu. Il y avait alors grand nombre d'écrivains dont l'étude principale était de créer des expressions, de tourmenter la langue, de tenailler les mots, si l'on peut dire ainsi, pour en étendre le sens à des acceptions dont personne ne se fût avisé. Cette secte a été de tout temps ; elle fleurissait alors, et notre auteur n'en était pas autant ennemi qu'on le pourrait croire d'après ce qu'en dit Photius. Il a par fois d'étranges manières de s'exprimer, qui dans le fait sont à lui; et dont on aurait peine à trouver des exemples. Mais son plus grand tort, ce me semble, c'est d'aimer trop le vieux langage et les expressions surannées. En effet, il n'est point plus aise que lorsqu'il trouve à placer quelque vieille phrase d'Hérodote appropriée à son sujet. Il ose même faire usage de ces singulières façons de dire, que Platon aura employées une fois peut-être en passant. Il ne s'abstient pas davantage des tournures et des locutions réservées à la poésie, et emprunte aussi bien d'Homère que de Thucydide, se souciant assez peu du précepte des maîtres qui recommande d'user avec sobriété de ces phrases antiques et poétiques. Il est vrai qu'on ne peut lui reprocher de ne pas s'en servir habilement, soit pour donner à son style de la grâce dans les petits détails et les discours familiers, soit pour le relever à propos ; car c'est chose reconnue de tous les anciens rhéteurs, que les archaïsmes, pourvu qu'on n'en abuse point, ennoblissent le langage ; mais la mesure est en cela difficile à garder. Salluste ne sut pas l'observer. Il se fit une étude de parler à l'antique, et encourut le blâme de ses contemporains, ayant pillé le vieux Caton, sans discrétion, disait Auguste. La Fontaine lui-même, chez nous, tout divin qu'il est, et le premier de nos écrivains pour la connaissance de la langue, souvent ne distingue pas assez le français du gaulois. Virgile seul, plein d'archaïsme, se pare et s'embellit des dépouilles d'Ennius, et chez lui *le vieux style a des grâces nouvelles*.

Mais que dire d'Apulée, qui, sous les Césars, veut parler la langue de Numa? Je doute fort que de son temps on le pût lire sans commentaire. Il a senti l'agrément que donnait à l'auteur grec ce vernis d'antiquité répandu sur sa diction, et il pense l'imiter! Firenzuola, en traduisant le latin d'Apulée, a su éviter cet excès. Sans reproduire les phrases obscures, les termes oubliés de Fra Jacopone ou du Cavalcanti, il emprunte du vieux toscan une foule d'expressions naïves et charmantes; et sa version, où l'on peut dire que sont amassées toutes les fleurs de cet admirable langage, est, au sentiment de bien des gens, ce qu'il y a de plus achevé en prose italienne.

On ne trouvera point ces beautés dans ma traduction. Aussi n'était-ce pas mon but, quand même il m'eût été possible, de dire mieux que mon auteur, mais de dire les mêmes choses et d'un ton approchant du sien, de représenter enfin, si j'ose ainsi parler, l'âne de Lucius avec son pas et son allure. Qui ne verrait dans cet ouvrage qu'une narration enjouée, une lecture propre à distraire aux heures de loisir, en jugerait comme ont pu faire les contemporains. Mais pour nous l'éloignement des temps y ajoute un autre intérêt. Comme monument des mœurs antiques, nous avons vraiment peu de livres aussi curieux que celui-ci. On y trouve des notions sur la vie privée des anciens, que chercheraient vainement ailleurs ceux qui se plaisent à cette étude. Voilà par où de tels écrits se recommandent aux savants. Ce sont des tableaux de pure imagination, où néanmoins chaque trait est d'après nature, des fables vraies dans les détails, qui non seulement divertissent par la grâce de l'invention et la naïveté du langage, mais instruisent en même temps par les remarques qu'on y fait et les réflexions qui en naissent. C'est là qu'on connaît en effet comment vivaient les hommes il y a quinze siècles, et ce que le temps a pu changer à leur condition. Là se voit une vive image du monde tel qu'il était alors; l'audace des brigands, la fourberie des prêtres, l'insolence des soldats sous un gouvernement violent et despotique, la cruauté des maîtres, la misère des esclaves toujours menacés du supplice pour les moindres fautes; tout est vrai dans des fictions si frivoles en apparence, et ces récits de faits, non seulement faux, mais impossibles, nous représentent les temps et les hommes mieux que nulle chronique, à mon sens. Thucydide fait l'histoire d'Athènes; Ménandre celle des Athéniens, aussi intéressante, moins suspecte que l'autre. Il y a plus de vérité dans Rabelais que dans Mézerai.

RÉPONSE
AUX ANONYMES
QUI ONT ÉCRIT DES LETTRES
A PAUL-LOUIS COURIER,
VIGNERON.

Je reçois quelquefois des lettres anonymes, les unes flatteuses me plaisent, car j'aime la louange ; d'autres moqueuses piquantes, me sont moins agréable, mais beaucoup plus utiles ; j'y trouve la vérité, trésor inestimable, et souvent des avis que ne me donneraient peut-être aucun de ceux qui me veulent le plus de bien. Afin donc que l'on continue à m'écrire de la sorte, pour mon très-grand profit, je réponds à ces lettres par celle-ci imprimée, n'ayant autre moyen de la faire parvenir à mes correspondants, et répondrai de même à tous ceux qui voudraient me faire part de leurs sentiments sur ma conduite et mes écrits. Un pareil commerce, sans doute, aurait quelques difficultés sous ces gouvernements faibles, peureux, ennemis de toute publicité, serait même de fait impossible, sans la liberté de la presse dont nous jouissons, comme dit bien M. de Broé, dans toute son étendue depuis la restauration. Si la presse n'était pas libre, comme elle l'est par la charte, il pourrait arriver qu'un commissaire de police saisît chez l'imprimeur toute ma correspondance; qu'un procureur du roi envoyât en prison et l'imprimeur, et moi, et mon libraire, et mes lecteurs. Ces choses se font dans les pays où règne un pouvoir odieux, complice de quelques-uns, et ennemis de tous. Mais en France heureusement, sous l'empire des lois, de la constitution, de la charte jurée, sous un gouvernement ami de la nation et cher à tout le monde, rien de tel n'est à craindre. On dit ce que l'on pense; on imprime ce qui se dit, et personne n'a peur de parler ni d'entendre. J'imprime donc ceci, non pour le public, mais pour ces personnes seulement qui me font l'honneur de m'écrire, sans me dire leur nom ni leur adresse.

Paul-Louis Courier, vigneron de la Chavonnière, bûcheron de la forêt de Larçay, laboureur de la Filonière, de la Toussière, et autres lieux, à tous anonymes inconnus qui ces présentes verront, salut:

J'ai reçu la vôtre, signée le trop rusé marquis d'Effiat; elle m'a diverti, instruit, par les curieuses notes qu'elle contient sur l'histoire ancienne et moderne;

Et la vôtre, timbrée de Béfort, non signée, où vous me reprochez d'une façon peu polie, mais franche, que je ne suis point modeste. M'examinant là-dessus, j'ai trouvé qu'en effet je ne suis pas modeste, et que j'ai de moi-même une haute opinion; en quoi je puis me tromper comme bien d'autres. Vous en jugez ainsi à tort et par envie, à ce qu'il me paraît; toutefois l'avis est bon, et, pour en profiter, n'userai des formules dont se couvre l'estime que chacun fait de soi, heureuse invention de nos académies! je dirai de mes écrits qui sont assurément les plus beaux de ce siècle, faibles productions qu'accueille avec bonté le public indulgent; et de moi, le premier homme du monde, sans contredit, votre très-humble serviteur, vigneron quoiqu'indigne.

Dans celle-ci, venant d'Amiens, sans signature pareillement, vous me dites, Monsieur, que je serai pendu. Pourquoi non? D'autres l'ont été d'aussi bonne maison que moi : le président Brisson, honnête homme et savant, pour avoir conseillé au roi de de se défier des courtisans, fut pendu par les Seize, royalistes quand même, défenseurs de la foi, de l'autel et du trône. Il demanda, comme grâce, de pouvoir achever, avant qu'on le pendit, son Traité des usages et coutumes de Perse qui devait être, disait-il, une tant belle œuvre. Peu de choses y manquait; c'eût été bientôt fait : il ne fut non plus écouté que le bonhomme Lavoisier, depuis en cas pareil, et Archimède jadis. Parmi tous ces grands noms je n'ose me placer; mais pourtant j'ai aussi quelque chose à finir, et l'on va me juger, et je vois bien des Seize. Tout beau, soyons modeste.

Dans la vôtre, Monsieur, qui m'écrivez de Paris, vous me dites......, voici vos termes : Je suis de vos amis, Monsieur, et comme tel je vous dois un avis. On va vous remettre en prison; c'est une chose résolue, et je le sais de bonne part, non pas pour votre pétition des villageois qui veulent danser, écrit innocent et bénin, où personne n'a rien vu qui pût offenser le parti régnant. C'est le prétexte tout au plus, l'occasion qu'on cherchait pour vous persécuter, mais non le vrai motif. On vous en veut, parce que vous êtes orléaniste, ami particulier du duc d'Orléans. Vous l'avez loué dans quelques brochures; vous êtes du parti d'Orléans. Voilà ce qui se dit de vous, et que bien des gens croient, non pas moi. Je juge de vous tout autrement. Vous n'êtes point orléaniste, ami ni partisan du duc; vous n'aimez aucun prince, vous êtes républicain.

Ce sont vos propres mots. Suis-je donc républicain ? J'ai lu de bons auteurs et réfléchi long-temps sur le meilleur gouvernement. J'y pense même encore à mes heures de loisir; mais j'avance peu dans cette recherche, et loin d'avoir acquis par de telles études l'opinion décidée que vous me supposez, je trouve, s'il faut l'avouer, que plus je médite et moins je sais à quoi m'en tenir; d'où vient que dans la conversation, et bien des gens m'en font un reproche, aisément je me range, sans nulle complaisance, à l'avis de ceux qui me parlent, pourvu qu'ils aient un avis, et non de simples intérêts sur ces grandes questions débattues de nos jours avec tant de chaleur. Je conteste fort peu : j'aime la liberté par instinct, par nature. Je serais républicain avec vous en causant, car vous l'êtes, je le vois bien, et vous m'étaleriez toutes les bonnes raisons qui se peuvent donner en faveur de ce gouvernement. Vous n'auriez point de peine à me gagner; mais bientôt, rencontrant quelqu'un qui me dirait et montrerait par vives raisons qu'il peut y avoir liberté dans la monarchie, s'il n'allait même jusqu'à prétendre, car c'est l'opinion de plusieurs, et elle se peut soutenir, qu'il n'y a de liberté que dans la monarchie, alors je passerais de ce côté, abandonnant la république, tant je suis maniable, docile, doutant de mes propres idées, en tout aisé à convertir, pour peu qu'on me veuille prêcher, non forcer.

Et voilà le tort qu'ont avec moi les gouvernants et leurs agents. Ils ne causent jamais, ne répondent à rien. Je leur dis qu'il ne faut pas nous faire payer Chambord, et le prouve de mon mieux, assez clairement, ce me semble. Étant d'avis contraire, s'ils daignaient s'expliquer, s'ils entraient en propos, on verrait leurs raisons, et le moindre discours, fondé sur quelque apparence de bon sens, m'amènerait aisément à croire que je me trompe ; qu'acheter Chambord est pour nous la meilleure affaire, et que nous avons de l'argent de reste. On m'a persuadé des choses plus étranges ; mais ils ne répondent mot, et me mettent en prison. Quel argument, je vous prie ? Est-ce là raisonner. Dès-lors plus de doute. J'ai dit la vérité; j'abonde dans mon sens et n'en veux pas démordre. Ma remarque subsiste. Me voilà convaincu, et le public avec moi, qu'ils ne savent que dire, qu'ils n'ont pas même pour eux de mauvaises raisons; que ne voulant s'amender ni s'avouer dans l'erreur, c'est le vrai qui les fâche ; et je triomphe en prison.

Une autre fois je les avertis que de jeunes curés dans nos campagnes, par un zèle indiscret, compromettent la religion, en éloignent le peuple au lieu de l'y ramener. Que font mes gouvernants là-dessus ? Vous croyez qu'ils vont examiner si je dis vrai, afin d'y apporter remède. J'en use de la sorte et vous aussi, je pense, quand on vous donne quelque avis. Mais des ministres, fi! ce serait s'abaisser. Ce serait ce qu'à la cour on nomme recevoir la loi des sujets? Sans rien examiner, on me remet en prison, et je triomphe encore comme Wackefield à Newgate; il y mourut; voici l'histoire :

C'était un homme de bien, fameux par son savoir. Les ministres, voulant augmenter le budget, vantaient l'économie et la gloire que ce serait à la nation anglaise de payer plus d'impôts qu'aucune de l'Europe. Les impôts, selon eux, ne pouvaient être trop forts. Que l'on ôte à chacun la moitié de son bien, le rapport des fortunes entre elles restant le même, personne n'est appauvri. Si, disaient-ils, une maison s'enfonçait d'un étage ou deux, en gardant son niveau, elle en serait plus solide. Ainsi la réduction de toutes les fortunes au profit du trésor consolide l'État, et cette réduction est une chose en soi absolument indifférente. Oui bien pour vous, dit Wackefield dans un écrit célèbre alors, pour vous qui habitez le haut de la maison; mais nous, dans les étages bas, nous sommes enterrés, monseigneur. Ce mot parut séditieux, offensant le roi, la morale, subversif de l'ordre social, et le bon Wackefield, traduit devant ses juges naturels, qui tous dépendaient des ministres, avec un avocat également naturel qui dépendait des juges, son procès instruit dans la forme, s'entendit condamner à trois ans de prison. Il n'y fut pas ce temps; au bout de quelques mois malade, ses amis, comme il était peu riche, avaient souscrit entre eux, pour que sa femme et ses enfants pussent loger près de la prison : mais l'autorité s'y opposant, au nom de l'ordre social, il mourut sans secours, sans consolation, moins à plaindre que ceux qui le persécutaient; car il avait pour lui l'approbation publique, l'assurance d'avoir bien dit et bien fait. Mais ils vécurent eux, dévorés de soucis, de rage ambitieuse, ou se coupèrent le cou, las de mentir, de tromper, d'augmenter le budget et de faire curée des entrailles du peuple à de lâches courtisans.

Ainsi périt Wackefield, pour une seule parole. Rien n'est si dangereux que de parler à ceux qui sont forts et veulent de l'argent. C'est la bourse à la main qu'il faut répondre. Eh bien, connaissant ces exemples, que n'en profittiez-vous ? de semblables leçons devaient vous rendre sage, même avant celle que vous avez eue en votre personne; voilà ce qu'on me dit : pourquoi écrire enfin ? et qui diantre vous pousse à vous faire imprimer ? Ne sauriez-vous vous taire, et comme dit Boileau, imiter de Courard le silence prudent ? Ce Courard, bel esprit, par principe de conduite, parlait peu et n'écrivait point; il réussit dans le monde et fut de l'académie. Car alors aussi, on faisait académiciens ceux qui n'écrivaient point, sans toutefois mettre en prison ceux qui écrivaient. Vous, Paul-Louis, vous deviez être non seulement prudent, mais muet; afin, sinon de parvenir à l'académie, de vivre en paix, du moins. Il fallait vous tenir coi, tailler votre vigne, non votre plume ; vous faire petit, ne bouger, de peur d'être le moins du monde aperçu, entendu. On vous guettait, vous le voyez ; on ne vous pardonnera pas. Pourquoi cela, monsieur l'anonyme, s'il vous plaît? on a bien pardonné à M. Pardessus. Mais écoutez encore avant que je réponde, écoutez ce récit qui ne vous tiendra guères.

Un écrivain célèbre en Angleterre, auteur d'un des meilleurs ouvrages que l'on ait jamais fait, l'auteur de Robinson, Daniel de Foe, publia un écrit tendant à insinuer que les dépenses de la cour étaient considérables. Aussitôt les ministres le livrent à leurs juges ; on le mit en prison ; il écrivit encore, on le mit au carcan. Ses amis le blâmaient ; mais il leur répondit : il ne dépend pas de moi de parler ou de me taire ; et lorsque l'esprit souffle, il faut lui obéir. C'était le langage du temps. On tirait tout de l'Écriture, comme à présent de Jean-Jacques. On parlait la Bible, aujourd'hui on parle Rousseau. Un abbé met en pièces Emile, pour prêcher aux indifférents en matière de religion.

Quant à moi, ce n'est pas l'esprit, c'est la sottise qui me fait aller en prison. J'ai cru bonnement à la Charte ; j'ai donné dans la Charte en plein ; je le confesse, à ma très-grande honte, et pourtant de plus fins y ont été pris comme moi. De ma vie, sans la Charte ; je n'eusse imaginé de parler au public de ce qui l'intéresse. Robespierre, Barras et le grand Napoléon, depuis plus de vingt ans m'avaient appris à me taire, Bonaparte, surtout ; ce héros ne trompait pas. Il ne nous baillait pas le lièvre par l'oreille, jamais ne nous leurra de la liberté de la presse ni d'aucune liberté. Un peu turc dans sa manière, il mettait au bagne ce bon peuple, mais sans l'abuser le moins du monde, et ne nous cacha point sa royale pensée, qui fut toujours d'avoir en propre nos corps et nos biens seulement. Des âmes, il en faisait peu de cas. Ce n'est que depuis lui qu'on a compté les âmes. Voulant parler tout seul, il imposa silence à nous premièrement, puis à l'Europe entière; et le monde se tut: personne ne souffla, homme ne s'en plaignit; ayant cela de commode, qu'avec lui on savait du moins à quoi s'en tenir. J'aime cette façon, et j'ai tâté de l'autre. La Charte vint, on me dit: parlez, vous êtes libre, écrivez, imprimez; la liberté de la presse et toutes libertés vous sont garanties. Que craignez-vous? si les puissants se fâchent, vous avez le jury et la publicité, le droit de pétition ; vos députés à vous, élus, nommés par vous. Ils ne souffriraient pas que l'on vous fasse tort. Parlez un peu pour voir ; dites-nous quelque chose. Moi pauvre, qui ne connaissais pas le gouvernement provocateur, pensant que c'était tout de bon, j'ouvre la bouche et dis: je voudrais, s'il vous plaisait, ne pas payer Chambord. Sur ce mot, on me prend ; on me met en prison. Sorti, je ne pus croire, tant j'étais de mon pays, qu'il n'y eût à cela quelque malentendu. Ils m'auront mal compris, me disais-je, assurément. Un peu de sens commun, (chose rare!) eût suffi pour me tirer d'erreur: mais imbu de ma Charte et de mes garanties; persuadé qu'on m'écouterait sans mauvaise humeur, cette fois je hasarde une autre requête. Si c'était, dis-je, tenant mon chapeau à deux mains, si c'était votre bon plaisir de nous laisser danser devant notre logis le dimanche..... Gendarmes, qu'on le mène en prison ; maximum de la peine, amende, etc. Du jury, point de nouvelles ; droit de pétition, chansons ; mes députés, ils sont à moi comme mon préfet à peu près. La publicité des jugements ; savez-vous, Monsieur, ce que c'est ? mes ennemis pourront, s'ils le jugent à propos, imprimer ma défense dans des feuilles à eux, me faire dire cent sottises; à eux il est permis de déduire mes raisons comme ils veulent au public; à moi, à mes amis, défendu d'en dire mot, de réfuter, démentir en aucune façon les réponses absurdes et les impertinences qu'il leur aura plu m'attribuer. Voilà ce que je gagne à la publicité des débats judiciaires. Heureux, cent fois heureux, ceux que Laubardemont faisait condamner à huit clos par ordre de son éminence ! ils étaient opprimés, mais non déshonorés.

Ce langage est monarchique. De tels sentiments ne sont point du tout républicains, et si je me contente en pareille matière des formes usitées sous ce grand cardinal, je ne suis pas si Romain que vous l'imaginez. Sur quel fondement ? je ne sais, et ne devine pas davantage ce qui vous a pu faire croire que je n'aimais ni le duc d'Orléans, ni aucun prince. Assurément rien n'est plus loin de la vérité. J'aime, au contraire, tous les princes, et tout le monde en général ; et le duc d'Orléans particulièrement (voyez comme vous vous trompiez), parce qu'étant né prince il daigne être honnête homme. Du moins n'entends-je point dire qu'il attrape les gens. Nous n'avons, il est vrai, aucune affaire ensemble, ni pacte, ni contrat. Il ne m'a rien promis, rien juré devant Dieu ; mais le cas avenant, je me fierais à lui, quoiqu'il m'en ait mal pris avec d'autres déjà. Si faut-il néanmoins se fier à quelqu'un. Lui et moi nous n'aurions, m'est avis, nulle peine à nous accommoder, et l'accord fait, je pense qu'il le tiendrait sans fraude, sans chicane, sans noise, sans en délibérer avec de vieux voisins, gentilshommes et autres, qui ne me veulent point de bien, ni en consulter les jésuites. Voici ce qui me donne de lui cette opinion. Il est de notre temps; de ce siècle-ci, non de l'autre, ayant peu vu, je crois, ce qu'on nomme ancien régime. Il a fait la guerre avec nous; d'où vient, dit-on, qu'il n'a pas peur des sous-officiers : et depuis, émigré, malgré lui, jamais ne la fit contre nous, sachant trop ce qu'il devait à la terre natale, et qu'on ne peut avoir raison contre son pays. Il sait cela, et d'autres choses qui ne s'apprennent guères dans le rang où il est. Son bonheur a voulu qu'il en ait pu descendre, et jeune, vivre comme nous. De prince, il s'est fait homme. En France, il combattit nos communs ennemis; hors de France, les sciences occupaient son loisir. De lui n'a pu se dire le mot, rien oublié, ni rien appris. Les étrangers l'ont vu s'instruire, et non mendier. Il n'a point prié Pitt, ni supplié Cobourg de ravager nos champs, de brûler nos villages, pour venger les châteaux; de retour, n'a point fondé des messes, des séminaires, ni doté des couvents à nos dépens; mais sage dans sa vie, dans ses mœurs, donne un exemple qui prêche mieux que les missionnaires. Bref, c'est un homme de bien. Je voudrais, quant à moi, que tous les princes lui ressemblassent; aucun d'eux n'y perdrait, et nous y gagnerions : ou je voudrais qu'il fût maire de la commune; j'entends, s'il se pouvait (hypothèse toute pure), sans déplacer personne ; je hais les destitutions. Il ajusterait bien des choses, non seulement par cette sagesse que Dieu a mis en lui, mais par une vertu non moins considérable et trop peu célébrée; c'est son économie, qualité si l'on veut bourgeoise, que la cour abhorre dans un prince, et qui n'est pas matière d'éloge académique, ni d'oraison funèbre; mais pour nous si précieuse, pour nous administrés, si belle dans un maire, si..... comment dirai-je? divine, qu'avec celle-là, je le tiendrais quitte quasi de toutes les autres.

Lorsque j'en parle ainsi, ce n'est pas que je le connaisse plus que vous, ni peut-être autant; ne l'ayant même jamais vu. Je ne sais ce qui se dit; mais le public n'est point sot, et peut juger les princes, car ils vivent en public. Ce n'est pas non plus que je veuille être son garde champêtre, au cas qu'il devienne maire. Je ne vaux rien pour cet emploi, ni pour quelque autre que ce soit : capable tout au plus de cultiver ma vigne, quand je ne suis pas en prison. J'y serais, je crois, moins souvent; mais cela même n'étant pas sûr, je puis dire que tout changement dans la mairie et les adjoints, pour mon compte, m'est indifférent. Au reste, ce qu'on pense de lui généralement, vous l'avez pu voir ou savoir ces jours-ci, lorsqu'il parut au théâtre avec sa famille. On ne l'attendait pas; l'assemblée n'était point composée, préparée comme il se pratique pour les grands. C'était bien là le public, et il n'y avait rien que l'on pût soupçonner d'être arrangé d'avance. La police n'eut point de part aux marques d'affection qui lui furent données en cette occasion ; ou, si de fait elle était là, comme on le peut croire aisément, partout invisible et présente, ce n'était pas pour accueillir le duc d'Orléans. Il entra, on le vit ; et les mains et les voix applaudirent de toutes parts. On n'a point mis, que je sache, le parterre en jugement, ni traduit l'assemblée à la salle Martin. Aussi ne crois-je pas, moi qui l'ai loué moins haut de ce qu'il a fait de louable, que ce soit pour cela qu'on me réemprisonne. Mais vous pouvez être là-dessus beaucoup mieux instruit.

Ainsi, contre votre opinion, Monsieur, j'aime le duc d'Orléans, mais son ami, je ne le suis pas, comme ces gens le croient, dites-vous. A moi tant d'honneur n'appartient, et sans vouloir examiner ce dont on a douté quelquefois, si les princes ont des amis ; ou si lui, moins prince qu'un autre, ne pourrait pas faire exception, je vous dirai que j'ai toujours ri de Jean-Jacques Rousseau, philosophe, qui ne put souffrir ses égaux, ni s'en faire supporter, et en toute sa vie crut n'avoir eu d'ami que le prince de Conti.

Bien moins suis-je son partisan. Car il n'a point de parti premièrement. Le temps n'est plus où chaque prince avait le sien ; et jamais je ne serai du parti de personne. Je ne suivrai pas un homme, ne cherchant pas fortune dans les révolutions, contre-révolutions qui se font au profit de quelques-uns. Né d'abord dans le peuple, j'y suis resté par choix. Il n'a tenu qu'à moi d'en sortir comme tant d'autres qui, pensant s'ennoblir, de fait ont dérogé. Quand il faudra opter suivant la loi de Solon, je serai du parti du peuple, des paysans comme moi.

Accusez réception, s'il vous plaît, de la présente.

RÉPONSE
AUX ANONYMES.

N° 2.

Véretz, le 6 février 1823.

Vous êtes deux qui m'engagez à faire encore des pétitions. A votre aise vous en parlez, et vous n'irez pas en prison pour les avoir lues. Mais moi, voyez ce qu'a pensé me coûter la dernière. Quinze mois de cachot et mille écus d'amende, sont-ce des bagatelles? de combien s'en est-il fallu que je ne fusse condamné? Les juges ont trouvé mon fait répréhensible, et plus répréhensible encore mon intention. La police, dans sa plainte, me dénonce comme un homme profondément pervers; messieurs de la police m'ont déclaré pervers, et ont signé Delaveau, Vidoc, etc. Je prenais patience. Mais ce procureur du roi, m'accuser de cynisme! Sait-il bien ce que c'est, et entend-il le grec? *Cynos* signifie chien : cynisme, acte de chien. M'insulter en grec, moi helléniste juré! j'en veux avoir raison. Lui rendant grec pour grec, si je l'accusais d'*Anisme*, que répondrait-il? mot. Il serait étonné. Quand il me donne du chien, si je lui donne de l'âne, pourvu toutefois que ce ne soit pas dans l'exercice de ses fonctions, serons-nous quittes ? je le crois.

Voilà pourtant, mes chers anonymes, comme on traite votre correspondant, pour avoir demandé à danser le dimanche, et notez bien, peut-être n'aurais-je pas dansé, s'il m'eût été permis ; on n'use pas de toute permission qu'on obtient. Peut-être ensuite m'eût-on fait danser malgré moi ; car ces choses arrivent : tel, dont je tais le nom, sollicita la guerre, et, contraint de la faire, enrage. Mais que serait-ce, si j'allais demander, comme vous le voulez, la punition du prêtre qui a tué sa maîtresse, ou le mariage de celui qui a rendu la sienne grosse ? alors triompherait le procureur du roi ; la morale religieuse me poursuivrait, aidée de la morale publique et de toutes les morales, hors celle que nous connaissons, que long-temps nous avons crue la seule.

D'ailleurs, je ne suis pas si animé que vous contre ce curé de Saint-Quentin. Je trouve dans son état de prêtre de quoi, non l'excuser, mais le plaindre. Il n'eût pas tué assurément sa seconde maîtresse s'il eût pu épouser la première devenue grosse, et qu'il a tuée aussi, selon toute apparence. Voici comme on conte cela, dont vous semblez mal informés.

Il s'appelle Maingrat ; n'avait guères plus de vingt ans quand, au sortir du séminaire, on le fit curé de Saint-Opre, village à six lieues de Grenoble. Là, son zèle éclata d'abord contre la danse et toute espèce de divertissement. Il défendit ou fit défendre par le maire et le sous-préfet, qui n'osèrent s'y refuser, les assemblées, bals, jeux champêtres, et fit fermer les cabarets, non seulement aux heures d'office, mais, à ce qu'on dit, tout le jour les dimanches et fêtes. Je n'ai pas de peine à le croire ; nous voyons le curé de Luynes défendre aux vignerons de boire le jour de Saint-Vincent leur patron. L'autre entreprit de réformer l'habillement des femmes. Les paysanes en manches de chemise, ayant le bras tout découvert, lui parurent un scandale affreux.

Remarquez que sur ce point les prêtres ont varié. Menot, du temps de Henri II, prêcha contre les nudités en termes moins décents peut-être que la chose qu'il reprenait. Aussi firent Maillard, Barlette, Feu-Ardent et le petit Feuilland. C'est même le texte ordinaire des sermons, qu'on a encore. Mais depuis, sous Louis XIV vieux, un curé trouva fort mauvais que la duchesse de Bourgogne vînt à l'église en habit de chasse qui boutonnait jusqu'au menton et avait des manches. Il la renvoya s'habiller, hautement loué du roi d'abord, puis de toute la cour. La duchesse alla s'habiller, et revint bientôt à peu près nue, les épaules, les bras, le dos, le sein découverts, la chute des reins bien marquée. C'était l'habit décent, et elle fut admise à faire ses dévotions.

Mais l'abbé Maingrat ne souffrait point qu'un bras nu se montrât à l'église, et même ne pouvait, sans horreur, dans les vêtements d'une femme, soupçonner la forme du corps. Ami du temps passé d'ailleurs, il prêchait les vieilles mœurs à l'âge de vingt ans, la restauration, la restitution, tonnant contre la danse et les manches de chemise. Les autorités le soutenaient, les hautes classes l'encourageaient, le peuple l'écoutait, les gendarmes aussi et le garde champêtre, qui jamais ne manquaient au sermon. Enfin il voulait rétablir, d'accord avec ses supérieurs, la pureté de l'ancien régime. Pour y mieux réussir, il forma chez sa tante, venue avec lui à Saint-Opre, une école de petites filles auxquelles elle montrait à lire, les instruisant et préparant pour la communion. Il assistait aux leçons, dirigeait l'enseignement. Deux déjà parmi elles approchaient de quinze ans, et lui parurent mériter une attention particulière. Il les fit venir chez lui; distinction enviée de toutes leurs compagnes, flatteuse pour leurs parents. Ces jeunes filles donc vont chez le jeune curé. Partout cela se fait depuis quelques années, aux champs comme à la ville; les magistrats l'approuvent, et les honnêtes gens en augurent le prompt rétablissement des mœurs. Elles y allaient souvent, ensemble ou séparées; c'était pour écouter des lectures chrétiennes, répéter le catéchisme, apprendre des versets, des psaumes, des oraisons : et tant y allèrent, qu'à la fin une d'elles se sent mal à l'aise, souffrante : elle avait des maux de cœur.

Lisez l'histoire, et comparez, monsieur l'anonyme, le passé avec le présent. Pour moi je ne fais autre chose ; c'est la meilleure étude qu'il y ait. Je trouve que, du temps de nos pères, Guillaume Rose, étant curé d'une paroisse de Paris, catéchisait de jeunes filles, qui s'assemblaient pour recevoir les pieuses leçons chez une dame. Là venait entre autres assidument la fille unique, âgée de treize à quatorze ans, du président de Neuilly, qui bientôt fut grosse des œuvres de l'abbé Guillaume. Au temps des bonnes mœurs, pareille chose arrivait sans qu'on y prît trop garde, quand les filles n'avaient point de père président. Celui-ci porta plainte; on décréta Guillaume; le clergé intervint. La justice n'a jamais beau jeu contre le clergé, qui d'abord ne veut pas qu'on le juge, et en ce temps-là menait le peuple. Messire Guillaume se moqua du parlement, du président, et de la fille, et de l'enfant, puis fut évêque de Senlis, dévoué au pape son créateur, comme on dit à Rome.

De ce genre est un autre fait moins ancien, mais horrible et par là plus semblable à celui de Maingrat. Il n'y a pas quarante ans que, dans un couvent près de Nogent-le-Rotrou, on élevait de jeunes demoiselle sous la direction d'un saint homme prêtre-abbé qui les confessait, les instruisait, catéchisait, et continua longues années, sans qu'on eût de lui nul soupçon. Mais à la fin, on découvrit qu'il en avait séduit plusieurs, et que, quand une devenait grosse, il l'empoisonnait, la gardait, écartant d'elle tout le monde, sous prétexte de confession ou d'exhortation à la mort, ne la quittait point qu'elle ne fût morte, ensevelie, enterrée. De tels faits rarement parviennent à la connaissance du public. Le saint personnage fut enlevé secrètement et enfermé, suivant la coutume d'alors. Retournons à l'abbé Maingrat.

Cette enfant se trouve grosse; ne sachant comment faire, ayant peur de sa mère, va se confesser au curé d'un village non loin de celui-là, à un homme tout différent de Maingrat. Il laissait danser, ne songeait point aux manches de chemise. La pauvrette lui dit son malheur, et refusant de déclarer qui en était cause, ne voulait accuser qu'elle seule. Mais, lui dit le curé, ma fille, est-il marié cet homme? — Non. — Il faut l'épouser. — Impossible! elle se trompait; car qui peut empêcher un homme de se marier, s'il ne l'est, de faire une épouse de celle qu'il a rendu mère? quelle loi le défend? quelle morale? elle devait dire pauvre enfant! Dieu, les hommes, le bon sens, la nature, l'Evangile et la religion le veulent; mais le pape ne veut pas; et pour cela je meurs, pour cela je suis perdue. Ainsi à peine répondait elle, avec plus de sanglots que de mots, aux questions de ce bon curé qui, enfin pourtant, parvenu à lui faire nommer l'abbé Maingrat, dès le soir même alla chez lui et lui parla. L'autre se fâche au premier mot, s'emporte et crie contre le siècle, accusant Voltaire et Rousseau et la philosophie, et la corruption de la de la révolution. Le bon homme eut beau dire et faire, il n'en put tirer autre chose. Au bout de quelques jours, la fille disparut, sans que jamais parents ni amis en pussent avoir de nouvelles. On en demanda de tous côtés et long-temps, inutilemet; on finit par n'y plus penser. Voilà la première partie de l'histoire du curé Maingrat.

La seconde est connue par les papiers publics, où vous aurez pu voir comment, à cause des bruits qui couraient, on le transféra de Saint-Opre à la cure de Saint-Quentin. C'est la discipline. Quand un prêtre a donné quelque part du scandale, on l'envoie ailleurs. Dans les cas graves seulement, il est suspendu *a sacris*, privé pour un temps de dire messe, et si la justice s'en mêle, le clergé proteste aussitôt? car on ne peut juger les oints. Le curé de Pezai en Poitou, l'abbé Gelée, ex-capucin, ayant commis là une grosse et visible faute contre son vœu de chasteté, la justice se tut malgré toutes les plaintes, on le transféra où il est et ne semble pas corrigé, comme ne le fut point l'abbé Maingrat, qui dans sa nouvelle paroisse, redoublant de sévérité, fit la guerre plus que jamais à la danse et aux manches de chemise. Certaine dévote, bientôt, femme d'un tourneur, jeune et belle, le prit pour confesseur, et le voyait chez elle souvent, sans qu'on en causât néanmoins; car elle passait pour très-sage. Un soir qu'elle était venue sur le tard à confesse, il la retint long-temps, puis l'envoie voir sa tante, qui demeurait chez lui, mais qu'il savait absente, ne devoir point revenir ce jour-là, et partant par un autre chemin, arrive avant cette femme, entre, quand elle vint la fit entrer. Ce qui se passa là-dedans, on l'ignore. Il l'emporta morte dans une grotte près du village, où avec un couteau de poche, l'ayant dépecée par morceaux, un à un, il les alla jeter dans la rivière; c'est l'Isère. Ces lambeaux quelque temps après furent trouvés flottants sur l'eau, et réunis et reconnus, comme le couteau plein de sang oublié par lui dans la grotte. Alors on se souvint de la fille de Saint-Opre.

Vous savez aussi comme il s'est soustrait aux poursuites, qui n'eussent pas eu lieu sans le maire. Par le maire seul tous les faits furent constatés, publiés malgré les dévots et le clergé qui ne voulaient pas qu'on en parlât. Telle est leur maxime de tout temps. S'il arrive, dit Fénélon, que le prêtre fasse une faute, on doit modestement baisser les yeux et se taire. Mais le bruit d'un acte si atroce s'étant promptement répandu, on essaya d'en jeter le soupçon sur quelque autre. Même un grand vicaire à Grenoble, l'abbé Bochard, prêcha un sermon tout exprès sur les jugements téméraires, disant : « Mes frères, prenez garde; tel peut vous paraître coupable, qui, par son devoir, est tenu, lui en dût-il coûter et l'honneur et la vie, de celer le crime d'autrui; et la malice d'autre part est si grande en ce siècle-ci, que, pour se laver, on ne feint point de calomnier et noircir les plus gens de bien. » C'était le mari de cette femme qu'on indiquait par là comme son vrai meurtrier, et le curé comme un martyr du secret de la confession. Cette pieuse invention, soutenue de toute la cabale dévote, aurait peut-être réussi et donné le change au public, sans le maire de Saint-Quentin, qui n'étant dévot ni dévoué, mais honnête homme seulement, par une information qu'il fit, força la justice d'agir. Le curé ne fut pas arrêté, parce que le Seigneur a dit : Gardez de toucher à mes oints. Condamné comme contumace, il s'est retiré en Savoie où maintenant il passe pour un saint et fait des miracles. On vient à lui de la vallée, de la montagne, en pélerinage; on accourt, les femmes surtout, le voir, lui demander sa bénédiction. Cette main les bénit : il leur tend cette main qu'elles baisent, femmes et filles, sans penser, sans frémir, sachant ce qu'il a fait; car d'un lieu si voisin personne ne l'ignore. Mais on lui pardonne beaucoup, parce qu'il a beaucoup aimé; ou peut-être il se repent, et dès-lors il vaut mieux que quatre-vingt-dix-neuf justes. Qu'il en confesse encore quelqu'une jeune, jolie, et qu'elle lui résiste, il en fera comme des autres, sans perdre pour cela le paradis. Saint-Bon avait tué père et mère. Saint-Maingrat ne tue que ses maîtresses, et ensuite fait pénitence.

Vous l'appelez hypocrite; moi je le crois dévot sincère et de bonne foi. La dévotion s'allie à tout. Lorsqu'on fait en Italie assassiner son ennemi, cela coûte vingt ou six ducats, selon qu'on veut le damner ou qu'on ne le veut pas. Pour ne le point damner, on lui dit avant de le tuer : Recommande ton âme à Dieu; pardonne-moi, et fais un acte de contrition. Il dit son *in manus*, pardonne, et on l'égorge; il va en paradis. Mais voulant le damner, on s'y prend autrement. Il faut tâcher de le trouver en péché mortel; et, pour le plus sûr, on lui dit, le poignard levé : Renie Dieu, ou je te tue. Il renie, on le tue, et il va en enfer. Ces choses se font tous les jours, là où personne ne voudrait, pour rien au monde, avoir goûté d'un potage gras le vendredi. Voilà la dévotion vraie, naïve, non feinte, non suspecte d'hypocrisie. La morale, dit-on, est fondée là-dessus.

Ces gens sont dévots sans nul doute, et Maingrat l'est aussi; amoureux de plus, c'est-à-dire, sujet à l'amour, qui, chez les hommes de sa robe, se tourne souvent en fureur. Un grand médecin l'a remarqué : cette maladie, sorte de rage qu'il appelle érotomanie, semble particulière aux prêtres. Les exemples qu'on en a vus, assez nombreux, sont tous de prêtres catholiques, tels que celui qui massacra, comme raconte Henri Étienne, tous les habitants d'une maison, hors la personne qu'il aimait; et l'autre dont parle Buffon. Celui-là, parce qu'on sut à temps le lier et le traiter, guérit; sans quoi il eût commis de semblables violences. Il a lui-même écrit au long, dans une lettre qui depuis est devenue publique, l'histoire de sa frénésie, dont il explique les causes aisées à concevoir. Dévot et amoureux, jeune, confessant les filles, il voulut être chaste.

Quelle vie en effet, quelle condition que celle de nos prêtres ! on leur défend l'amour, et le mariage surtout ; on leur livre les femmes. Ils n'en peuvent avoir une, et vivent avec toutes familièrement, c'est peu, mais dans la confidence, l'intimité, le secret de leurs actions cachées, de toutes leurs pensées. L'innocente fillette, sous l'aile de sa mère, entend le prêtre d'abord, qui bientôt l'appelant, l'entretient seul à seule ; qui, le premier, avant qu'elle puisse faillir, lui nomme le péché. Instruite, il la marie, mariée, la confesse encore et la gouverne. Dans ses affections, il précède l'époux, et s'y maintient toujours. Ce qu'elle n'oserait confier à sa mère, avouer à son mari, lui prêtre le doit savoir, le demande, le sait, et ne sera point son amant. En effet le moyen ? n'est-il pas tonsuré ? il s'entend déclarer à l'oreille, tout bas, par une jeune femme, ses fautes, ses passions, ses désirs, ses faiblesses, recueille ses soupirs sans se sentir ému ; et il a vingt-cinq ans.

Confesser une femme ! imaginez ce que c'est. Tout au fond de l'église une espèce d'armoire, de guérite, est dressée contre le mur exprès, où ce prêtre, non Maingrat, mais quelque homme de bien, je le veux, sage, pieux, comme j'en ai connu, homme pourtant et jeune, ils le sont presque tous, attend le soir après vêpres sa jeune pénitente qu'il aime ; elle le sait, l'amour ne se cache point à la personne aimée. Vous m'arrêterez-là : son caractère de prêtre, son éducation, son vœu..... Je vous réponds qu'il n'y a vœu qui tienne ; que tout curé de village, sortant du séminaire, sain, robuste et dispos, aime sans aucun doute une de ses paroissiennes. Cela ne peut être autrement; et si vous contestez, je vous dirai bien plus, c'est qu'il les aime toutes, celles du moins de son âge; mais il en préfère une qui lui semble, sinon plus belle que les autres, plus modeste et plus sage, et qu'il épouserait; il en ferait une femme vertueuse, pieuse, n'était le pape. Il la voit chaque jour, la rencontre à l'église ou ailleurs, et devant elle assis aux veillées de l'hiver, il s'abreuve, imprudent, du poison de ses yeux.

Or, je vous prie, celle-là, lorsqu'il l'entend venir le lendemain, approcher du confessionnal, qu'il reconnaît ses pas et qu'il peut dire ; c'est elle; que se passe-t-il dans l'âme du pauvre confesseur ? honnêteté, devoir, sages résolutions, ici servent de peu, sans une grâce du ciel toute particulière. Je le suppose un saint; ne pouvant fuir, il gémit apparemment, soupire, se recommande à Dieu ; mais si ce n'est qu'un homme, il frémit, il désire, et déjà malgré lui, sans le savoir peut-être, il espère. Elle arrive, se met à ses genoux, à genoux devant lui dont le cœur saute et palpite. Vous êtes jeune, Monsieur, ou vous l'avez été ; que vous semble entre nous d'une telle situation ? Seuls, la plupart du temps, et n'ayant pour témoins que ces murs, que ces voûtes, ils causent; de quoi ? hélas! de tout ce qui n'est pas innocent. Ils parlent, ou plutôt murmurent à voix basse, et leurs bouches s'approchent, leur souffle se confond. Cela dure une heure ou plus, et se renouvelle souvent.

Ne pensez pas que j'invente. Cette scène a lieu telle que je vous la dépeins, et dans toute la France ;

chaque jour se renouvelle par quarante mille jeunes prêtres, avec autant de jeunes filles qu'ils aiment, parce qu'ils sont hommes, confessent de la sorte, en entretiennent tête à tête, visitent, par ce qu'ils sont prêtres, et n'épousent point, parce que le pape s'y oppose. Le pape leur pardonne tout, excepté le mariage, voulant plutôt un prêtre adultère, impudique, débauché, assassin, comme Maingrat, que marié. Maingrat tue ses maîtresses, on le défend en chaire : ici, on prêche pour lui ; là, on le canonise. S'il en épousait une, quel monstre ! il ne trouverait d'asile nulle part. Justice en serait faite bonne et prompte, comme du maire qui les aurait mariés. Mais quel maire oserait ?

Réfléchissez maintenant, Monsieur, et voyez s'il était possible de réunir jamais en une même personne deux choses plus contraires que l'emploi de confesseur et le vœu de chasteté ; quel doit être le sort de ces pauvres jeunes gens, entre la défense de posséder ce que nature les force d'aimer, et l'obligation de converser intimement, confidemment avec les objets de leur amour, si enfin ce n'est pas assez de cette monstrueuse combinaison pour rendre les uns forcenés, les autres, je ne dis pas coupables, car les vrais coupables sont ceux qui, étant magistrats, souffrent que de jeunes hommes confessent de jeunes filles, mais criminels, et tous extrêmement malheureux. Je sais là-dessus leur secret.

J'ai connu à Livourne le chanoine Fortini, qui peut-être vit encore, un des savants hommes d'Italie, et des plus honnêtes du monde. Lié avec lui d'abord par nos études communes, puis par une mutuelle affection, je le voyais souvent, et ne sais comment un jour je vins à lui demander s'il avait observé son vœu de chasteté. Il me l'assura, et je pense qu'il disait vrai en cela comme en toute autre chose. Mais, ajouta-t-il, pour passer par les mêmes épreuves, je ne voudrais pas revenir à l'âge de vingt ans. Il en avait soixante et dix. J'ai souffert, Dieu le sait et m'en tiendra compte, j'espère ; mais je ne recommencerais pas. Voilà ce qu'il me dit, et je notai ce discours si bien dans ma mémoire, que je me rappelle ses propres mots.

A Rocca di Papa je logeais chez le vicaire où je tombai malade. Il eut grand soin de moi, et prit cette occasion de me parler de Dieu, auquel je pensais plus que lui et plus souvent, mais autrement. Il voulait me convertir, me sauver, disait-il. Je l'écoutais volontiers ; car il parlait toscan, et s'exprimait des mieux dans ce divin langage. A la fin je guéris ; nous devînmes amis ; et, comme il me prêchait toujours, je lui dis : Cher abbé, demain je me confesse, si tu veux te marier et vivre heureux. Tu ne peux l'être qu'avec une femme, et je sais celle qu'il te faut. Tu la vois chaque jour, tu l'aimes, tu péris. Il me mit la main sur la bouche, et je vis que ses yeux se remplissaient de pleurs. J'ai ouï conter de lui depuis des choses fort étranges, et qui me rappelèrent ce qu'on lit d'Origènes.

Voilà où les reduit le malheur de leur état. Mais pourquoi, me direz-vous, quand on est susceptible de telles impressions, se faire prêtre ? Eh ! Monsieur, se font-ils ce qu'ils sont ? Dès l'enfance élevés pour la milice papale, séduits, on les enrôle ; ils prononcent ce vœu abominable, impie, de n'avoir jamais femme, famille ni maison, à peine sachant ce que c'est, novices, adolescents, excusables par là ; car un vœu de la sorte, celui qui le ferait avec une pleine connaissance, il le faudrait saisir, séquester en prison, ou reléguer au loin dans quelque île déserte. Ce vœu fait, ils sont oints, et ne s'en peuvent dédire ; que si l'engagement était à terme, certes peu le renouvelleraient. Aussitôt on leur donne filles, femmes à gouverner. On approche du feu le soufre et le bitume ; car ce feu a promis, dit-on, de ne point brûler. Quarante mille jeunes gens ont le don de continence pris avec la soutane, et sont dès-lors comme n'ayant plus sexe ni corps. Le croyez-vous ? De sages il en est ; si sage se peut dire, qui combat la nature. Quelques-uns en triomphent. Mais combien, au prix de ceux que la grâce abandonne dans ces tentations ? la grâce est pour peu d'hommes, et manque même au plus juste. Comment auraient-ils, eux, ce don de continence, jeunes, dans l'ardeur de l'âge, quand les vieux ne l'ont pas !

Ce curé de Paris, que Vautrain, tapissier, le trouvant avec sa femme, tua et jeta par la fenêtre, il y a peu d'années (l'aventure est connue dans le quartier du Temple, on n'en fit point de bruit à cause du clergé), ce curé avait soixante ans, et celui de Pézai en a soixante-huit qui ne l'ont pas empêché, dernièrement encore, de prendre dans les boues une fille mendiante et tombant du haut mal. Il en fit sa maîtresse : autre affaire étouffée par le crédit des oints ; car le père se plaignit, voyant sa fille grosse ; mais l'église intervint. Celui qui ne peut à cet âge s'abstenir d'un objet horrible et dégoûtant, que pensez-vous qu'il ait fait à vingt ou vingt-cinq ans, gouverneur d'innocentes et belles créatures ? Si vous avez une fille, envoyez-là, Monsieur, au soldat, au hussard qui pourra l'épouser, plutôt qu'à l'homme qui a fait vœu de chasteté, plutôt qu'à ces séminariste. Combien d'affaires à étouffer, si tout ce qui se passe en secret avait des suites évidentes, ou s'il y avait beaucoup de maires comme celui de Saint-Quentin! que d'horreurs laissent entrevoir ces faits qui transpirent malgré la connivence des magistrats, les mesures prises pour arrêter toute publicité, le silence imposé sur de telles matières ! et sans même parler des crimes, quelles sources d'impuretés, de désordres, de corruption, que ces deux inventions du pape, le célibat des prêtres et la confession nommée auriculaire ! Que de mal elles font! que de biens elles empêchent! Il le faut voir et admirer là où la famille du prêtre est le modèle de toutes les autres ; où le pasteur n'enseigne rien qu'il ne puisse montrer en lui, et parlant aux pères, aux époux, donne l'exemple avec le précepte. Là, les femmes n'ont point l'impudence de dire à un homme leurs péchés; le clergé n'est point hors du peuple, hors de l'état, hors de la loi ; tous abus établis chez nous dans les temps de la plus cruelle barbarie, de la plus crédule ignorance, difficiles à maintenir aujourd'hui que le monde raisonne, que chacun sait compter ses doigts.

LIVRET

DE PAUL-LOUIS, VIGNERON,

PENDANT SON SÉJOUR A PARIS,

en Mars 1823.

N° 3.

— Monsieur de Talleyrand, dans son discours au roi pour l'empêcher de faire la guerre, a dit : Sire, je suis vieux. C'était dire, vous êtes vieux ; car ils sont de même âge. Le roi, choqué de cela, lui a répondu : Non, monsieur de Talleyrand, non, vous n'êtes point vieux ; l'ambition ne vieillit pas.

Talleyrand parle haut, et se dit responsable de la restauration.

Ces mots vieillesse et mort sont durs à la vieille cour. Louis XI les abhorrait, celui de mort surtout ; et afin de ne le point entendre, il voulut que quand on le verrait à l'extrémité, on lui dit seulement *parlez peu*, pour l'avertir de sa situation. Mais ses gens oublièrent l'ordre, et lorsqu'il en vint là, lui dirent crûment le mot qu'il trouva bien amer. (Voir Philippe de Comines.)

— Marchangy, lorsqu'il croyait être député, se

trouvant chez monsieur Peyronnet, examinait l'appartement qui lui parut assez logeable ; seulement il eût voulu le salon plus orné, l'antichambre plus vaste, afin d'y faire attendre et la cour et la ville, peu content d'ailleurs de l'escalier. Le gascon qui connut sa pensée, eut peur de cette ambition, et résolut de l'arrêter comme il fit en laissant paraître les nullités de son élection, dont sans cela on n'eût dit mot.

— Quatre gardes-du-corps ont battu le parterre au Gymnase dramatique. On dit que cela est contraire à l'ordonnance de Louis XIII, qui leur défend de maltraiter ni frapper les sujets du roi *sans raison*. Mais il y avait une raison ; c'est que le parterre ne veut point applaudir des couplets qui plaisent aux gardes-du-corps et leur promettent la victoire en Espagne, s'ils y font la guerre, ce qui n'est nullement vraisemblable.

Près des Invalides, six suisses ont assailli quelques bouchers. Ceux-ci ont tué deux suisses et blessé tous les autres qui se sont sauvés en laissant sabres et schakots. Les bouchers devraient aller quelquefois au parterre, et les suisses toujours se souvenir du dix août.

— Lebrun trouve dans mon Hérodote un peu trop de vieux français, quelques phrases traînantes. Béranger pense de même, sans blâmer cependant cette façon de traduire. On est content de la préface.

— Le boulevard est plein de caricatures, toutes contre le peuple. On le représente grossier, débauché, crapuleux, semblable à la cour, mais en laid. Afin de le corrompre, on le peint corrompu. L'adultère est le sujet ordinaire de ces estampes. C'est un mari avec sa femme sur un lit et le galant dessous, ou bien le galant dessus et le mari dessous. Des paroles expliquent cela. Dans une autre, le mari lorgnant par la serrure, voit les ébats de sa femme, scène de Variétés. Ce théâtre aura bientôt le privilége exclusif d'en représenter de pareilles. Il jouera seul les pièces qu'on appelle grivoises, c'est-à-dire sales, dégoûtantes, comme la Marchande de goujons. Les censeurs ont soin d'en ôter tout ce qui pourrait inspirer un sentiment généreux. La pièce est bonne, pourvu qu'il n'y soit point question de liberté, d'amour du pays; elle est excellente, s'il y a des rendez-vous de charmantes femmes avec de charmants militaires, qui battent leurs valets, chassent leurs créanciers, escroquent leurs parents; c'est le bel air qu'on recommande. Corrompre le peuple est l'affaire, la grande affaire maintenant. A l'église et dans les écoles on lui enseigne l'hypocrisie, au théâtre l'ancien régime et toutes ses ordures. On lui tient prêtes des maisons où il va pratiquer ces leçons.

En Angleterre tout au contraire, les caricatures et les farces se font contre les grandes livrées, à la risée du peuple, qui conserve ses mœurs et corrige la cour.

— Un homme que j'ai vu arrive d'Amérique. Il y est resté trois ans sans entendre parler de ce que nous appelons ici l'autorité. Nul ne lui a demandé son nom, sa qualité, ni ce qu'il venait faire, ni d'où, ni pourquoi, ni comment. Il a vécu trois ans sans être gouverné, s'ennuyant à périr. Il n'y a point là de salons. Se passer de salons, impossible aux Français, peuple éminemment courtisan. La cour s'étend partout en France ; le premier des besoins c'est de faire sa cour. Tel brave à la tribune les grands, les potentats, et le soir devant.......... s'incline profondément, n'ose s'asseoir chez............, qui lui frappe sur l'épaule et l'appelle mon cher. Que de maux naissent, dit Labruyère, de ne pouvoir être seul.

— A Boulogne-sur-Mer, M. Léon de Chanlaire avait établi une école d'enseignement mutuel, dans une salle bâtie par lui exprès avec beaucoup de dépenses. Là, trois cents enfants apprenaient l'arithmétique et le dessein. Les riches payaient pour les pauvres, et de ceux-ci cinquante se trouvaient habillés sur la rétribution des autres ; tout allait le mieux du monde. Ces enfants s'instruisaient et n'étaient point fouettés. Les frères ignorantins qui fouettent et n'instruisent pas, ont fait fermer l'école, et de plus ont demandé que la salle de M. Chanlaire leur fut donnée par les jésuites, maîtres de tout. Chanlaire est accouru ici pour parler aux jésuites et défendre son bien. (*Nota,* que toute affaire se décide à Paris ; les provinces sont traitées comme pays conquis) ; il va voir Frayssinous qui lui répond ces mots : Ce que j'ai décidé, nulle puissance au monde ne le saurait changer. Paroles mémorables et dignes seulement d'Alexandre ou de lui.

Tous ces célibataires fouettant les petits garçons et confessant les filles, me sont un peu suspects. Je voudrais que les confesseurs fussent au moins mariés ; mais les frères fouetteurs, il faudrait, sauf meilleur avis, les mettre aux galères, ce me semble. Ils cassent les bras aux enfants qui ne se laissent point fouetter. On a vu cela dans les journaux de la semaine passée. Quelle rage ! *Flagellandi tàm dira cupido.*

— Un Anglais m'a dit : Nos ministres ne valent pas mieux que les vôtres. Ils corrompent la nation par le gouvernement, récompensent la bassesse, punissent toute espèce de générosité. Ils font de fausses conspirations, où ils mettent ceux qui leur déplaisent, puis de faux jurys pour juger ces conspirations. C'est tout comme chez vous. Mais il n'y a point de police. Voilà la différence.

Grande ; très-grande cette différence, à l'avantage de l'Anglais. La police est le plus puissant de tous les moyens inventés pour rendre un peuple vil et lâche. Quel courage peut avoir l'homme élevé dans la peur des gendarmes, n'osant ni parler haut, ni bouger sans passeport, à qui tout est espion, et qui craint que son ombre le prenne au colet ?

Pour faire fuir nos conscrits, les Epagnols n'ont qu'à s'habiller en gendarmes.

— Quand Marchangy voulut parler aux députés, il fut tout étonné de se voir contredit et perdit la tête d'abord. Il lui échappa de dire, croyant être au palais : Qu'on le raie du tableau ; en prison les perturbateurs ; M. le président, nous vous requérons..... Plaisante chose qu'un Marchangy à la tribune, sans robe et sans bonnet carré ; mais avec son bonnet..... Jefferies, Laubardemont ! Il sera, dit-on, réélu et songe à exclure les indignes.

— Les journaux de la cour insultent le duc d'Orléans: On le hait ; on le craint ; on veut le faire voyager. Le roi lui disait l'autre jour : Eh bien, M. le duc d'Orléans, vous allez donc en Italie ? Non pas, Sire, que je sache. Mon Dieu si, vous y allez ; c'est moi qui vous le dis, et vous m'entendez bien. Non, Sire, je n'entends point, et je ne quitte la France que quand je ne puis faire autrement.

— Ce d'Effiat, député en ma place, est petit-fils de Ruzé d'Effiat qui donna de l'eau de chicorée à Madame Henriette d'Angleterre. Leur fortune vient de là. Monsieur récompensa ce serviteur fidèle. Monsieur vivait avec le chevalier de Lorraine, que Madame n'aimait pas. Le ménage était donc troublé. d'Effiat arrangea tout avec l'eau de chicorée. Monsieur, depuis ce temps, eut toujours du contre-poison dans sa poche, et d'Effiat le lui fournissait. Ce sont là de ces services que les grands n'oublient point, et qui élèvent une famille noble. Mon remplaçant n'est pas un homme à donner aux princes, ni poison, ni contre-poison ; il ferait quelques quiproquo. C'est une espèce d'imbécille qui sert la messe, et communie le plus souvent qu'il peut. Il n'avait, dit-on, que cinquante voix dans le collége électoral : ses scrutateurs ont fait le reste. J'en avais deux cent vingt connues.

— L'empereur Alexandre a dit à M. de Chateaubriand : Pour l'intérêt de mon peuple et de ma religion, je devais faire la guerre au Turc ; mais j'ai cru voir qu'il s'agissait de révolution entre la guerre et le Turc : je n'ai point fait la guerre. J'aime bien moins mon peuple et ma religion, que je ne hais la révolution, qui est proprement ma bête noire. Je me réjouis que vous soyez venu ; je voulais vous conter cela. Quelle confidence d'un empereur! Et le romancier qui publie cette confidence! Tout dans son discours est bizarre.

Il entend *sortir* les paroles de la bouche de l'empereur. On entend sortir un carrosse ou des chevaux de l'écurie ; mais qui diantre entendit jamais sortir des paroles ? Et que ne dit-il : Je les ai vu sortir, ces paroles, de la bouche de mon bon ami qui a huit cent mille homme sur pied ? cela serait plus positif, et l'on douterait moins de sa haute faveur à la cour de Russie.

Notez qu'il avait lu cette belle pièce aux dames ; et quand on lui parla d'en retrancher quelque chose, avant de la lire à la Chambre, il n'en voulut rien faire, se fondant sur l'approbation de madame Récamier. Or, dites maintenant qu'il n'y a rien de nouveau. Avait-on vu cela ? Nous citons les Anglais : Est-ce que M. Canning, voulant parler aux Chambres, de la paix, de la guerre, consulte les ladys, les mistriss de la cité ?

Les gens de lettres, en général, dans les emplois, perdent leur talent, et n'apprennent point les affaires. Bolinbroke se repentit d'avoir appelé près de lui Addisson et Steele.

— Socrate, avant Boissy d'Anglas, refusa, au péril de sa vie, de mettre aux voix du peuple assemblé une proposition illégale. Ravez n'a point lu cela ; car il eût fait de même dans l'affaire de Manuel. Il est vrai que Socrate, président les tributs, n'avait ni traitement de la cour, ni gendarmerie à ses ordres. Manuel a été grand quatre jours ; c'est beaucoup.

Que faudrait-il qu'il fît à présent ? Qu'il mourût, afin de ne point déchoir.

— D'Arlincourt est venu à la cour, et a dit : Voilà mon Solitaire et mes autres romans, qui n'en doivent guères au Christianisme de Châteaubriand. Mon galimathias vaut le sien ; faites-moi conseiller-d'état au moins. On ne l'a pas écouté. De rage il quitte le parti, et se fait libéral. C'est le maréchal d'Hocquincourt, jésuite ou janséniste, selon l'humeur de sa maîtresse, et l'accueil qu'il reçoit au Louvre.

— Ravez maudit son sort, se donne à tous les diables. Il a fait ce qu'il a pu, dans l'affaire de Manuel, pour contenter le parti jésuite. Il n'a point réussi. Ceux qu'il sert lui reprochent de s'y être mal pris, disent que c'est un sot, qu'il devait éviter l'esclandre, et qu'avec un peu de prévoyance, il eût empêché l'homme d'entrer, ou l'eût fait sortir sans vacarme. Fâcheuse condition que celle d'un valet ! Sosie l'a dit ; les maîtres ne sont jamais contents. Ravez veut trop bien faire. Hyde de Neuville va mieux ; et l'entend à merveille. Je vois, je vois là-bas les ministres de mon roi. Il a son roi comme Pardessus : Mon roi m'a pardonné. Voilà le vrai dévouement. Le dévouement doit être toujours un peu idiot. Cela plaît bien plus à un maître, que ces gens qui tranchent du capable.

— Serons-nous capucins, ne le serons-nous pas ? Voilà aujourd'hui la question. Nous disions hier : Serons-nous les maîtres du monde ?

— Ce matin, me promenant dans le Palais-Royal, M...ll...rd passe, et me dit : Prends garde, Paul-Louis, prends garde ; les cagots te feront assassiner.

Quelle garde veux-tu, lui dis-je, que je prenne? Ils ont fait tuer des rois; ils ont manqué frère Paul, l'autre Paul à Venise, *Fra Paolo Sarpi*. Mais il l'échappa belle.

— Fabvier me disait un jour: Vos phraseurs gâtent tout: voulant être applaudis, ils mettent leur esprit à la place du bon sens que le peuple entendrait. Le peuple n'entend point la pompeuse éloquence, les longs raisonnements. Il vous paraît, lui dis-je, aisé de faire un discours pour le peuple; vous croyez le bon sens une chose commune et facile à bien exprimer.

— Le vicomte de Foucault nous parle de sa race. Ses ancêtres, dit-il, commandaient à la guerre. Il cite leurs batailles et leurs actions d'éclat. *Mais la postérité d'Alphane et de Bayard*, quand ce n'est qu'un gendarme aux ordres du préfet, ma foi, c'est peu de chose. Le vicomte de Foucault ne gagne point de batailles; il empoigne les gens. Ces nobles ne pouvant être valets de cour, se font archers ou geôliers. Tous les gardes-du-corps veulent être gendarmes.

— Les Mémoires de madame Campan méritent peu de confiance. Faits pour la cour de Bonaparte, qui avait besoin de leçons, ils ont été revus depuis par des personnes intéressées à les altérer. L'auteur voit tout dans l'étiquette, et attribue le renversement de la monarchie à l'oubli du cérémonial. Bien des gens sont de cet avis. Henri III fonda l'étiquette, et cependant fut assassiné. On négligea quelque chose apparemment ce jour-là. L'étiquette rend les rois esclaves de la cour.

Dans ces Mémoires il est dit qu'une fille de garde-robe, sous madame Campan, femme-de-chambre, avait dix-huit mille francs de traitement; c'est trente-six mille d'aujourd'hui. Aussi tout le monde voulait être de la garde-robe. Que de gens encore passent leur vie à espérer de tels emplois! Montaigne quelque part se moque de ceux qui, de son temps, s'adonnaient à l'agriculture, et à ce qu'il appelle ménage domestique. Allez, disait-il, chez les rois, si vous voulez vous enrichir. Et Démosthènes : Les rois, dit-il, font l'homme riche en un moment, et d'un seul mot; chez vous, Athéniens, cela ne se peut, et il faut travailler ou hériter. Qu'on mette à Genève un roi avec un gros budget, chacun quittera l'horlogerie pour la garde-robe; et, comme les valets du prince ont des valets, qui eux-mêmes en ont d'autres, un peuple se fait laquais. De là l'oisiveté, la bassesse, tous les vices, et une charmante société.

Madame Campan fait de la reine un modèle de toute vertu; mais elle en parlait autrement, et l'on voit dans O'Meara ce qu'elle en disait à Bonaparte; comme, par exemple, que la reine avait un homme dans son lit, la nuit du 5 au 6 octobre, et que cet homme en se sauvant, perdit ses chausses, qui furent trouvées par elle, madame Campan. Cette histoire est un peu suspecte. M. de la Fayette ne la croit point. Bonaparte a menti, ou madame Campan.

Elle écrit mal et ne vaut pas madame de Motteville, qui était aussi femme-de-chambre. Madame du Hausset, autre femme-de-chambre, va paraître. On imprime ses Mémoires très-curieux. Ce sont là les vrais historiens de la monarchie légitime.

— Quelqu'un montre une lettre de M. Arguelles où sont ces propres mots : Votre roi nous menace ; il veut nous envoyer un prince et cent mille hommes pour régler nos affaires selon le droit divin. Voici notre réponse : Qu'il exécute la Charte où nous lui enverrons Mina avec dix mille hommes et le drapeau tricolore ; qu'il chasse ses émigrés et ses vils courtisans, parce que nous craignons la contagion morale.

— Horace va faire un tableau de la scène de Manuel. Mais quel moment choisira-t-il ? celui où Foucault dit : Empoignez le Député, ou bien quand le sergent refuse ? J'aimerais mieux ceci. Car, outre que le mot *empoignez* ne se peut peindre (grand dommage sans doute), il y aurait là deux ignobles personnages, Foucault et le président, qui à dire vrai n'y était pas, mais auquel on penserait toujours. Dans cette composition, l'odieux dominerait, et cela ne saurait plaire, quoiqu'en dise Boileau. L'instant du refus, au contraire, offre deux caractères nobles, Manuel et le sergent qui tous deux intéressent, non pas au même degré, mais de la même manière et par le plus bel acte dont l'homme soit capable, résister au pouvoir. De pareils traits sont rares ; il faut les recueillir et les représenter, les recommander au peuple. D'autre part, on peut dire aussi que Manuel, Foucault, ses gendarmes donneraient beaucoup à penser, et le président derrière la toile ; *car il est des objets que l'art judicieux*........ La constance de Manuel et la bassesse des autres formeraient un contraste ; ceux-ci servant des maîtres et calculant d'avance le profit, la récompense toujours proportionnée à l'infamie de l'action ; celui-là se proposant l'approbation publique et la gloire à venir.

— Les fournisseurs de l'armée sont tous bons gentilshommes et des premières familles. Il faut faire des preuves pour entrer dans la viande ou dans la partie des souliers. Les femmes y ont de gros intérêts ; les maîtresses, les amants partagent ; comtesses, duchesses, barons, marquis, on leur fait à tous bon marché des subsistances du soldat. La noblesse autrefois se ruinait à la guerre, maintenant s'enrichit et spécule très-bien sur la fidélité.

— Les bateaux venus de Strasbourg à Bayonne par le roulage, coûteront de port cent vingt mille francs et seront trois mois en chemin. Construits en un mois à Bayonne, ils eussent coûté quarante mille francs. Les munitions qu'on expédie de Brest à Bayonne, par terre, iraient par mer sans aucuns frais. Mais il y a une compagnie des transports par terre, dans laquelle des gens de la cour sont intéressés, et l'on préfère ce moyen. Il faut relever d'anciennes familles qui relèvront la monarchie si elle culbute en Espagne.

— Les parvenus imitent les gens de bonne maison. Victor, sa femme, son fils, prennent argent de toutes mains. On parle de pots-de-vins de cinquante mille écus. Tout s'adjuge à huis-clos, et sans publication. Ainsi se prépare une campagne à la manière de l'ancien régime. Cependant Marcellus danse avec miss Canning.

— La guerre va se faire enfin malgré tout le monde. Madame ne le veut pas. Madame du Cayla y paraît fort contraire. Mademoiselle ayant consulté sa poupée, se déclare pour la paix, ainsi que la nourrice et toutes les remueuses de Monseigneur le duc de Bordeaux. Personne ne veut la guerre. Mais voici le temps de pâques, et tous les confesseurs refusent l'absolution si on ne fait la guerre ; elle se fera donc.

Le duc du Guiche l'autre jour disait dans un salon, montrant le confesseur de Monsieur et d'autres prêtres : Ces cagots nous perdront.

— On me propose cent contre un que nos jésuites ne feront pas la conquête de l'Espagne, et je suis tenté de tenir. Sous Bonaparte, je proposai cent contre un qu'il ferait la conquête de l'Espagne : personne ne tint, j'aurais perdu ; peut-être cette fois gagnerais-je.

Mille contes plaisants du héros pacificateur, pointes, calembourgs de toutes parts. Il crève les chevaux sur la route de Bayonne, fait, dit-on, quatre lieues à l'heure, va plus vite que Bonaparte, mais n'arrive pas si tôt, parce que ses dévotions l'arrêtent en chemin. Il visite les églises et baise les reliques. Le peuple qui voit cela, en aime d'autant moins l'église et les reliques.

— Il n'y a pas un paysan dans nos campagnes qui ne dise que Bonaparte vit, et qu'il reviendra. Tous ne le croient pas, mais le disent. C'est entre eux une espèce d'argot, de mot convenu pour narguer le gouvernement. Le peuple hait les Bourbons, parce qu'ils l'ont trompé, qu'ils mangent un milliard et servent l'étranger, parce qu'ils sont toujours émigrés, parce qu'ils ne veulent pas être aimés.

Barnave disait à la reine : Il faut vous faire aimer du peuple. Hélas ! je le voudrais, dit-elle ; mais comment ? Madame, il vous est plus aisé qu'il ne l'était à moi. Comment faire ? Madame, lui répondit Barnave, tout est dans un mot, bonne foi.

— On va marcher, on avancera en Espagne ; on renouvellera les bulletins de la grande armée avec les exploits de la garde; au lieu de Murat, ce sera La Roche-Jaquelin. Sans rencontrer personne, on gagnera des batailles, on forcera des villes; enfin on entrera triomphant dans Madrid, et là commence la guerre. Jamais ils ne feront la conquête de l'Espagne. M. Ls.

Je le crois; mais ce n'est pas l'Espagne, c'est la France qu'ils veulent conquérir. A chaque bulletin de Martainville, à chaque victoire de messieurs les gardes-du-corps, on refera ici quelque pièce de l'ancien régime ; et qu'importe aux jésuites que des armées périssent, pourvu qu'ils confessent le roi ?

— A la chambre des pairs, hier quelqu'un disait : Figurez-vous que nos gens en Espagne seront des saints. Ils ne feront point de sottises : on paiera tout, et le soldat ne mangera pas une poule qui ne soit achetée au marché. Ordre, discipline admirable ; on mènera jusqu'à des filles, afin d'épargner les infantes. La conquête de la Péninsule va se faire sans fâcher personne, et notre armée sera comblée de bénédictions. Là-dessus M. Catelan a pris la parole et a dit: Je ne sais pas comment vous ferez lorsque vous serez en Espagne; mais en France votre conduite est assez mauvaise. Vous paierez là, dites-vous, et ici vous prenez. Voici une réquisition de quatre mille bœufs pour conduire de Toulouse à Pau votre artillerie, qui a ses chevaux; mais ils sont employés ailleurs.

Ils mènent les équipages des ducs et des marquis et des gardes-du-corps. Le canon reste là. Vous y attelez nos bœufs au moment des labours. Vous serez sages en Espagne, à la bonne heure, je le veux croire, et vous agirez avec ordre; mais je ne vois que confusion dans vos préparatifs.

— Guilleminot a fait un rapport dont la substance est que l'armée a besoin de se recruter d'une ou de deux conscriptions, pour être en état, non de marcher, car il n'y a nulle apparence, mais de garder seulement la frontière ; que l'état-major est bon et fera ce qu'on voudra; mais que les officier *de fortune*, et surtout les sous-officiers semblent peu disposés à entrer en campagne, pensant que c'est contre eux que la guerre se fait. Guilleminot est rappelé pour avoir dit ces choses-là, et son aide-de-camp arrêté comme correspondant de Fabvier. Victor part pour l'armée,

— A l'armée une cour (voir là-dessus Feuquières, Mémoires), c'est ce qui a perdu Bonaparte, tout Bonaparte qu'il était. La cour de son frère Joseph sauva Wellington plus d'une fois. Partout où il y a une cour, on ne songe qu'à faire sa cour. Le duc d'Angoulême a carte blanche pour les récompenses, et l'on sait déjà ceux qui se distingueront. Hohenlohe sera maréchal. C'est un allemand qui a logé les princes dans l'émigration. Il commandera nos généraux, et pas un d'eux ne dira mot. La noblesse de tout temps obéit volontiers même à des bâtards étrangers, comme était le maréchal de Saxe. Les soldats, quant à eux, font peu de différence d'un Allemand à un émigré.

Ils l'aimeront autant que Coigny ou Vioménil. Personne ne se plaindra. Jamais, en Angleterre, on ne souffrirait cela. Nous aurons tout l'ancien régime; on ne nous fera pas grâce d'un abus.

PROCLAMATION.

Soldats, vous allez rétablir en Espagne l'ancien régime et défaire la révolution. Les Espagnols ont fait chez eux la révolution; ils ont détruit l'ancien régime, et à cause de cela on vous envoie contre eux; et quand vous aurez rétabli l'ancien régime en ce pays-là, on vous ramènera ici pour en faire autant. Or, l'ancien régime, savez-vous ce que c'est, mes amis? C'est, pour le peuple, des impôts; pour les soldats, c'est du pain noir et des coups de bâton; des coups de bâton et du pain noir, voilà l'ancien régime pour vous. Voilà ce que vous allez rétablir, là d'abord, et ensuite chez vous.

Les soldats espagnols ont fait en Espagne la révolution. Ils étaient las de l'ancien régime et ne voulaient plus ni pain noir ni coups de bâton; ils voulaient autre chose, de l'avancement, des grades; ils en ont maintenant, et deviennent officiers à leur tour, selon la loi. Sous l'ancien régime, les soldats ne peuvent jamais être officiers; sous la révolution, au contraire, les soldats deviennent officiers. Vous entendez; c'est là ce que les Espagnols ont établi chez eux, et qu'on veut empêcher. On vous envoie exprès, de peur que la même chose ne s'établisse ici, et que vous ne soyez quelque jour officiers. Partez donc, battez-vous contre les Espagnols; allez, faites-vous estropier, afin de n'être pas officiers et d'avoir des coups de bâton.

Ce sont les étrangers qui vous y font aller. Car le roi ne voudrait pas. Mais ses alliés le forcent à vous envoyer là. Ses alliés, le roi de Prusse, l'empereur de Russie et l'empereur d'Autriche suivent l'ancien régime. Ils donnent aux soldats beaucoup de coups de bâton avec peu de pain noir, et s'en trouvent très-bien, eux souverains. Une chose pourtant les inquiète. Le soldat français, disent-ils, depuis trente ans, ne reçoit point de coups de bâton, et voilà l'Espagnol qui les refuse aussi; pour peu que cela gagne, adieu la schlague chez nous, personne n'en voudra. Il y faut remédier, et plus tôt que plus tard. Ils ont donc résolu de rétablir partout le régime du bâton, mais pour les soldats seulement; c'est vous qu'ils chargent de cela. Soldats, volez à la victoire, et quand la bataille sera gagnée, vous savez ce qui vous attend; les nobles auront de l'avancement, vous aurez des coups de bâton. Entrez en Espagne, marchez tambour battant, mêche allumée, au nom des puissances étrangères : vive la schlague; vive le bâton ; point d'avancement pour les soldats, point de grades que pour les nobles.

Au retour de l'expédition, vous recevrez tout l'arriéré des coups de bâton qui vous sont dûs depuis 1789. Ensuite on aura soin de vous tenir au courant.

— La police va découvrir une grande conspiration, qui aura, dit-on, de grandes ramifications dans les provinces et dans l'armée. On nomme déjà des gens qui en seront certainement. Mais le travail n'est pas fait.

GAZETTE DU VILLAGE.

N° 4.

Ce journal n'est ni littéraire, ni scientifique, mais rustique. A ce titre il doit intéresser tous ceux que la terre fait vivre, ceux qui mangent du pain, soit avec un peu d'ail, soit avec d'autres mets moins simples. Les rédacteurs sont gens connus, demeurant la plupart entre le pont Clouet et le chêne fendu, laboureurs, vignerons, bûcherons, scieurs, de long et botteleurs de foin, dont les opinions, les principes n'ont jamais varié, incapables de feindre ou d'avoir d'autres vues que leur propre intérêt, qui, comme chacun sait, est celui de l'état; tranquilles sur le reste, et croyant qu'eux repus, tout le monde a dîné. Paul-Louis, quelque peu clerc, écoute leurs récits, recueille leurs propos, sentences, dits notables qu'il couche par écrit, et en fait ces articles, sans y mettre du sien, sans y rien sous-entendre. Il ne faut point chercher ici tant de finesse. Nous nommons par leur nom les choses et les gens. Quand nous disons un chou, des citrouilles, un concombre, ce n'est point de la cour ni des grands que nous parlons. *Si gros Pierre bat sa femme*, nous n'irons pas écrire: *Le bruit courait hier que M. de G... P.....; ou, dans certains salons on se dit à l'oreille.....* Nous contons bonnement comme on conte chez nous, et plaignons l'embarras de nos pauvres confrères, ayant à satisfaire à-la-fois les lecteurs qui demandent du vrai, et le gouvernement qui prétend que nulle vérité n'est bonne à dire.

— M. le maire a entendu sa messe dans sa tribune. Après le service divin, M. le maire a travaillé dans son cabinet avec M. le brigadier de la gendarmerie; ensuite de quoi ces messieurs ont expédié leur messager, dit le Bossu, avec un paquet pour M. le préfet, en main propre. Nous savons cela de bonne part; et que le porteur doit revenir avec la réponse ou le reçu; même on l'a vu passer près de la ville aux Dames, où il a bu un coup. Quant au contenu de la dépêche, rien n'a transpiré. On soupçonne qu'il s'agit de quelques mauvais sujets qui veulent danser le dimanche et travailler le jour de Saint Gilles.

Madame, femme de M. le maire, est accouchée d'un gentilhomme au son des cloches de la paroisse.

— Les rossignols chantent et l'hirondelle arrive. Voilà la nouvelle des champs. Après un rude hiver et trois mois de fâcheux temps, pendant lesquels on n'a pu faire charrois ni labours, l'année s'ouvre enfin, les travaux reprennent leur cours.

— Charles Avenet est en prison pour avoir parlé aux soldats. Revenant hier de Sainte Maure, il rencontra quelques soldats et les mena au cabaret. Ils furent bientôt bons amis. Avenet a servi long-temps. Il est membre, non chevalier de la légion d'honneur. En buvant bouteille : Camarades, leur dit-il, qu'il ne vous déplaise, où allez-vous le sac au dos? A l'armée, dirent ces jeunes gens. Fort bien; et demandant une seconde bouteille : Qu'allez-vous faire? Eh mais, la guerre apparemment. Fort bien, répond Avenet. A la troisième bouteille : Ça, dites-moi, pour qui allez-vous faire la guerre? Ils se mirent à rire. On parla des affaires. Deux gendarmes étaient là qui, connaissant Avenet, l'appellent et lui disent : Va-t-en, Avenet, va-t-en. Il les crut, s'en alla, les gendarmes aussi. Mais il revint bientôt, rejoignit ses convives et reprit son propos. Alors on l'arrêta. C'étaient d'autres gendarmes. On l'a mis au cachot : le cas est grave. Il a dit ce qui se dit entre soldats après trois bouteilles bues.

— Les vaches ne se vendent point. Les filles étaient chères à l'assemblée de Véretz, les garçons hors de prix. On n'en saurait avoir. Tous et toutes se marient à cause de la conscription. Deux cents francs un garçon! sans le denier à dieu, sabots, blouse et chapeau pour la première année. Une fille vingt-cinq écus. La petite Madelon les refuse de Jean Bedout, encore ne sait-elle ni boulanger ni traire.

— On voit dans nos campagnes des gens qui ne gagnant rien, dépensent gros, étrangers, inconnus. L'un marchand d'allumettes, l'autre venu pour vendre un cheval qui vaut vingt francs, s'établissent à l'auberge et mangent dix francs par jour. Ils font des connaissances, jouent et paient à boire le dimanche, les jours de fête ou d'assemblée. Ils parlent des Bourbons, de la guerre d'Espagne, causent et font causer. C'est leur état. Pour cela ils vont par les villages, non pour aucun négoce. On appelle ces gens, à la ville, des mouchards, à l'armée, des espions, à la cour, des agents secrets; aux champs ils n'ont point de nom encore, n'étant connus que depuis peu. Ils s'étendent, se répandent à mesure que la morale publique s'organise.

— M. le maire est le télégraphe de notre commune; en le voyant on sait tous les événements. Lorsqu'il nous salue, c'est que l'armée de la Foi a reçu quelque échec; bonjour de lui veut dire une défaite là-bas? Passe-t-il droit et fier? la bataille est gagnée; il marche sur Madrid, enfonce son chapeau pour entrer dans la ville capitale des Espagnes. Que demain on l'en chasse, il nous embrassera, touchera dans la main, amis comme devant. D'un jour à l'autre il change, et du soir au matin est affable ou brutal. Cela ne peut durer; on attend des nouvelles, et selon la tournure que prendront les affaires, on élargira la prison ou les prisonniers.

— Pierre Moreau et sa femme sont morts âgés de vingt et vingt-cinq ans. Trop de travail les a tués ainsi que beaucoup d'autres. On dit travailler comme un nègre, comme un forçat; il faudrait travailler comme un homme libre.

— Milon fut quatre ans en prison pour son opinion, au temps de 1815, sa femme cependant et sa fille moururent; il en sortit ruiné, corrigé non; son opinion est la même qu'auparavant, ou pire. Ce qu'il n'aimait pas, il l'abhorre à présent. Ils sont dans la commune dix mal pensants que le maire fit arrêter un jour, et qui souffrirent long-temps, en mémoire de quoi, tous les ans, le deux mai, ils font ensemble un repas. On n'y boit point à la santé du maire ni du gouvernement. Le deux mai, cette année, ils étaient chez Bourdon, à l'auberge du Cygne, et leur banquet fini, déjà se levaient de table; quand le maire passant, Milon qui l'aperçoit, le montre aux autres; chacun se mord le bout du doigt. Quelques moments après, soit hasard ou dessein, survint le garde champêtre. Milon, sans dire gare, tombe sur lui, le chasse à coup de pied, de poing et le poursuit dehors, l'appelant espion, mouchard. Celui-là s'en allait mal mené du combat; arrive Métayer, ou monsieur Métayer, car il a terre et vigne. Milon va droit à lui : Êtes-vous royaliste? oui répond Métayer. L'autre, d'un revers de main, le jette contre la porte et voulait redoubler; mais l'hôte le retint. Voilà une grosse affaire. Milon se cache et fait bien. Les battus cependant n'ont point porté de plainte; l'un garde son soufflet, l'autre ses horions. Le maire ne dit mot. Qu'en sera-t-il? on ne sait. Il faut voir ce que fera notre armée en Espagne pour les révérends pères jésuites.

— Le curé d'Azai, jeune homme qui empêche de danser et de travailler le dimanche, est bien avec l'autorité, mais mal avec ses paroissiens. Il perd deux cents francs de la commune, que le conseil assemblé lui retire cette année ; résolution hardie, presque séditieuse. Ceux qui l'ont proposée, soutenue et votée pourront ne s'en pas bien trouver. A Véretz, au contraire, on donne un supplément au curé qui laisse danser, brouillé avec l'autorité. Les deux communes pensent de même. Rien ne fait tant de tort aux prêtres que l'appui du gouvernement: rien ne les recommande comme la haine du gouvernement.

— Simon Gabelin ne voulant point aller à l'armée, a vendu tout son bien pour acheter un homme, et se fait remplacer. Il avait trois bons quartiers de vigne et un demi arpent de terre joignant sa maison. Il a fait de tout dix-huit cents francs et emprunte le reste (car il lui faut cent louis), espérant regagner cela par son travail de maréchal ferrant. On a eu beau lui remontrer qu'il travaillerait à l'armée, gagnerait plus qu'ici et reviendrait un jour ayant, outre son bien, bonne somme de deniers; il ne veut point, dit-il, faire la guerre à Malmort. Malmort est en Espagne avec trois cent mille hommes, cent mille pièces de canon et son fils.

— A Amboise, on plantait la croix dimanche passé, en grande pompe. Monseigneur y était, non pas notre archevêque, mais son coadjuteur, tous les curés des environs et un concours de spectateurs. La fête fut belle. Dans cette foule, trois carabiniers se trouvaient en sale veste d'écurie, bonnet de police sur la tête. Un missionnaire les voit, leur crie : Bas le bonnet. Eux font la sourde oreille. Même cri, même contenance. Carabiniers ne s'émeuvent non plus que si on eût parlé à d'autres. Le prélat en colère arrête sa procession; le clergé, les dévots cessent leurs litanies. Le peuple regardait. Les gendarmes enfin, car toute scène en France finit par les gendarmes, empoignent mes mutins, les mènent en prison. Ils gardèrent leur bonnet. Le soldat est du peuple et n'a point de dévotion.

— Paul-Louis, sur les hauts de Véretz, fait des choses admirables. C'est le premier homme du monde pour terrasser un arpent de vigne. Il amène, d'un bois non fort voisin de là, cinq cents charges de gazon ou terre de bruyère, il la laisse mûrir à l'air, de temps en temps la vire, la remue avec cent ou cent cinquante charges de fumier qu'il entremêle parmi. Puis, ouvrant une fosse entre deux rangs de ceps, il y place ce terreau ; sa vigne, au bout de deux ans, jeune d'ailleurs, et n'ayant besoin que d'aliments, se trouve en pleine valeur. Ainsi amendé, un arpent, pourvu qu'on l'entretienne avec soin, diligence, patience, peine et travail, produit au vigneron cent cinquante francs par an, et de plus, treize cents francs aux fainéants de la cour. Le compte en est aisé.

Cet arpent donne quelquefois vingt-quatre pièces ou poinçons de vin, aux bonnes années, quelquefois rien : produit moyen, douze poinçons qui se vendent chacun soixante francs, somme, sauf erreur, sept cent vingt. Déduisez les façons, l'impôt, le coulage, l'entretien, la garde, le coût de ce terreau qu'il faut renouveler tous les cinq ans, vous trouverez net cent quarante ou cinquante francs pour le bonhomme.

Mais pour la cour, c'est autre chose. Ces douze poinçons vont à Paris où l'on en fait du vin de Bourgogne. Ils paient à l'entrée soixante et quinze francs chaque; plus six francs de remuage, taxe de l'usurpateur devenue légitime; autant pour droit de patente, et quatre fois autant d'avanies qu'on appelle réunies, sans les autres faites par la police au marchand détaillant; plus trente francs d'impôt sur le fonds, dont la valeur en outre par droit de mutation, passe entière dans les mains du fisc tous les vingt ans. Comptez et n'en oubliez rien ; droit d'entrée, droit de remuage, droit de patente, droit de police, droit direct, droit indirect, droits réunis plusieurs ensemble, droit de mutation, c'est tout; faisant bien chaque année treize cents francs pour les courtisans, ou douze cent nonante et six, que je ne mente.

Paul-Louis a dix arpents qu'il cultive et façonne de la sorte avec sa famille. Ces bonnes gens en tirent tous les ans, comme on voit, quinze cents francs, dont ils vivent, et treize mille francs pour la splendeur du trône. Ce sont les appointements du procureur du roi qui a mis en prison Paul-Louis, et l'y remettra pour avoir fait ce calcul.

— On nous mande d'Azai : Le préfet a cassé l'arrêté de la commune qui ôtait au curé son traitement de deux cents francs. Ordre de s'assembler une seconde fois, de voter le traitement. On s'assemble, on se regarde ; les plus hardis tremblaient. Quelqu'un prend la parole : « Je vote le traitement à monsieur le curé, car c'est un homme de bien. » Tout le monde aussitôt : « C'est un homme de bien, il lui faut un traitement. » L'affaire allait passer à l'unanimité. Louis Bournegal se lève : « Ce que j'ai dit est dit, je ne m'en dédis pas. Le curé se mêle de tout, il veut tout gouverner ; il nous fait enrager, partant point de traitement. » De tous côtés : « Point de traitement. » On va aux voix ; refusé. Il tonne fort d'en haut sur la pauvre commune.

— Vendredi dernier les gendarmes, en passant, mirent pied à terre à l'auberge chez Jean Ricaut. Nos déserteurs cachés dans différentes maisons, car on les plaint, le monde les recueille volontiers, prirent peur et s'enfuirent, les uns gagnant le bois, les autres traversant la rivière à la nage. Tous se sauvèrent excepté Urbain Chevrier. Urbain depuis peu revenu, ayant fait son temps de conscrit, quand il se vit rappelé par la nouvelle loi, en eut tant de chagrin, qu'il semblait ne connaître plus parens ni amis, toujours seul et pensif. A la rumeur que fit l'arrivée des gendarmes, lui comme hors de sens et déjà se croyant pris, s'en va tête baissée se jeter dans son puits, d'où on l'a retiré mort. Six semaines auparavant, il s'était marié avec Rose Deschamps. Jamais noce ne fut si joyeuse, jamais gens si heureux, de long-temps s'entr'aimant, s'étant promis d'enfance. Leur aise a duré peu. La pauvre veuve est grosse et fait pitié à voir.

— Nous sommes douze paysans qui achetâmes, il y a deux ans, les terres de la Borderie, vendues par messieurs de la bande noire. Elles nous coûtèrent deux cents francs l'arpent, que pas un de nous ne donnerait à moins de huit cents francs maintenant, et produisent bien quatre fois ce qu'en payait le fermier, quand il payait. Car, mourant de faim, il a mis la clef sous la porte et s'en est allé, comme on sait. Cinq familles ont trouvé logis dans les bâtimens délabrés de cette Borderie; chacun s'y est accommodé, chacun non seulement a réparé le vieux toit, mais bâti à neuf quelque grange ou quelque pressoir avec jardin, chènevière, saulaye autour de sa demeure. Voilà un village naissant qui va s'étendre et prospérer jusqu'à ce que le gouvernement y fasse attention.

— Brisson ne pouvait payer ses dettes, il s'est jeté dans l'eau et noyé. La femme Praut, d'Azai-sur-Cher, et à Mont-Louis, un tonnelier en ont fait autant cette semaine, lui sans raison connue, elle parce qu'on l'accusait d'avoir volé de l'herbe aux champs. L'an passé, Jean Choinart, fermier de la commune de Toucigny, approchant l'août, va voir ses blés, trouve sa récolte trop belle (il avait spéculé sur la hausse des grains), rentre chez lui et se défait. Beaucoup de gens embarrassés dans leurs affaires prennent ce parti, le seul qui ne soit pas sujet au repentir. On aime mieux maintenant être mort que ruiné. Nos aïeux ne se tuaient point. Naissant pour la misère, ils la savaient souffrir. Ils n'ambitionnaient point un champ, une maison, s'en passaient comme du pain, n'espérant rien en ce monde et ayant peur de l'autre.

— Nous voilà saufs de Saint Anicet, temps critique pour nos bourgeois. Si la vigne peut passer fleur et ne point couler, on ne saura où mettre tout le vin cette année. Jamais tant de lamme ne s'est vue au cep, ni si bien préparée. Les champs aussi promettent du blé à pleine faucille. Laboureur et vigneron sont contents jusqu'ici; chose rare, tous deux se louent du ciel et du temps. Mais combien de hasards encore avant que l'un ou l'autre puisse faire argent de son labeur, payer sa quote et vivre! Sécheresse, pluie, orages, ordonnances royales, arrêtés du préfet, du maire, mille chances, mille fléaux et rien d'assuré que l'impôt. Il y a des gens dont la récolte ne craint ni temps ni grêle, et ce ne sont pas ceux qui versant, labourant, font le meilleur guéret, mais qui ayant une place, ne font rien ou font la cour. Sans autre avance ni embarras, ils moissonnent en toute saison. Quand le bonhomme a dit: Travaillez, prenez de la peine, il sommeillait un peu, ce semble. Pour bien parler, il fallait dire: Présentez des respects, faites des révérences, c'est le fonds qui manque le moins.

— Personne maintenant ne veut être soldat. Ce métier, sous les nobles, sans espoir d'avancement, est une galère, un supplice à qui ne s'en peut exempter. On aime encore mieux être prêtre. De jeunes paysans n'ayant rien, se mettent volontiers au séminaire ; mais avant de prendre les ordres, ceux qui trouvent quelque ressource, jettent la soutane et s'en vont, comme fit naguères Berthelot, Sylvain, le second fils de Berthelot du Ponceau. Agé de vingt-deux ans, il avait étudié pour se faire d'église. Une veuve l'épouse, le sauve et du service militaire, car elle paie un homme pour lui, et du service divin qui n'est guères meilleur. Ils vont vivre heureux dans leur ferme entre Pernay et Ambillou.

—La bande noire achette encore le château des Ormes, le château de Chanteloup et le château de Leugny, voulant dépecer tous ces châteaux, au très-grand profit du pays, et tous les biens qui en dépendent. On vendra là des matériaux à bon marché, des terres fort cher. Plus de cinq cents maisons vont se refaire du débris de ces vieux donjons depuis long-temps inhabités ou inhabitables. Plus de six mille arpents vont être cultivés par des propriétaires au lieu de nonchalants fermiers. La bande noire fait beaucoup de bien. C'est une société infiniment utile, charitable, pieuse, qui divise la terre et veut que chacun en ait selon l'ordre de Dieu. Mais une autre bande vraiment noire, ennemie du partage, prétend que toute la terre lui appartient, propriétaire universel de droit divin, acquiert tous les jours, ne vend point ; bande la pire qui soit et la plus malfaisante, si on ne la connaissait.

— Quand Bonaparte reviendra, ou son fils que voilà tantôt grand, il ôtera les droits réunis et ne lèvera d'argent que ce qu'il en faudra pour les dépenses publiques. Il mariera les prêtres, car enfin ces gens-là ne se peuvent passer de femmes et ne s'en passent pas ; cela fait du désordre. Il avancera les soldats, nos enfants seront officiers. Nous élirons nos maires, nos juges de paix ; ce sera le bon temps qu'on attend depuis long-temps.

— Le maire de Véretz a battu le curé qui laisse danser, et en le battant lui a dit qu'il était mauvais prêtre, que sa messe ne valait rien, que chaque fois qu'il la disait il commettait un sacrilége et recrucifiait Jésus-Christ. Le curé est un vieillard de quatre-vingt-deux ans, instruit et sage, le maire un jeune homme de trente ans, beaucoup plus occupé des filles que du sacrifice de la messe. Le soufflet qu'il a donné dans cette occasion parut tel aux témoins, qu'aucun prêtre, disent-ils, n'en a reçu de pareil depuis Boniface VIII. Le maire de Véretz n'a pas mis un gant de fer, comme dit l'ambassadeur pour souffleter ce pape au nom du roi son maître, mais du coup a jeté par terre le bonhomme qui ne s'est pas relevé, garde encore le lit. Les apparences sont que Véretz ne dansera plus.

— On a volé au Polonais deux mille francs qu'il amassait depuis qu'il est ici. Chacun le plaint. C'est un homme doux, simple, bon, serviable comme tous ces déserteurs des armées étrangères. Il y en a plusieurs établis dans nos environs, mariés, vivant bien, sans aucun regret du pays où le seigneur leur donnait la schlague et leur vendait le brandevin au prix qu'il voulait. Mauvais laboureurs la plupart; pour gouverner les chevaux ils n'ont point de pareils.

— La veuve Raillard qui vend du vin aux bateliers, a une cave secrète que nous connaissons tous, mais que les commis ignorent. Elle en venait hier, sa clef dans une main, dans l'autre une bouteille, quand les commis l'arrêtent au détour des Ruaux, saisissent la bouteille. Elle d'un coup de clef la brise entre leurs mains. Tout le monde en a ri. La contrebande n'est point une chose qu'on blâme. Peu de gens aujourd'hui mettent dans un contrat le vrai prix de la vente. Le gouvernement trompe, et qui le peut tromper est approuvé de tous. Il enseigne lui-même la fourbe, le parjure, la fraude et l'imposture. D'un empire si saint la moitié n'est fondée.

— Des gens ont conseillé au curé de Véretz, battu par le jeune maire, d'en demander justice, ayant preuves et témoins. Il l'a fait, il s'est plaint, les juges... Ce curé est un de ceux de la révolution : il prêta le serment et même fut grand vicaire constitutionnel, homme qui s'est assis dans la chaire empestée; il a contre lui toute sa robe. Tout ce qui pense bien le tient duement battu, et applaudit au maire. Le procureur du roi, sans doute, ignorant cela, d'abord prit fait et cause pour l'église outragée, dans l'ardeur de son zèle voulait couper le poing qui avait frappé l'oint; mais averti depuis, il a changé de langage; trop tard; on ne lui pardonne pas d'avoir agi et fait agir la justice dans cette affaire, sans prendre le mot des jésuites. Messieurs les gens du roi, entre la chancellerie et la grande aumônerie, n'ont pas besogne faite, et sont en peine souvent. Le préfet mieux avisé, instruit d'ailleurs, guidé par le coadjuteur, les moines, les dévotes et les séminaristes, en appuyant son maire, et criant anathême au prêtre de Baal, a montré qu'il entend la politique du jour. Les juges,...... comment faire contre un parti régnant? Ils en eurent grand honte, et sortant de l'audience, ne regardaient personne après cette sentence. Ils ont, bien malgré eux, pauvres gens, en dépit de la clameur publique, des preuves, des témoins, condamné le plaignant aux frais et aux dépens. Le parti voulait plus; il voulait une amende que messieurs de la justice ont bravement refusée. Le battu ne paie pas l'amende; c'est quelque chose; c'est beaucoup au temps où nous vivons. Il n'en faut pas exiger plus, et ce courage aux juges pourra ne pas durer.

Le maire, ainsi vainqueur du prêtre octogénaire, après avoir battu, dans une seule personne, la danse et la révolution, se flatte avec raison des bonnes grâces du parti puissant et gouvernant. C'est une action d'éclat dont on lui saura gré, d'autant plus qu'ayant pour tout bien une terre qui appartient à M. le marquis de Chabrillant, bien d'émigré s'il faut le dire, il semblerait intéressé à se conduire tout autrement, et ne devrait pas être ami de la contre-révolution. Mais son calcul est fin, il raisonne à merveille. Se rangeant avec ceux qui le nomment voleur, il fait rage contre ceux qui le veulent maintenir dans sa propriété, conduite très-adroite. Si ces derniers triomphent, la révolution demeure et tout ce qu'elle a fait; il tient le marquisat, se moque du marquis. Les autres l'emportant, il pense mériter non seulement sa grâce et de n'être pas pendu, mais récompense, emploi et peut-être, qui sait? quelque autre terre confisquée sur les libéraux lorsqu'ils seront émigrés.

— ANNONCE. Paul-Louis vend sa maison de Beauregard, acquise par lui de David Bacot, huguenot, et pourtant honnête homme. La demeure est jolie, le site un des plus beaux qu'il y ait en Touraine, romantique de plus, et riche en souvenirs. Le château de la Bourdaisière se voit à peu de distance. Là furent inventées les faveurs par Babeau, là naquirent sept sœurs galantes comme leur mère et célèbres sous le nom des sept péchés mortels, une desquelles était Gabrielle, maîtresse de ce bon roi Henri, et de tant d'autres à-la-fois, féaux et courtois chevaliers. Par le seigneur lui-même, père des belles filles et mari de Babeau, cette terre fut nommée un clapier de p.t.....
Vieux temps, antiques mœurs! qu'êtes-vous devenues? On aura ces souvenirs par-dessus le marché, en achetant Beauregard, voisin de la Bourdaisière.

On aura trente arpents de terre, vigne et pré, grande propriété sur nos rives du Cher, où tout est divisé, où se trouvent à peine deux arpents d'un tenant, susceptibles d'ailleurs de beaucoup augmenter en valeur ou en étendue, selon les chances de la guerre qui se fait maintenant en Espagne. Car si le Trapiste là-bas met l'inquisition à la place de la constitution, Beauregard aussitôt redevient ce qu'il était jadis, fief, terre seigneuriale, étant bâti pour cela. Souro, tourelles, colombier, girouette, rien n'y manque. Vol du chapon, jambage, cuissage, etc., nous en avons les titres. Par le triomphe du Trapiste et le retour du bon régime, la petite culture disparaît, le seigneur de Beauregard s'arrondit et s'étend, soit en achetant à bas prix les terres que le vilain ne peut plus cultiver, soit en le plaidant à Paris devant messieurs de la Grande-Chambre, tous parents ou amis des possesseurs de fiefs, soit par voie de confiscation ou autres moyens inventés et pratiqués du temps des mœurs. Toute la varenne de Beauregard, si Dieu favorise Don Antonio Maragnon, tout ce qui est maintenant plantation, vigne, verger, clos, jardin, pépinière, se convertit en noble langue et pays de chasse à la grande bête, seigneurie de trois mille arpents, pouvant produire par an quinze cents livres tournois, et ne payant nul impôt. Beauregard gagne en domaines, mouvances, droits seigneuriaux par la contre-révolution.

Si Sa Révérence, au contraire, était mal menée en Espagne, et pendue, ce qu'à Dieu ne plaise, Beauregard alors est et demeure maison, terre de vilain, et à ce titre paie l'impôt : mais la petite culture continuant sous le régime de la révolution, par le partage des héritages et le progrès de l'industrie, nos trente arpents haussent en valeur, croissent en produits tous les ans, et quelque jour peuvent rapporter trois, quatre, cinq et six mille francs que bon nombre de gens préfèrent à quinze cents livres tournois, tout en regrettant peut-être les droits honorifiques et les mille arpents de chasse au loup. En somme, il n'y a point de meilleur placement, plus profitable ni plus sûr, quoi qu'il puisse arriver ; car enfin si faut-il que le Trapiste batte ou soit battu. Dans les deux cas, Beauregard est bon et le devient encore davantage.

Pour plus ample renseignements, s'adresser à Paul-

Louis, vigneron, demeurant près ladite maison ou château, selon qu'il en ira de la conquête des Espagnes.

Au rédacteur de la GAZETTE DU VILLAGE.

MONSIEUR,

Je suis..... malheureux; j'ai fâché monsieur le maire; il faut vendre tout et quitter le pays. C'en est fait de moi, Monsieur, si je ne pars bientôt.

Un dimanche, l'an passé, après la Pentecôte, en ce temps-ci justement, il chassait aux cailles dans mon pré, l'herbe haute, prête à faucher et si belle!... C'était pitié. Moi, voyant ce ménage, Monsieur, mon herbe confondue, perdue, je ne dis mot, et pourtant il m'en faisait grand mal; mais je me souvenais de Christophe, quand le maire lui prit sa fille unique, et au bout de huit jours la lui rendit gâtée. Je le fus voir alors; si j'étais de toi, Christophe, ma foi je me plaindrais, lui dis-je. Ah! me dit-il, n'est-ce pas monsieur le maire? Pot de fer et pot de terre,.... Il avait grand raison, car il ne fait point bon cosser avec tels gens, et j'en sais des nouvelles. Me souvenant de ce mot, je regardais et laissais monsieur le maire, fouler, fourager tout mon pré, comme eussent pu faire douze ou quinze sangliers, quand de fortune passent Pierre Houry d'Azai, Louis Bezard et sa femme, Jean Proust, la petite Bodin, allant à l'assemblée. Pierre s'arrête, rit, et en gaussant me dit : la voilà bonne, ton herbe; vends-la moi, Nicolas; je t'en donne dix sous et tu me la faucheras. Moi, piqué, je réponds : gageons que je vas lui dire !..... Quoi ? Gageons que j'y vas. Bouteille, me dit-il, que tu n'y vas pas ! Bouteille ? je lui tappe dans la main. Bouteille chez Panvert, aux Portes de fer. Va, je pars tenant mon chapeau, j'aborde monsieur le maire. Monsieur, lui dis-je, monsieur, cela n'est pas bien à vous ; non, cela n'est pas bien. Je gagnai la bouteille ainsi ; je me perdis, je fus ruiné dès l'heure.

Ce qui plus lui fâchait, c'était sa compagnie, ces deux messieurs, et tous les passants regardant. Monsieur le maire est gentilhomme par sa femme, née demoiselle. Voilà pourquoi il nous tutoie et rudoie nous autres paysans, gens de peu, bons amis pourtant de feu son père. Il semble toujours avoir peur qu'on ne le prenne pour un de nous. S'il était noble de son chef, nous le trouverions accostable. Les nobles d'origine sont moins fiers, nous accueillent au contraire, nous caressent, et ne haïssent guères qu'une sorte de gens, les vilains ennoblis, enrichis, parvenus.

Il ne répondit mot et poursuivit sa chasse. Le lendemain on m'assigne comme ayant outragé le maire dans ses fonctions ; on me met en prison deux mois ; Monsieur, deux mois dans le temps des récoltes, au fort de nos travaux ! Hors de là, je pensais reprendre ma charrue. Il me fait un procès pour un fossé, disant que ce fossé, au lieu d'être sur mon terrain, était sur le chemin. Je perdis encore un mois à suivre ce procès que je gagnai vraiment ; mais je payai les frais. Il m'a fait cinq procès pareils, dont j'ai perdu trois, gagné deux ; mais je paie toujours les frais. Il s'en va temps, Monsieur, il est grand temps que je parte.

Quand j'épousai Lise Baillet, il me joua d'un autre tour. Le jour convenu, à l'heure dite, nous arrivons pour nous marier à la chambre de la commune. Il s'avise alors que mes papiers n'étaient pas en règle, n'en ayant rien dit jusque-là, et cependant la noce prête, tout le voisinage paré, trois veaux, trente-six moutons tués,..... il nous en coûta nos épargnes de plus de dix ans. Qu'y faire ? Il me fallut renvoyer les conviés et m'en aller à Nantes quérir d'autres papiers. Ma fiancée, qui avait peur que je ne revinsse pas, étant déjà *embarassée,* en pensa mourir de tristesse et du regret de sa noce perdue. Nous empruntâmes à grosse usure, afin de faire une autre noce quand je fus de retour, et cette fois il nous maria. Mais le soir..... écoutez ceci : nous dansions gaîment sur la place ; car le curé ne l'avait pas encore défendu. Monsieur le maire envoie ses gens et ses chevaux caracoler tout au travers de nos contredanses. Son valet qui est italien, disait en nous foulant aux pieds : *Gente codarda e vile, soffrirat questo e peggio.* Il prétend ce valet, que notre nation est lâche et capable de tout endurer désormais, que ces choses chez lui ne se font point. Ils ont, dit-il, dans son pays, deux remèdes contre l'insolence de messieurs les maires, l'un appelé *Stilettata*, l'autre *Schiopettata*. Ce sont leurs garanties, bien meilleures, selon lui, que notre conseil-d'état. Où sclopettade manque, stilettade s'emploie, au moyen de quoi là le peuple se fait respecter. Sans cela, dit-il, le pays ne serait pas tenable. Pour moi je ne sais ce qui en est ; mais semblable recette chez nous n'étant point d'usage, il ne me reste qu'un parti, de vendre ma benace et déloger sans bruit. Si je le rencontrais seulement, je serais un homme perdu. Il me ferait remettre en prison comme ayant outragé le maire; il conte ce qu'il veut dans ses procès-verbaux. Les témoins au besoin ne lui manquent jamais; contre lui ne s'en trouve aucun. Déposer contre le maire en justice, qui oserait?

Si vous parlez de ceci, Monsieur, dans votre estimable journal, ne me nommez pas, je vous prie. Quelque part que je sois, il peut toujours m'atteindre. Un mot au maire du lieu, et me voilà coffré. Ces messieurs entre eux ne se refusent pas de pareils services.

Je suis, Monsieur, etc.

Nota. En faveur de nos abonnés de la ville de Paris surtout, qui ne savent pas ce que c'est qu'un maire de village, nous publions cette lettre avec les précautions requises toutefois pour assurer l'incognito à notre bon correspondant. Tout Paris s'imagine qu'aux champs on vit heureux du lait de ses brebis en les menant paître sous la garde, non des chiens seulement, mais des lois. Par malheur, il n'y a de lois qu'à Paris. Il vaut mieux être là ennemi déclaré des ministres, des grands, qu'ici ne pas plaire à monsieur le maire.

PIÈCE DIPLOMATIQUE,

EXTRAITE

DES JOURNAUX ANGLAIS.

(On l'a dit envoyée de Cadix à M. CANNING, par un de ses agents secrets, qui l'aurait eue d'un valet-de-chambre, qui l'aurait trouvée dans les poches de sa MAJESTÉ CATHOLIQUE).

N°. 5.

A MON FRÈRE LE ROI D'ESPAGNE.

J'ai reçu la vôtre, mon Frère, ou mon Cousin, puisque nous sommes issus de germains. Vous voilà bientôt, grâce au ciel, hors des mains de vos rebelles sujets, dont je me réjouis avec vous comme parent, voisin et ami, entièrement de votre avis d'ailleurs sur notre autorité légitime et sacrée. Nous régnons de par Dieu qui nous donne les peuples, et nous ne devons compte de nos actes qu'à Dieu ou aux prêtres, cela s'entend. J'y ajoute, comme conséquence également indubitable, qu'il ne nous faut jamais recevoir la loi des sujets; jamais composer avec eux, ou du moins nous croire engagés par de telles compositions vaines et nulles de droit divin. C'est aux personnes de notre rang le dernier degré d'abaissement, que promettre aux sujets et leur tenir parole, comme a très-bien dit Louis XIV, notre aïeul, de glorieuse mémoire, qui savait son métier de roi. Sous lui, on ne vit point les Français murmurer, quelque faix qu'il leur imposât, en quelque misère qu'il les pût réduire, pas un d'eux ne souffla mot, lui vivant. Pour ses guerres, ses maîtresses, pour bâtir ses palais, il prit leur dernier sou; c'est régner que cela. Charles II d'Angleterre fit de même à-peu-près; comme nous, rétabli après vingt ans d'exil et la mort de son père, il déclara hautement qu'il aimait mieux se soumettre à un roi étranger, ennemi de sa nation, que de compter avec elle, ou de la consulter sur les affaires de l'état; sentiments élevés et dignes de son sang, de son nom, de son rang. Moi qui vous écris ceci, mon Cousin, je serais le plus grand roi de l'Europe, si j'eusse voulu seulement m'entendre avec mon peuple. Rien n'était si facile. Me préserve le ciel d'une telle bassesse! j'obéis aux congrès, aux princes, aux cabinets, et en reçois des ordres souvent embarrassants, toujours fort insolents ; j'obéis néanmoins. Mais ce que veut mon peuple et que je lui promis, je n'en fais rien du tout, tant j'ai de fierté dans l'âme et d'orgueil de ma race. Gardons-là, mon Cousin, cette noble fierté à l'égard des sujets, conservons chèrement nos vieilles prérogatives; gouvernons, à l'exemple de nos prédécesseurs, sans écouter jamais que nos valets, nos maîtresses, nos favoris, nos prêtres; c'est l'honneur de la couronne ; quoi qu'il puisse arriver, périssent les nations plutôt que le droit divin.

Là-dessus, mon Cousin, j'entre comme vous

voyez, dans tous vos sentiments, et prie Dieu qu'il vous y maintienne, mais je ne puis approuver de même votre répugnance pour ce genre de gouvernement qu'on a nommé représentatif, et que j'appelle moi récréatif, n'y ayant rien que je sache au monde, si divertissant pour un roi, sans parler de l'utilité non petite qui nous en revient. J'aime l'absolu, mais ceci..... pour le produit, ceci vaut mieux. Je n'en fais nulle comparaison et le préfère de beaucoup. Le représentatif me convient à merveille, pourvu toutefois que ce soit moi qui nomme les députés du peuple, comme nous l'avons établi en ce pays fort heureusement. Le représentatif de la sorte est une cocagne, mon Cousin. L'argent nous arrive à foison. Demandez à mon neveu d'Angoulême, nous comptons ici par milliards, ou, pour dire la vérité, par ma foi, nous ne comptons plus, depuis que nous avons des députés à nous, une majorité, comme on l'appelle, *compacte,* dépense à faire, mais petite. Il ne m'en coûte pas..... Non, cent voix ne me coûtent pas, je suis sûr, chaque année, un mois de madame du Cayla ; moyennant quoi, tout va de soi-même ; argent sans compte ni mesure, et le droit divin n'y perd rien ; nous n'en faisons pas moins tout ce que nous voulons, c'est-à-dire ce que veulent nos courtisans.

Vos Cortès vous ont dégoûté des assemblées délibérantes ; mais une épreuve ne conclut pas, feu mon frère s'en trouva mal, et cela ne m'a pas empêché d'y recourir encore, dont bien me prend. Voulez-vous être un pauvre diable comme lui, qui faute de cinquante malheureux millions..... Quelle misère ! cinquant millions, mon Cousin, ne m'embarrassent non plus qu'une prise de tabac. Je pensais comme vous vraiment, avant mon voyage d'Angleterre ; je n'aimais point du tout ce représentatif ; mais là j'ai vu ce que c'est ; si le Turc s'en doutait il ne voudrait pas autre chose, et ferait de son Divan deux Chambres. Essayez-en, mon cher Cousin, et vous m'en direz des nouvelles. Vous verrez bientôt que vos Indes, vos galions, votre Pérou étaient de pauvres tirelires, au prix de cette invention-là, au prix d'un budget discuté, voté par de bons députés. Il ne faut pas que tous ces mots de liberté, publicité, représentation, vous effarouchent. Ce sont des représentations à notre bénéfice, et dont le produit est immense, le danger nul, quoiqu'on en dise. Tenez, une comparaison va vous rendre cela sensible. La pompe foulante..... Mieux encore, la marmite à vapeur, qui donne chaque minute un potage gras, lorsqu'on la sait gouverner, mais éclate et vous tue si vous n'y prenez garde ; voilà l'affaire, voilà mon représentatif. Il n'est que de chauffer à point, ni trop, ni trop peu, chose aisée ; cela regarde nos ministres, et le potage est un milliard. Puis, vantez-moi votre absolu qui produisait à feu mon frère, quoi ? trois ou quatre cents millions par an, avec combien de peine ! Ici chaque budget un milliard, sans la moindre difficulté. Que vous en semble, mon cousin ? Allons, mettez de côté vos petites répugnances, et faites potage avec nous en famille ; il n'est rien de tel. Nous nous aiderons mutuellement à l'entretenir comme il faut, et prévenir les accidents.

Si vous l'eussiez eue cette marmite représentative, au temps de l'île de Léon, l'argent ne vous eût point manqué pour la paie de vos soldats qui ne se seraient pas révoltés ; il ne m'eût point fallu envoyer à votre aide et dépenser à vous tirer de cet embarras, cinq cents beaux millions, mon Cousin, non que je veuille vous les reprocher ; c'est une bagatelle, un rien ; entre parents tout est commun ; l'argent et le sang de mes sujets vous appartient comme à moi ; ne vous en faites faute au besoin. Je vous rétablirai dix fois, s'il est nécessaire, sans m'incommoder le moins du monde, sans qu'il vous en coûte une obole. Je ne vous demanderai point les frais comme on m'a fait. C'est une vilenie de mes alliés. Au contraire, en vous restaurant je vous donnerai de l'argent, ainsi qu'à vos sujets, tant que vous en voudrez. J'en donne à tout le monde, et je paie partout ; j'ai payé ma restauration ; je paierai encore la vôtre, parce que j'ai beaucoup d'argent et beaucoup de complaisance aussi pour les souverains étrangers, qui m'empêchent de recevoir la loi de mon peuple. Je les paie quand ils viennent ici ; je vous paie, vous, quand je vais chez vous. Occupé, occupant je paie l'occupation. J'ai payé Sacken et Platow. Je paie Morillo, Balesteros ; je paie les cabinets, les puissances ; je paie les Cortès, la Régence ; je paie les Suisses ; j'ai encore, tous ces gens-là payés, de quoi entretenir, non-seulement ma garde, une maison ici qu'on trouve assez passable, et bien autre que celle de mon prédécesseur, mais de plus, des maîtresses qui naturellement me coûtent quelque chose. Le budget suffit à tout, et voilà ce que c'est que ce représentatif dont là-bas vous vous faites une peur. Sottise, enfance, mon Cousin, il n'est rien de meilleur au monde.

Pour monter cette machine chez vous et la mettre en mouvement, sans le moindre danger de vos royales personnes, je vous enverrai, si vous voulez, le sieur de Villèle, homme admirable, ou quelque autre de nos amés, avec une vingtaine de préfets. Fiez-vous à eux; en moins de rien ils vous auront organisé deux Chambres et un ministère, derrière lequel vous dormirez, pendant qu'on vous fera de l'argent. Vous aurez, de la haute sphère où nous sommes placés, comme dit Foy, le passe-temps de leurs débats, chose la plus drôle du monde, vrai tapage de chiens et de chats qui se battent dans la rue pour des bribes. Quand leurs criailleries deviennent incommode, on y fait jeter quelques scaux d'eau, dès que le budget est voté.

Octroyez, mon Cousin, octroyez une Charte constitutionnelle et tout ce qui s'ensuit, droit d'élection, jury, liberté de la presse; accordez et ne vous embarrassez de rien, surtout ne manquez pas d'y fourrer une nouvelle noblesse que vous mêlerez avec l'ancienne, autre espèce d'amusement qui vous tiendra en bonne humeur et en santé long-temps. Sans cela, aux Tuileries nous péririons d'ennui. Quand vous aurez traité avec vos *Libéralès*, sous la garantie des puissances, et juré l'oubli du passé à tous ces révolutionnaires, faites-en pendre cinq ou six, aussitôt après l'amnistie; et faites les autres ducs et pairs, particulièrement s'il y en a qu'on ait vu porte-balles ou valets d'écurie; des avocats des écrivains, des philosophes bien amoureux de l'égalité; chargez-les de cordons; couvrez-les de vieux titres, de nouveaux parchemins; puis regardez, je vous défie de prendre du chagrin, lorsque vous verrez ces gens-là parmi vos Sanches et vos Gusmans, armoirier leurs équipages, écarteler leurs écussons : c'est proprement la petite pièce d'une révolution ; c'est une comédie dont on ne se lasse point et qui pour vos sujets deviendra comme un carnaval perpétuel.

J'ai à vous dire bien d'autres choses que pour le présent je remets, priant Dieu sur ce, mon Cousin, qu'il vous ait en sa sainte garde.

Signé, LOUIS.

Plus bas : DE VILLÈLE.

Pour copie conforme,

Paul-Louis COURIER,

VIGNERON.

COLLECTION

DE LETTRES ET ARTICLES

PUBLIÉS DANS DIFFÉRENTS JOURNAUX.

COURIER FRANÇAIS. — 23 mai 1822.

Lettre en réponse à un article du Drapeau Blanc, *inséré dans le numéro du 14 mai 1822.*

Au Rédacteur du Drapeau Blanc.

Monsieur,

Je lis dans votre journal qu'aux élections de Chinon, M. le marquis d'Effiat a obtenu deux cent vingt voix, et que son concurrent (c'est moi sans vanité que vous nommez ainsi) en a eu cent soixante. Cela peut être vrai, je ne le conteste point ; j'aime mieux m'en rapporter, comme vous avez fait, aux scrutateurs choisis par M. le marquis : mais de grâce, corrigez cette façon de parler. Je ne fus concurrent de personne à Chinon, n'ayant nulle part concouru, que je sache, avec qui que ce soit : je n'ai demandé ni souhaité d'être député, non que je tinsse à grand honneur d'être *vraiment élu,* comme dit Benjamin-Constant ; mais diverses raisons me le faisaient plutôt craindre que désirer : les périls de la tribune, l'appréhension fondée de mal remplir l'attente de ceux qui me croyaient capable de quelque chose pour le bien général, plus que tout, l'embarras d'une assemblée ou je n'aurais pu me taire en beaucoup d'occasions sans trahir mon mandat, ni parler sans risquer d'outre-passer la mesure de ce qui s'y peut dire : vous m'entendez assez. Pour M. le marquis, de tels inconvénients n'étaient point à redouter. Il sera dispensé de parler; et peut opiner du bonnet, chose qui ne m'eût pas été permise. Il n'aura qu'à recueillir les fruits de sa nomination ; c'est pour lui une bonne affaire ; aussi s'en était-il occupé de longue main avec l'attention et le soin que méritait la chose. Il a heureusement réussi ; aidé de toute la puissance du gouvernement, de son pouvoir comme maire du lieu, de son influence comme président, de sa fortune considérable ; tandis que moi, son concurrent, pour user de ce mot avec vous, moi laboureur, je n'ai bougé de ma charrue.

Quelques personnes dont l'estime ne m'est nullement indifférente, m'ont blâmé de cette tranquillité. On n'exigeait pas de moi de tenir table ouverte comme un riche marquis, de loger, défrayer, nourrir et transporter à mes dépens les électeurs ; mais on voulait qu'au moins je parusse à Chinon. Un homme de grand sens (1), qui s'est rendu célèbre en enseignant

---

(1) Le professeur Cousin.

et pratiquant la philosophie, a dit à ce sujet qu'il ne donnerait sa voix, s'il était électeur, qu'à quelqu'un qui la demanderait, à un candidat déclaré; je n'ai pu savoir ses raisons. Il en a sans doute, et de fort bonnes; quant à moi, le raisonnement n'est pas ce qui me guide en cela, c'est une répugnance invincible à postuler, solliciter; j'ai pour moi des exemples à défaut de raisons. Montaigne et Bodin furent tous deux députés aux états de Blois sans l'avoir demandé. Pareille chose est arrivée de nos jours, en Angleterre, à Samuel Romilly, et je pense aussi à Shéridan. Voilà de graves autorités; vous me citerez Caton, qui demanda le consulat: ce n'est pas ce qu'il a fait de mieux; on lui préféra Vatinius, le plus grand maraud de ce temps-là. Mon désappointement, si j'eusse brigué, comme Caton, serait moins fâcheux que le sien. M. le marquis d'Effiat est un fort honnête homme, et même je crois ses scrutateurs de fort honnêtes gens aussi.

D'ailleurs je suis élu dans le sens de Benjamin, je suis vraiment élu, comme vous allez voir; car aux cent soixante voix que m'accordent le bureau de M. le marquis d'Effiat, si vous ajoutez celles des électeurs absents pour différentes causes, qui tous étaient miens sans nul doute, et puis les voix de ceux des électeurs présents qui n'osèrent, sous les yeux de M. le marquis, écrire un autre nom que le sien, de ceux qui, ne sachant pas lire,..... de ceux encore,...... mais que sert? Voilà déjà bien plus que la majorité. Je puis donc dire que je suis l'élu du département, et que M. le marquis est l'élu des ministres. Cela vaut mieux pour lui, je crois; l'autre me convient davantage. Que si, sortant un peu de la salle électorale, nous prenions les votes de ceux qui paient moins de cent écus, ou n'ont pas trente ans d'âge, parmi ceux-là, Monsieur, j'aurais beaucoup de voix. En effet, les amis de M. le marquis se trouvaient là tous dans cette salle, où pas un d'eux ne manqua de se rendre ; gens dont la grande affaire, l'unique affaire était l'élection du marquis. Au lieu que mes amis, à moi, dispersés, occupés ailleurs, dans les champs, dans les ateliers, partout où se faisait quelque chose d'utile, n'étaient aux élections qu'en petite partie : la millième partie ne se trouvait pas là présente. J'ai pour amis tous ceux qui ne mangent pas du budget, et qui, comme moi, vivent de travail. Le nombre en est grand dans ce pays et augmente tous les jours. En un mot, s'il faut vous le dire, mes amis ici sont dans le peuple ; le peuple m'aime, et savez-vous, Monsieur, ce que vaut cette amitié ? il n'y en a point de plus glorieuse ; c'est de cela qu'on flatte les rois. Je n'ai garde, avec cela, d'envier au marquis la faveur des ministres, et ses deux cent vingt voix, pour lesquelles je ne donnerais pas, je vous assure, mes cent soixante non quêtées, non sollicitées.

J'ai l'honneur d'être, etc.

Véretz, le 18 mai.

COURIER FRANÇAIS. — 1ᵉʳ février 1823.

(Le public entendit mal cette lettre : on y chercha des allusions qui n'y étaient pas. Ce fut la faute de

l'auteur; le public ne peut avoir tort. Il s'agit d'un fait véritable, le procès de Paul-Louis Courier contre certains chasseurs anglais. Cette affaire fut arrangée par l'entremise de quelques amis.)

Au Rédacteur du Courier Français.

MONSIEUR,

Apparemment vous savez, comme tout le monde, mon procès avec cet Anglais qui est venu chasser dans mes bois. Vous serez bien aise d'apprendre que nous nous sommes accommodés ; la chose fait grand bruit. On ne parle que de cela depuis le chêne-Fendu jusqu'à Saint-Avertin ; et, comme il arrive toujours dans les affaires d'importance, on en parle diversement. Les uns disent que j'ai bien fait d'entendre à un arrangement; que la paix vaut mieux que la guerre ; que l'Angleterre est à ménager dans les circonstances présentes ; qu'on ne sait ce qui peut arriver. Mais d'autres soutiennent que j'ai eu tort d'épargner ces coureurs de renards, qu'il en fallait faire un exemple, qu'il y va du repos de toute notre commune. Pour moi, c'était mon sentiment; aussi l'avais-je fait assigner, et j'allais parler de la sorte devant les juges :

« Messieurs, d'après le procès-verbal qu'on vient de mettre sous vos yeux, voyez de quoi il s'agit. M. Fischer, Anglais, cité devant vous plusieurs fois pour avoir chassé sur les terres de différents particuliers, autant de fois paie condamné, l'amende, et se croit quitte envers ceux dont il a violé la propriété. C'est une grande erreur que cela, et vous le sentirez, j'espère. Outre que ceux même qui reçoivent de lui quelque argent ne sont point par-là satisfaits, plusieurs ne reçoivent rien, et souffrent par son fait ; car nos terres, comme vous savez, étant, grâces à Dieu, divisées en une infinité de petites portions et les héritages mêlés, avec ses chiens et ses piqueurs il ravage les champs de cent cultivateurs, ou de mille peut-être, et n'en dédommage qu'un seul qui a le temps et les moyens de lui faire un procès, c'est-à-dire, le riche. Celui qui ne possède qu'un arpent, un quartier, raccommode sa haie comme il peut, refait son fossé ; le blé foulé cependant ne se relève pas, ni la vigne froissée ne reprend son bourgeon. Le bonhomme disait, du temps de La Fontaine : *Ce sont là jeux de princes,* et on le laissait dire ; mais aujourd'hui les princes mêmes ne se permettent plus de pareils jeux ; et l'on m'assure qu'en Angleterre, dans son pays, M. Fischer ne ferait pas ce qu'il fait ici. Je ne sais et ne veux point trop examiner ce qui en est ; mais vous y pourrez réfléchir, et m'entendez à demi-mot. Votre pensée, sans doute, n'est pas qu'on doive tout endurer de messieurs les Anglais, et qu'ils puissent ici, chez nous, ce qu'il n'osent chez eux ni ailleurs.

» Vous jugerez celui-ci d'après nos lois françaises ; vous ne sauriez guères faire autrement, et la chose même semble juste au premier coup-d'œil. Cependant il y a beaucoup à dire. Si j'allais, moi Français, en Angleterre, chasser sur les terres de M. Fischer, ne croyez pas, Messieurs, que je fusse jugé d'après la loi commune, ainsi qu'un Anglais natif. Les étrangers, en ce pays-là sont tolérés, non protégés ; une loi est établie pour eux, contre eux serait plutôt le mot. En vertu de cette loi qu'on appelle *alien-bill,* si je faisais là quelque sottise, comme de courir avec une meute à travers vignes et guérets (il n'y a point de vignes, je le sais bien, faute de soleil, en Angleterre; mais je parle par supposition), si je commettais là de semblables dégats, d'abord on me punirait d'une peine arbitraire, selon le bon plaisir du juge, puis je serais banni du royaume, ou, pour mieux dire, déporté; cela s'exécute militairement. L'étranger qui se conduit mal ou déplaît, on le prend, on le mène au port le plus proche, on l'embarque sur le premier bâtiment prêt à faire voile, qui le jette sur la première côte où il aborde. Voilà comme on me traiterait si j'allais chasser sur les terres de M. Fischer, ou même, sans que j'eusse chassé, si M. Fischer témoignait n'être pas content de moi dans son pays. Pour un même délit on distingue les étrangers des nationaux; on ne punit point l'un comme l'autre. Et quoi de plus juste en effet? Puis-je, avec mon hôte, en user comme je ferais avec mes enfants? Si mon hôte casse mes vitres, je les lui fais payer, je le bats, je le chasse; mon fils, je le gronde seulement. Vous comprenez la différence, grande sans doute, et cette loi admirable de l'*alien-bill* que je voudrais voir appliquée à M. Fischer, non pas les nôtres, faites pour nous. De notre part, ce serait justice, réciprocité, représailles ; non pas le faire jouir avec nous des bénéfices d'une société dont il ne supporte aucune charge. Soyons, si vous voulez, plus polis que les Anglais, afin de conserver le caractère national ; ne chassons pas M. Fischer. Sans l'embarquer ni le conduire où peut-être il n'aurait que faire, prions-le de s'en aller et ne point revenir ; enfin, délivrons-nous de lui, qui trouble l'ordre de céans. Si vos pouvoirs, Messieurs, ne s'étendent pas jusque-là, c'est un grand mal, et c'est le cas de demander une loi exprès. J'en veux bien faire la pétition au nom de toutes nos communes, et m'offre pour cela volontiers, quelque dangers qu'il puisse y avoir, comme je le sais par expérience, à user de ce droit aujourd'hui.

J'avais ce discours dans ma poche, et l'aurai lu au tribunal sans y changer une syllabe ; car lorsqu'il faut improviser, j'appelle mon ami Berville ; mais comme je montais l'escalier, plus animé, plus échauffé que je ne le fus jamais, l'Anglais vint à moi, me parla, me fit parler par des personnes auxquelles on ne peut rien refuser. Que voulez-vous ? Ma foi, Monsieur, l'affaire en est demeurée là. J'en suis fâché, lorsque j'y pense, car enfin l'intérêt de toute la commune a cédé, en cette rencontre, aux recommandations, sollicitations de femmes, d'amis, que sais-je ? C'est, je crois, la première fois que cela soit arrivé en France, et sans doute, ce sera la dernière.

Je suis, Monsieur, etc.

COURIER FRANÇAIS. — 4 octobre 1823.

A monsieur le Rédacteur du Courier Français.

Monsieur,

Dans une brochure publiée sous mon nom en pays étranger, on attaque des gens que je ne connais point et d'autres que j'honore. L'imposture est visible ; peu de personnes, je crois, y ont été trompées. Cependant je vous prie, à telle fin que de raison, de vouloir bien déclarer que cet écrit n'est pas de moi. On y parle des grands, ce que je ne fais point sans quelque nécessité ; on y blâme le gouvernement d'actes, selon moi, pernicieux. En ce sens je pourais être auteur de la brochure : mais on blâme en ennemi, ce n'est pas ma manière ; je suis aussi loin de haïr que d'approuver le gouvernement dans la marche qu'il suit ; je n'en espère pas de sitôt un meilleur, et le crois moins mauvais que ceux qui l'ont précédé.

Annoncez, je vous prie, ma traduction de Longus, qui s'imprime à présent, corrigée, terminée : c'est un joli ouvrage, un petit poëme en prose, où il s'agit de moutons, de bergers, de gazons ; la première édition fut saisie à Florence par ordre de l'empereur Napoléon-le-Grand : j'imprimai le grec à Rome, il fut saisi de même. Revenu à Paris, quand il n'y eut plus d'empereur, et toujours occupé de Chloé, de ses brebis, je retouchais ma version, lorsqu'on me mit en prison à Sainte-Pélagie : ce fut là que je fis ma seconde édition, la troisième va bientôt paraître chez

Merlin, quai des Augustins, beau papier, impression de Didot.

J'ai l'honneur, etc.

CONSTITUTIONNEL. — 8 octobre 1823.

A monsieur le Rédacteur du Constitutionnel.

Monsieur,

Parlez un peu, je vous prie, dans vos feuilles, de ma belle traduction d'Hérodote, fort belle suivant mon opinion. Des personnes habiles, sur un premier essai qui parut l'an passé, en ont dit leur avis, qui n'est pas tout-à-fait d'accord avec le mien. Je leur réponds aujourd'hui par un autre fragment traduit du même auteur, avec une préface où je défends ma méthode, expose mes principes, montrant d'une façon claire et incontestable, que j'ai raison contre la critique, dont pourtant je tâche de profiter : croire conseil est ma devise.

Annoncez l'édition des *Cent nouvelles nouvelles*, à laquelle je travaille avec M. Merlin, jeune libraire instruit, qui m'est d'un grand secours, soit pour la collation des premiers imprimés et des vieux manuscrits, soit dans les recherches qu'exigent ma préface et mes notes : mes notes font un volume. J'essaie sur ce texte de comparer nos mœurs à celles de nos pères; matière délicate, sujet intéressant, où il est mal aisé de contenter tout le monde.

Qui vous empêcherait de dire un mot en passant de ma traduction de Longus corrigée, terminée enfin selon mon petit pouvoir? Elle se vend chez Merlin, et celle-là, Monsieur, on ne l'a point critiqué; mais on a fait bien pis, on l'a persécutée. La première édition fut saisie à Florence; je fis la seconde en prison à Sainte-Pélagie; la troisième va paraître.

A propos de prison et de Sainte-Pélagie, vous pourriez dire encore que je n'ai aucune part à certaines brochures qui mènent là tout droit, imprimées sous mon nom en pays étranger. On y parle d'un prince dont certes je n'oserais faire un éloge public, bien que sa vie, ses mœurs, ses sentiments connus, méritent à mon gré toute sorte de louanges; mais c'est le grand chemin de Sainte-Pélagie, et j'en sais des nouvelles. Dans ces écrits on blâme des choses sur lesquelles je dis peu ma pensée, parce qu'il y a du danger; et quand je veux la dire, j'emploie d'autres termes. Je puis blâmer quelquefois, mais non pas en ennemi, ce que fait le gouvernement, dont, en un certain sens, je suis toujours content; car c'est Dieu qui gouverne, ce ne sont pas les hommes. Ainsi le monde est bien, et tout va pour le mieux quand je ne suis pas en prison.

Agréez! etc.

CONSTITUTIONNEL. — Paris, 14 octobre 1823.

A monsieur le Rédacteur du Constitutionnel.

Monsieur,

Conseillez-moi, je vous prie, dans un cas extraordinaire. Je serai bref, la vie est courte.

J'étais ici, on me cite là-bas, à Tours, lieu de mon domicile, devant un juge d'instruction. Je vais là-bas; on me dit que le dossier, les pièces (vous entendez cela, j'imagine), sont retournées à Paris. Je reviens, et fait demander au parquet, par mon avocat, à qui des juges d'instruction mon affaire se trouve renvoyée; on refuse de lui répondre. Ainsi me voilà sans savoir par qui je dois être jugé, ou interrogé seulement; car je ne pense pas que la chose puisse aller plus loin. Il s'agit, m'a-t-on dit, de mauvaises brochures auxquelles je n'ai, Monsieur, non plus de part que vous, quoiqu'on y ait mis mon nom. Quel avis me donnerez-vous, *dedans cette occurrence*, comme dit le grand Corneille? d'attendre; car que faire? Mais il est bon que ceux qui me doivent juger sachent que je les cherche; ils l'apprendront si cette feuille tombe entre leurs mains.

J'ai l'honneur, etc.

CONTITUTIONNEL. — 18 octobre 1823.

Nos abonnés de Tours sont priés de faire lire l'article suivant à madame Courier, femme de Paul-Louis, vigneron.

« Envoie-moi, ma chère amie, six chemises et six
» paires de bas. Point de lettre dans le paquet, afin
» qu'il me puisse parvenir. Je sais que tu ne reçois
» pas les miennes et que tu t'inquiètes fort. Sois tran-
» quille ; il y a dans ce monde plus de justice que tu
» ne crois. Je ne suis ni mort, ni malade, ni en prison
» pour le moment. »

Adieu. Ton mari.

Idem. — 1er novembre 1823.

M. Courier, avant-hier, allant dîner chez ses amis, fut arrêté en pleine rue par plusieurs agents de police, et conduit en fiacre à l'hôtel de la préfecture. Là, d'abord, on l'interrogea sur ses noms, prénoms, qualités, sa demeure, les motifs de son séjour à Paris. Il satisfit à tout, et fut mis en dépôt, c'est le mot, à la salle Saint-Martin. M. Courier, l'homme du monde le moins propre à être en prison, goûte peu la salle Saint-Martin, qu'il n'a pas trouvée cependant un lieu si terrible qu'on le dit. Seul dans une chambre passable, il a dormi dans un bon lit : même le porte-clefs semblait assez bonhomme, causeur et communicatif. Le lendemain, qui était hier, M. Courier fut entendu sur des écrits qu'on lui impute, par un des juges d'instruction. Visite faite de ses papiers, dans l'appartement qu'il occupe, rien ne s'y est trouvé suspect. Il se loue fort, en général, du procédé de ces messieurs. On ne saurait être écroué avec plus de civilité, interrogé plus sagement, ni élargi plus promptement qu'il n'a été.

JOURNAL DU COMMERCE. — 3 novembre 1823.

Au Rédacteur de la Quotidienne.

Vous parlez de moi, Monsieur, dans une de vos feuilles, et paraissez peu informé de ce qui me touche. Vous dites que *Paul-Louis, vigneron,* moi-même, votre serviteur, *en suite de petits démêlés avec la justice, fut quelque temps en prison à Sainte-Pélagie,* et puis vous ajoutez : *Nous le savons bien.* Non, vous le savez mal, Monsieur, et cela n'est pas surprenant qu'ayant à parler de tant de choses, de tant de gens, vous vous mépreniez, et trompiez quelquefois le public. Sur votre parole, il va croire que j'ai fait des tours de Scapin, dont on m'a justement puni. C'est ce que vous pensez ou donnez à penser par de telles expressions. La vérité m'oblige de vous apprendre, Monsieur, que le cas était bien plus grave pour lequel je fus condamné, l'affaire autrement scandaleuse. Il ne s'agissait pas de quelques peccadilles, mais d'un outrage fait à la morale publique. Oui, Monsieur, je l'avoue et le déclare ici, afin que mon exemple instruise. Je fus en prison deux mois à Sainte-Pélagie, par l'indulgence des magistrats, pour avoir outragé la morale publique, crime de Socrate, comme vous savez. Sur la morale particulière, un peu différente de l'autre, je n'ai eu de démêlés avec qui que ce soit, et même n'entends point dire qu'on me reproche rien.

A ce propos, Monsieur, un doute m'est venu souvent à l'esprit, question purement littéraire que vous me pourrez éclaircir. M. de Lamartine, dont vous louez les ouvrages, me semble avoir pris dans nos lois une bonne partie de son style, ou bien nos lois ont été faites en style de M. de Lamartine, celles au moins qui ne sont pas vieilles. Outrager la morale publique est une phrase tout-à-fait dans le goût des *Méditations* et hors de ce commun langage que le monde parle et entend; elle s'applique à bien des choses. Si le ministre des finances fait quelque faute dans ses calculs, un de nos députés lui dira qu'il outrage l'arithmétique publique. Nos codes sont des odes. Enfin, sur une loi si sagement écrite, le tribunal requis du procureur du roi, mes réponses ouïes, sur ce délibéré, m'envoya en prison deux mois. Ce fut bien fait, et je n'ai garde de m'en plaindre.

A quelque temps de là, pour un acte pareil, qui semblait récidive, on me remit en jugement. Le procureur du roi, défenseur vigilant de la morale publique, demandait contre moi treize mois de prison et mille écus d'amende. Le cas parut aux juges seulement répréhensible, et ils me renvoyèrent blâmé, mais moins coupable que la première fois. On ne peut devenir tout-à-coup homme de bien. Voilà, Monsieur, la vérité que vous devez à vos lecteurs, au sujet de mes démêlés avec la justice.

Mais sur un autre point, vous me chagrinez fort, en me prêtant des termes et des façons de dire dont je n'usai jamais. Selon vous, je me plains de certaines brochures imprimées sous mon nom, *dans l'étranger*, dites-vous, et vous notez ces mots: Monsieur, excusez-moi, je n'ai pas dit ainsi; vous êtes de la Cour et parlez comme vous voulez, avec pleine licence et liberté entière. Nous, gens de village, sommes tenus de parler français, pour n'être point repris, et nous disons qu'une brochure s'imprime *en pays étranger.* Du moins, c'est ainsi qu'on s'exprime généralement à Larçai, Cormeri, Ambillou, Montbazon et autres lieux que je fréquente.

Vous changez encore mes paroles quand vous me faites dire, Monsieur, qu'il y a un prince dont les sentiments me sont connus ; à moi vigneron ! y pensez-vous ? Corrigez cela s'il vous plaît, et de vos quatre mots n'en effacez pas trois, comme le veut Boileau, mais un ; et vous direz, en toute vérité, que les sentiments de ce prince sont connus ; c'est-à-dire, publics, et que personne ne les ignore. Il croit, par exemple, que les princes sont faits pour les peuples et non les peuples pour les princes ; sentiment moins bizarre que vous ne l'imaginez, vous autres courtisans. Il n'est ni le premier, ni seul de sa maison à penser de la sorte, si les bruits en sont vrais.

Êtes-vous plus exact et mieux instruit, Monsieur, quand vous nous assurez que monsieur le duc d'Orléans part pour l'Angleterre ? J'ai foi à vos discours où le mensonge n'entre point, *le ciel n'est pas plus pur......* Mais à ceci je vois bien peu de vraisemblance. On sait, et c'est encore une chose connue, qu'il aime son pays, n'en sort pas volontiers, ayant pour cela moins de raisons qu'en aucun temps, comme vous dites, lorsqu'il voit une guerre d'abord mal entreprise........, être heureusement terminée.

Rare bonheur si, en effet, elle est terminée sans qu'il nous en coûte autre chose que des millions et quelques hommes. L'état-major est sain et sauf......

Remarquez-vous, Monsieur, comme il y a peu de guerres à présent, et dans ces guerres peu de combats? Jamais on n'a moins massacré. Cependant, vous me l'avouerez, jamais on n'a tant raisonné, tant lu, tant imprimé; ce qui me ferait quasi croire que le raisonnement et la lecture ne sont pas cause de tous maux, comme des gens ont l'air de se l'imaginer. Nous en voilà au point que les révolutions se font sans tuer personne, et les guerres presque sans batailles. Si les contre-révolutions se pouvaient adoucir de même, ce serait un grand changement et amendement; qu'en dites-vous? Le faut-il espérer, à moins que ceux qui les font ne se mettent à lire; mais ils haïssent les livres. Ils ne voulurent point de l'Évangile, lorsqu'il parut, et le combattent dans la Grèce. Malgré eux, l'Évangile, mis en langue vulgaire, est entendu de tous. Par lui, peut-être, eux-mêmes enfin s'humaniseront quelque jour, et consentiront les derniers à vivre et laisser vivre; mais cependant voilà passées une dixaine d'années sans beaucoup de carnage dans le monde, ce qu'on n'avait guères vu encore, si ce n'est sous les Antonius, quand la philosophie régnait.

P. S. Pourriez-vous m'apprendre, Monsieur, si monsieur l'abbé de la Mennais continue son *Indifférence en matière de religion*, ouvrage auquel je m'intéresse? Le temps ne lui saurait manquer, car je le crois quitte à présent de ses fonctions de journaliste. Ses actions sont vendues, tous ses comptes réglés avec ses associés. Un petit mot là-dessus dans votre prochain numéro me satisferait extrêmement.

Note du Rédacteur. L'auteur de cet écrit est homme de bon sens, et, sur bien des choses, nous paraît penser assez juste. Mais il vit loin du monde, et ignore la mesure de ce qui se peut dire. En publiant sa lettre, nous en avons retranché quelques phrases, et des mots que ceux qui connaissent son style n'auront nulle peine à suppléer.

CONSTITUTIONNEL. — 4 mars 1824.

ANNONCE.

Pamphlet des Pamphlets, par Paul-Louis Courier, vigneron ; brochure où il n'est point question des élections. On a fort engagé l'auteur à publier son opinion sur ce qui se passe actuellement et ce qu'il a vu de curieux aux assemblées électorales du département d'Indre-et-Loire. Il s'y est refusé, vu la difficulté de parler de ces choses avec modération et en termes décents. Dix ans de Sainte-Pélagie ne lui pouvaient manquer, dit-il, s'il eût touché cette matière, et c'est même pour s'en distraire qu'il a composé la brochure que nous annonçons, sur une thèse générale, sans aucune allusion aux affaires présentes, de peur d'inconvénient.

Idem. — 7 mars 1824.

Plusieurs libraires auraient envie d'imprimer le *Pamphlet des Pamphlets*, par Paul-Louis Courier, vigneron, mais aucun n'ose s'en charger. Les uns refusent, d'autres promettent ou même commencent et n'achèvent pas, tant l'entreprise leur paraît hardie, périlleuse, scabreuse. Ce n'est pas pourtant qu'ils voient rien, dans cet écrit, qui dût fâcher monsieur le procureur du roi, et leur attirer des affaires, si l'on agit légalement; mais le nom de l'auteur les effraie. Ils s'imaginent, on ne sait pourquoi, que Paul-Louis ne sera pas traité comme un autre, et que, quelque bien qu'il puisse dire, on le poursuivra au nom de la morale publique, lui, ses libraires et imprimeurs. Pour les rassurer, il a fait de grandes coupures, et retranché de cet opuscule tout ce qui regardait les jésuites, dix pages des mœurs de la Cour, tout le chapitre intitulé: *Obligations d'un député ministériel*, avec cette épigraphe de saint Paul: *La viande est pour le ventre, le ventre est pour la viande*; une magnifique apostrophe aux abbés universitaires, deux paragraphes sur la Sorbonne (grand dommage, car ce morceau était travaillé avec soin), et sa péroraison entière sur l'état actuel de l'Espagne. Au moyen de ces sacrifices, qui coûtent tant à un auteur, il espère que son ouvrage, réduit à moitié environ, cessera d'être la terreur des libraires et des imprimeurs et qu'il pourra paraître enfin, Dieu aidant, la semaine prochaine.

LITTÉRATURE.

MAGASIN ENCYCLOPÉDIQUE. 8me année, t. II, 1802.

Article sur une nouvelle édition d'Athénée, donnée par M. Schweighæuser.

Voici un ouvrage attendu et demandé depuis long-temps. Athénée est un auteur que ceux qui cultivent la littérature ancienne ont sans cesse entre les mains ; et les éditions en usage, qu'on peut réduire toutes à une seule, étaient tellement incorrectes et défectueuses, qu'il fallait la plupart du temps deviner plutôt que lire le texte qu'elles représentaient ; ce qui, joint aux difficultés particulières à cet auteur, en rendait la lecture pénible aux hommes mêmes les plus versés dans l'étude de sa langue et de l'antiquité grecque. Cependant depuis plus de deux siècles, personne n'avait voulu se charger d'en donner au public une nouvelle édition purgée de toutes les fautes qui défigurent celles dont on se sert, et accompagnée des éclaircissements nécessaires pour faciliter aux lecteurs l'intelligence du texte. Ce n'est pas qu'après Casaubon, l'Europe n'ait eu d'habiles gens, capables de suivre ses traces, et de suppléer autant que faire se pouvait, tout ce qui manque au commentaire de ce savant sur Athénée ; mais il est à croire que ce travail a effrayé jusqu'à présent ceux qui auraient pu l'entreprendre, et il était tel en effet, qu'on peut dire qu'il ne s'en offre point de plus grand ni de plus difficile dans la carrière de l'érudition : car cette science (quelque nom qu'on veuille lui donner), qui a pour objet d'expliquer et de rétablir les textes anciens, se partage, comme toutes les autres, en différentes branches, dont chacune veut une étude toute particulière. L'explication d'un poète demande d'autres connaissances que celles d'un historien ; et les recherches nécessaires pour bien entendre celui-ci, seraient de peu d'utilité pour l'intelligence du premier. Les philosophes, les orateurs, les rhéteurs, les grammairiens, ceux qui ont écrit des sciences et et des arts, forment des classes séparées ; et l'expérience a démontré qu'il n'était donné à personne de les connaître tous à fond, ni d'exceller également dans toutes les parties de la critique : c'était pourtant ce qu'il eût fallu pour interpréter Athénée, qui n'est pas un seul auteur, mais un composé de mille auteurs aussi différents pour le style que pour le fonds de leurs ouvrages, dont il a extrait tout le sien. Mais si l'on ne devait pas s'attendre qu'il parût jamais un critique en état de satisfaire à tout ce que les lecteurs peuvent exiger rigoureusement d'un éditeur d'Athénée, cependant le public connaissait parmi ceux qui ont cultivé avec le plus de succès ce genre de littérature, des hommes dont l'érudition laissait peu de choses à désirer pour cette grande entreprise ; et souhaitait que quelqu'un d'eux eût la hardiesse de s'en charger. C'est ce que fait aujourd'hui le C. Schweighœuser. Son nom est assez connu pour n'avoir pas besoin d'éloge ; et ce qui paraît de son ouvrage est digne de la réputation dont il jouit parmi les savants.

Dans une préface remplie de recherches intéressantes, il instruit le lecteur de tout ce que les anciens nous apprennent sur son auteur, des secours qu'il a eu pour son propre travail, et de celui des éditeurs qui l'ont précédé. On sait peu de choses d'Athénée. Il paraît que de son temps même, ses écrits furent plus connus que lui, puisque les plus anciens auteurs qui aient fait mention de son ouvrage, ne nous disent rien de sa vie. On ne peut même fixer que d'une manière assez vague le temps où il a écrit, et ce n'est que sur une conjecture un peu hasardée que C. Schweighœuser se croit fondé à nous dire qu'Athénée a fini son livre vers l'an 128 de l'ère vulgaire. Au reste, dans le jugement qu'il porte de son auteur, le C. Schweighœuser est fort éloigné de la partialité ordinaire aux commentateurs. Il avoue de bonne foi que l'ouvrage d'Athénée lui paraît en soi assez mal conçu, et que cette immense compilation, où tant de matières hétérogènes se trouvent entassées sans ordre ni mesure, tire aujourd'hui tout son prix de la perte des auteurs dont on y retrouve les débris. Du reste, peu d'anciens ont parlé d'Athénée. Quelques-uns, comme Œlien et Macrobe, l'ont pillié sans le nommer. Le plus ancien qui l'ait cité paraît être Harpocration ou bien Étienne de Bysance. Hésichius, et tous les autres glossateurs ou lexicographes s'en sont servis nécessairement; mais tous n'ont pas eu sous les yeux l'ouvrage d'Athénée. Quelques-uns entre autre Eustache, n'en ont connu que l'abrégé. On ne sait quel est l'auteur de cet abrégé, ni en quel temps il a vécu, et c'est sans aucun fondement que quelques-uns l'ont attribué à Hermolaus de Bysance. Mais quel qu'ait été cet auteur, le nouvel éditeur en pense assez favorablement. Il lui trouve du jugement (tout en le blâmant d'avoir supprimé le plus souvent les titres des ouvrages, et les noms des écrivains allégués par Athénée), et ne découvre rien dans son style qui ne lui paraisse convenir au temps où la langue grecque s'écrivait encore purement.

Ensuite venant au temps où le texte même d'Athénée parut imprimé, il parle de l'édition d'Alde, la première de toutes, donnée à Venise en 1414. Il en rapporte le titre accompagné d'un espèce de didascalie fort curieuse, où l'éditeur Musurus se vante d'avoir corrigé plusieurs milliers de fautes dans le texte, et réduit à la mesure qui leur convenait les vers qu'il a trouvés écrits sous la même forme que la prose ; nouvelle preuve ajoutée à toutes celles qu'on a déjà de l'audace des premiers éditeurs, qui, plus ils étaient savants, plus ils doivent être suspects. Quant au mérite de cette édition, le C. Scweighœuser, d'accord avec Casaubon, dont il emploi les expressions, la trouve inexacte et indigne de ceux qui en ont pris soin. Cependant il rend justice à l'érudition de Musurus, qui a rétabli heureusement plusieurs passages altérés dans les manuscrits. La seconde édition se fit à Bâle, en 1535, par les soins de Jean Bedrot et de Christian Herlin. Ce ne serait qu'une réimpression de celle de Venise, avec de nouvelles fautes, comme il arrive toujours, si les éditeurs n'avaient corrigé, assez maladroitement, le texte d'Athénée, toutes les fois qu'ils l'ont pu faire, en recourant aux auteurs qu'il cite. Cependant le C. Schweighœuser ne fait pas de cette édition aussi peu de cas que Casaubon, qu'il accuse de l'avoir en même temps trop méprisée et trop suivie en beaucoup d'endroits, dont il eût trouvé de meilleures leçons dans Alde ou dans les manuscrits.

Après ces deux éditions, Athénée se trouvant dès-lors entre les mains de tous les savants, on ne tarda pas à le traduire. Le premier qui s'en occupa fut Noël le Comte (comme nous l'appelons), dont tout le travail, dit Casaubon, est de nulle ou de peu d'utilité, quoiqu'il ait eu l'avantage de remplir, à l'aide des manuscrits, une grande lacune qui se trouvait avant lui dans le quinzième livre. A cette occasion, le le C. Schweighœuser entre dans des détails curieux sur les fragments et les variantes du texte d'Athénée, recueillis vers ce temps-là par des hommes très-savants, tels que Pietro Vettori, Muret, Henry Étienne, et publiés depuis, ou seulement cités dans divers ouvrages, et cachés aujourd'hui dans les bibliothèques. Casaubon fait mention quelque part d'une édition d'Athénée, entreprise par Turnèbe, et dont il a vu le premier livre : c'est tout ce que l'on en sait. En 1583, on imprima à Lyon la version de Dalechamp, le premier travail considérable qui se soit fait sur Athénée. Pour peu qu'on connaisse Dalechamp comme interprète d'Athénée, on souscrira sans peine au jugement qu'en porte le C. Schweighœuser, lorsqu'il dit qu'encore que ce traducteur ait manqué en mille endroits le vrai sens de son auteur, il ne laisse pas néanmoins de mériter beaucoup d'éloges, pour avoir surmonté le premier, dénué des secours que nous avons, de grandes difficultés, et montré presque partout une sagacité admirable. Casaubon ne lui a pas rendu assez justice, et c'est de quoi le C. Schweighœuser le reprend modérément. Enfin, parut, en 1597, l'édition de Casaubon, la seule imprimée sous ses yeux, et l'original de celles dont on se sert aujourd'hui, qui fut suivie trois ans après de son grand commentaire. Il n'y a guère d'ouvrage plus connu ni plus fréquemment cité parmi les savants, et on ne peut lire sans intérêt les détails que donne le C. Schweighœuser sur cet admirable livre. Par exemple, ce qu'il nous apprend des manuscrits dont Casaubon s'est servi, et des variantes qu'il a eues au moyen de divers extraits, montre à merveille l'usage qu'en faisaient alors les savants, moins minutieux, si l'on veut, mais aussi beaucoup moins exacts qu'on ne l'est aujourd'hui sur ce point.

Voilà en raccourci le tableau que trace M. Schweighœuser du petit nombre d'éditions qui ont précédé la sienne. Il parle ensuite des secours qu'il a dû tirer des ouvrages de plusieurs savants, qui, sans avoir travaillé *ex professo* sur son auteur, en ont traité quelque partie dans des recueils de fragments, corrigé ou éclairci par occasion divers passages; car on sent que c'était un point des plus importants, et le premier devoir, sans contredit, d'un éditeur d'Athénée, de mettre sous les yeux des lecteurs toutes les conjectures ou explications éparses dans une infinité de livres de critique ou de philologie qui ont paru depuis Casaubon, et il n'y en avait presque point qui n'offrit quelques observations à citer ou à réfuter. Ce seul travail, bien exécuté, était un grand service à rendre à la littérature antique. Le C. Schweighœuser n'a rien négligé pour s'en acquitter autant que le lui ont permis les ressources qu'il avait à sa disposition ; et, comme il n'a point cherché (ainsi qu'on le fait trop souvent) à éblouir ses lecteurs par des promesses fastueuses, ses lecteurs lui sauront gré d'avoir tenu plus qu'il n'avait promis.

Mais un mérite inappréciable de cette nouvelle édition, ce sera d'avoir été revue sur deux excellents manuscrits, dont l'un était presque oublié, l'autre paraît n'avoir été connu de personne jusqu'à présent. Le premier contient en entier l'abrégé d'Athénée, et l'on y retrouve non seulement les passages que divers savants ont publiés séparément comme manquant dans les imprimés, mais encore quelques autres entièrement inédits. Quoiqu'il ne soit pas plus ancien que le milieu du quatorzième siècle, selon la conjecture de M. Schweighœuser, il ne laisse pas d'être d'une grande utilité ; d'abord pour la correction de tous les endroits où l'abrégé nous tient lieu du texte perdu, et ensuite pour rétablir beaucoup de passages du texte même. Ce manuscrit est passé de la bibliothèque de Sédan dans celle de Paris, d'où il a été envoyé à M. Schweighœuser, par ordre du ministre de l'intérieur. Le second et le plus important est venu de Venise à Paris : on le croit du neuvième siècle, et par conséquent plus ancien qu'aucun des manuscrits connus du même auteur. Mais ce qui le rend plus précieux, c'est qu'il est évidemment l'original de tous ceux qui existent aujourd'hui. Aux preuves qu'on en apporte, il n'est pas permis d'en douter ; et ces preuves sont les mêmes auxquelles on a reconnu également pour original un manuscrit de Longin de la même bibliothèque, c'est-à-dire que toutes les lacunes qu'on trouve dans les exemplaires manuscrits ou imprimés, répondent exactement à des feuilles ou portions de feuilles qui manquent à celui-ci. Les avantages qui doivent résulter, pour la nouvelle édition, d'une pareille découverte, se conçoivent aisément : on regrette seulement que l'éditeur n'ait pu avoir sous les yeux, dans le cours de son travail, ce manuscrit qui devait en être la base ; car, quoique cette collation ait été confiée aux soins d'un jeune homme des plus instruits (M. Schweighœuser le fils), et qui a donné des preuves de son habileté en ce genre, cependant on sait (et M. Schweighœuser en fait l'aveu quelque part) que les yeux d'un éditeur découvrent en pareil cas mille choses qui échappent aux plus clairvoyants, et ce regret est d'autant plus grand, qu'on connaît M. Schweighœuser pour un des hommes les plus capables de tirer des manuscrits tout le parti possible, lui qui n'en a presque point touché, où il n'ait fait des découvertes curieuses et utiles.

Mais une réflexion qu'on ne peut s'empêcher de faire sur le sort de ce manuscrit, venu d'Italie en France, depuis peu d'années, c'est que la grande révolution qui a transporté chez nous tant de monuments des sciences et des arts, tourne promptement au profit des unes et des autres. Ces chefs-d'œuvre de la sculpture antique et du pinceau moderne, attiraient, de-là les monts, nos artistes obligés de les étudier à la hâte et de les quitter à regret. Désormais les modèles de l'art ne seront plus séparés de ceux qui les savent reproduire ; et, dans Paris, Raphaël a maintenant plus d'élèves, Apollon plus d'adorateurs qu'à Rome même au temps des Césars et des Médicis. Mais ces premiers exemplaires des auteurs anciens, les seuls où l'on retrouve encore, après tant de siècles, les paroles même des maîtres de l'éloquence et du goût, étaient perdues pour le public, partout ailleurs que dans le lieu où se réunissent les lumières et tous les secours nécessaires pour en faire usage. Depuis la renaissance des lettres, le charmant recueil de l'Anthologie, et les débris de l'ancienne poésie conservés par Athénée, étaient dans les mains des savants et de tous les amateurs de la belle antiquité, mais défigurés par mille taches que la critique s'efforçait inutilement d'effacer, tandis que Saint-Marc et le Vatican renfermaient ces textes précieux dans l'état le plus approchant de leur pureté primitive. On ne connaissait qu'imparfaitement le fameux manuscrit dont M. de la Rochette va se servir pour nous donner l'Anthologie en son entier! celui-ci, plus important peut-être, était encore plus ignoré. Mais à peine entre nos mains, ces trésors de l'Italie sont aussitôt répandus dans tout le monde savant, et l'Italie elle-même jouit des dons qu'elle nous a faits.

Au reste, l'éditeur prévient qu'il n'a pas eu, comme beaucoup d'autres, l'avantage de se préparer pendant long-temps à un travail aussi difficile que le sien, et de rassembler à son aise tous les matériaux qui lui eussent été nécessaires, s'étant trouvé engagé à cette entreprise par une suite de circonstances, au refus d'un homme de lettres qui ne veut pas être nommé, et qui avait auparavant promis de s'en charger. Par exemple le célèbre Brunck devait l'aider de ses lumières et de sa bibliothèque. Mais ayant renoncé tout-à-coup aux lettres qu'il a cultivées avec succès, et résolu même de se défaire des livres qui lui restaient, il n'a pu contribuer en rien à cette édition, si ce n'est par quelques notes écrites, il y a long-temps, sur les marges de deux exemplaires, l'un desquels contenait ses propres conjectures, en assez grand nombre, mais faites, à ce qu'il paraît, dans le courant de la lecture, et sans aucune méditation ; sur l'autre étaient les variantes d'un des manuscrits de Paris. Tout cela a été communiqué à M. Schweighœuser, qui en a enrichi ses notes. Deux savants des plus distingués, les CC. Dutheil et Coray, lui ont envoyé leurs observations insérées dans son commentaire. Les notes du premier malheureusement peu nombreuses, répondent aux preuves qu'on a déjà de son érudition. Celles du second se rencontrent plus fréquemment, et paraissent toujours dignes de cette rare sagacité que les savants lui connaissent.

Venons à l'ouvrage même et à l'examen de son exécution. Il est imprimé par la société thypographique de Deux-Ponts, établie maintenant à Strasbourg, et l'on peut dire que cette célèbre imprimerie n'a point encore produit d'ouvrages aussi importants ni aussi bien exécuté. Le texte et la version latine se trouvent sur la même page, accompagnés des variantes les plus considérables, forme qui ne plaît pas, comme on sait, à tous les savants, mais qui a pour elle l'usage et le suffrage d'un homme dont l'autorité est un grand poids en nos matières, c'est cette même forme que M. Vyttembach a adoptée pour son Plutarque, après en avoir montré les avantages dans sa Bibliothèque critique. Le volume qui paraît d'Athénée contient les trois premiers livres du texte, partie de l'abréviateur, partie d'Athénée lui-même. Les commentaires, sur les deux premiers livres seulement, forment un volume séparé. Des chiffres placés aux marges indiquent les chapitres de l'édition de Casaubon; et l'on n'a rien négligé de tout ce qui pouvait être commode aux lecteurs dans l'usage de cette édition, tellement qu'il est plus facile d'y retrouver les citations de celle de Casaubon, que dans Casaubon même.

La version latine était un article des plus importants, devant être comme une espèce de commentaire pertuel, et épargner en même temps beaucoup de commentaires.

Aussi voit-on que M. Schweighœuser s'y est appliqué singulièrement. Il l'a refaite en entier, et, comme il écrit le latin avec beaucoup de facilité, il a des ressources toutes particulières pour rendre le texte avec précision, et faire entrer ses lecteurs dans le sens intime de l'auteur. Il n'y a que ceux qui connaissent le prix et la difficulté d'un pareil travail qui puissent lui en savoir le gré qu'il mérite. Les vers de Grotius lui ont servi pour ses fragments des différents poètes. Mais on sent qu'il lui a fallu les retoucher en beaucoup d'endroits, où les changements faits au texte produisaient un nouveau sens. Ces changements sont fréquents et considérables. Cela ne pouvait être autrement; car, outre une infinité de passages qu'on a corrigés, à l'aide des conjectures et des manuscrits, les grammairiens anciens (Suidas surtout qui ne s'est pas servi, comme Eustathe, de l'abrégé seulement, mais du texte même) ont fourni à M. Schweighœuser de quoi suppléer, en plusieurs endroits, les noms des auteurs ou les titres des ouvrages omis par l'abréviateur. Il a tiré du même Suidas des phrases entières dont on ne trouve aucune trace dans l'abrégé, et les a insérées dans le texte. S'il était en droit de le faire, c'est de quoi les savants jugeront ; mais sûrement il l'a fait avec la critique judicieuse et le discernement qu'on devait attendre d'un homme comme lui, exercé à découvrir et à remplir heureusement les lacunes dans les anciens textes.

Il n'adopte ordinairement qu'avec beaucoup de circonspection, les conjectures de Casaubon et des autres critiques, quelques probables qu'elles paraissent, laissant dans le texte la leçon que donnent les manuscrits toutes les fois qu'on peut en tirer un sens supportable, du moins dans tout ce qui est écrit en prose ; car, dans les vers, il se montre bien moins difficile ; et, pour rétablir le mètre, on le trouvera peut-être, en quelques endroits, trop prompt à recevoir les conjectures de plusieurs savants, dont les assertions, sur cette matière, ne sont pas toujours démontrées. D'ailleurs, on sait, en général, que ceux qui citent des vers dans un ouvrage en prose les tronquent ou les altèrent souvent, faute de mémoire, ou à dessein. C'est ce que Casaubon lui-même a reconnu dans Athénée (pag. 13, E, et ailleurs). Brunk, sur Aristophane (frag., pag. 232), a fait la même remarque ; et c'est cette remarque qui doit nous tenir en garde contre l'audace des critiques, qui tous ont eu cette manie de refaire, sur un mètre quelconque, les fragments des anciens poètes cités par les grammairiens, à quoi ils réussissent toujours, n'étant embarrassés de rien, et ayant même trouvé moyen de mettre en beaux vers la prose de divers auteurs qu'ils ont pris pour des poètes. C'est ainsi qu'un fragment de l'historien Ménandre se lit en vers de six pieds, de la façon d'un savant (Schurfleiz sur Longin), qui a cru que ce Ménandre était le poète comique. Turnèbe (voyez Casaubon sur Athénée, pag. 8, D), avait versifié, non moins heureusement, les paroles d'Athénée lui-même, pensant que ce fussent celles d'un poète ; et Casaubon qui l'en reprend, est tombé plus d'une fois dans la même erreur, comme nous le verrons bientôt. On pourrait appuyer ceci de beaucoup d'autres exemples, mais il suffit de voir, dans le volume que nous examinons, les peines que se donne l'éditeur pour remplir ou rétablir la mesure des vers, ajoutant par-ci, par-là, des hémistiches entiers, et recevant sans façon toutes les particules oiseuses que lui offrent les critiques *afin de combler quelque vide, ou soutenir le rhythme tombant,* comme dit Lucien, au lieu d'avouer le plus souvent que l'auteur, et plus encore son abréviateur, ont pu retrancher des mots, des hémistiches, des vers entiers, les transposer et les couper en mille manières différentes, comme on reconnaît qu'il l'a fait dans beaucoup de citations dont les originaux existent. Au reste, cela même, Schweighœuser paraîtra fort modéré à ceux qui connaissent la furie de certains critiques de ce temps, lorsqu'il leur tombe entre les mains un poète tragique ou comique. Il en est même peu avec qui ceux-ci en eussent été quittes à si bon marché, et qui n'eussent pas fait main basse sur tout ce qu'il y a de vers dans

Athénée, *Menando ad ambe man con molta fretta*. Mais le nouvel éditeur est de si bonne composition, qu'il a été jusqu'à souffrir, sous la forme de prose, les fragments dont il n'a pu régler ou découvrir le mètre. D'ailleurs, il a soin de n'admettre aucune conjecture dans le texte sans en avertir, et donne scrupuleusement, dans les notes ou dans les variantes, la leçon des éditions et des manuscrits, sincérité plus rare qu'on ne croit.

Les variantes, comme on l'a dit, se trouvent entre le texte et la version latine, non toutes, mais seulement les plus intéressantes. Les autres seront rassemblées à la fin de l'ouvrage. La plus grande partie du commentaire est employée à la discussion de ces variantes, qu'on examine fort en détail; si cette méthode a des longueurs, elle a aussi ses avantages. M. Schweighœuser aurait pu réimprimer séparément les commentaires de Casaubon, à la suite de son ouvrage, ou les omettre tout-à-fait, et il se serait épargné tout le travail qu'il a fait sur ces mêmes commentaires, pour la commodité et l'utilité des lecteurs ; mais il a mieux aimé les insérer dans les siens, morceaux par morceaux, et se charger d'éclaircir ce qui s'y trouve d'obscur ou d'embarrassé, soit en joignant aux passages, dont Casaubon s'est servi, l'indication exacte des lieux où il les a pris, soit en fortifiant lui-même ou mettant dans un plus grand jour les idées de ce savant homme par de nouvelles autorités. On se doute bien néanmoins qu'il n'est pas toujours de son avis. Mais s'il le combat quelquefois, c'est toujours avec de bonnes raisons, et le plus souvent avec succès; et ce parti qu'il a pris, d'unir ses commentaires, avec ceux de Casaubon, de manière à n'en faire qu'un seul tout, a, pour le lecteur et pour lui, ce grand avantage, qu'à l'aide de quelques mots, ou même d'un simple renvoi, il confirme ou détruit le dire de Casaubon, sans être obligé d'en faire une discussion séparée, comme cela eût été nécessaire, s'il eût fallu citer, et développer aux lecteurs la suite de son raisonnement. Quelquefois il se contente de faire mention, par extrait, des observations de Casaubon; mais le plus souvent il les rapporte tout au long, et n'en retranche que ce qui lui paraît entièrement étranger au texte de l'auteur.

Enfin, les savants trouveront dans ces deux volumes une infinité de choses intéressantes et nouvelles qui jettent un grand jour sur toutes les parties de l'érudition. Mais pour mettre nos lecteurs à portée d'en juger eux-mêmes, nous fixerons leur attention sur quelques endroits pris au hasard, qui donneront une idée du tout, et dans cette espèce de revue de différents passages traités plus ou moins heureusement, nous donnerons par occasion quelques idées qui nous sont venues dans le courrant de la lecture sur la correction ou le sens de quelques-uns de ces passages. Car encore que tout ce texte ait été traité, comme on voit, par les gens les plus habiles, il n'est presque pas possible que la lecture un peu attentive d'un auteur tel qu'Athénée, ne produise quelques réflexions qui ont échappé à ces savants hommes.

Commençons par deux corrections qui serviront d'echantillons pour toutes les autres.

(*Suivent une vingtaine de pages contenant des explications sur beaucoup de passages mal compris par les éditeurs, traducteurs et commentateurs d'Athénée.*)

MAGASIN ENCYCLOPÉDIQUE.—Année 1813, tom. 5.

DISSERTATION DE M. AKERBLAD, INTITULÉE :

Iscrizione greca sopra una lamina di piombo, trovata in un sepolcro nelle vicinanze di Atene. Roma, presso Lino Contedini, 1813.

M. Akerblad publia, il y a quelques temps, une Dissertation fort savante sur une lame de bronze tirée d'un tombeau près d'Athènes, et appartenante à M. Dodwel, voyageur anglais, qui a rapporté de la Grèce une infinité de choses curieuses et intéressantes. Sur cette lame était gravé le nom d'un homme avec celui d'une des tributs d'Athènes, et une seule lettre M y paraissait isolément tracée en relief, tandis que le reste était en creux. L'explication que donna de tout cela M. Akerblad, aussi claire qu'ingénieuse et pleine d'érudition, dut plaire beaucoup aux savants. On ne sera pas moins satisfait de la manière dont il explique, dans ce nouvel ouvrage, un monument d'un autre genre, mais trouvé comme le premier dans les tombeaux d'Athènes, et appartenant également à M. Dodwel. C'est une feuille ou plaque de plomb sur laquelle ont été tracées, avec un poinçon, à ce qu'il paraît, plusieurs lignes de ca-

ractères grecs difficiles a déchiffrer, non tant à cause
des lettres même dont la forme est assez connue, que
parce que dans cette espèce d'écriture cursive, comme
l'appelle M. Akerblad, les traits de chaque lettre, à
peine ébauchés, se doivent le plus souvent deviner.
Il faut voir dans son Mémoire même, combien de
de peine il eut d'abord à nettoyer cette surface, où
l'on apercevait seulement quelques traces d'inscription, et de quelle patience il eut besoin pour en enlever une espèce de croûte tartreuse, dont l'écriture
était couverte en beaucoup d'endroits. Enfin, par son
zèle obstiné, ces traits reparaissent au jour, et, comme dit un poète :

<blockquote>Livrent à la lumière le secret des tombeaux</blockquote>

Il serait inutile de rapporter ici le texte même de
l'inscription, qui ne se peut guères entendre qu'à
l'aide des doctes commentaires de M. Akerblad. Il
suffira de dire qu'elle renferme une espèce d'imprécation contre un *Satyrus* de *Sunyum* et un certain
Démétrius, qu'on dévoue eux et les leurs aux Dieux
infernaux, à Mercure et à la Terre, invoqués pour les
punir, sans doute, comme auteurs de la mort de celui qui fait contre eux cette imprécation. Le but de
l'inscription, l'ortographe, les formules qui s'y trouvent employées, font l'objet des notes savantes de
M. Akerblad, et sont expliquées d'une manière qui
ne laisse rien à désirer. Il décrit les lieux où se fit
cette découverte en homme qui les a vus, et à qui la
Grèce moderne n'est pas moins connue que l'ancienne. Il cite une inscription du même genre que

celui-ci, dernièrement communiquée à la troisième classe de l'Institut par M. Visconti, dont les explications et les notes se verront dans le prochain volume des Mémoires de cette compagnie ; et comme ces deux monuments ont entre eux beaucoup de rapports, et s'expliquent même mutuellement, malgré des différences assez considérables, il entre dans un examen approfondi de l'un et de l'autre. Il rapporte après le célèbre antiquaire romain, deux passages, l'un de Tacite, l'autre de Dion, qui viennent fort bien au sujet, et prouvent que l'usage était d'écrire ces sortes d'anathèmes sur des lames de plomb. Ensuite, citant d'autres passages de différents auteurs classiques, il fait voir que Mercure et la Terre sont ordinairement invoqués dans de telles imprécations ; et, par occasion, il expose les diverses épithètes qu'on trouve jointes aux noms de ces Divinités. Tout cela est traité au long avec l'érudition et la sagacité qu'on devait attendre d'un homme aussi expert en ces matières. Il examine aussi, par forme de digression, et communique au public une inscription nouvellement apportée d'Athènes par M. Bronstœdt, voyageur danois.

Les observations de M. Akerblad sur l'orthographe bizarre du monument qu'il explique, ne sont pas moins curieuses que le reste, et intéresseront surtout ceux qui n'approuvent pas la prononciation de certaines lettres dans le langage des Grecs modernes. C'est un article sur lequel les savants de cette nation souffrent avec peine qu'on les contredise, et qu'on oppose le témoignage d'une infinité de monuments à la tradition qu'ils prétendent avoir conservée de l'ancienne prononciation. Si quelque chose pourrait les convaincre de la fausseté de cette opinion, en un point du moins, ce serait cette inscription-ci où partout se trouvent confondues deux lettres qui, dans la prononciation actuelle, n'ont pas le moindre rapport, savoir, H et E. On y lit, par exemple, KOLAZHTH au lieu de KOLAZETE ; erreur de l'écrivain, qui n'eût pu avoir lieu si alors on n'eût prononcé l'H comme on fait aujourd'hui.

On ne fait ici qu'indiquer les principaux points sur lesquels roulent cette dissertation, dont l'auteur donne partout des preuves de l'habileté qu'on lui connaissait déjà dans la palæographie, la littérature et les arts. Il n'en fallait pas moins sans doute pour déchiffrer et expliquer ce morceau presque unique en son genre ; et si on fait réflexion qu'à ces rares connaissances l'auteur joint celle de la plupart des langues de l'Europe et de l'Orient, qu'il écrit et parle avec une égale facilité, on conviendra que peu d'hommes possèdent au même degré une érudition si variée, et qu'aucun ne paraît plus propre à jeter un nouveau jour, par de savantes recherches, sur les monuments de la Grèce et de l'Italie.

LETTRE

ADRESSÉE

A M. DELEGORGUE DE RONY,

PAR LÉON DE CHANLAIRE.

Monsieur,

Porté à la députation par un collége dont je fais partie, vous devenez mon mandataire, et c'est à ce titre seul que je me permets de vous adresser quelques observations sur le nom que vous portez aujourd'hui, et qui ne me semble pas, ainsi qu'à bien d'autres, exactement le vôtre.

Compagnon, jadis, l'ami même, j'ose le dire, de votre enfance, j'ai été plus que personne à même de vous connaître; et des relations d'intérêts qui existaient entre votre famille et la mienne, m'ont mis à portée d'avoir fréquemment sous les yeux des contrats et des signatures, où monsieur votre père, votre famille et vous, sans doute, avez figuré plus d'une fois.

Si vous attribuyez, Monsieur, mes observations à la contrariété de vous voir figurer à la Chambre, préférablement à votre concurrent, vous vous tromperiez étrangement; car si j'avais tenu le moins du monde à vous écarter de cet honorable fonction, j'aurais été voter contre vous; j'en avais le droit, vous le savez très-bien, et vous savez aussi parfaitement que je n'en ai rien fait.

Je pourrais ici me dispenser de vous en donner la raison. Mon libre arbitre suffirait seul; mais dans toutes circonstances, ma volonté ne se détermine que sur des considérations mûrement réfléchies; et si je me suis abstenu de voter pour ou contre vous, c'est qu'il me paraissait totalement indifférent au bonheur de l'état, que vous ou votre candidat l'emportât dans la lutte électorale qui n'était ouverte qu'entre vous deux, puisque tous deux on vous dit animés de l'amour du bien public. Revenons à l'objet de ma lettre : peut-être n'avez-vous pas oublié que feu mon père acheta autrefois un champ qui était grevé d'une rente annuelle *de deux pots et demi de beurre et de treize livres dix sous tournois* envers votre famille; que feu mon père fut chargé de cette rente, jusqu'au moment où il jugea à propos de s'en débarrasse en la remboursant.

Vous n'ignorez pas non plus, sans doute, que le dossier assez volumineux de cette rente porte votre nom, exactement tel qu'il est écrit sur votre acte de baptême, tel que monsieur votre père le signa toujours, c'est-à-dire Delegorgue de Rony.

Vous n'ignorez pas non plus, Monsieur, que nommé à la mairie de Boulogne, en 1815, place que, par parenthèse, vous ne pouviez pas légalement occuper, n'ayant pas dans la ville le domicile que veut la loi, vous avez, à cette époque changé tout-à-coup votre nom de Rony, nom qui certainement en valait bien un autre par la considération que votre respectable famille avait su s'acquérir, en celui de ROSNY, qui n'était, jusqu'alors, celui de personne dans le Boulonnais; et que ce travestissement à vue, si je puis m'exprimer ainsi, fut opéré sans remplir la formalité prescrite par les articles 4, 5, 6, 7, 8 et 9 du titre 3 du Code qui nous régit.

Vous n'avez pas oublié non plus, Monsieur, que vous avez signé de ce nom, pour ainsi dire nouvellement improvisé, tous les actes administratifs de votre mairie, et dans ce nombre, plusieurs qui me concernaient. Or, je me trouve, par suite de ce changement subit de nom, dans un véritable embarras que je vais vous communiquer.

Si votre véritable nom, votre nom légal est Rony, tel que vous l'aviez toujours signé, mes quittances de pot de beurre sont bonnes; mais les actes administratifs qui me concernent étant signés Rosny, sont-ils suffisamment légaux ?

Si au contraire, Monsieur, votre nom réel est *Rosny*, vos actes administratifs sont bien légalement signés; mais alors, mes quittances de pot de beurre !... sont-elles bien légales ?....

Aujourd'hui, Monsieur, qu'après avoir échoué plusieurs fois dans les luttes électorales précédentes, vous vous trouvez enfin porté sur un plus grand théâtre; que vous êtes enfin appelé, grâces à la fois au Ciel, à l'active coopération de vos puissants amis, grâces surtout au triomphe de vos qualités personnelles, et à la divine Providence, à siéger à la Chambre des députés, vous y êtes devenu mandataire d'un des départements principaux de la France, et l'un de ces hommes publics sur lesquels la France entière a les yeux; et votre vie publique appartient dès aujourd'hui à l'histoire. Je ne suis pas, Monsieur, le seul électeur du département qui se demande lequel des noms de Rony ou de Rosny que vous avez successivement portés en peu d'années, est réellement le vôtre; puisque vos ancêtres et vous avez porté le premier jusqu'à la restauration, et que vous portez le second depuis la restauration seulement.

Cette question, Monsieur, que chacun se fait dans le département qui vous a nommé, n'est pas une vaine question de curiosité.

Des écrivains judicieux et instruits ont, à différentes époques, écrit l'histoire de votre pays; l'histoire de ce Boulonnais, tant célèbre depuis vingt siècles, tant par les événements qui s'y sont passés, que par l'influence qu'ils ont eue sur les destinées du monde.

Une histoire particulière aussi importante par ses liaisons avec l'histoire générale, n'est pas susceptible d'être interrompue, et, n'en doutez pas, elle sera continuée un jour.

La place éminente que vous occupez aujourd'hui, Monsieur, vous appelle à jouer un rôle dans cette histoire; et comme l'histoire n'est intéressante et utile qu'autant qu'elle est exacte, on se demande aujourd'hui plus que jamais, en Boulonnais, si *vous êtes*, ou si vous *n'êtes pas* de l'illustre famille de ce fameux Rosny, duc de Sully, qui à tant de titres sera toujours cher à la France, et dont le nom est en quelque sorte devenu une glorieuse propriété nationale, que personne n'oserait aujourd'hui banalement usurper sans un grand danger, celui du ridicule, qui est naturellement d'un poids écrasant chez la nation qui aime le plus à rire en Europe.

Jusqu'à ce que vous ayez bien voulu, Monsieur, résoudre, pour vos commettants, ce problème historique qui n'en saurait être un pour vous, vous les abandonnez au vague du vaste champ des conjectures, et vous sentez que, faute de mieux, ils doivent s'y livrer entièrement.

En attendant la solution qu'il vous est si facile de donner sur ce point, je vais jeter un coup-d'œil sur les principaux on dit qui ont circulé lors des élections.

Un journal d'abord, comme bien vous savez, a élevé la question de la légalité de votre nomination sous le nouveau nom de Rosny, qui n'est de fait celui de personne, en Boulonnais. Il a rappelé le traité cité par Labruyère, d'un sieur Syrus qui changea autrefois son S en C pour avoir quelque ressemblance avec l'ancien roi de Perses, et il aurait pu ajouter philosophiquement à cela la réflexion de La Bruyère, qui ajoute malicieusement qu'il n'eût qu'à perdre, par la comparaison qu'on fait toujours de celui qui porte un grand nom, avec les grands hommes qui l'ont porté ; plus d'un lecteur à cet égard a suppléé à la brièveté du journaliste.

On a refeuilleté La Bruyère, et dans La Bruyère on a vu que de son temps il y avait des personnes qui avaient jusqu'à trois noms ; un pour la ville, un pour la campagne, et l'autre, pour je ne sais plus quelle circonstance ; et l'on s'est demandé si, à l'exemple de ces temps gothiques, vous voudriez aussi avoir deux noms; un pour la vie privée, et un autre pour la vie politique.

Le trait de Cyrus en a même rappelé un plus récent, d'un nommé Franqclin, qui se disait descendant de l'illustre Franklin, et s'il n'y avait pas, Monsieur, quelque chose de trop trivial et de trop au-dessous de la gravité de cette lettre, dans la réponse que lui fit le juge en lui remettant ses papiers, je vous la citerais ici; mais cette réponse est généralement connue, votre mémoire y suppléera facilement.

On s'est encore également demandé si, inscrit à votre naissance sur les actes civils sous le nom de Jean-Baptiste Delegorgue de Rony, et vous présentant à la Chambre sous le nom de Jean-Baptiste Delegorgue de Rosny, vous ne seriez pas exposé à vous entendre dire : Faites disparaître une petite *s* et votre acte de naissance vous servira.

En attendant que vous éclaircissiez le doute de l'identité de la famille de Rosny de Sully avec la vôtre, voici, Monsieur, le résultat des recherches qui ont été faites à ce sujet, et les réflexions qu'elles ont suggérées.

1° Le baron de Rosny, Maximilien de Béthune, depuis duc de Sully, honoré de l'amitié du grand Henri, naquit, en 1539, d'une très-ancienne famille de France à la terre de Rosny, qui appartient aujourd'hui à madame la duchesse de Berry, et sur la généalogie de votre famille on trouve, vers 1588, ce qui suit :

Jean Delegorgue, marchand tanneur à Abbeville, propriétaire du fief de Rétouval, et consul (consul des tanneurs) en 1588, c'est-à-dire à l'époque de la vie de Rosny de Sully.

Jean Delegorgue, marchand tanneur, fut marié à Françoise Mourète, propriétaire du fief de Rony, sis à Bouillancourt en Serie, près Blangy, à quatre lieues d'Abbeville.

Françoise Mourète, propriétaire du fief de Rony, était fille de Mourète, marchand brasseur, et de Robert le Canu; elle et son mari firent hommage de leur fief au seigneur, le 11 mars 1604.

Jean Delegorgue, fils des précédents, propriétaire des fiefs de Rony et de Rétouval, docteur en médecine, fut marié à demoiselle Delagarde; il fut tué par M. Carpentier, prêtre qui était fou, et inhumé paroisse St.-Gilles, le 21 juillet 1658.

Jean Delegorgue, seigneur de Rony, docteur en médecine à Abbeville, paroisse Ste.-Catherine, fils des précédents, marié à demoiselle l'Allemand, par contrat du 9 septembre 1653, devant de Boulogne, notaire à Abbeville.

Jacques-François Delegorgue, seigneur de Rony, conseiller au présidial d'Abbeville, puis lieutenant-général en la chaussée du Boulonnais, mort à Abbeville, paroisse Ste.-Catherine, le 12 octobre 1712, marié à Antoinette-Nicole Leroy.

François-André Delegorgue (Delegorgue, comme on l'a vu constamment ci-dessus, et non pas Delagorgue, comme quelques-uns l'ont dit sans doute par corruption) sieur de Rony, né à Boulogne, vers 1705, paroisse St.-Joseph; mort à Abbeville, paroisse du Saint-Sépulcre, le 19 juillet 1755, marié par contrat du 29 mai 1731 devant Delignère, notaire.

Vient ensuite :

Antoine-Nicolas Delegorgue de Rony (votre respectable père, Monsieur), trésorier de France au bureau des finances d'Amiens, qui par parenthèse, signa toujours de Rony, ainsi qu'il appert sur votre propre extrait de baptême, où il vous donna le nom de Rony qui était le sien.

Jusque-là, Monsieur, on ne voit pas grande affiliation apparente entre la famille de Rosny de Sully et la vôtre. Il se peut cependant que des renseignements plus détaillés établissent cette affinité; on ne s'y oppose pas du tout, mais on les attend.

Je sais très-bien, Monsieur, et personne n'ignore qu'en signant, à dater de la restauration, du nom de Rosny, vous n'avez jamais officiellement élevé la prétention d'avoir rien de commun avec Sully; mais le public est malin, vous le savez : il a peut-être cru voir, dans cette transformation subite d'un nom en un autre, au moment surtout où c'était une fureur de se parer de grands noms, une tendance à laquelle, sans doute, vous n'avez peut-être pas pensé.

Il s'est dit par fois que, si votre *but* n'était pas de paraître descendant d'un grand homme, cet acte de transfiguration, quel qu'en soit le *motif*, devait toujours avoir pour *résultat*, même à votre insu et contre votre vœu, sans doute, d'attirer sur vous toute la considération due à l'antique famille de Rosny de Sully, qu'on regarde cependant comme bien étrangère à la vôtre, tant que vous ayez jugé à propos de dissiper, à cet égard, le doute qu'a produit l'examen généalogique ci-dessus.

On se fait même encore, en Boulonnais, quelques objections que je vais vous soumettre.

La charge de trésorier de France dont fut honoré monsieur votre père, l'un des hommes les plus instruits du Boulonnais, apporta pour la première fois la noblesse dans sa famille, et ce, toutefois, après vingt années d'exercice, comme le voulaient les réglements d'alors; mais il fallait pour cela les vingt années d'exercice, et l'on se demande encore si monsieur votre père a exercé vingt ans cette charge. Il se peut que oui, il se peut que non; la question est indécise, et l'on voudrait vous voir l'éclaircir.

Vainement, Monsieur, quelques personnes prétendent que le fief de Rony, sis à Bouillancourt en Serie, près Abbeville, s'écrit Rosny. Je trouve ce fait contesté par la manière dont ce nom est écrit dans le dossier de la rente en beurre et en argent que vous devait ma famille; je le trouve contesté par la manière dont signa toujours monsieur votre père, qui, comme je le disais tout-à-l'heure, et comme je me plais à le répéter, était l'un des hommes les plus instruits du Boulonnais, se piquait sans doute de signer correctement son nom. Je le trouve encore contesté, Monsieur, par la manière dont vous écrivez votre nom jusqu'à la restauration; et j'aime mieux penser que vous ne vous êtes trompé que dix ans, plutôt que de penser que vous vous êtes trompé vingt ans.

Voilà, Monsieur, une suite de faits, d'objections et de raisonnements qui égare ceux qui recherchent l'exactitude authentique de votre nom, comme ceux qui cherchent à s'instruire sur l'affinité ou la différence de votre famille avec celle de Maximilien de Béthune, baron de Rosny, duc de Sully. La solution de ce problême est nécessaire à ceux qui écriront désormais l'histoire du Boulonnais où vous êtes maintenant appelé à figurer un jour ; et je la désire, parce que je réunis des matériaux pour ce travail, si judicieusement mené jusqu'en 1803 ou 1804 par M. Henry.

J'ai l'honneur d'être bien sincèrement, Monsieur, votre très-humble et très-obéissant serviteur.

Léon DE CHANLAIRE,

électeur du Collége du Pas-de-Calais.

PAMPHLET

DES

PAMPHLETS.

Pendant que l'on m'interrogeait à la préfecture de police sur mes noms, prénoms, qualités, comme vous avez pu voir dans les gazettes du temps, un homme se trouvant là sans fonctions apparentes, m'aborda familièrement, me demanda confidemment si je n'étais point auteur de certaines brochures ; je m'en défendis fort. Ah ! Monsieur, me dit-il, vous êtes un grand génie, vous êtes inimitable. Ce propos, mes amis, me rappela un fait historique peu connu que je veux vous conter en forme d'épisode, digression, parenthèse, comme il vous plaira ; ce m'est tout un.

Je déjeûnais chez mon camarade Duroc, logé en ce temps-là, mais depuis peu, notez, dans une vieille maison, fort laide, selon moi, entre cour et jardin, où il occupait le rez-de-chaussée. Nous étions à table plusieurs, joyeux, en devoir de bien faire, quand tout-à-coup arrive, et sans être annoncé, notre camarade Bonaparte, nouveau propriétaire de la vieille maison, habitant le premier étage. Il venait en voisin, et cette bonhomie nous étonna au point que pas un des convives ne savait ce qu'il faisait. On se lève, et chacun demandait : Qu'y a-t-il ? Le héros nous fit rasseoir. Il n'était pas de ces camarades à qui l'on peut dire mets-toi là, et mange avec nous. Celà eût été bon avant l'acquisition de la vieille maison. Debout à nous regarder, ne sachant trop que dire, il allait et venait. Ce sont des artichauts dont vous déjeûnez-là ? Oui, général. Vous, Rapp, vous les mangez à l'huile ? Oui général. Et vous Savary, à la sauce; moi, je les mange au sel. Ah! général, répond celui qui s'appelait alors Savary, vous êtes un grand homme, vous êtes inimitable.

Voilà mon trait d'histoire que je rapporte exprès, afin de vous faire voir, mes amis, qu'une fois on m'a traité comme Bonaparte, et par les mêmes motifs. Ce n'était pas pour rien qu'on flattait le Consul, et quand ce bon Monsieur, avec ses douces paroles, se mit à me louer si démesurément que j'en faillis perdre contenance, m'appelant homme sans égal, incomparable, inimitable, il avait son dessein, comme m'ont dit depuis des gens qui le connaissent, et voulait de moi quelque chose, pensant me louer à mes dépens. Je ne sais s'il eut contentement. Après maints discours, maintes questions, auxquelles je répondis le moins mal que je pus; Monsieur, me dit-il en me quittant, Monsieur, écoutez, croyez-moi; employez votre grand génie à faire autre chose que des pamphlets.

J'y ai réfléchi et me souviens qu'avant lui M. de Broë, homme éloquent, zélé pour la morale publique, me conseilla de même, en termes moins flatteurs, devant la Cour d'assises. *Vil pamphlétaire.....*

Ce fut un mouvement oratoire des plus beaux, quand se tournant vers moi qui, foi de paysan, ne songeais à rien moins, il m'apostropha de la sorte : *Vil pamphlétaire*, etc., coup de foudre non de massue, vu le style de l'orateur, dont il m'assomma sans remède. Ce mot soulevant contre moi les juges, les témoins, les jurés, l'assemblée (mon avocat lui-même en parut ébranlé), ce mot décida tout. Je fus condamné dès l'heure dans l'esprit de ces Messieurs, dès que l'homme du roi m'eût appelé pamphlétaire, à quoi je ne sus que répondre. Car il me semblait bien en mon âme avoir fait ce qu'on nomme un pamphlet; je ne l'eusse osé nier. J'étais donc pamphlétaire à mon propre jugement, et voyant l'horreur qu'un tel nom inspirait à tout l'auditoire, je demeurais confus.

Sorti de là, je me trouvai sur le grand degré avec M. Arthus Bertrand, libraire, un de mes jurés, qui s'en allait dîner, m'ayant déclaré coupable. Je le saluai ; il m'accueillit, car c'est le meilleur homme du monde, et chemin faisant, je le priai de me vouloir dire ce qui lui semblait à reprendre dans le *Simple Discours* condamné. Je ne l'ai point lu, me dit-il ; mais c'est un pamphlet, cela me suffit. Alors je lui demandai ce que c'était qu'un pamphlet, et le sens de ce mot qui, sans m'être nouveau, avait besoin pour moi de quelque explication. C'est, répondit-il, un écrit de peu de pages comme le vôtre, d'une feuille ou deux seulement. De trois feuilles, repris-je, serait-ce encore un pamphlet ? Peut-être, me dit-il, dans l'acception commune ; mais proprement parlant, le pamphlet n'a qu'une feuille seule ; deux ou plus font une brochure. Et dix feuilles, quinze feuilles, vingt feuilles? Font un volume, dit-il, un ouvrage.

Moi, là-dessus : Monsieur, je m'en rapporte à vous, qui devez savoir ces choses. Mais hélas! j'ai bien peur d'avoir fait en effet un pamphlet, comme dit le procureur du roi. Sur votre honneur et conscience, puisque vous êtes juré, monsieur Arthus Bertrand, mon écrit d'une feuille et demie, est-ce pamphlet ou brochure? Pamphlet, me dit-il, pamphlet sans nulle difficulté. Je suis donc pamphlétaire? Je ne vous l'eusse pas dit par égard, ménagement, compassion du malheur; mais c'est la vérité. Au reste, ajouta-t-il, si vous vous repentez, Dieu, vous pardonnera (tant sa miséricorde est grande!) dans l'autre monde. Allez, mon bon Monsieur, et ne péchez plus; allez à Sainte-Pélagie.

Voilà comme il me consolait. Monsieur, lui dis-je, de grâce encore une question. Deux, me dit-il, et plus, et tant qu'il vous plaira, jusqu'à quatre heures et demie qui, je crois, vont sonner. Bien, voici ma question. Si au lieu de ce pamphlet sur la souscription de Chambord, j'eusse fait un volume, un ouvrage, l'auriez-vous condamné? Selon. J'entends, vous l'eussiez lu d'abord, pour voir s'il était condamnable. Oui, je l'aurais examiné. Mais le pamphlet vous ne le lisez pas? Non, parce que le pamphlet ne saurait être bon. Qui dit pamphlet, dit un écrit plein de poison. De poison? Oui Monsieur, et de plus détestable, sans quoi on ne le lirait pas, s'il n'y avait du poison. Non, le monde est ainsi fait; on aime le poison dans tout ce qui s'imprime. Votre pamphlet que nous venons de condamner, par exemple, je ne le connais point;

je ne sais en vérité ni ne veux savoir ce que c'est ; mais on le lit ; il y a du poison. Monsieur le procureur du roi nous l'a dit, et je n'en doutais pas. C'est le poison, voyez-vous, que poursuit la justice dans ces sortes d'écrits. Car autrement la presse est libre ; imprimez, publiez tout ce que vous voudrez, mais non pas du poison. Vous avez beau dire, Messieurs, on ne vous laissera pas distribuer le poison. Cela ne se peut, en bonne police, et le gouvernement est là qui vous en empêchera bien.

Dieu, dis-je en moi-même tout bas, Dieu délivre-nous du malin et du langage figuré ! Les médecins m'ont pensé tuer, voulant me *rafraîchir le sang;* celui-ci m'emprisonne de peur que je n'écrive du *poison;* d'autres laissent *reposer* leur champ, et nous manquons de blé au marché. Jésus mon Sauveur, sauvez-nous de la métaphore.

Après cette courte oraison mentale, je repris : En effet, Monsieur, le poison ne vaut rien du tout, et l'on fait à merveille d'en arrêter le débit. Mais je m'étonne comment le monde, à ce que vous dites, l'aime tant. C'est sans doute qu'avec ce poison il y a dans les pamphlets quelque chose..... Oui, des sottises, des calembourgs, de méchantes plaisanteries. Que voulez-vous, mon cher Monsieur, que voulez-mettre de bon sens en une misérable feuille ? Quelles idées s'y peuvent développer ? Dans des ouvrages raisonnés, au sixième volume à peine entrevoit-on où l'auteur en veut venir. Une feuille, dis-je, il est vrai, ne saurait contenir grand chose. Rien qui vaille, me dit-il, et je n'en lis aucune. Vous ne lisez donc pas les mandements de monseigneur l'évêque de Troye pour le Carême et pour l'Avant? Ah! vraiment ceci diffère fort. Ni les Pastorales de Toulouse sur la suprématie Papale? Ah! c'est autre chose cela. Donc à votre avis, quelquefois une brochure, une simple feuille.... Fi! ne m'en parlez pas, opprobre de la littérature, honte du siècle et de la nation, qu'il se puisse trouver des auteurs, des imprimeurs, et des lecteurs de semblables impertinences. Monsieur, lui dis-je, les *Lettres provinciales* de Pascal... Oh! Livre admirable, divin, le chef-d'œuvre de notre langue! Eh bien! Ce chef-d'œuvre divin, ce sont des pamplets, des feuilles qui parurent..... Non, tenez, j'ai là-dessus mes principes, mes idées. Autant j'honore les grands ouvrages faits pour durer et vivre dans la postérité, autant je méprise et déteste ces petits écrits éphémères, ces papiers qui vont de main et parlent aux gens d'à-présent des faits, des choses d'aujourd'hui. Je ne puis souffrir les pamphlets. Et vous aimez les Provinciales, *petites lettres*, comme alors on les appelait, quand elles allaient de main. Vrai, con-continua-t-il sans m'entendre, c'est un de mes étonnements que vous Monsieur, qui, à voir, semblez bien né, homme *éduqué*, fait pour être quelque chose dans le monde ; car enfin qui vous empêchait de devenir baron comme un autre? Honorablement employé dans la police, les douanes, geolier ou gendarme, vous tiendriez un rang, feriez une figure. Non, je n'en reviens pas, un homme comme vous s'avilir, s'abaisser jusqu'à faire des pamphlets! Ne rougissez-vous point? Blaise, lui répondis-je, Blaise Pascal n'était ni geolier ni gendarme, ni employé de M. Franchet. Chut! Paix! Parlez plus bas, car il peut nous entendre. Qui donc? L'abbé Franchet? Serait-il si près de nous? Monsieur, il est partout. Voilà quatre heures et demie; votre humble serviteur. Moi le vôtre. Il me quitte et s'en alla courant.

Ceci, mes chers amis, mérite considération ; trois si honnêtes gens, M. Arthus Bertrand, ce monsieur de la police, et M. de Broë, personnage éminent en science, en dignité, voilà trois hommes de bien ennemis des pamphlets. Vous en verrez d'autres assez et de la meilleure compagnie, qui trompent un ami, séduisent sa fille ou sa femme, prêtent la leur pour obtenir une place honorable, mentent à tout venant, trahissent, manquent de foi et tiendraient à grand déshonneur d'avoir dit vrai dans un écrit de quinze ou seize pages. Car tout le mal est dans ce peu. Seize pages, vous êtes pamphlétaire et gare Sainte-Pélagie. Faites-en seize cents, vous serez présenté au roi. Malheureusement je ne saurais. Lorsqu'en 1815 le maire de notre commune, celui-là même d'à-présent, nous fit donner de nuit l'assaut par ses gendarmes, et du lit traîner en prison de pauvres gens qui ne pouvaient mais de la révolution, dont les femmes, les enfants périrent, la matière était ample à fournir des volumes, et je n'en sus tirer qu'une feuille, tant d'éloquence me manqua. Encore m'y pris-je à rebours. Au lieu de décliner mon nom et de dire d'abord comme je fis, *mes bons messieurs, je suis Tourangeau*, si j'eusse commencé : *Chrétiens, après les attentats inouis d'une infernale révolution*...... dans le goût de l'abbé de la Mennais, une fois monté à ce ton, il m'était aisé de continuer et mener à fin mon volume sans fâcher le procureur du roi. Mais je fis seize pages d'un style à peu-près comme je vous parle, et je fus pamphlétaire insigne; et depuis, coutumier du fait, quand vint la souscription de Chambord, sagement il n'en fallait rien dire; ce n'était matière à traiter en une feuille ni en cent; il n'y avait là ni pamphlet, ni brochure, ni volune à faire, étant malaisé d'ajouter aux flagorneries et dangereux d'y contredire, comme je l'éprouvai. Pour avoir voulu dire là-dessus ma pensée en peu de mots, sans ambages ni circonlocutions, pamphlétaire encore, en prison deux mois à Sainte-Pélagie. Puis à propos de la danse qu'on nous interdisait, j'opinai de mon chef gravement, entendez-vous, à cause de l'église intéressée là-dedans, longuement, je ne puis, et retombai dans le pamphlet. Accusé, poursuivi, mon innocent langage et mon parler timide trouvèrent grâce à peine; je fus blâmé des juges. Dans tout ce qui s'imprime il y a du poison plus ou moins délayé selon l'étendue de l'ouvrage, plus ou moins malfaisant, mortel. De l'*acétate de morphine*, un grain dans une cuve se perd, n'est point senti, dans une tasse fait vomir, en une cuillerée tue, et voilà le pamphlet.

Mais d'autre part mon bon ami sir John Bickerstaff, écuyer, m'écrit ce que je vais tout-à-l'heure vous traduire. Singulier homme, philosophe, lettré autant qu'on saurait être, grand partisan de la réforme non parlementaire seulement, mais universelle; il veut refaire tous les gouvernements de l'Europe, dont le meilleur, dit-il, ne vaut rien. Il jouit dans son pays d'une fortune honnête. Sa terre n'a d'étendue que dix lieues en tout sens, un revenu de deux ou trois millions au plus; mais il s'en contente,

et vivait dans cette douce médiocrité, quand les ministres le voyant homme à la main, d'humeur facile, comme sont les savants, comme était Newton, le firent entrer au parlement. Il n'y fut pas que le voilà qui tonne, tempête contre les dépenses de la Cour, la corruption, les *sinécures*. On crut qu'il en voulait sa part, et les ministres lui offrirent une place qu'il accepta, et une somme qu'il toucha, proportionnée à sa fortune, selon l'usage des gouvernants de donner plus à qui plus a. Nanti de ces deniers, il retourne à sa terre, assemble les paysans, les laboureurs, et tous les fermiers du comté, auxquels il dit : J'ai rattrapé le plus heureusement du monde une partie de ce qu'on vous prend pour entretenir les fripons et
• les fainéants de la Cour. Voici l'argent dont je veux faire une belle restitution. Mais commençons par les plus pauvres. Toi, Pierre, combien as-tu payé cette année-ci? Tant; le voilà. Toi, Paul, vous, Isaac et John, votre *quote*? Et il la leur compte; et ainsi tant qu'il en resta. Cela fait, il retourne à Londres, où prenant possession de son nouvel emploi, d'abord il voulait élargir tous les gens détenus pour délits de paroles, propos contre les grands, les ministres, les suisses, et l'eût fait, car sa place lui en donnait le pouvoir, si on ne l'eût promptement révoqué.

Depuis, il s'est mis à voyager et m'écrit de Rome :
« Laissez dire, laissez-vous blâmer, condamner, em-
» prisonner, laissez-vous pendre ; mais publiez vo-
» tre pensée. Ce n'est pas un droit, c'est un devoir,
» étroite obligation de quiconque a une pensée de la
» produire et mettre au jour pour le bien commun.

» La vérite est toute à tous. Ce que vous connaissez
» utile, bon à savoir pour un chacun, vous ne le pou-
» vez taire en conscience. Jenner qui trouva la vac-
» cine eût été un franc scélérat d'en garder une heure
» le secret ; et comme il n'y a point d'homme qui ne
» croie ses idées utiles, il n'y en a point qui ne soit
» tenu de les communiquer et répandre par tous
» moyens à lui possibles. Parler est bien, écrire est
» mieux ; imprimer est excellente chose. Une pensée
» déduite en termes courts et clairs, avec preuves,
» documents, exemples, quand on l'imprime, c'est
» un pamphlet et la meilleure action, courageuse
» souvent, qu'homme puisse faire au monde. Car si
» votre pensée est bonne, on en profite, mauvaise on
» la corrige et l'on profite encore. Mais l'abus.......
» sottise que ce mot ; ceux qui l'ont inventé, ce sont
» ceux qui vraiment abusent de la presse, en impri-
» mant ce qu'ils veulent, trompant, calomniant et
» empêchant de répondre. Quand ils crient contre
» les pamphlets, journaux, brochures, ils ont leurs
» raisons admirables. J'ai les miennes et voudrais
» qu'on en fît davantage, que chacun publiât tout
» ce qu'il pense et sait ! Les jésuites aussi criaient
» contre Pascal et l'eussent appelé pamphlétaire ;
» mais le mot n'existait pas encore ; ils l'appelaient
» *tison d'enfer*, la même chose en style cagot. Cela
» signifie toujours un homme qui dit vrai et se fait
» écouter. Ils répondirent à ses pamphlets par d'au-
» tres d'abord, sans succès, puis par des lettres de
» cachet qui leur réussirent bien mieux. Aussi était-

» ce la réponse que faisaient d'ordinaire aux pam-
» phlets les gens puissants et les jésuites.

» A les entendre cependant, c'était peu de chose,
» ils méprisaient les *petites lettres,* misérables bouf-
» fonneries, capables tout au plus d'amuser un mo-
» ment par la médisance, le scandale, écrits de nulle
» valeur, sans fonds ni consistance, ni substance,
» comme on dit maintenant, lus le matin, oubliés le
» soir, en somme, indignes de lui, d'un tel homme,
» d'un savant! L'auteur se déshonorait en employant
» ainsi son temps et ses talents, écrivant des feuilles,
» non des livres, et tournant tout en raillerie, au lieu
» de raisonner gravement; c'était le reproche qu'ils
» lui faisaient, vieille et coutumière querelle de qui
» n'a pas pour soi les rieurs. Qu'est-il arrivé? La
» raillerie, la fine moquerie de Pascal a fait ce que
» n'avaient pu les arrêts, les édits, a chassé de partout
» les jésuites. Ces feuilles si légères ont accablé le
» grand corps. Un pamphlétaire en se jouant met à
» bas ce colosse craint des rois et des peuples. La so-
» ciété tombée ne se relèvera pas, quelque appui
» qu'on lui prête, et Pascal reste grand dans la mé-
» moire des hommes, non par ses ouvrages savants,
» sa roulette, ses expériences, mais par ses pamphlets,
» ses petites lettres.

» Ce ne sont pas les Tusculanes qui ont fait le nom
» de Cicéron, mais ses harangues, vrais pamphlets.
» Elles parurent en feuilles volantes, non roulées au-
» tour d'une baguette, à la manière d'alors, la plu-
» part même et les plus belles n'ayant pas été pro-
» noncées. Son *Caton,* qu'était-ce qu'un pamphlet

» contre César, qui répondit très-bien, ainsi qu'il
» savait faire et en homme d'esprit, digne d'être
» écouté même après Cicéron. Un autre depuis, fé-
» roce et n'ayant de César ni la plume ni l'épée, mal-
» traité dans quelque autre feuille, pour réponse fit
» tuer le pamphlétaire romain. Proscription, persé-
» cution, récompense ordinaire de ceux qui seuls se
» hasardent à dire ce que chacun pense. De même
» avant lui avait péri le grand pamphlétaire de la
» Grèce, Démosthènes dont les Philippiques sont
» demeurées modèles du genre. Mal entendues et de
» peu de gens dans une assemblée, s'il les eût pro-
» noncées seulement, elles eussent produit peu d'ef-
» fet ; mais écrites on les lisait, et ces pamphlets, de
» l'aveu même du Macédonien, lui donnaient plus
» d'affaires que les armes d'Athènes, qui enfin suc-
» combant perdit Démosthènes et la liberté.

» Heureuse de nos jours l'Amérique et Franklin
» qui vit son pays libre, ayant plus que nul autre aidé
» à l'affranchir par son fameux *Bon Sens,* brochure
» de deux feuilles. Jamais livre ni gros volume ne fit
» tant pour le genre humain. Car aux premiers com-
» mencements de l'insurrection Américaine, tous ces
» Etats, villes, bourgades, étaient partagés de senti-
» ments ; les uns, tenant pour l'Angleterre, fidèles,
» non sans cause, au pouvoir légitime ; d'autres ap-
» préhendaient qu'on ne s'y pût soustraire et crai-
» gnaient de tout perdre en tentant l'impossible ; plu-
» sieurs parlaient d'accommodement, prêts à se con-
» tenter d'une sage liberté, d'une Charte octroyée,
» dût-elle être bientôt modifiée, suspendue ; peu

» osaient espérer un résultat heureux de volontés si
» discordantes. On vit en cet état de choses ce que
» peut la parole écrite dans un pays où tout le monde
» lit, puissance nouvelle et bien autre que celle de la
» tribune. Quelques mots par hasard d'une harangue
» sont recueillis de quelques-uns; mais la presse
» parle à tout un peuple, à tous les peuples à la fois,
» quand ils lisent comme en Amérique; et de l'im-
» primé rien ne se perd. Franklin écrivit; son *Bon*
» *Sens*, réunissant tous les esprits au parti de l'indé-
» pendance, décida cette grande guerre qui là ter-
» minée, continue dans le reste du monde.

» Il fut savant; qui le saurait s'il n'eût écrit que de
» sa science? Parlez aux hommes de leurs affaires,
» et de l'affaire du moment, et soyez entendu de tous,
» si vous voulez avoir un nom. Faites des pamphlets
» comme Pascal, Franklin, Cicéron, Démosthènes,
» comme Saint-Paul et Saint-Bazile; car vraiment
» j'oubliais ceux-là, grands hommes dont les opus-
» cules, désabusant le peuple païen de la religion de
» ses pères, abolirent une partie des antiques super-
» stitions et firent des nations nouvelles. De tout temps
» les pamphlets on changé la face du monde. Ils se-
» mèrent chez les Anglais ces principes de tolérance
» que porta Penn en Amérique, et celle-ci doit à
» Franklin sa liberté maintenue par les mêmes moyens
» qui la lui ont acquise, pamphlets, journaux, publi-
» cité. Là tout s'imprime; rien n'est secret de ce qui
» importe à chacun. La presse y est plus libre que la
» parole ailleurs, et l'on en abuse moins. Pourquoi?
» C'est qu'on en use sans nul empêchement, et qu'une

» fausseté, de quelque part qu'elle vienne, est bientôt
» démentie par les intéressés que rien n'oblige à se
» taire. On n'a de ménagement pour aucune impos-
» ture, fût-elle officielle; aucune hâblerie ne saurait
» subsister; le public n'est point trompé, n'y ayant là
» personne en pouvoir de mentir et d'imposer si-
» lence à tout contradicteur. La presse n'y fait nul
» mal et en empêche..... combien? C'est à vous de le
» dire quand vous aurez compté chez vous tous les
» abus. Peu de volumes paraissent, de gros livres pas
» un, et pourtant tout le monde lit; c'est le seul peu-
» ple qui lise et aussi le seul instruit de ce qu'il faut
» savoir pour n'obéir qu'aux lois. Les feuilles impri-
» mées, circulant chaque jour et en nombre infini,
» font un enseignement mutuel et de tout âge. Car
» tout le monde presque écrit dans les journaux,
» mais sans légèreté; point de phrases piquantes, de
» tours ingénieux; l'expression claire et nette suffit
» à ces gens-là. Qu'il s'agisse d'une réforme dans l'é-
» tat, d'un péril, d'une coalition des puissance d'Eu-
» rope contre la liberté, ou du meilleur terrain à se-
» mer les navets, le style ne diffère pas, et la chose
» est bien dite, dès que chacun l'entend; d'autant
» mieux dite qu'elle l'est plus brièvement, mérite non
» commun, savez-vous? ni facile, de clore en peu de
» mots beaucoup de sens. Oh qu'une page pleine dans
» les livres est rare! et que peu de gens sont capables
» d'en écrire dix sans sottises! La moindre lettre de
» Pascal était plus malaisée à faire que toute l'Ency-
» clopédie. Nos américains, sans peut-être avoir ja-
» mais songé à cela, mais avec ce bon sens de Franklin,

» qui les guide, brefs dans tous leurs écrits, ménagers
» de paroles, font le moins de livres qu'ils peuvent
» et ne publient guère leurs idées que dans les pam-
» phlets, les journaux, qui, se corrigeant l'un l'autre,
» amènent toute invention, toute pensée nouvelle à
» sa perfection. Un homme, s'il imagine ou décou-
» vre quelque chose d'intéressant pour le public, n'en
» fera point un gros ouvrage avec son nom en grosses
» lettres, *par Monsieur........ de l'Académie*, mais un
» article de journal, ou une brochure tout au plus.
» Et notez ceci en passant, mal compris de ceux qui
» chez vous se mêlent d'écrire; il n'y a point de bon-
» ne pensée qu'on ne puisse expliquer en une feuille,
» et développer assez; qui s'étend davantage, sou-
» vent ne s'entend guère, ou manque de loisir, com-
» me dit l'autre, pour méditer et faire court.

» De la sorte, en Amérique, sans savoir ce que
» c'est qu'écrivain ni auteur, on écrit, on imprime,
» on lit autant ou plus que nulle part ailleurs, et des
» choses utiles, parce que là vraiment il y a des af-
» faires publiques, dont le public s'occupe avec pleine
» connaissance, sur lesquelles chacun consulté opine
» et donne son avis. La nation, comme si elle était
» toujours assemblée, recueille les voix et ne cesse de
» délibérer sur chaque point d'intérêt commun, et
» forme ses résolutions de l'opinion qui prévaut dans
» le peuple, dans le peuple tout entier, sans exception
» aucune; c'est le bon sens de Franklin. Aussi ne fait-
» elle point de bévues et se moque des cabinets, des
» boudoirs même peut-être.

» De semblables idées, dans vos pays de boudoirs,

» ne réussiraient pas, je le crois, près des dames.
» Cette forme de gouvernement s'accommode mal
» des pamphlets et de la vérité naïve. Il ferait beau
» parler bon sens, alléguer l'opinion publique à ma-
» demoiselle de Pisseleu, à mademoiselle Poisson, à
» madame du B....., à madame du C...... Elles écla-
» teraient de rire les aimables personnes en posses-
» sion chez vous de gouverner l'État, et puis feraient
» coffrer le bon sens et Franklin et l'opinion. Fran-
» çais charmants! sous l'empire de la beauté, des
» grâces, vous êtes un peuple courtisan, plus que ja-
» mais maintenant. Par la révolution, Versailles s'est
» fondu dans la nation; Paris est devenu l'œil de
» bœuf. Tout le monde en France fait sa cour. C'est
» votre art, l'art de plaire dont vous tenez école;
» c'est le génie de votre nation. L'Anglais navigue,
» l'Arabe pille, le Grec se bat pour être libre, le
» Français fait la révérence et sert ou veut servir;
» il mourra s'il ne sert. Vous êtes non le plus esclave,
» mais le plus valet de tous les peuples.

» C'est dans cet esprit de valletaille que chez vous
» chacun craint d'être appelé pamphlétaire. Les maî-
» tres n'aiment point que l'on parle au public d'eux
» ni de quoi que ce soit, sottise de Rovigo qui, vou-
» lant de l'emploi, fait au lieu d'un placet, un pam-
» phlet, où il a beau dire, *comme j'ai servi je servirai*,
» on ne l'écoute seulement pas, et le voilà sur le pavé.
» Le Vicomte pamphlétaire est placé, mais com-
» ment? Ceux qui l'ont mis et maintiennent là n'en
» voudraient pas chez eux. Il faut des gens discrets
» dans la haute livrée, comme dans tout service, et

» n'est pire valet que celui qui raisonne ; pensez donc
» s'il imprime, et des brochures encore! Quand M.
» de Broë vous appela pamphlétaire, c'était comme
» s'il vous eût dit : Malheureux qui n'auras jamais ni
» places ni gages, misérable, tu ne seras dans aucune
» antichambre, de ta vie n'obtiendras une faveur,
» une grâce, un sourire officiel, ni un regard au-
» guste. Voilà ce qui fit frissonner et fut cause qu'on
» s'éloigna de vous quand on entendit ce mot.

» En France vous êtes tous honnêtes gens, trente
» millions d'honnêtes gens qui voulez gouverner le
» peuple par la morale et la religion. Pour le gou-
» verner on sait bien qu'il ne faut pas lui dire vrai.
» La vérité est populaire, populace même, s'il se peut
» dire, et sent tout-à-fait la canaille, étant l'antipode
» du bel air, diamétralement opposée au ton de la
» bonne compagnie. Ainsi le véridique auteur d'une
» feuille ou brochure un peu lue a contre lui de né-
» cessité tout ce qui ne veut pas être peuple, c'est-à-
» dire tout le monde chez vous. Chacun le désavoue,
» le renie. S'il s'en trouve toujours néanmoins, par
» une permission divine, c'est qu'il est nécessaire
» qu'il y ait du scandale. Mais malheur à celui par
» qui le scandale arrive, qui sur quelque sujet im-
» portant et d'un intérêt général dit au public la vé-
» rité. En France excommunié, maudit, enfermé
» par faveur à Sainte-Pélagie, mieux lui voudrait
» n'être pas né.

» Mais c'est là ce qui donne créance à ses paroles,
» la persécution. Aucune vérité ne s'établit sans mar-
» tyrs, excepté celles qu'enseigne Euclide. On ne

» persuade qu'en souffrant pour ses opinions, et saint
» Paul disait : Croyez-moi, car je suis souvent en
» prison. S'il eût vécu à l'aise et se fût enrichi du
» dogme qu'il prêchait, jamais il n'eût fondé la reli-
» gion de Christ. Jamais F...... ne fera de ses homé-
» lies que des emplois et un carosse. Toi donc, vi-
» gneron, Paul-Louis, qui seul en ton pays consens
» à être homme du peuple, ose encore être pamphlé-
» taire et le déclarer hautement. Écris, fais pamphlet
» sur pamphlet, tant que la matière ne te manquera.
» Monte sur les toîts, prêche l'évangile aux nations
» et tu en seras écouté, si l'on te voit persécuté. Car
» il y faut cette aide et tu ne feras rien sans M. de
» Broë. C'est à toi de parler et à lui de montrer par
» son réquisitoire la vérité de tes paroles. Vous en-
» tendant ainsi et secondant l'un l'autre, comme So-
» crate et Anytus, vous pouvez convertir le monde. »

Voilà l'épître que je reçois de mon tant bon ami sir John, qui, sur les pamphlets, pense et me conseille au contraire de M. Arthus Bertrand. Celui-ci ne voit rien de si abominable, l'autre rien de si beau. Quelle différence! et remarquez, le Français léger ne fait de cas que des lourds volumes; le gros Anglais veut mettre tout en feuilles volantes; contraste singulier, bizarrerie de nature! Si je pouvais compter que de-là l'océan les choses sont ainsi qu'il me les représente, j'irais; mais j'entends dire que là, comme en Europe, il y a des Excellences et bien pis, des héros. Ne partons pas mes amis, n'y allons point encore. Peut-être, Dieu aidant, peut-être aurons-nous ici autant de liberté, à tout prendre, qu'ailleurs, quoiqu'en dise sir John. Bon homme en vérité! J'ai peur qu'il ne s'abuse, me croyant fait pour imiter Socrate jusqu'au bout. Non, *détournez ce calice ;* la ciguë est amère, et le monde de soi se convertit assez sans que je m'en mêle, chétif. Je serai la mouche du coche qui se passera bien de mon bourdonnement. Il va, mes chers amis, et ne cesse d'aller. Si sa marche nous paraît lente, c'est que nous vivons un instant. Mais que de chemin il a fait depuis cinq ou six siècles! A cette heure en plaine roulant, rien ne le peut plus arrêter.

WALLEN, Imprimeur du Roi.

TABLE.

Note sur Paul-Louis Courier	v
Éloge d'Hélène.	1
Lettre à M. Renouard, libraire.	21
Pétition aux deux Chambres.	63
Lettre à Messieurs de l'Académie des Inscriptions et Belles-Lettres.	74
Procès de Pierre Clavier dit Blondeau.	95
Lettres au rédacteur du Censeur.	113
A Messieurs les juges du tribunal civil à Tours.	169
A Messieurs du conseil de préfecture à Tours.	181
Lettre particulière.	191
Seconde lettre particulière.	201
Simple discours de Paul-Louis.	219
Aux âmes dévotes de la paroisse de Véretz.	243
Procès de Paul-Louis Courier.	251
Pétition pour des villageois que l'on empêche de danser.	315
Prospectus d'une traduction nouvelle d'Hérodote.	335
Préface de la traduction de la Luciade.	403
Réponse aux Anonymes.	413
Réponse, n.º 2.	427

Livret de Paul-Louis Courier, n. 3.	443
Proclamation.	459
Gazette du village, n. 4.	461
Pièce diplomatique, n. 5.	481
Collection de lettres et articles insérés dans différents journaux.	497
Lettre à M. Delegorgue de Rony, par Léon de Chanlaire	517
Pamphlet des Pamphlets.	537

Courier, Paul-Louis
Collection complète des
1827

www.ingramcontent.com/pod-product-compliance
Lightning Source LLC
Chambersburg PA
CBHW060506230426
43665CB00013B/1408